L'écriture solaire d'Hélène Cixous

Travail du texte et histoires du
sujet dans *Portrait du soleil*

FAUX TITRE

Etudes
de langue et littérature françaises
publiées

sous la direction de Keith Busby,
M.J. Freeman, Sjef Houppermans,
Paul Pelckmans et Co Vet

No. 160

Amsterdam - Atlanta, GA 1999

L'écriture solaire d'Hélène Cixous

Travail du texte et histoires du sujet dans *Portrait du soleil*

Christa Stevens

∞ Le papier sur lequel le présent ouvrage est imprimé remplit les prescriptions de "ISO 9706:1994, Information et documentation - Papier pour documents - Prescriptions pour la permanence".

∞ The paper on which this book is printed meets the requirements of "ISO 9706:1994, Information and documentation - Paper for documents - Requirements for permanence".

ISBN: 90-420-0744-3
©Editions Rodopi B.V., Amsterdam - Atlanta, GA 1999
Printed in The Netherlands

aon mien awwers

Remerciements

Arrivée au terme de ce travail, je tiens à marquer ma gratitude envers celles et ceux dont les conseils, les apports critiques, le soutien moral et l'amitié m'ont été précieux et essentiels.

Je voudrais remercier en premier lieu mon directeur de thèse, Françoise van Rossum-Guyon, qui a suivi de près ce travail pendant toutes ces années. Elle m'a fait largement bénéficier de sa science et de la finesse de son esprit. Ses remarques critiques, ses suggestions et son encouragement m'ont permis d'avancer à chaque fois un peu plus dans la recherche que j'avais entreprise.

Je remercie également Hélène Cixous pour la confiance qu'elle a mise dans cette recherche. Son séminaire a été pour moi un véritable lieu d'apprentissage et de découverte dont l'importance dépasse de loin le cadre de cette thèse. Mes remerciements vont aussi à Marguerite Sandré qui m'a ouvert ses archives du séminaire d'Hélène Cixous.

Ce travail n'aurait pu se faire sans le soutien financier de l'Institut Belle van Zuylen (auparavant Onderzoekszwaartepunt Vrouwenstudies) de l'Université d'Amsterdam et sans le soutien pratique de l'ancien département de français de l'Université d'Amsterdam qui, pendant toutes ces années, m'a accueillie dans ses locaux. Je suis reconnaissante au C.N.R.S. d'avoir accepté, par le biais du N.W.O., ma demande de bourse qui m'a permis de passer quelques mois à Paris pour faire avancer ma recherche.

Des amis et des collègues ont partagé avec moi les peines et les joies de ma vie de « promovenda ». Je remercie Annelies Schulte Nordholt qui m'a devancée dans cette voie et qui, pendant des années, a soigneusement commenté des morceaux de texte avant même qu'ils ne soient de véritables chapitres. Suzan van Dijk était toujours prête à lire mes textes; ses commentaires m'ont été très utiles. J'ai été particulièrement appuyée par Marie-Luc Grall qui, en corrigeant et en commentant des pages d'écriture, a assisté de près à la réalisation de ce livre. Je remercie enfin Béatrice Slama, mon ancien directeur de mémoire à l'Université de Paris VIII-Vincennes, qui a soigneusement lu la dernière version du manuscrit.

Pendant ces années de recherche, il y a eu les amis qui m'ont entourée: Hanneke Steenbergen, l'amie de toujours, qui sans défaillir m'a encouragée; le groupe du Collège Néerlandais avec qui j'ai partagé tant d'aventures intellectuelles et autres, à Paris et à Amsterdam; Larry Cohen, Larbi Sahnoune et Claudine Brametz qui m'ont offert leur hospitalité parisienne; Amath N'Diaye qui est resté patient et souriant.

Je dédie ce livre à mes parents qui, conscients de l'importance d'une solide formation pour leurs filles, m'ont toujours soutenue dans ma vie d'étudiante et de chercheur, dont ce livre est le résultat.

Table

Introduction   11

Chap. I: Le titre
1. Théories du titre   23
2. Anatomie du titre   25
3. Portée du titre   32

Chap. II: L'entrée du texte
1. L'*incipit*, ou le coup du livre   36
2. Questions d'ouverture   39
    a. Qui? Les coulures du sujet   41
    b. Quand? Le noyau dur de l'instant   45
    c. Où? Le royaume de *l'entre*   52
3. « Couper un mot », ou sexuer la section   57
4. « Couper un mot », démembrer le texte   68
5. Le rayonnement du nom du père   71

Chap. III: L'histoire solaire du sujet
1. Une narration qui se veut solaire   77
    a. Le modèle solaire des Egyptiens   80
    b. Le modèle solaire de Bataille   81
2. Réflexions du sujet féminin   84
3. Le discrédit du sujet   87
4. Les autres soleils du sujet   90
5. Une histoire étoilée: le motif du décollement   96

Chap. IV: L'alchimie du texte
1. Le métadiscours et la métaphore alchimique   109
2. L'intertextualité: des « Lus » et des « Mus »   115
    a. Bibliothèques   118
    b. Titres dé-titrés   120
3. Scènes et visions   127
    a. L'appel du visuel   127
    b. Deux fantasmes à voir à lire   128
4. La filiation du signifiant   138
    a. La fuite réglée de *f*   138
    b. Théories de la lettre   140
    c. Le *f* file   145
5. La besogne des mots,
    ou la mise en cause de Bataille   152

Chap. V: « Dora » I, ou la question du nom
1. *Le Cas Dora*: Freud et Cixous   158
    a. L'histoire d'un *Cas*   158
    b. L'histoire d'un *Portrait*   161
2. Le nom de Dora   166
    a. Le nom « porte »: une entrée dans le texte   166

la rencontre avec la loi	168
la sortie du sujet féminin	170
b. Le nom d'« or » de Dora	173
économie familiale, économie textuelle	173
épuisements	177
réinvestissements	181

Chap. VI: « Dora » II, ou le portrait du père

1. Une textualité symptomatique	189
a. Le signifiant symptôme: la toux	189
b. La toux de Dora	190
c. L'autre tousseur	192
d. La toux et ses signifiants	193
2. La toux et ses discours I: un appel à la totalité	196
a. Savoir tout	197
b. Etre tout	204
c. Etre « Toute »	209
3. La toux et ses discours II: l'appel fait à toi	214
a. D'un mal à la gorge à un mal à dire	214
b. D'un mal à deux au mal du deuil	216

Chap. VII: La Leçon d'anatomie,
ou l'apprentissage de la chair

1. L'écriture-peinture d'Hélène Cixous	220
2. Une sémiotique picturale particulière	225
3. Un dyptique fantasmatique	229
4. L'écriture chirurgicale	235
5. L'apprentissage du regard et la mise en crise de la représentation	239
a. Le regard historique	240
b. Le regard altérant	243
c. Le regard géométrique	246
d. Le regard toucher	248
6. Autopsies	253
7. Scènes de boucherie	255
a. Entrées	257
b. Le sexe et la tête	259
c. Questions de viande et de chair	262
8. Anatomie du poulet	264
a. La chair intérieure	264
b. Le féminin et la loi	265
c. Le désemballage des signifiants	266
9. Portrait de l'auteur en écorché, ou l'autoportrait	268

Epilogue: « et maintenant, de quel sang signer ça? »   274

Bibliographie   280
Index des noms cités   297
Index des oeuvres citées d'Hélène Cixous   301

La nécessité d'éblouir et d'aveugler peut être exprimée dans l'affirmation qu'en dernière analyse le soleil est le seul objet de la description littéraire.
Georges Bataille

Pourquoi le soleil n'est-il pas un objet? Parce que c'est lui-même qui suscite et qui tue, ressuscite indéfiniment et retue les sujets qui le regardent comme objet.
Francis Ponge

Je suis la sorcière maladroite de l'invisible: ma sorcellerie est impuissante à évoquer, sans le secours de ta sorcellerie. Tout ce que j'évoque dépend de toi, dépend de ta confiance, de ta foi.
Hélène Cixous

Introduction

Le portrait: un genre problématique chez Cixous

La récurrence de la notion de portrait dans l'oeuvre d'Hélène Cixous est frappante. *Portrait du soleil* (1974), *Portrait de Dora* (1976), « Le vrai portrait de Nelson » (dans *Manne aux Mandelstams aux Mandelas*, 1988), « Le dernier tableau ou le portrait de Dieu » (dans *Entre l'écriture*, 1986), mais aussi des autoportraits comme « Oteportraits d'Hommère en Lioncles » (*Partie*, 1979) et « Autoportraits d'une aveugle » (*Jours de l'an*, 1990) ou même cette « Portée de l'Inconnue » (*La*, 1976)[1] montrent qu'Hélène Cixous, à travers l'évolution chronologique de son oeuvre comme dans la pratique des genres différents (fiction, théâtre, essai), est poussée par le désir, sinon l'urgence, de faire des portraits. Cette urgence ne se limite pas aux titres. Dans bien d'autres fictions, des portraits s'insèrent dans le fil de la narration, introduisant un nouveau moment poétique, comme dans *Le Livre de Prométhéa* (1983), où le « portrait de Promethea en H » constitue une véritable mise en cadre du texte, puisque ce fragment est le seul dans le livre qui porte un titre.

En dépit de cette omniprésence, l'art du portrait est hautement problématique chez Cixous, voire mis en discrédit. L'auteur récuse toute représentation qui prétend « analyser [un être], le cerner, en faire le portrait, la somme, la représentation, le "connaître" »[2] ou qui se pose comme plus réelle, plus vraie, que son modèle: « Bouge pas, on va te faire ton portrait, pour que tu te mettes bien vite à lui ressembler ».[3] Aussi n'est-il pas étonnant de constater que les portraits cixousiens, dès leurs titres, inscrivent ce qu'ils ne sauraient être: des copies conformes, véridiques, de leur modèle. Le « portrait de Promethea en H » met l'accent sur la signature de son auteur, dévoilant sa facture; « Le vrai portrait de Nelson » suggère que la véracité du portrait peut être compromise; les « autoportraits » désignent une appréhension plurielle du sujet-modèle et, dès lors, sa sortie du cadre unique habituel; « autoportraits d'une aveugle » met fin au rôle essentiel du regard dans la réalisation du portrait, suggérant l'existence d'autres catégories de connaissance; tandis que le soleil, Dieu, et l'Inconnue, forment des modèles

---

1. La liste est quasiment infinie. Pensons aussi aux titres de chapitres « Portrait du pire », « Portrait ovale du savoir », « Trait Portrait de l'Artiste en son autre » dans *Prénoms de personne* ou aux titres d'articles: « L'Avant-portrait ou la bifurcation d'une vocation », « Portrait de sa femme par l'artiste », « Reaching the Point of Wheat, or A Portrait of the Artist as a Maturing Woman », « Clarice Lispector – Marina Tsvetaeva – Portraits ». Voir pour les références la bibliographie en fin du livre.
2. Hélène Cixous, *Un K. incompréhensible: Pierre Goldmann*, Bourgois, 1975, p. 41. Pour toutes les références bibliographiques, le lieu d'édition est, sauf indication contraire, Paris.
3. « Le Rire de la Méduse », *L'Arc* n° 61 (sur Simone de Beauvoir), 1975, p. 53.

résolument impossibles et désignent leurs portraits, par conséquent, comme des falsifications, des simulacres.

Ce statut ambivalent du portrait s'explique dans le contexte de la critique cixousienne de la représentation. Dans la mesure où re-présenter, rendre présent, constitue un travail contre l'oubli, une mémorisation, un témoignage – on reconnaît ici les fonctions premières du portrait classique –, pour Hélène Cixous, la représentation n'est rien d'autre que l'écriture: « Ecrire c'est (ce doit être) se souvenir de ce qui est, en cet instant même, se souvenir de ce qui n'a jamais existé, se souvenir de ce qui pourrait disparaître, de ce qui pourrait être interdit, tué, méprisé, se souvenir des choses lointaines, infimes, des tortues, des fourmis, des grands-mères, de la bonne, de la première et brûlante passion, des femmes, des peuples nomades, des peuples petit à petit exilés, des vols de canards sauvages ».[4]

Mais si l'auteur dénonce la représentation, et surtout l'art du portrait, comme un système hautement suspect, c'est qu'ils ont, traditionnellement, partie liée avec une métaphysique de l'essence et de la transcendance. Faire le portrait de quelqu'un, c'est relever ses traits essentiels, le réduire à une essence alors qu'il est, en vérité, aussi peu contournable que saisissable.[5] Cette mise en discrédit du portrait est intimement liée à la critique qu'Hélène Cixous formule, dans les années 70, à propos du sujet, plus précisément en ce qui concerne la notion du Sujet-un, stable, socialisable, identifiable. Sur le terrain d'investigation qui est le sien, l'écriture et la lecture,[6] elle déconstruit ce Sujet en décelant les apparitions de sa véritable « nature » subjective, qui est plurielle et excessive. L'engagement intellectuel et politique d'Hélène Cixous, issu de la génération de Mai 68[7] et mettant à profit, en les transformant, les apports du matérialisme dialectique et de la psychanalyse lacanienne, lui fait concevoir la subjectivité comme l'effet d'une économie à la fois libidinale et politico-symbolique. Cette notion du sujet part de l'idée, lancée

---

4. « De la scène de l'Inconscient à la scène de l'Histoire », dans Françoise van Rossum-Guyon et Myriam Díaz-Diocaretz (éd.), *Hélène Cixous, chemins d'une écriture*, Amsterdam/Atlanta, Rodopi et St.-Denis, Presses Universitaires de Vincennes, 1990, p. 22.
5. Voir aussi la critique du personnage par Hélène Cixous dans « The Character of "Character" », *New Literary History*, vol. 5, n° 2, hiver 1974, p. 383-402.
6. Notamment dans *Prénoms de personne*, un recueil de lectures sur Freud, Hoffmann, Kleist, Poe et Joyce, « chanteurs de la dépense, poètes de la contestation, [qui] arrachent le sujet à l'asservissement du moi, fendent le propre [...] libérant le difficile enivrement de savoir que Je est bien plus qu'un », Seuil, 1974, p. 10.
7. Notons, tout particulièrement, que, à la suite des événements, Hélène Cixous a été mandatée en 1968 par le Ministre de l'Education nationale, Edgar Faure, pour fonder une nouvelle université expérimentale, qui est devenue Paris VIII-Vincennes. Voir Hélène Cixous, « Vincennes, héritière de 68, dans le vertige de la scène avec le père », *des femmes en mouvements* n° 11, novembre 1978, p. 78-79.

par Freud,[8] que la libido, déterminante pour la vie psychique, se distribue selon des procédés économiques, s'investissant ou se retenant. Or les effets de cette distribution de l'énergie pulsionnelle au niveau microéconomique d'un individu sont à repérer aussi au niveau des structures sociales et symboliques, socialisés et métamorphosés en des rapports de force et des rapports de production et de reproduction, qui sont tous d'ordre politique. Dans cette perspective, toute conception du sujet elle-même a ses sources libidinales et politiques, ce qui est le plus apparent dans le cas du Sujet-un, complice de la pensée du Propre (Hegel), phallocentrique, soutenant l'hégémonie de l'Un, au détriment du non-propre, de la différence, de l'autre. L'art du portrait qui, en tant qu'énoncé socio-culturel, est également géré par les économies libidinales culturelles et politiques, risque de se retrouver l'allié de cette machinerie répressive. Car faire le portrait de quelqu'un, le caractériser, c'est comme tirer sa carte d'identité, l'appréhender à partir d'une grille de lecture préétablie, et donc l'introduire dans la dialectique enfermante de la reconnaissance, du propre et du même.

Pour Hélène Cixous, tout portrait qui prétend à relever une essence ou une vérité, procède par sélection, assimilation et appropriation et dénonce, dès lors, son caractère non seulement codé, mais encore socialement et idéologiquement contrôlé. A cet effet, il est intéressant de noter que, dans les citations relevées plus haut, le portrait n'est pas contesté pour lui-même, mais en tant que symbole de deux institutions socio-politiques et symboliques qui visent à contrôler les sujets, à savoir une certaine justice et la psychanalyse. Or, pour Hélène Cixous, ce contrôle s'effectue aussi au niveau de la « machinerie littéraire » qui cherche, de son côté, à maîtriser les signes et les significations et, dès lors, les représentations et les pensées que les gens se font sur eux-mêmes et le monde qui les entoure. Si cette machinerie trouve dans le portrait un de ses instruments les plus efficaces, il s'agit, dès lors, de « révolutionner » le portrait, pour utiliser un terme qui répond à l'esprit littéraire des années 70, nourri par les espoirs portés sur une révolution culturelle et poétique. Il s'agit de faire en sorte que le portrait devienne, lui aussi, en termes cixousiens, un « espace d'où peut s'élancer une pensée subversive, le mouvement avant-coureur d'une transformation des structures sociales et culturelles ».[9] Avec ses anciennes complicités et son potentiel « subversif » encore à explorer, le portrait est, pour Hélène Cixous, un lieu d'ordre éthico-politique par excellence où économie subjective (le sujet du et dans le texte), économie intersubjective (le sujet dans son approche de

---

8. Voir: Jean Laplanche et J.-B. Pontalis, *Vocabulaire de la psychanalyse*, P.U.F., 1967.
9. « Le Rire de la Méduse », *art.cit.*, p. 42.

l'autre) et économie poético-politique (le système de la représentation) peuvent se mettre à l'épreuve réciproquement.

L'écriture solaire et Portrait du soleil

Le portrait en tant que champ d'exploration d'une nouvelle écriture peut avoir chez Cixous l'envergure d'une seule phrase mais aussi d'un livre entier. Si j'ai choisi de centrer ma recherche sur un seul livre, *Portrait du soleil*, le « roman » qu'Hélène Cixous publia en 1973 chez Denoël, c'est non seulement parce que l'analyse d'un seul livre permet d'étudier la problématique au plus près là où elle se joue: au niveau du texte, mais encore parce que l'écriture cixousienne l'exige. Comme l'a souligné Jacques Derrida lors du colloque de Cerisy consacré à Hélène Cixous,[10] chaque livre de cet auteur constitue un « vivant singulier et irremplaçable », et demande donc une lecture appropriée. Ceci ne nous empêche pas de considérer *Portrait du soleil* comme une porte à l'ensemble de l'oeuvre cixousienne. Au contraire, *Portrait du soleil* doit son importance à la position charnière qu'il occupe dans l'oeuvre. Par le jeu joycien de ses signifiants, par son genre hybride, à la fois poétique et critique, mythique et autobiographique, par son caractère autoréflexif et sa continuelle mise en question du sujet, *Portrait du soleil* se rattache aux romans qui précèdent: *Le Troisième Corps* (1970), *Commencements* (1970), *Neutre* (1972), *Tombe* (1973), mais aussi à l'essai *Prénoms de personne*, qui partage sa critique du Sujet, et à quelques fictions postérieures: *Révolutions pour plus d'un Faust* (1975) et *Partie* (1976). L'incorporation de l'histoire de Dora, tirée du célèbre cas clinique *Le Cas Dora* de Freud, l'exploration de l'identité sexuelle, féminine, du sujet et la mise en question de la légitimité du phallus, annoncent les fictions qu'Hélène Cixous publiera par la suite aux Editions des femmes: *Souffles* (1975), *La* (1976), *Illa* (1980), etc., où l'auteur développe la possibilité d'une écriture et d'une subjectivité féminines hors la loi. D'autre part, avec le thème autobiographique de la mort du père, le livre rejoint à la fois le tout premier roman d'Hélène Cixous, *Dedans* (1969), où une petite fille refuse d'accepter la mort, et des fictions plus récentes, *Jours de l'an* (1990) et *L'Ange au secret* (1991), qui sont comme une ré-ouverture du cas de la mort du père. Son dernier livre en date, *O R, les lettres de mon père* (1997), affirme explicitement la place capitale qu'occupe le thème du père dans son oeuvre.

Portrait du soleil est également un texte fondamental parce que, à partir de sa thématique, de ses figures, jusqu'à sa structure narrative, on peut forger une notion adéquate et efficace qui s'applique à l'ensemble de l'oeuvre

---

10. Jacques Derrida, « *H.C., "pour la vie"* », colloque *Hélène Cixous: croisées d'une oeuvre*, sous la direction de Mireille Calle-Gruber, Cerisy-la-Salle, 22-30 juin 1998.

cixousienne: l'écriture solaire. Cette notion est d'autant plus heureuse parce qu'elle évoque deux aspects essentiels de l'écriture cixousienne. L'image du soleil rayonnant, chaleureux et fertilisant rappelle que cet auteur se range explicitement du côté du vivant.[11] Soucieuse de sauvegarder ce qui est précaire, infime, ou risque d'être oublié, Hélène Cixous écrit « pour la vie ». L'image du soleil qui attire tout à lui rappelle, d'autre part, le caractère héliotrope de cette oeuvre qui, d'un livre à l'autre, gravite autour de son propre soleil qui, lui, solarise tout.

Forcément métaphorique, la notion d'écriture solaire demande à être commentée. On peut s'en faire une première idée en essayant de circonscrire *Portrait du soleil* et de relever les étapes de l'histoire. On se rend vite compte alors qu'on peut, certes, tenter de traverser le livre, mais qu'on ne pourra jamais en faire le tour, ni même le décrire, sinon de façon fragmentaire. Parallèlement, si l'on tente de le clôturer, de le résumer, il résiste à toutes les tentatives d'arrêt et d'interprétation en se dérobant sans fin. *Portrait du soleil* enveloppe dans un simulacre d'unité – un portrait – une structure narrative polycentrique, cyclique et glissante, qui affirme sa solarité dans son mouvement rotatif, « révolutionnaire » permanent, non arrêté-non arrêtable. Cette « révolution » est générale. Elle se lit, au niveau de l'histoire, dans la succession des commencements, des élans et des trajectoires qui, interrompues par autant de chutes et de renversements, confèrent à *Portrait du soleil* son caractère à la fois cyclique et héliotrope, à la fois rotatif et progressif, dans la direction d'un horizon qui se projette toujours plus loin. L'énonciation, de son côté, est assumée par un sujet-je, mais ce je est, à l'image du soleil et de son périple, en déplacement continuel, jamais le même, jamais un(e). Il en va de même pour les « personnages » qui l'accompagnent: Dioniris, Dieubis, Jeor, Dora, dont les différents noms solaires indiquent autant de solarités différentes. L'organisation textuelle elle-même est soumise à ce mouvement de révolution permanente: mots, noms et lettres se suivent dans un rapport d'engendrement réciproque.

Un nombre considérable de mythèmes, de philosophèmes et de biographèmes relatifs au soleil sont à l'origine des motifs et des personnages de *Portrait du soleil*, ainsi que de son organisation spatiale et temporelle, voire de ses signifiants. A quel point *Portrait du soleil* est empreint de solarité, ses histoires d'Orient et d'Occident en témoignent, ainsi que ses temporalités diurnes et nocturnes, un personnage comme Ascension, un motif comme l'aveuglement, ses objectifs révolutionnaires, visant à la fois le colonialisme,

---

11. Dans cette perspective, la collaboration d'Hélène Cixous avec le Théâtre du Soleil d'Ariane Mnouchkine ne peut être due au hasard.

le capitalisme, le conjugalisme et le phallocentrisme, et une de ses matières premières: un or étincelant, qui tire le fil du texte d'un bout à l'autre.

L'envergure du domaine solaire se lit aussi dans son rapport avec la figure autour de laquelle tourne l'oeuvre de Cixous: le père, dont le soleil est justement le symbole par excellence. Mais de même que le soleil réel se déplace constamment, la figure du père est mise en circulation, donnée à appréhender dans ses références aussi bien mythiques, analytiques, littéraires, qu'autobiographiques.

L'écriture solaire d'Hélène Cixous se déploie donc à l'intérieur d'un immense champ métonymique et textuel où chaque élément se réfère en premier et en dernier lieu à une seule figure, le soleil, sans que celui-ci puisse pour autant être relevé, repéré. Illuminant tout, il ne se manifeste que par des traces, des effets. Pour le portrait qui est en train de se constituer ici, cette impossibilité à retenir le soleil n'est pas sans conséquences: signalant l'absence d'un centre, d'une origine, d'un modèle, cette impossibilité fait sortir le portrait hors de l'écriture de la représentation qui garantissait la transparence de son travail en renvoyant à la véracité de son référent. C'est peut-être le portrait pictural qui peut nous renseigner sur ce qu'est un portrait, en vérité: plutôt qu'une image, certifiée par un modèle qui lui est extérieur, le portrait est une masse de pâte, dont la disposition des couches et des traits constituent une signature qui n'est pas celle de l'« auteur », mais d'une subjectivité qui prend naissance dans son approche d'une autre subjectivité et dans le maniement d'une matière qui, autant qu'il la façonne, façonne son travail en retour.

Contextes théoriques

Portrait du soleil ne répond plus aux critères de genre du « roman », terme qui figure pourtant sur la couverture du livre. Hélène Cixous désignera ses livres, par la suite, comme des « fictions », mais c'est aussi la notion de « texte » qui lui revient, d'autant plus que *Portrait du soleil*, à cause de sa date, de ses objectifs poético-politiques et de son contexte littéraire-philosophique, montre une certaine familiarité avec les élaborations conceptuelles qui en France, à cette époque-là, sont relatives à la notion de « texte » ou d'« écriture textuelle ». Avec la théorie du texte, développée surtout autour de la revue *Tel Quel*, il ne s'agit pas tant d'une approche nouvelle de l'objet littéraire, que de la définition d'un nouvel objet littéraire. Cette définition s'oppose à l'usage communicatif et représentatif – donc re-productif – du

Contextes théoriques 17

langage et désigne le texte essentiellement comme une « productivité ».[12] En tant que travail sur la langue (littéraire), le texte constituerait une déconstruction de la langue de la représentation ou de l'expression et la reconstruction d'une autre langue. Celle-ci prend son départ, certes, dans la matérialité des signifiants, mais selon des modèles et des jeux de combinaisons radicalement étrangers à la langue de la communication. Il s'ensuit que le texte n'est pas une donnée linguistique ou textuelle: il est quelque chose qui survient quand la productivité se déclenche et que la redistribution s'opère, engendrant une opération signifiante plurielle et différenciée à l'infini.

Si les théories du texte et l'écriture cixousienne puisent visiblement aux mêmes sources – la psychanalyse; la linguistique; le renouveau du commentaire philosophique; l'idée d'une révolution politique –, il n'y a pas lieu ici d'étudier de plus près leurs rapports. D'une part, Hélène Cixous se distancie explicitement de ces nouvelles théorisations, considérant, dans *Prénoms de personne*, qu'ils donnent lieu à une pratique de la lecture où le lecteur est « fasciné, jusqu'à l'aliénation, par l'étude des instruments plus que par les opérations auxquelles ils sont supposés servir ».[13] D'autre part, une étude comparative entre deux domaines déjà aussi hétérogènes qu'une théorie littéraire et une écriture fictionnelle, risque de ne pas pouvoir rendre compte de ce qui constitue une des particularités de l'écriture cixousienne: l'explicitation, à l'intérieur du corpus fictionnel même, de ses présupposés théoriques, et la transformation de ceux-ci en éléments de fiction.

En effet, à l'aide d'un important appareil métadiscursif, *Portrait du soleil*, comme de nombreuses autres fictions d'Hélène Cixous, fait état du contexte théorique et critique dans lequel ou contre lequel il s'est écrit et, par conséquent, de ses propres codes et parti-pris. Encore s'agit-il de savoir comment, et surtout à quel niveau, il s'agit de considérer ces références: là où elles semblent se présenter: à un niveau théorique, s'offrant à être appréhendées, à leur tour, comme une théorisation ou, le cas échéant, comme une contre-théorisation? Ou bien là où elles se présentent en réalité: à l'intérieur d'un texte de fiction dont elles constituent un élément constitutif? Dans la pratique de la lecture, les choses ne se présentent bien sûr pas de façon aussi tranchée. L'identification des différentes allusions et références critiques exige déjà toute une lecture qui suppose la connaissance des différents discours

---

12. Voir Julia Kristeva, *Sémeiotikè. Recherches pour une sémanalyse*, Seuil, coll. Points, 1969, p. 147-184. Voir aussi pour la notion de texte: Jean-Louis Houdebine, « Première approche de la notion de texte », *Tel Quel, Théorie d'ensemble*, Seuil, coll. Tel Quel, 1968, p. 270-284; François Wahl, « Texte », dans: Oswald Ducrot et Tzvetan Todorov, *Dictionnaire encyclopédique des sciences du langage*, Seuil, coll. Points, p. 443-448.
13. *Op.cit.*, p. 9.

théoriques relevés, tandis qu'une lecture de leur fictionnalisation n'est pas sans repérer des effets critiques inédits.

Au cours de ce travail, j'aurai l'occasion de revenir en détail sur les différentes références théoriques. Pour l'instant, je relève, de façon succincte, celles qui constituent l'arrière-fond théorique et critique à partir duquel l'écriture cixousienne demande à être lue et qui, dans le cadre d'une théorisation du texte, ont en commun de se manifester comme une critique du signe.

— *la linguistique*: en tant que notion, le signe appartient au domaine de la linguistique, où Ferdinand de Saussure a défini sa nature unitaire, avec ses deux côtés signifiant et signifié indissociables, porteurs de la « vérité » du référent. Or cette unité du signe est de plus en plus contestée au sein de la linguistique, à l'instar de Saussure même qui, notamment dans son travail sur les anagrammes,[14] montre que le signifiant et le signifié peuvent être dissociés, et que le signe, ainsi, se détruit dans la chaîne syntagmatique. Cette force anagrammatique et souterraine du signe écrit est un des facteurs constituants de la textualité de *Portrait du soleil*;

— *la théorie freudienne du rêve*: dans *Neutre*, Cixous cite en exergue le célèbre passage de *L'Interprétation des rêves* où Freud compare le rêve à un rébus: le contenu du rêve nous est donné sous forme d'hiéroglyphes, et ceux-ci doivent être successivement traduits dans la langue. Il s'ensuit que ces « signes » – Freud ne disposait pas à cette époque du secours de la linguistique – ne sont pas ce qu'ils sont: ils sont le produit du travail du rêve où ils ont subi des processus de condensation et de déplacement. Avec cette élaboration théorique, Freud montre comment un signe peut renvoyer à un autre et à quel point le langage (du rêve) est marqué par ces déplacements. Cette notion du déplacement de lettres, d'idées et de figures est la source de maints procédés stylistiques dans *Portrait du soleil*;

— *la psychanalyse lacanienne*: pour Jacques Lacan, le signifiant, loin de représenter un signifié, ne représente pour le sujet parlant qu'un autre signifiant, ce qui constitue un évidement de la notion linguistique du signe. Loin d'exprimer le sujet et le sens, le signifiant les anticipe, parle à leur place. La dé-liaison du signifiant et du signifié a conduit Lacan à penser l'inconscient, structuré « comme un langage », comme une superposition de chaînes où celle des signifiés glisse sous celle des signifiants. *Portrait du soleil* met à profit cette idée de l'enchaînement des signifiants, tout en réfutant la loi lacanienne qui gouverne son agencement: le phallus. Au contraire même: on aura l'occasion de relever de nombreux synonymes et

---

14. Voir: Jean Starobinski, *Les Mots sous les mots. Les anagrammes de Ferdinand de Saussure*, Gallimard, coll. Le Chemin, 1971.

métonymies qui rendent au « phallus » son caractère bien réel de signifiant, démultipliable, renvoyant à un référent dans le réel;

— *la grammatologie derridienne*: Jacques Derrida a constaté la répression de l'écriture dans la pensée occidentale au profit de la parole et de la voix, dont elle ne serait que la représentation ou l'enregistrement, selon la tradition phono-logocentrique. La grammatologie, en revanche, affirme que l'écriture a toujours déjà été en action dans ce qu'elle semble justement représenter, dans un mouvement différentiel qui échappe à toute saisie. Ce mouvement de la « différance »,[15] dans lequel l'écriture est impliquée, et qui constitue une dissémination du signifiant comme du signifié, met fin à la logique du signe, irréductible, dès lors, à un seul signifiant comme à un seul signifié;

— *les théories des économies libidinales et politiques*: articulant Freud et Marx, Jean-François Lyotard pose, dans *Economie libidinale*, que le passionnel constitue un facteur déterminant de l'économie politique et que, inversement, les passions sont liées à des motifs d'ordre politique.[16] Dans *La jeune née*, Hélène Cixous développe davantage ces idées, soutenant que les économies libidinales et politiques ne se manifestent pas seulement au niveau de la psyché ou des processus sociaux et symboliques, mais aussi au niveau du texte. Elle attribue l'inscription de ces économies à la prépondérance du rôle joué, dans le processus de l'écriture, par le corps, c'est-à-dire le corps pulsionnel. Au-delà de ses structures signifiantes, le texte est donc le produit d'un « désir », c'est-à-dire d'un ensemble de facteurs d'ordre à la fois inconscient, sexuel, individuel et social. Loin d'être identifié par la fiction, ce désir se trouve inscrit comme des traces d'affects, qui peuvent être repérées au niveau de l'organisation textuelle.

Avec l'affect inscrit dans le corps du texte, on assiste aussi, chez Cixous, à la révision du concept du sujet. Ce sujet, loin de constituer un retour au Sujet-un, complice d'une écriture de la représentation, se donne à appréhender comme un sujet éclaté et pluriel, en métamorphose continuelle. Quête d'un sujet aussi intenable que le soleil, *Portrait du soleil* se donne à lire comme une mise en faillite des catégories mêmes sur lesquelles reposait le concept du sujet: l'identité sociale, raciale, sexuelle, corporelle. En même temps, il donne une autre subjectivité à appréhender, qui se lit à travers la remarque des affects, dans l'agencement économique des signifiants, comme un effet du texte. Passant outre aux limitations discursives dues à la raison homogénéisante, réductrice et unifiante et se fiant à ce qui est inscrit au coeur de la langue elle-même: le paradoxal, l'ambigu, l'indécis, marques de

---

15. « La Différance », dans *Tel Quel, Théorie d'ensemble*, Seuil, 1968, p. 42-66; repris dans *Marges de la philosophie*, Minuit, 1972, p. 1-29.
16. Jean-François Lyotard, *Economie libidinale*, Minuit, 1974.

la « pluréalité » qu'est le réel en vérité, le texte cixousien donne à entendre une autre histoire du sujet, qui est une histoire plurielle et infinie.

Lire Portrait du soleil

Portrait du soleil est un texte qui répond à la définition derridienne de l'écriture qui dissémine, qui travaille le signifiant, qui s'écoute écrire et qui relance ses propres inscriptions. Un texte qui prend sa propre matérialité pour première référence demande une approche également textuelle. C'est pourquoi ma lecture va au plus près du corps textuel, relevant à la fois de la sémiotique et de la stylistique et prenant en compte aussi bien les sonorités et les étymologies des mots que leur aspect visuel. Il s'ensuit aussi que ma lecture sera, dans un premier temps, très ponctuelle, prenant son point de départ dans des fragments de texte précis. Mais l'économie différentielle de l'écriture cixousienne elle-même fait que cette lecture, s'articulant parfois sur un seul signifiant, ne tardera pas à traverser l'ensemble du livre, voire ouvrira, par les entrées choisies, sur des figures et des thèmes récurrents dans l'oeuvre de Cixous.

Encore s'agit-il de savoir quelles entrées on peut choisir. Gilles Deleuze écrit sur ce sujet dans un commentaire sur *Neutre* dans *Le Monde*: « La véritable nouveauté d'un auteur ne se découvre que si l'on arrive à se placer au point de vue qu'il a lui-même inventé et par rapport auquel il devient facile à lire, entraînant le lecteur ».[17] Nous adoptons ce point de vue en transformant la question de comment lire ce texte en comment ce texte veut-il, ou exige-t-il, être lu. La question est d'autant plus pertinente que la critique littéraire dispose de deux théories efficaces qui, tout en s'attachant à des endroits textuels très limités, prétendent explorer deux lieux stratégiques du livre dans la mesure où ils constituent une sorte de microcosme et délivrent des « protocoles de lecture »: le titre et l'incipit. D'autre part, avec ses nombreuses portes fermées, défendues, ou tardant à s'ouvrir, *Portrait du soleil* lui-même, sacralisant le seuil et l'entrée, nous incite à faire nos premiers pas sur ces seuils mêmes. Avec ces « portes du texte », nous disposons d'emblée d'un espace à la fois littéral et théorique, d'une entrée suffisamment rigoureuse pour entrer dans le texte de Cixous, nous immerger dans son architecture et suivre, pas à pas, son cheminement vers les questions qu'il (se) pose. Ainsi on élaborera à partir du titre, dans le premier chapitre, une première analyse thématique et intertextuelle. Dans le deuxième chapitre, l'analyse de la première page nous permettra d'étudier la problématique relative à l'ouverture d'une narration, à savoir les questions de l'énon-

---

17. « Gilles Deleuze présente Hélène Cixous ou l'écriture stroboscopique », *Le Monde*, 11 août 1972.

ciation, de l'espace et du temps. Elle nous permet en même temps de déceler, aussi bien au niveau de l'histoire que de la textualité, les premiers contours d'un motif qui va constituer « l'histoire » de ce livre de Cixous, qui est une histoire de séparation et de réparation.

Le troisième chapitre reprend la question de la voix narrative et de l'énonciation, mais en l'associant au motif solaire. Il s'agit, plus précisément, de relever un certain nombre de figures et de métaphores solaires comme autant de figurations à travers lesquelles l'instance subjectale, le « je » de la narration, se manifeste et se met à l'épreuve. Car si le soleil se propose comme le sujet de ce portrait, le véritable sujet est le portraitiste, le sujet-je qui, dans sa quête du soleil, s'avère être à la quête de sa propre subjectivité. Le caractère mobile et changeant du soleil suggère déjà que cette quête ne pourra se raconter en une narration linéaire et suivie, mais doit avoir recours à une histoire discontinue et multipliée, tandis que son effet éblouissant annonce que la narration de cette histoire aura lieu à un niveau nettement extérieur à la représentation.

L'important métadiscours de *Portrait du soleil,* avec ses multiples clés de lecture, constitue une autre « porte du texte », qui fait l'objet du quatrième chapitre. Non seulement la fonction métadiscursive sera étudiée, mais encore ce sur quoi le métadiscours attire explicitement notre attention de lecteurs: l'immense domaine intertextuel et la fonction des différents intertextes; l'importance de la dimension spectaculaire et visuelle du texte et le – faux – appel fait par la narration à la dimension du regard; et le travail sur les signifiants, travail de « fil » mais surtout de « fille », dont un exemple précis est suivi à partir de la lettre « f ».

Les trois derniers chapitres ont des entrées thématiques qui dépassent le seul cadre de *Portrait du soleil* et prennent en compte d'autres textes de Cixous. Les chapitres V et VI sont consacrés à la figure de Dora, la jeune patiente de Freud, dont Cixous a incorporé l'histoire dans *Portrait du soleil.* On sait le succès qu'a eu *Portrait de Dora*, la pièce qu'Hélène Cixous a écrite sur ce même personnage et qui a été montée trois ans après la publication de *Portrait du soleil*. Mon analyse s'attache à mettre en valeur l'histoire de Dora à travers son apparition dans *Portrait du soleil,* qui a très rarement été prise en compte par la critique cixousienne et qui dépasse de loin les enjeux féministes que cette critique a, par ailleurs très justement, relevés. L'analyse prend son point de départ dans deux endroits métadiscursifs différents: la mise en relief par la narratrice du nom de Dora, et le travail de la remarque, au niveau du texte, d'un des symptômes de Dora: sa toux. Déplacés et transformés en éléments de fiction, le nom de Dora aussi bien que la toux s'avèrent constituer d'importants autobiographèmes qui contribuent, chacun de son côté, à l'histoire du sujet. La référence à Dora nous permet également d'aborder un lieu du texte où certaines constructions sociales et symboliques de la féminité sont mises à l'épreuve en même temps que le sujet du texte donne la preuve de sa propre féminité.

Le dernier chapitre prend comme point de départ le versant pictural du portrait, en analysant la description d'un tableau de Rembrandt, *La Leçon d'anatomie*. La description de ce tableau, qui renvoie à d'autres scènes dans le livre, est lue comme un discours où on peut relever des traces d'affects différents qui ont trait au spectacle impossible de la mort. Comme la référence à Rembrandt constitue une constante dans l'oeuvre cixousienne, sa présence dans d'autres livres de l'auteur est explicitée en fonction de sa signification dans *Portrait du soleil*, qui est primordiale pour l'oeuvre. Ce même tableau et ses multiples occurrences et avatars, variant des scènes de boucherie à des descriptions d'autres tableaux de Rembrandt comme *Le Boeuf écorché*, nous permettent de voir sur quelle image – impossible – repose cet étrange portrait du soleil. Cette image confère à *Portrait du soleil* l'unité que le caractère différentiel de son écriture semble démentir, en même temps qu'elle montre à quel point un portrait constitue toujours aussi un autoportrait.

La dernière phrase, qui fait l'objet de l'épilogue, renverse encore radicalement cette idée de l'autoportrait en posant le problème de la signature du livre-portrait et, dès lors, de l'auteur. Car de quel sujet *Portrait du soleil* trace-t-il l'histoire? Est-ce le sujet-je, reconstituable à travers des repères historiques et autobiographiques fournis par la fiction et dont le nom figure sur la couverture du livre? Ou est-ce le sujet-je qui, dans la fiction, s'autodésigne parfois comme « hélène cixous », sans majuscules, et qui se lit à travers des histoires d'autres sujets, par exemple celle de Dora, ou qui se met à l'épreuve devant des scènes intenables, déchirantes? Ou est-ce encore le sujet-je, médiatisé par la scriptrice soumise à l'écoute de la langue, qui n'a d'autre consistance subjective que celle engendrée par la rencontre des lettres et des mots? La question du sujet étant indécidable, son histoire ne pourra en être une. Elle se raconte chaque fois de nouveau et différemment à tous les niveaux du texte et de la narration.

I
Le titre

> Lire –
> Cette pratique –
> Appuyer, selon la page, au blanc, qui l'inaugure son ingénuité, à soi, oublieuse même du titre qui parlerait trop haut.
>
> Mallarmé, *Quant au livre*
>
> Tellement à l'intérieur qu'il n'y avait *jamais eu de nom*.
>
> Hélène Cixous, *Photos de racines*[1]

1. Théories du titre

Portrait du soleil. Ce titre a déjà accompli sa tâche. Il vient d'attirer notre attention de lecteur, il nous a séduits, il a frappé notre imagination en parlant de soleil et en promettant son portrait... « Un beau titre est le vrai proxénète du livre »: Furetière, l'auteur de cette formule,[2] n'aurait pu imaginer que sa remarque provocante deviendrait, trois siècles plus tard, la formule canonique des « titrologues »,[3] d'aujourd'hui. Car la « titrologie »,[3] cette discipline mineure qui s'applique à l'élément intitulaire du paratexte,[4] affirme que le titre est l'énoncé verbal par excellence pris dans une situation de communication, voire de commercialisation. D'où la triple fonction qu'elle lui attribue: identifier l'ouvrage, en désigner le contenu et le mettre en valeur.

---

1. Entretiens avec Mireille Calle-Gruber, des femmes, 1994, p. 28, mise en exergue. Les italiques sont de Cixous.
2. Antoine Furetière, *Le Roman bourgeois*, Gallimard, Bibl. de la Pléiade, p. 1084, cité par Leo H. Hoek, *La Marque du titre*, La Haye, Mouton, 1980, p. 3.
3. La titrologie se caractérise par une pluralité d'approches: sociocritique, sémiotique, linguistique, rhétorique. Les principaux textes de référence utilisés ici sont, en ordre chronologique: Leo H. Hoek, « Description d'un archonte: Préliminaires à une théorie du titre à partir du Nouveau Roman », dans Jean Ricardou et Françoise van Rossum-Guyon (éd.), *Nouveau Roman: hier, aujourd'hui*, tome 1: Problèmes généraux, U.G.E., coll. 10/18, 1972, p. 289-306; Charles Grivel, « Puissances du titre », dans *id.*, *Production de l'intérêt romanesque*, La Haye, Mouton, 1973, p. 166-181; Claude Duchet, « *La Fille abandonnée* et *La Bête humaine*, éléments de titrologie romanesque », *Littérature* n° 12, déc. 1973, p. 49-73; Leo H. Hoek, *La Marque du titre. Dispositifs d'une pratique textuelle*, *op.cit.*; Gérard Genette, « Titres », dans *id.*, *Seuils*, Seuil, 1987, p. 54-97; Abdelhacq Regam, *Les Marges du texte*, Thèse de Doctorat d'Etat sous la direction de Claude Duchet, Paris VIII, 1991.
4. Selon Genette, le paratexte est ce par quoi un texte se fait livre et se propose comme tel à ses lecteurs, et plus généralement au public. Il constitue « le lieu privilégié d'une pragmatique et d'une stratégie, d'une action sur le public au service, bien ou mal compris et accompli, d'un meilleur accueil du texte et d'une lecture plus pertinente – plus pertinente, s'entend, aux yeux de l'auteur et de ses alliés » (*Seuils, op.cit.*, p. 8). Voir aussi Genette, *Palimpsestes*, Seuil, coll. Points, 1981, p. 10.

Mais qu'est-ce qu'un portrait du soleil? La question ne va pas tarder à s'imposer, une fois qu'on aura percé la lisibilité flagrante (ou justement aveuglante) de ce titre. Car rien de plus lisible, rien de plus connu, dans un premier temps, que cette notion de portrait, par laquelle le titre avoue son appartenance à la très ancienne « famille de titres » de portraits verbaux et picturaux. Rien de plus évident, et même, littéralement, de plus clair que le sujet de ce portrait: ce soleil, qui pèche par son côté trop familier, trop quotidien.

Pourtant, sous l'apparente affirmation qu'il énonce – « ce texte est un portrait du soleil » –, ce titre n'est pas sans poser une énigme. Car un « portrait du soleil » peut-il exister, peut-il se faire, vu que l'objet à portraiturer, le soleil, est, par définition et par excellence même, ce qui ne s'offre pas au regard, donc encore moins à la représentation? Et qui serait alors ce portraitiste qui prétend avoir fait face au soleil, l'avoir contemplé, fixé du regard? N'aurait-il pas aussitôt été frappé d'aveuglement, n'aurait-il pas eu les yeux brûlés? Ou, comme se le demande Francis Ponge: « Pourquoi le soleil n'est-il pas un objet? Parce que c'est lui-même qui suscite et qui tue, ressuscite indéfiniment et retue les sujets qui le regardent comme objet ».[5] On ne peut donc pas faire un portrait du soleil et ce titre, comme le texte qu'il intitule, constitue soit un leurre, sinon une imposture, soit un défi. Dans les deux cas, notre curiosité de lecteur est éveillée...

Car le texte existe, ce portrait est là. Seulement, à quel prix a-t-il été réalisé, au bout de quels efforts, avec quels moyens, quels subterfuges? Qu'il en ait fallu beaucoup, c'est ce que vient suggérer, toujours à la lisière du texte, la quatrième de couverture, autre lieu stratégique du paratexte:[6] « Faire le portrait du soleil c'est soutenir du regard l'insoutenable, saisir l'insaisissable. Autant vouloir "finir" l'histoire infinie du sujet ». Soutenir l'insoutenable, saisir l'insaisissable, finir l'infini: ce fragment utilise une rhétorique de l'oxymore où le désir de faire ce portrait se heurte à sa propre impossibilité. Mais comme le portrait existe, sa réalisation est renvoyée dans le domaine de la tentation des limites et de la transgression des bords.

La quatrième de couverture et l'entreprise littéraire qu'elle annonce ont beau avouer la quasi-impossibilité du projet, il demeure que le titre est toujours « juste », qu'il dit toujours « vrai ».[7] C'est ce que les titrologues nous garantissent, soulignant le statut performatif du titre. En fait, le titre se trouve impliqué dans une scène d'énonciation où l'auteur, tout en nommant son texte *Portrait du soleil*, s'adresse au destinataire-tu, le lecteur, et lui

---

5. Cité par Jean-Noël Vuarnet, « Portraits du soleil », *Les Lettres Nouvelles* n° 4, sept. 1974, p. 174.
6. Voir Genette, *Seuils, op.cit.*, p. 28-29.
7. Grivel, « Puissances du titre », *op.cit.*, p. 171.

donne la garantie qu'il s'agira effectivement d'un « portrait du soleil ». C'est en vertu de sa parole et de sa volonté que dire: « ceci est un *Portrait du soleil* » revient à faire ce portrait, en toutes sincérité et véracité requises.[8]

Ce titre *Portrait du soleil*, au seuil d'un texte qui va se désigner comme une « cuisine cosmique » (55), a-t-il donc tellement besoin d'être absous d'un soupçon de vérité, de vraisemblance? Ne serait-il pas, d'ores et déjà, en deça de « l'impossible » projet qu'il énonce, la proposition seule, l'annonce de son sujet: un portrait du soleil toujours à venir? Il serait alors ce « programme », dans le sens où l'entend Derrida, le « gramme » ou graphème mis à l'avant du texte, le signifiant précédant l'écriture proprement dite.[9] Tout se passe alors comme si le titre disait déjà tout, qu'il est ce portrait du soleil même dont le récit ne serait que la glose ou une longue note en bas de la page... Ce serait, d'une certaine manière, libérer l'écrivain de la tâche difficile de faire ce portrait, d'avoir à fixer le soleil (dans les deux sens du terme), le confronter, l'encadrer, le nommer. C'est empêcher aussi que le texte, avec son impossible portrait, tombe dans l'erreur: il sera toujours juste.

Placé en tête du livre et rappelé en haut de chaque page, *Portrait du soleil* rappelle alors ce titre-tête que Derrida, à la suite de Mallarmé, a dénoncé comme « l'oraculeux [qui] porte front haut, parle trop haut ».[10] Et en effet, en dépit de sa voix de « commandement » et de « chef », en dépit de son autre « capitalisation » à l'extrême que constitue sa forme courte et économe, ce titre, tout en s'érigeant en Signifiant ultime du texte conséquent, inscrit son refoulé, ses non-dits, les voix qu'il cherche à assourdir. Paradoxe que ce titre: entrée ou droit d'entrer, marque (« marque » signifiant, étymologiquement, « droit d'entrée ») capitalisée, à l'image de cette tête qui s'impose, de cette voix qui crie, il est aussi le graphème ultime, le point microscopique ou le spéculum d'autres voix/voies.

2. Anatomie du titre

Qu'est-ce que le titre nous fait apercevoir du portrait qui va bientôt se déployer devant nous? Comment oriente-t-il notre lecture avant même que nous n'ayons ouvert le livre? Les titrologues ont, chacun à sa manière, salué le titre en tant que miroir, reflet, ou encore « abrégé » du livre. Ils ont reconnu en lui la « capacité [...] d'embrasser le corps entier du texte », d'en

---

8. Voir Hoek, *La Marque du titre, op.cit.*, p. 291. Hoek s'appuie sur *Quand dire, c'est faire* de J.L. Austin sur les actes du langage (Seuil, 1970; titre original: *How to do Things with Words*, Oxford University Press, 1962).
9. *De la grammatologie*, Seuil, 1967, p. 19.
10. Voir « La double séance », dans *La Dissémination*, Seuil, coll. Tel Quel, 1972, p. 204.

représenter la « structure profonde ».[11] Mais avouons-le: la capacité référentielle du titre par rapport au texte reste toujours très retorse tant qu'on n'aura pu confronter la lecture du titre avec celle du texte lui-même. C'est toutefois en sa qualité de « microtexte autosuffisant, générateur de son propre code » ou encore d'un « tout sémantique autonome »[12] qu'on pourra aborder le titre, suivre son fonctionnement propre et déterminer ses points de départ. Suivant l'appareil sémiotique élaboré par Leo H. Hoek, j'étudierai le titre à partir de ses unités de sens les plus petites (les phonèmes, morphèmes et lexèmes) jusqu'à son champ « intertitulaire »,[13] et tiendrai compte également de sa rhétorique et de sa poétique.[14]

Le syntagme « portrait du soleil » se présente comme un énoncé court, économe en matériel verbal: il est composé de deux substantifs liés par une préposition. Poétiquement, ce titre joue sur la tension entre les noms de « portrait » et « soleil ». Cette tension est soutenue au niveau phonématique par un effet d'écho provoqué par la presque similitude entre les voyelles [o] et [ɛ] dans chacun des deux noms. Cet écho se perd cependant dans le jeu des consonnes: courtes, stridentes et coupantes dans « portrait », continues et coulantes dans « soleil ». Ainsi, dans la musique du titre, les idées de coupure et de coulement se confrontent, isotopies, comme on va le voir, du texte même de Cixous.

« *Portrait du soleil* », sans article, conduit à l'anecdote, au particulier. Faisant contraste avec l'article défini qui précède le terme de « soleil », ce titre donne à lire ce que le texte qu'il désigne ne saurait être: *le* portrait, c'est-à-dire, la reproduction fidèle et complète, totalisante et achevée, la « copie conforme » de son original. Ainsi se crée une autre tension: entre l'unicité du modèle et l'inéluctable caractère partiel, momentané et inachevé de son représentant. Toutefois, le terme de « portrait » est, de par sa position initiale, re-marqué. Il se propose, s'impose, dans son unicité et sa voix inaugurale, comme *le* portrait du soleil.

L'indication générique que constitue le terme de portrait est riche en indications métadiscursives. Elle nous avertit que nous allons avoir affaire à

---

11. Voir Grivel, « Puissances du titre », *op.cit.*, p. 169; Hoek, « Description d'un archonte », *art.cit.*, p. 297-298; Duchet, « Eléments de titrologie romanesque », *art.cit.*, p. 70.
12. *Ibid.*, p. 51; Grivel, « Puissances du titre », *op.cit.*, p. 172.
13. *La Marque du titre*, *op.cit.*, p. 183-199.
14. En suivant les indications de Claude Duchet (*art.cit.*, p. 62, 64) qui plaide aussi pour l'analyse de la dimension sociocritique du titre. En dépit de ses richesses sémiotiques, le titre de Cixous se soustrait à une telle analyse et je n'en tiendrai pas compte.

un certain type de discours: celui de la description.[15] Elle signale également un certain objet de cette description: un être animé, réel ou fictif, tant par ses aspects moraux que physiques – mais le soleil, peut-il bien être considéré comme cet être animé? –,[16] et à une certaine forme, une « syntaxe », conforme aux exigences du genre dans lequel il s'intègre par cette notion de « portrait » même.

Or, pour ce qui est de ce dernier point: si le portrait est, depuis le XIXe siècle, reconnu comme genre littéraire et qu'il a même connu, au XVIIe siècle, sa grande vogue, il y a eu très peu de descriptions théoriques de la forme du portrait. Certains historiens de la littérature du siècle dernier et d'aujourd'hui admettent que, pour le portrait, « il n'y a pas de procédés », qu'il se « cuisine »[17] ou que seules « certaines intentions, et des limites certaines » ont pu en être fixées – pour être faussées par la suite.[18] Tout de même, si concordance il y a entre ces théories du portrait, la forme de *Portrait du soleil* s'annonce, quant à elle, comme discontinue, fragmentaire et non-totalisante. Ainsi ce titre contraste avec son sous-titre de « roman »: les procédés de l'énumération, de la juxtaposition ou de l'anachronique auxquels on pourra s'attendre ne s'accordent guère avec les nécessités syntagmatiques du narratif.

En tant qu'opérateur métafictionnel sémantique, le terme de « portrait » est censé mettre en valeur la nature du texte et notamment sa relation avec la réalité.[19] De ce point de vue, il serait connoté, d'emblée, de vrai ou de faux, de portrait possible ou impossible. Une certaine ambiguïté se fait alors jour. Tout portrait se veut synonyme de description exacte et réelle, de copie conforme, typique, objective et exhaustive d'un modèle. Dans l'histoire du portrait, les portraitistes ont en effet témoigné de leur intention d'être vrai et, plus particulièrement, de leur foi en des procédés de stylisation censés garantir cet objectif de vérité.[20] Cette conception du portrait est par ailleurs au plus près de son sens étymologique: *pro-trahere*, « pour traire », tirer à la

---

15. Un portrait peut aussi se faire par le récit d'actions ou les dialogues. Dans ce cas on parle d'hypotypose. Voir Bernard Dupriez, *Gradus. Les procédés littéraires*, U.G.E., coll. 10/18, 1984, p. 358. Pour une introduction à la problématique de la description, se reporter à Philippe Hamon, *Introduction à l'analyse du descriptif*, Classiques Hachette, 1981.
16. Pierre Fontanier, *Les Figures du discours*, Flammarion, coll. Champs, 1977, p. 428.
17. Les citations sont respectivement de: Henri Thulié, *Le Réalisme* [1857] et Gustave Lanson, *L'Art de la prose* [1908], cités dans Philippe Hamon, *La Description littéraire. De l'Antiquité à Roland Barthes: une anthologie*, Macula, 1991, p. 150 et 225. Remarquons que la « cuisine cosmique » de Cixous citée plus haut fait écho au « cuisiner » de Lanson.
18. Michel Beaujour, *Miroirs d'encre*, Seuil, 1980, p. 7 (Beaujour se limite à l'autoportrait).
19. Hoek, *op.cit.*, p. 110.
20. Voir Henry Bouillier, *Portraits et miroirs*, SEDES, 1979, p. 22-23.

lumière, mettre au jour, révéler, décrypter, selon des règles considérées comme plus ou moins scientifiques.

Ce sont, grand paradoxe, ces mêmes conventions du genre qui mettent encore en évidence le caractère factice du portrait. Comme le soulignent Lessing et Gustave Lanson, le portrait n'est pas censé « faire voir » – par ailleurs, il en est fort incapable –,[21] mais censer donner une impression captivante du modèle en en rendant les traits saillants et distinctifs, et en faisant soustraction de traits redondants. Ainsi le portrait, par son caractère analytique, concentrique, dissertant, ne saurait être cette copie conforme, ce double du modèle.

Reconnaissons-le: le terme de « portrait » n'est pas sans insister sur sa fictionnalité. C'est qu'il reste, dans ce contexte littéraire, obstinément métaphorique. Renvoyant sans cesse à son origine picturale, il s'affirme non seulement comme un double écart du modèle, mais il laisse sombrer aussi l'image qu'il trace dans la masse opaque des mots.

Cette fictionnalité est encore renforcée par le caractère du sujet même de ce portrait: le soleil. Incongru, sinon impossible comme objet à portraiturer, et *a fortiori* comme personnage de roman, son référent réel est aussi un « impossible » modèle: existant dans le temps et l'espace, il ne tient pas tranquille, ce qui lui confère de multiples visages.

D'autre part, le « soleil » est un terme fortement marqué au niveau sémiotique, impliqué dans une frange de connotations sémantiques, symboliques et culturelles très diverses. Sa première connotation est bien sûr celle du divin car, du dieu solaire égyptien Osiris à Apollon et à Mithra, du *Sol invictus* au Roi solaire[22] en passant par le symbolisme solaire des traités alchimistes, le soleil est, dans bien des religions, mythologies et philosophies, l'image par excellence de Dieu.[23] Détenteur de pouvoirs vitaux, fécondateur et géniteur premier, principe et fin de toute manifestation, le soleil évoque aussi la figure du père et de ses substituts: Dieu le père, le père oedipien et symbolique et, surtout, quant à la biographie d'Hélène Cixous, le père réel, mort quand sa fille n'avait pas onze ans.

---

21. Gotthold Ephraïm Lessing, *Du Laocoon, ou les frontières de la peinture et de la poésie* [1766] et Gustave Lanson, *L'Art de la prose* [1908], cités dans Hamon, *La Description littéraire, op.cit.*, p. 221 et 224.
22. Voir aussi Louis Marin, *Le Portrait du roi* (Minuit, 1983), sur les portraits picturaux du Roi Soleil.
23. Voir l'entrée « soleil » dans: Jean Chevalier et Alain Gheerbrant, *Dictionnaire des symboles*, Robert Laffont/Jupiter, coll. bouquins, [1969] 1982, p. 891-896.

Représentant de Dieu et du père, deux instances hautement autoritaires, le soleil est aussi, comme l'a montré Jacques Derrida,[24] le père de toute figure: à commencer par ce Dieu biblique qui, non seulement, a créé l'homme d'après son image, mais qui aussi l'a frappé ensuite de l'interdit de la représentation: « Tu ne feras pas d'images... ».[25] Faire le portrait du soleil, c'est donc à la fois regarder en face cette figure autoritaire et enfreindre la loi, sa loi: la loi de la figuration. C'est ébranler tout le système de la représentation qui la constitue.

Carrefour de multiples allusions et renvois, le soleil, qui est pourtant « la chose la plus naturelle, la plus universelle, la plus réelle, la plus claire, le référent le plus extérieur en apparence », comme l'affirme Derrida, « n'échappe pas tout à fait, dès lors qu'il intervient (et il le fait toujours), dans le procès d'échange axiologique et sémantique, à la loi générale de la valeur métaphorique ».[26] Paradoxe donc que ce référent unique, sinon ultime: s'il illustre tout, il n'arrive pas à s'illustrer lui-même. Ou quand même? Car si le soleil ne se laisse pas représenter directement, qu'il ne s'offre même pas en modèle, indubitablement, il *est*, puisqu'il se fait sentir. Pour un portrait de soleil, les conséquences de cette constatation sont considérables. Un tel portrait aura à travailler d'autres moyens de représentation que les seules description ou figuration, il aura à se passer de l'illusion de la référentialité et de la transparence et il devra se fier aux puissances évocatrices, poétiques du langage même. Mais un portrait du soleil pourrait aussi représenter ce par quoi le soleil se fait sentir: ses reflets ou effets. Ses représentants, à valeur métonymique, sont alors: la chaleur, la fertilité, la brûlure, son rayonnement, le périple même qu'il suit, avec son mouvement d'ascension et de descente, avec ses éclipses momentanées. Cela implique que le soleil change de statut: de référent unique et ultime du soleil mythique, il devient une figure de passage, en mouvement continuel: toujours une version, une « père-version », de son modèle.

Ce changement de statut n'est pas sans affecter la lecture du titre: celui-ci propose en effet un texte qui prétend aussi parler *en* soleil. C'est ce que nous permet de constater la double valeur, objective et subjective, du génitif

---

24. « La Mythologie blanche », dans *Marges*, Minuit, 1972. Voir aussi l'article de Mairéad Hanrahan, « Une porte du *Portrait du soleil* ou la succulence du sujet », dans Françoise van Rossum-Guyon et Myriam Díaz-Diocaretz (éd.), *Hélène Cixous, chemins d'une écriture*, *op.cit.*, p. 45-53.
25. Pour une interprétation actuelle de cet interdit comme la rencontre d'un *impossible* dans la représentation, voir Adélie et Jean-Jacques Rassial (éd.), *L'Interdit de la représentation*, Seuil, 1984.
26. Jacques Derrida fait cette remarque à partir d'une analyse de l'histoire de la métaphore solaire dans la philosophie occidentale. Voir « La mythologie blanche » dans *Marges*, *op.cit.*, p. 260.

« de ». Nous voyons ici l'ambiguïté de l'expression « sujet du portrait » battre son plein. Car qui est le véritable sujet de ce portrait: l'objet portraituré ou le sujet-portraitiste? Passé sous silence, ce dernier s'avère bien être le caché, le refoulé de ce titre que celui-ci n'a pourtant cessé d'inscrire. A chaque fois qu'il était question de l'impossibilité d'un portrait du soleil, du danger d'aveuglement, de la brûlure des yeux, il était question aussi, implicitement, du portraitiste. Ainsi si, à première vue, ce titre impose son sujet, le soleil (qui est, en outre, le Sujet par excellence), c'est en fait pour faire silencieusement appel à un autre, son autre: le portraitiste-exécuteur, le « je » du récit.

Or comment procède-t-il, ce portraitiste-exécuteur, maintenant que ce titre vient de mettre au jour son double programme, ses sujets pluriels? Travaille-t-il comme ce soleil-père, l'illustre, l'origine de la vue, le détenteur de l'oeil, de qui proviennent les lois de la représentation mêmes: celles qui s'articulent sur l'opposition entre le jour et la nuit, le visible et l'invisible, le présent et l'absent, sur le reflet, le détachement, la séparation? Ou introduit-il à une représentation moins coupante et plus différée, différenciée, justement parce que son modèle n'en est pas un, ne tient pas en place, s'éclipse, se perd complètement de vue?

Ainsi ce titre, plutôt que de désigner un sujet, introduit, sinon réalise lui-même déjà une écriture, un style. Car avec cette préposition « de » qui fait pivot, qui fait osciller la lecture entre génitif objectif et subjectif, tourner et se retourner les deux versants du sujet, le titre devient lui-même... solaire.

Se déployant avec ses sujets pluriels et sans cesse pluralisés, contestant la notion de modèle et celle de la copie, misant sur une autre représentation, sur une nouvelle figuration, ce titre se place sous le signe du risque. Risque inhérent à l'acte de la vision même qui, loin d'être un simple enregistrement ou une impression émanant de l'objet extérieur, est un regard qui se porte au devant de ce qui lui est proposé, regard donc porté par un désir de voir, dont les conséquences se laissent deviner.[27] Ce risque rappelle aussi l'aveuglement, conséquence inévitable avec ce modèle insupportable du soleil. Aveuglement qui, comme nous le racontent les mésaventures des grands aveuglés mythiques, est la punition infligée à celui qui a cherché à voir ce

---

27. Voir sur ce sujet Max Milner, *On est prié de fermer les yeux. Le regard interdit*, Gallimard, 1991. Que la vision insupportable et le regard interdit constituent un véritable motif dans l'oeuvre de Cixous, se lit dans le titre *Le Rire de la Méduse* (*art.cit.*), cet être au regard pétrifiant. Proposant une Méduse souriante, Cixous prend ses distances de ce que la psychanalyse appelle le désir de voir ou la pulsion scopique. Cet attrait, cette fascination irrésistible mais redoutée de ce qui se dérobe – c'est-à-dire, selon Freud, le sexe féminin, perçu comme une castration –, s'est toujours fait à la dépense de l'image de la femme. Voir aussi dans le chapitre II-3: « "couper un mot", ou sexuer la section ». p.57-67.

qui ne se regarde pas, ce qu'il est interdit de regarder, en l'occurrence le rayonnement intense émanant d'un corps divin, ou une vision émanant d'un fond de ténèbres pour lequel l'oeil de l'être humain n'est pas fait non plus. Tirésias le devin s'est vu frappé de cécité par Athéna parce qu'il l'avait regardée se baignant. Oedipe s'est crevé les yeux en expiation de son double crime. Samson perd la vue après une faute commise contre Yahvé; etc.[28]

Mais les aveugles ont souvent été des voyants et les poètes des aveugles inspirés – pensons à Homère ou à Rimbaud qui « les yeux fermés, [s'offrait] au soleil, dieu du feu » pour halluciner, c'est-à-dire voir mieux.[29] Et le mythe d'Orion, ce géant aveugle qui recouvre la vue justement en s'exposant à l'éblouissement du soleil, nous apprend que l'aveugle *voit*, bien qu'il voie avec d'autres yeux, et qu'une cécité peut en guérir une autre...

Ou est-ce que l'aveuglement n'est qu'une illusion, un leurre, destiné à cacher que la cécité nous est inhérente et inévitable? Comme le rappelle Maurice Blanchot dans *La folie du jour*,[30] on ne voit jamais le jour, la lumière n'est pas vue: on est déjà dans la lumière.

Nous venons de toucher ici à l'aspect intertitulaire et intertextuel du titre, c'est-à-dire à ses possibles modèles littéraires, artistiques (notamment picturaux) et mythiques, que le texte n'a pas besoin d'expliciter. Pensons aux grands romans et récits classiques mettant en scène des peintres confrontés à l'interdiction qu'ils sont en train de transgresser dans leur oeuvre même: *Le Chef d'oeuvre inconnu* (1831) de Balzac, qui raconte un souhait d'émancipation, un souci de perfection impossible, qui ne peuvent être que frappés d'interdiction; ou *L'Oeuvre* de Zola, où l'inspiration de Lantier de peindre la lumière du jour est nettement assimilée à une transgression, et punie, romanesquement.[31]

Quant au travail de « vrais » peintres, ce titre évoque un Turner, les impressionnistes français ou encore un Van Gogh, qui ont tous voulu peindre le plein midi, capter la pleine lumière. Le scandale du travail de ces peintres, vrais ou fictifs, tient à ce qu'ils enfreignent une loi, qui est en fait un topos culturel, dont on connaît l'adage formulé par La Rochefoucauld: « le soleil ni la mort ne se peuvent regarder fixement ».[32] Avec ce portrait du soleil, pourra-t-on aussi s'attendre à un portrait de la mort, d'un mort? A moins que

---

28. Voir, entre autres, Nicole Loraux, « Ce que vit Tirésias », dans *Les Expériences de Tirésias. Le féminin et l'homme grec*, Gallimard, 1989, p. 253-271; Max Milner, *On est prié de fermer les yeux, op.cit.*
29. Rimbaud, « Une saison en enfer », dans *Oeuvres complètes*, Gallimard, coll. Bibl. de la Pléiade, 1972, p. 109.
30. [1949] Fata Morgana, 1973.
31. Voir entre autres: Jean Roudaut, *Une ombre au tableau*, Chavagne, Editions Ubacs, 1988, p. 28 et 60.
32. La Rochefoucauld, *Oeuvres complètes*, Gallimard, Bibl. Pléiade, 1957, p. 410.

le soleil ne soit déjà lui-même la mort et sa figure: une tête de mort, et, dans cette tête, l'oeil demeuré vivant, clair comme le soleil?

Portrait de mort; portrait mortel: l'acte de la représentation peut tourner en un acte de mort, de meurtre. Ainsi le rappellent deux autres titres de portraits: *Le Portrait ovale* d'Edgar Allan Poe (dont l'ovalité fait d'ailleurs contraste avec la forme ronde du soleil) et *Le Portrait de Dorian Gray* d'Oscar Wilde. Ces deux textes, dont seul *Le Portrait ovale* est cité dans le texte de Cixous, sont, comme ceux de Balzac et de Zola, des histoires de vie et de mort, avec le modèle comme enjeu. Plusieurs thèmes s'enchevêtrent ici: l'achèvement entraînant la mort, la confusion de l'oeuvre avec le vécu, la représentation menacée et menaçante et, enfin, la punition de l'artiste ou la défiguration de l'oeuvre: bref, toute une éthique concernant l'artiste et sa création.

Mais c'est surtout le *Portrait de l'artiste en jeune homme* de James Joyce qui, pour l'auteur de *L'Exil de James Joyce*,[33] résonne ici comme intertexte, renvoyant *Portrait du soleil* en même temps au domaine de l'autoportrait. Et cela n'est pas difficile à imaginer: un portrait du soleil touche aussi au genre de l'autoportrait. Car, comment ce portraitiste aveugle et ébloui peut-il se figurer le soleil, sinon par des images qu'il a d'avance formées, projetées, mémorisées? Le soleil serait alors un soleil intérieur, l'aveuglement non pas coupure avec un dehors, mais retour à soi, dans ses différentes figurations. Et c'est Dante qui, dans *Le Paradis*, quand il lui est permis de contempler la face de Dieu, découvre se trouver en face de sa propre figure:

> Quand mon regard l'eût un peu observé,
> Ce cercle [...]
> En son volume et de sa propre teinte
> De notre image apparut figuré; [...]
> Je voulais voir comment au cercle s'unissait
> Notre image et comment elle y est intégrée.[34]

3. *Portée du titre*

Nom propre du texte, « attitré », par les conventions littéraires, à le représenter, le titre fait intervenir la question de la loi. Non seulement parce que c'est lui qui nomme un livre devant la loi – c'est par lui qu'un livre peut être appelé en justice, comme le prouvent les cas de *Madame Bovary* et des

---

33. Et en-dessous de ce *Portrait*, les suivants qui se réfèrent également à Joyce: *Le Portrait de l'artiste en jeune chien* de Dylan Thomas; *Le Portrait de l'artiste en jeune singe* de Michel Butor; *Le Portrait de l'artiste en saltimbanque* de Jean Starobinski.
34. Dante, *La Divine Comédie* (*Le Paradis*, Chant 36), Bordas, Classiques Garnier, 1989, p. 525-526.

Fleurs du Mal; mais aussi parce que l'acte performatif qu'il constitue instaure une certaine loi, celle justement par laquelle le titre « s'intitule », « s'autonomme ».

Dans la perspective de sa thèse du texte disséminé et disséminant et de la mise en oeuvre de la vérité par et dans le langage, Jacques Derrida s'est intéressé au titre en tant qu'opérateur présupposé de la normalité et de la légalité textuelle.[35] Il a montré tout particulièrement comment le titre, tout en assurant les opérations de nomination et de référence sur lesquelles se fonde sa légalité, se dé-règle dans ces opérations mêmes, y introduit des plis et perd, par conséquent, sa face de chef, d'« archonte ». Une analyse de ce dérèglement dans notre titre *Portrait du soleil* nous renseignerait non seulement sur la fonction de ce titre et sa légalité, mais encore sur la loi, sur l'être-loi de la loi qu'il institue tout en l'excédant.

Or, à quel titre doit-on recevoir ce titre *Portrait du soleil*? Est-ce, comme nous venons de voir, en tant que représentation du soleil réel et sensible, ou en tant qu'une figure de fiction? Et ce portrait, pourra-t-il être « vrai », ou s'avoue-t-il d'emblée comme simulacre, comme « copie non-conforme »? S'agira-t-il d'un portrait « sur » le soleil ou d'un portrait par le soleil? Ou encore, vu l'éblouissement du soleil, d'un portrait fait à l'aveugle, aveuglément, ou d'un portrait d'aveugle?[36]

On le voit: avec ce sujet insaisissable que s'est avéré être le soleil, condensé de tout un réseau de motifs et d'autres titres-textes enchevêtrés, et avec sa structure foncièrement ambivalente, le titre se plie et se replie. Il se déborde dans un espace référentiel hétérogène, où sa signification, son *titre*, reste en suspens. Ce titre a beau annoncer son sujet: ce n'en est pas un.

Certes, il répond à sa fonction de désignation, intitulant le contenu de l'histoire, ou même le référent de ce contenu, le « soleil ». Mais il le fait en feignant, ce référent étant un sujet « impossible ». Reconnaissant donc être un simulacre, le titre désigne aussi la fiction textuelle comme simulacre. Dans cette optique aussi, ce titre a plusieurs portées, plusieurs références, dont les unes se rapportent à « l'histoire » racontée, au simulacre du soleil, et les autres à la structure fictive du texte narratif, au simulacre du texte. Cela impliquerait aussi qu'il ne fait que s'intituler lui-même: il ne fait que constituer son propre événement, la performance de son intitulé. Et ceci n'est pas sans nous rappeler le sens primitif ou étymologique du mot titre, dérivé

---

35. « Titre à préciser », dans *Parages*, Galilée, 1986, p. 219-247; « Poétique du tabac », dans *Donner le temps I*, Galilée, 1991, p. 95-138. Voir aussi le chapitre consacré au titre dans Geoffrey Bennington et Jacques Derrida, *Jacques Derrida*, Seuil, coll. les contemporains, 1991, p. 223-239.
36. Je fais ici écho à *Mémoires d'aveugle* de Jacques Derrida, où le dessin d'*aveugle* est un dessin d'aveugle. Voir *Mémoires d'aveugle. L'autoportrait et autres ruines*, Réunion des musées nationaux, 1990, p. 10.

du latin *titulus* qui signifie « marque », « incision ». *Titulus* aura d'abord signifié une inscription, un petit trait ou un écriteau, bref, une marque brève économe, elliptique, visible et lisible, incisant une surface ou un support.[37] Et voici ce que donne la garantie philologique du mot: qu'il n'y a pas de titre sans la lisibilité d'une trace.

Ce titre, et le texte qu'il intitule, se veut-il donc, avant tout, tracement, dessin, peinture? La référence qu'il constitue au portrait pictural ne serait-elle donc pas uniquement métaphorique? Il importe alors de lire ce texte-trace à partir de ce qu'il exhibe de plus proprement « pictural »: la mise en page, la typographie; ou encore, à partir de ce qui se présente déjà comme une référence picturale plus métonymique: la couleur des mots, les lignes ou le tissage narratifs. Toutefois, il s'agira de rester au plus près de la seule présence des traits écrits, en deçà de la référentialité, qui est toujours renvoi vers quelque chose d'extérieur au texte écrit. A commencer par ce titre « portrait du soleil » même, qui célèbre, comme nous venons de le voir, une infinité de trajets référentiels, mis en abyme ou inhumés sous le seul trait de son titre-titulus.

Si ce titre de portrait est donc à prendre à la lettre, c'est-à-dire picturalement, il annonce le texte conséquent en premier lieu en sa qualité d'écriture, de traits portés à la lumière par des traces. Par conséquent, la capacité référentielle de celles-ci, leur signification, leur « capitalisation » ainsi que leur « sujet », en restent suspendus, dispersés.

Cette constatation nous fait revenir à la question de la loi que constitue le titre tout en étant constitué par elle. Car ce titre a beau proclamer sa loi, son « sujet ». Ce sujet même, le soleil, figure par surcroît de la loi, ne cesse pas de faire la dépense de l'économie du titre. Par sa signification profondément suspendue et différée, ce titre devient un simulacre d'unité et, par conséquent, un simulacre de loi; simulacre encore du procès qui fait autorité. Car la loi, *a fortiori* l'unité, pour exister, ont besoin qu'on puisse les distinguer, les identifier et les compter. Elles exigent une économie de la capitalisation et non pas, comme ici, une économie de la dispersion.

Condensation, ellipse, nom propre: appropriation. S'avérant comme un coup de force, le titre démontre sur quoi repose la loi, c'est-à-dire son fonctionnement, fonctionnement qui n'est assuré qu'à partir d'un refoulé. Selon Derrida, ce mouvement excluant constitue la violence sur laquelle repose toujours la loi, violence par laquelle elle fonde sa légitimité et qui toujours la précède. Car si cette économie elliptique dit la loi du titre, ce même encadrement du sujet n'arrive pas à la fixer vraiment. Les différentes portées de ce titre font de lui la figure même de l'excès, ou encore, avec ses

---

37. Voir Derrida, « Titre à préciser », *op.cit.*, p. 225.

différents « sujets » tournant et retournant autour de lui, une figure foncièrement solaire. Or c'est dans ce mouvement véritablement héliotropique, figure de l'indécidable où se dessine un sujet autre, double, multiple, que le titre porte à la lumière le refoulement sur lequel il fondait sa légitimité: son autre, c'est-à-dire le texte lui-même, les différentes traces dont il fait le silence. Ou, selon les mots de Hélène Cixous elle-même: « Il faut obéir à la loi du livre qui est d'avoir un titre. Pour moi le livre ne devrait pas avoir de titre. Le livre s'est écrit avant le titre, sans titre ».[38]

---

38. *Photos de racines*, *op.cit.*, p. 28.

II
L'entrée du texte

> Dieu commence – nous non. Nous, c'est au milieu.
> Ainsi nous avons commencé à exister, ainsi écrivons-nous: commencés, et par le milieu. Et: à notre insu.
> Hélène Cixous, *L'Ange au secret*

> Marque d'un signet rouge la première page du livre, car la blessure est invisible à son commencement.
> Edmond Jabès, *Le Livre des Questions*

1. *L'incipit, ou le coup du livre*

Commencer est un acte difficile. Pourtant tout texte fait semblant de commencer, l'air de rien, oublieux du titre et du grand blanc qui le précèdent. Mais ce blanc ne saurait réprimer le lourd travail d'écriture qui vient de s'effectuer: la transformation des *verba* en *scripta*, des pages volantes et « paroles de vent », selon l'expression de Montaigne, en paroles « de chair et d'os ». L'inscription définitive du texte implique non seulement le délaissement des restes de l'avant-texte, mais encore le « virement » de l'auteur qui, à la fois, est « celui qui permet de commencer et qui empêche de commencer ».[1]

Ainsi le commencement romanesque n'en est pas un: un texte aura toujours déjà commencé. Comme l'écrit Hélène Cixous: « Et avant la première ligne il y en a eu bien d'autres. En vérité, la première ligne est, de la mêlée, la survivante: tout commence au milieu ».[2]

Généralement, l'acte de commencer pèse sur les *incipit*, les débuts de romans, comme s'ils ne devaient pas avoir à commencer. Ceci vaut, au moins, pour le roman réaliste et la littérature de représentation. Ce genre de romans cherche à s'installer, dès son début, dans la massive évidence d'un être-là. Il escamote, à cet effet, le difficile passage du réel prétextuel et ses différents discours en un discours qui fait passer la fiction comme réelle. La critique littéraire, qui a qualifié ces débuts de feintes et de pseudo-commencements, distingue un autre genre d'*incipit* qui dénonce justement cette illusion référentielle et l'activité narrative soumise à l'ordre de la *mimesis*.[3]

---

1. Hélène Cixous dans son séminaire du 18 mars 1989 (non publié).
2. « Sans Arrêt, non, Etat de Dessination, non, plutôt Le Décollage du Bourreau », dans *Repentirs*, Réunion des musées nationaux, 1991, p. 61.
3. Voir à propos des débuts de romans: Claude Duchet, « Pour une socio-critique ou variations sur un *incipit* », *Littérature* n° 1, 1971, p. 5-14; Raymond Jean, « Commencements romanesques », dans Michel Mansuy (éd.), *Positions et oppositions sur le roman contemporain*, Klinksieck, 1972, p. 129-136; Charles Grivel, « Le Début de l'histoire »,

Ces débuts exhibent la problématique même du texte comme (re)construction du réel et production de sens et empêchent la fiction de s'installer dans un réel illusoire autre que celui de l'écriture même. C'est le cas de l'*incipit* cixousien.

Vivre l'orange (1979) et *Ou l'art de l'innocence* (1981), par exemple, débutent par un simple « et » ou « with », comme s'ils n'étaient qu'une simple suite d'un texte antérieur. La première phrase de *Déluge* (1992) installe « l'entredeux [*sic*] ». Ces débuts s'affirment par conséquent comme lieu de passage, et même de tissage, de l'état prétextuel à l'écriture proprement dite. *Partie*, ce livre à double entrée, au recto et au verso, oblige le lecteur à tourner et à retourner son livre et transforme la problématique de l'entrée en un problème d'entrer. C'est aussi le cas pour *Neutre* (1972). Son commencement effectif est retardé au moyen d'une série de citations mises en exergue et une présentation de « joueurs, pièces et revenants » pour, une fois le premier mot du texte lancé, se suspendre encore, littéralement, par des points de suspension et un autre blanc.

Différée ou à (re)commencer, l'entrée du texte chez Cixous se présente comme un véritable seuil à franchir, une porte à passer, pas-à-pas, vers le texte. Loin d'être cette feinte ou ce pseudo-commencement, elle met savamment en scène son « décollement » de l'avant-texte et son entrée en fiction. *Le Troisième Corps* (1970) s'ouvre par un pastiche de l'*incipit* d'*A la recherche du temps perdu*, « Longtemps j'ai fermé les yeux quand il partait », s'autodésignant d'entrée de jeu comme fiction et, par la référence à Proust, comme mémorisation imaginée. *Le Livre de Promethea* (1983) introduit une énonciatrice en préparatifs d'écriture: « Soit. Je vais essayer de faire l'introduction. Puisque personne n'a envie de me remplacer pour cette tâche ». D'autre part, de nombreux débuts contiennent des *topoï* de l'ouverture classique, tels le commencement de l'histoire ou le départ, emmêlés dans les *incipit* de *La Bataille d'Arcachon* (1986) et de *Messie* (1996): « Je vais vous raconter le départ de H pour Arcachon aussi fidèlement que possible », « Ce premier chapitre commence ainsi: "la femme se mit en route et l'ange avec elle et le chat suivit" »; l'attente: « Et maintenant, ta vie, et maintenant...? » (*Ananké*; 1979) ou l'arrivée: « Nous y arrivons in extremis, lourde et vive et avec le nom sale, c'est dans cet état que toujours nous arrivons à la vieille maison » (*L'Ange au secret*; 1991).

Production de l'intérêt romanesque, op.cit., p. 89-98; Jean-Louis Cornille, « Blanc, semblant et vraisemblance, sur l'*incipit* de *L'Etranger* », *Littérature* n° 23, 1976, p. 49-55; Leo H. Hoek, « Instances sémiotiques de l'amorce romanesque », *Rapports/Het Franse boek* 56-2, 1986, p. 1-21; Abdelhacq Regam, *Les Marges du texte*, op.cit.; Andrea Del Lungo, « Pour une poétique de l'*incipit*, *Poétique* n° 94, avril 1993, p. 131-152; Jean-Louis Morhange, « *Incipit* narratifs », *Poétique* n° 104, nov. 1995, p. 387-410.

Le texte cixousien sacralise son début: c'est la porte grandement ouverte à la « venue de l'écriture », c'est le seuil, mais aussi le philtre, par lequel, selon un titre de Cixous, « entre l'écriture »,[4] il signe le moment de passage, de l'entre, où l'avant-texte, ce « tissu palpitant de la clandestinité » (*passim*), se transforme en texte, se découvre, se met à nu, émerge du silence:

> L'écriture était revenue, le fleuve, le mince fleuve muet aux bras chantants, le cours du sang dans les veines entre les corps, le dialogue sans mots de sang à sang, sans aucun sens des distances, le cours magique plein de mots muets qui coule d'une commune à l'autre, d'une vie à l'autre, l'étrange légende inaudible sinon par le coeur de l'un ou de l'autre, le récit se tissant là-haut, qui le déchiffrera, le tissu palpitant de la clandestinité, [...]. (*Jours de l'an*)

C'est un moment délicat aussi, grave et dangereux: le premier geste d'écriture ne saurait s'effectuer sans faire taire les « proses du monde »[5] et leurs « étranges légendes », sans engendrer ses propres refoulements et oublis. Et le texte de Cixous lutte en effet contre les coupures que risquent de constituer ses premiers mots: « Et il y a celles dont je n'ai pas envie de parler [...] » (*Vivre l'orange*). Malgré l'empêchement dont parle cette phrase, « Et » assure la continuité avec ce qui est tu, « il y a » souligne la présence de part et d'autre, et « celles » mime la proximité, défait l'éloignement et insère, en tant que déictique, son objet dans l'ici et maintenant de l'énonciation.

Parmi ces commencements prudents, tâtonnants et performants,[6] *Portrait du soleil* constitue la seule exception: il commence par un impératif, littéralement incisif et coupant, avatar phonique peut-être du célèbre *incipit* des contes de fées « il y avait (une fois) »: « Il faut ». Il faut quoi? commencer? Et « qui » dit qu'il faut – commencer? et à qui? Ici sonne l'heure de la précipitation, où l'auteur-narrateur se lance dans la fiction et exhorte le lecteur à quitter son monde. Se donnant ce point de départ précis, cette fiction semble encore *devoir* se l'assigner, *devoir* se donner un coup d'envoi, comme s'il s'agissait de (se) dissimuler l'arbitraire de son origine et « l'abîme ontologique »[7] qui sépare son univers de celui de la vie quotidienne. Quelle violence donc dans cet « il faut », véritable mot de passe à la porte

---

4. *Entre l'écriture*, *op.cit.*
5. Duchet, « Pour une sociocritique... », *art.cit.*, p. 11.
6. Voir pour l'analyse du commencement d'un autre texte de Cixous: Nadia Setti, « Jouissances » (sur *Souffles*), dans *Mises en scène d'écrivains*, textes réunis par Mireille Calle-Gruber, Sainte-Foy (Québec), Les éditions Le Griffon d'argile et Presses Universitaires de Grenoble, coll. Trait d'union, 1993, p. 181-193.
7. Selon les termes de Jean-Louis Morhange, « *Incipit* narratifs », *op.cit.*, p. 387.

du texte! La force de l'impératif est d'autant plus grande qu'il montre qu'il n'y a justement pas de départ ou de début absolus: « il faut choisir ». Le paradoxe de ce choix obligé dévoile ce « faut » dans sa vraie dimension: de coupure forcée, faussée, de « coup de livre » qui est comme un coup de *faux*. Il annonce ce que Hélène Cixous écrira vingt ans plus tard sur « le moment de trancher [...] l'heure de la séparation. L'heure de la parution ».[8] Il rappelle aussi ce que Jacques Derrida a appelé l'(in)décision du commencement qui, si on n'y coupe pas court, « se dérobe et se divise ».[9] Mais ce qu'il marque en premier lieu, c'est la blessure originale que constitue tout acte de commencer, c'est la violence qu'implique le mûrissement, car il est un délaissement.[10]

Donc « commencer » équivaut à choisir, décider, proférer; couper, tailler, inciser. Or cet « Il » initial, avec les deux traits, les deux incisions de son graphisme, ne retrace-t-il pas ce coup inaugural et décisif? L'écriture de cet « Il », ne réalise-t-il pas ce premier coup séparateur et incisif qu'est l'acte d'écrire même, quand le scripteur se décide à (se) couper du palimpseste avant-textuel et que sa main touche de la pointe du stylo la page blanche, la couvre de traits? « Dessin de passe » à ce texte-portrait du soleil, « Il » visualise l'acte d'écrire qui consiste, comme celui de commencer et de dessiner, à graver, couper, mettre des entailles; à infliger une blessure aussi. « Il » constitue l'avant-por*trait* du soleil: une première esquisse, marquée au crayon rouge.

2. Questions d'ouverture

Les critiques s'accordent à dire que l'*incipit* constitue le moment décisif du roman: « rien n'est dans le roman qui ne soit contenu dans la formule initiale », « rien [...] n'est aussi important dans un roman que la première phrase ».[11] Barthes affirme que « le fait d'ouvrir un roman [...] installe en nous, d'un seul coup et dans son entier, le code narratif dont nous avons besoin ».[12] Il donne le *la*, selon Aragon, après quoi le roman « ne sait que

---

8. « Sans arrêt », *op.cit.*, p. 55.
9. Jacques Derrida, *La Dissémination, op.cit.*, p. 334.
10. Voir pour la question de la violence du commencement: Christopher Johnson, *System and Writing in the Philosophy of Jacques Derrida*, Cambridge University Press, 1993, p. 12-43 (« The passion of inscription »); Edmond Jabès, *Le Livre des Questions*, Gallimard, coll. l'Imaginaire, 1963, p. 11, cité en exergue de ce chapitre.
11. Respectivement Catherine Claude, Henri Meschonnic, Rolland Pierre, « Le rôle de l'écriture dans la transformation de l'idéologie », dans *Littérature et idéologie, Colloque de Cluny*, n° spécial de *La Nouvelle Critique* n° 39 bis, 1971, p. 52; et Raymond Jean, « Commencements romanesques », *op.cit.*, p. 129.
12. « Introduction à l'analyse structurale des récits », *Communications* n° 8, 1966, repris dans *id.*, *L'Analyse structurale du récit*, Seuil, coll. Points, 1981, p. 28; *S/Z*, Seuil, coll.

son commencement »,[13] voire, n'est que « le développement de son commencement ».[14]

Lieu surinvesti du texte, l'*incipit* n'est toutefois pas une entité sémiotique immanente. Grivel rappelle sa fonction pragmatique,[15] tandis que Barthes applique la notion de « situation du récit » pour mettre en évidence le rapport entre récit et hors-texte.[16] Le commencement du texte est alors un seuil à double entrée: vers le texte et vers le monde. D'un côté, il permet de repérer certaines caractéristiques du texte conséquent, par exemple ses réseaux associatifs, ses codes ou sa sémantique. De l'autre côté, comme il est pris dans une situation d'énonciation, il est tenu à articuler le récit et le discours et à construire un sujet au niveau de l'énonciation même: bref, il est censé répondre aux questions qui? où? quand?

Il y a tout lieu de croire que cette triple question concerne plutôt le roman réaliste. Cependant aucun roman ne saurait s'y soustraire, étant donné que, d'une manière ou d'une autre, il a à expliciter sa scène d'énonciation et à affirmer sa qualité de roman ou de fiction. Aussi vais-je appliquer ces questions au commencement de *Portrait du soleil*. Je ne me limiterai pas à la seule première phrase qui est généralement censée constituer à elle seule l'*incipit*, mais je considérerai la première page dans sa totalité. Celle-ci constitue en effet un premier découpage établi par le texte lui-même et, par conséquent, une unité de ce récit qui, de par sa position de passage, ne constitue pas seulement un lieu d'orientation, mais aussi une référence pour le texte suivant. La répartition en deux paragraphes représente un schéma narratif bien connu: le premier paragraphe contient une exposition des premiers termes de la narration. Le deuxième fonctionne plutôt comme une amorce: il introduit l'événementiel, la péripétie qui signe le démarrage du récit proprement dit.

> Il faut choisir une sanguine. La nuit le sang remonte les âges. Tout le monde vivant a du sang qui remonte la nuit. Pour favoriser la remontée, je mange ma sanguine. Le jus coule par où j'ai parlé, par où je prends silence, par où entre jour et nuit je crie. L'oranje est mon fruit de naissance et ma fleur prophétique. La première fois que j'ai coupé un mot c'était elle. Je l'ai coupé en deux morceaux inégaux, un plus long, un plus court. J'épluche cette oranje en février 1970. Je l'avais déjà fait en trente autres fièvriers: il n'y a pas un fièvrier dans ma vie où je n'aie mangé l'oranje. Elle est pleine de temps.

Points, 1970, p. 25.
13. Louis Aragon, *Je n'ai jamais appris à écrire ou les incipits*, Skira, 1969, p. 96.
14. Grivel, *Production de l'intérêt romanesque*, *op.cit.*, p. 91.
15. *Ibid.*, p. 94.
16. « Introduction à l'analyse structurale des récits », *op.cit.*, p. 28.

A peine l'ai-je ouverte qu'elle me mange: par son teint immémorial, par ce goût, le premier, par cette irrégulière sphéricité, elle m'englobe. Je vois orange, je rêve orange, je sens orange. C'est une façon de revenir aux premiers jours, y compris l'avant-premier.

a. Qui? Les coulures du sujet

Qui parle dans ce début de roman? Qui y est présenté comme sujet de l'énonciation, qui comme personnage? Ces questions soulèvent de nombreux problèmes. « Il faut choisir une sanguine ». Certes, un sujet, masculin, s'annonce ici, mais ce pronom « il » est loin de désigner une personne: il n'est en réalité qu'une fonction grammaticale. Pourtant, en tant qu'énoncé prescriptif, cette phrase relève du discours au lieu du récit,[17] ce qui fait supposer une instance énonciatrice qui le soutient. Toutefois celle-ci manque, et les conséquences pour l'injonction « il faut » sont claires: cette voix autoritaire, masculine, se perd, parce qu'il n'y a « personne » pour l'assumer.

L'entrée de la deuxième phrase, « La nuit le sang remonte les âges » est également troublante. Par un effet d'amphibologie, deux sujets se présentent à la fois: « la nuit le sang », dont ce dernier est le sujet véritable. Personnification d'un terme générique, « le sang » est un sujet étrange et insolite, qui introduit les notions du corps et de l'intériorité. Poétiquement, « sang » s'explique comme un transfert venu de « sanguine », qui, d'ailleurs, s'entretient dans un rapport phonique chiasmatique avec « la nuit le sang ». Rhétoriquement, « sang » met ce même mot de « sanguine » en relief comme véritable sujet de la première phrase. Et dans la mesure où une sanguine, de par sa couleur et sa forme, est une métonymie du soleil, ces premières phrases non seulement assurent le rapport au titre, comme il sied à l'*incipit*, mais encore, de par le transfert-transfusion en sang, donnent une première indication sur ce sujet « impossible » du soleil, mis textuellement en corps et en circulation.

D'autres sujets surgissent encore, dont un premier sujet personnel, animé: « tout le monde vivant ». Mais c'est un sujet inhabituel dans son expression idiomatique. Le français connaît bien les locutions *tout le monde* et *tous les vivants*, mais « tout le monde vivant » donne un « vivant » en trop, qui ne tardera pas à évoquer le pendant de l'expression: « tout le monde mort ». Même stratégie pour l'énoncé « du sang ». « Tout le monde vivant a *du* sang

---

17. Dans la pragmatique du langage, « tout énoncé est illocutoirement marqué » (Kerbrat), ce qui fait que « il » s'entend comme une adresse faite à « tu » et à « vous », sujets latents et doubles donc de ce discours allocutoire (Catherine Kerbrat-Orecchioni, *L'Enonciation de la subjectivité dans le langage*, Colin, 1980, p. 188).

[au lieu de: *le* sang; mes italiques] qui remonte » implique qu'il y a du sang qui remonte et du sang qui ne remonte pas, ce qui est un autre rappel de la mort. Par ces ébranlements légers de quelques expressions communes, ce texte, qui est à la recherche de son sujet propre, inscrit d'entrée de jeu l'autre de son sujet – le sujet mort, le sujet absent – qu'il aurait tendance à oublier, à refouler, à cause du langage qu'elle utilise ou plutôt: qui l'utilise.

Dans la quatrième phrase, un sujet « je », sujet de l'énonciation, s'exprime pour la première fois: « Pour favoriser la remontée, je mange ma sanguine ». Ce « je » désigne le texte comme un récit homodiégétique, sans qu'on puisse pour autant identifier ce sujet-narrateur, ou déterminer s'il est le même que celui, implicite, qui a énoncé la première phrase. Tout ce qu'on sait de ce « je », c'est justement son savoir: « je » sait qu'il faut « favoriser » la remontée, acte qu'il qualifie en même temps de difficile ou de précaire. Mais il en connaît le moyen approprié: il s'agira de manger la sanguine.

« Le jus coule par où j'ai parlé, par où je prends silence, par où entre jour et nuit je crie ». Enfin le « je » s'installe pleinement dans la narration où, répété par trois fois, il se fait remarquer. Un effet d'allitération fait en outre ressortir les termes de « jus » et « jour » comme autres porteurs de « je ». Est-ce un clin d'oeil que nous fait ici le texte? De toute façon, les allitérations nous permettent, après coup, de reconnaître dans les phrases précédentes d'autres inscriptions de « je »: « â*ge*s », « *je* man*ge* ». Pour qu'il n'y ait même pas de doute à ce travail d'inscription, le scripteur le rend visible dans « oran*je* », mot-valise de « je » et d'« orange ». Et comme « orange » est synonyme de « sanguine », on peut conclure que le « je » était présent dès la première phrase.

Ainsi *Portrait du soleil* problématise, dès son commencement, en se servant astucieusement des protocoles de l'ouverture même, la question du sujet: de son sujet, dans les deux sens de l'expression, et du Sujet. Par le « Il » initial, celui-ci est dénoncé comme absent, vide de voix et de corps, à l'opposé du sujet en question, « une sanguine », marquée de corporalité, d'intériorité et de prodigalité. Ce sujet en apparence non personnalisé est relayé par « sang » et par « tout le monde vivant », sujets foncièrement universels, voire cosmiques comme on vient de le voir, porteurs de leurs propres ombres. Quand enfin le sujet se personnifie avec « je », il échappe toujours à l'identification, ressortissant directement du domaine de la parole: « j'ai parlé », même si, à l'heure actuelle de l'énonciation, la parole appartient au passé et que le silence et le cri, paroles du présent, sont de rigueur: « je prends silence [...] je crie ». Et comme « je crie » s'entend aussi comme « j'écris », ce sujet prend aussi naissance dans l'écriture. Le seul « je » qui puisse être identifié avec la personne de l'auteur est celui qui surgit dans

« oranje ». Pour Hélène Cixous, née à Oran en Algérie, pays d'oranges, ce mot constitue un biographème:

> Le premier de mes trésors fut le nom de ma ville natale qui etait Oran. C'était ma première leçon. J'ai entendu le nom d'Oran, et par Oran je suis entrée dans le secret de la langue. J'en suis sortie entrée. J'ai découvert que ma ville faisait *fruit* par la simple addition de moi. *Oran-je – Orange.* J'ai découvert donc que le mot avait aussi le mystère du fruit.[18]

Ainsi le « je »-cixousien n'existe pas antérieurement à ou en dehors du texte: il en est un effet qui, certes, a son point zéro de départ, le « il » neutre, mais prend forme seulement tout au long d'un cheminement textuel où chaque phrase vient amener un autre (aspect du) sujet. Modelé sur l'épanchement du « sang » et du « jus », le « je » ou plutôt des « je » au pluriel, prennent naissance suivant les transferts du sujet d'énonciation au sujet d'énoncé et au rythme des déplacements métonymiques et des rattachements homophoniques et allitératifs. L'énonciation fluide et glissante caractérise ce sujet comme une instance en métamorphose continuelle, en transmutation continue, suivant le mouvement de l'épanchement, de l'hémorragie, voire d'une pénétration vers le creux et l'intime: « Le jus coule par où j'ai parlé, par où je prends silence, par où entre jour et nuit je crie ». Trois fois répété, « par où » fait hoqueter la syntaxe de la phrase qui, au niveau de son protagoniste, « le jus », se voudrait justement coulante et fluide. Chaque brèche que « par où » ouvre dans la phrase, débouche sur « je », mais ce « je »-sujet est toujours instable et changeant, oscillant entre les régions aussi voisines qu'opposées de la parole et du silence, du passé et du présent, de la mort (sang/jus qui coule) et de la vie (couler), du silence et du cri, du cri et de l'écriture précédents. Ainsi la fiction manifeste son besoin, et ici même à l'intérieur d'une seule phrase, de déplacer et de renvoyer son sujet, ce qui est un procédé fertile: à chaque passage, une nouvelle position de je, et un nouveau sujet, sont engendrés.

Les passages, entrées et pénétrations qu'opère le « par où » sont à repérer à différents niveaux du récit. Ainsi dans la brève scène de la consommation de la sanguine. Manger équivaut à toucher, entrer dedans et intérioriser,[19] et le texte en fait la preuve dans ses dispositifs grammaticaux. « Une sangui-

---

18. « De la scène de l'Inconscient... », *op.cit.*, p. 16. Voir aussi *Vivre l'orange*, des femmes, 1979.
19. Dans son séminaire comme dans ses essais, Hélène Cixous travaille le motif du manger dans sa qualité de « cène [*sic*] primitive »: l'acte de manger, et plus particulièrement le plaisir gustatif, est constitutif du (désir de) savoir, qui commence au moment où l'on désire goûter l'intérieur des choses. Voir Hélène Cixous, « Reaching the Point of Wheat, or A Portrait of the Artist as a Maturing Woman », *New Literary History* vol. 19, n° 1, août 1987, p. 1-21.

ne » de la première phrase devient « ma sanguine »: elle s'est comme approchée, incorporée au sujet qui l'a mise dans sa bouche. Et si « une sanguine » peut se transformer en « ma sanguine », l'envers se fait aussi: le « je » dans « je mange ma sanguine » cède sa place de sujet grammatical à « jus », dès lors à lire comme une anagramme de « sujet »-« je ».

En deçà de ces liquéfactions et de ces coulures, des scènes sexuelles se tissent pudiquement. La « remontée » du sang contient une allusion phallique et « je mange ma sanguine » une scène d'incorporation sensuelle. « Le jus coule par où j'ai parlé, par où je prends silence, par où entre jour et nuit je crie », véritable périphrase de la bouche gloutonne, est une scène de friction et d'humidification et, enfin, « à peine l'ai-je ouverte qu'elle me mange », une scène d'entredévoration érotique, de jouissance réciproque. Mais cette scène-ci marque aussi un aboutissement. Elle sonne l'heure des mûrissements, préparée dès la première phrase où il s'agissait de « choisir » une sanguine, c'est-à-dire de prendre la sanguine la plus mûre. Cette sanguine devenue « oranje » s'est métamorphosée en texte en même temps que l'écoulement du « jus »-sujet a engendré le « je ». Le chiasme dans « à peine l'ai-je ouverte qu'elle me mange » pousse ces cheminements du texte et de ses sujets encore plus loin. Le mot-fruit « oranje » se révèle comme « elle », c'est-à-dire comme sujet personnalisé, sexué et agissant, tandis que le « je » finit par se déclarer « me », donc par céder sa place de sujet à l'ancien objet.

Ce mûrissement touche aussi le corps du texte. Après tous les déplacements qu'il vient d'opérer pour situer son sujet, il trouve, dans le glissement paronomastique de « pleine de temps » à « à peine », sa propre plénitude textuelle et l'instant cristallin où « je » et « oranje », sujet et objet, se recoupent, voire se constituent mutuellement. Voici donc un portrait du sujet cixousien. C'est un portrait à la fois personnel, désignant un sujet historique, sexué et corporel. Mais c'est aussi un portrait textuel, constitué de traits poétiques, sonores et littéralement visibles. Sujet multiple et multiplié, il est traversé de, et porteur de l'autre, dans un rapport d'engendrement réciproque et de jouissance. C'est ce que font entendre les signifiants mêmes de l'incorporation: « elle me mange » s'entend aussi comme « elle me man/je » et « elle m/en/je ». Que le sujet-« je » puisse être doublement compris par celle qui mange, montre aussi la métonymie suivante de manger: englober:

  « elle m'*englobe* »: elle m'en - globe
   elle *mange*
   elle man/*je* - lobe
   elle *m'en/je* - l - obe
   l m'en/je - *elle* - obe

La simultanéité non-dialectique du sujet qui mange sa sanguine mais est aussi mangé par celle-ci pointe vers une éthique de l'intersubjectivité qui se conçoit comme une dualité à la fois non hiérarchisante et non fusionnelle, respectueuse des deux termes. Le motif de l'englobement poursuit cette idée. Englobé par son « teint immémorial, par ce goût, par cette irrégulière sphéricité », le sujet-« je » devient à son tour globulaire, dans la double signification du terme: globule à couleur rouge et sanguinaire. Autrement dit, il s'avère être lui-même orange: « je vois orange, je rêve orange, je sens orange ». Cette coalescence de « je » et « orange » donne un portrait du sujet sous forme d'autoportrait, ou plutôt d'« autreportrait », car il s'agit d'un portrait de « je » en l'autre et de l'autre en je, ou encore un portrait de l'autre je, ou du je de l'autre. Mais pas seulement: par la forme sphérique et globulaire de son sujet, par sa vision éblouissante-« orangeante » et par les déplacements continuels qu'il effectue, ce portrait est aussi, déjà, un portrait du soleil.

b. Quand? Le noyau dur de l'instant

Pas de récit, pas de fiction, sans temporalisation. L'énoncé narratif, ou plutôt, dans le cas de *Portrait du soleil*, « fictionnel », a besoin d'un temps qui soit marqué comme étant celui de son existence. Il lui faut des repères temporels qui le font prendre pour « histoire », que ce soit dans le sens où l'entend la narratologie, donc chronologiquement et logiquement repérable, ou que ce soit comme une durée qui instaure ses propres lois, subjectives, affectives, poétiques. Cette temporalisation est, en général, présente dès les premières lignes, comme si seul ce marquage d'un « seuil temporel » (initial) permettait la marche romanesque.[20] D'emblée, elle met en évidence les pendants de cette temporalité romanesque: le temps de l'écriture, le temps de la lecture. Ici aussi, le commencement répond à des besoins d'auto-identification du récit: non pas comme « roman », selon l'indication de la couverture du livre, mais comme autre chose. Peut-être comme « sanguine », dans le sens où l'entendent les arts plastiques: un dessin tracé au crayon rouge. Ou encore comme « ça », selon le tout dernier mot de *Portrait du soleil*[21] qui, tout en signifiant justement *cette chose-là*, désigne la matière fictive, cet ensemble de pages tracé au crayon rouge, anonyme, sanguinolent...

Par quel biais prendre maintenant la problématique de la temporalité? Quelle entrée choisir au début du texte? Car il y en a plusieurs. On peut se demander *quand* commence *Portrait du soleil*. Le texte commence à la première ligne, mais qu'en est-il du récit, voire du portrait? Quand com-

---

20. Grivel, *Production de l'intérêt romanesque, op.cit.*, p. 98.
21. Voir aussi l'épilogue de cette étude, p. 276-279.

mence un portrait? Ce commencement n'est-il pas, par définition, irreparable, indiscernable, enfoui, avec le tout premier trait du portrait, sous la masse des mots?

Ou encore: quel temps fait-il dans ce début de texte? Bon ou mauvais? Temps splendide, en*soleil*lé ou pas? Il fait « nuit » (« la nuit »), est-il dit dans les deuxième et troisième phrases. Avec ses occurrences en épanadiplose, c'est-à-dire au début et à la fin des deux phrases, occurrences donc littéralement encadrantes, ce temps de « la nuit » – temps sans soleil ou temps du sommeil; temps éternel, temps des « âges » – non seulement plonge l'énoncé dans une obscurité profonde, mais encore rend celle-ci constitutive du récit-portrait. D'abord il pose justement l'absence du modèle-sujet annoncé dans le titre. Ensuite il postule en revanche sa présence, promet sa venue, avec celle du grand jour qui suivra. Comme la nuit est aussi le symbole du temps des gestations et des germinations et l'image de l'inconscient, du sommeil et du rêve, elle présente, en deçà de ce ténébreux aspect de la fermentation du devenir et de l'attente, une conception de l'écriture-dessin, du (por)*trait*, comme un acte qui se réalise, originairement, dans la nuit. Comme l'écrit Derrida dans *Mémoires d'aveugle*: « Dans son moment de frayage originaire, dans la puissance *traçante* du trait, à l'instant où la pointe de la main (de corps propre en général) s'avance au contact de la surface, l'inscription de l'inscriptible ne se voit pas ».[22]

Autre question relative à la temporalité: quand commence « l'histoire » de ce portrait-récit? Quelles sont ses dates, qu'elles soient chiffrées ou pas? A cette première page de *Portrait du soleil*, il n'y a pas de début ponctuel à désigner, sauf celui que le livre s'assigne à lui-même: le moment où son premier trait surgit et où le texte prend son envol. Son temps premier, sinon primaire, est alors le *nunc* de l'énonciation. Mais, pareillement à ce qu'on a constaté pour l'énonciation, cette temporalité n'est pas une et suivie, dans le sens où l'ordre des phrases correspondrait à une chronologie ou que leur éventuelle anachronie se reconstruirait dans la (chrono-)logique d'une histoire.[23] Eclair bref d'une instance d'énonciation indécise et plurielle, chaque phrase a sa temporalité propre, diffuse et tremblante. Le temps des verbes est au présent, mais ce n'est pas toujours le même présent. Tantôt c'est celui de l'actualité de l'énonciation (« Il faut choisir une sanguine »), tantôt celui dit d'éternité, mêlé à celui de l'itération (« la nuit le sang remonte les âges »). Quand le « je » vient enfin assumer l'énonciation, la suite des présents est relayée par celui du « je » qui coupe et mange sa

---

22. *Op.cit.*, p. 49-50.
23. J'emprunte cet appareil critique des temps du récit à Gérard Genette, « Discours du récit », *Figures III*, Seuil, 1972, p. 82.

sanguine. Mais ce « je », coupe et mange-t-il à l'instant même sa sanguine-texte, ou le raconte-t-il? Une instance-« je » dit, raconte, que « je » coupe un mot qui est une orange, mais avec le signifiant « oranje » le texte visualise, donc performe cette coupure même. Narration, énonciation et « performation »[24] se recoupent quasiment ici, instaurant une temporalité de la simultanéité et de l'instantanéité, une pléthore du présent, vivant et très dense. C'est une temporalité de l'« à peine », comme le dit le texte un peu plus loin, où chaque événement, chaque instant se précipite dans le suivant.

En même temps, ce présent est porteur d'historicité, de temps antérieurs et postérieurs. Dans « la nuit le temps remonte les âges » par exemple, « la nuit » signifie non seulement « cette nuit-ci », « maintenant », mais aussi « toute nuit », « chaque nuit de nouveau », itération qui fait écho à « remonte » et, un peu plus loin, à « revenir ». Annonçant déjà une temporalité enfouie, l'indication temporelle que fournissent « les âges » creuse encore plus loin, cheminant entre les temps antérieurs et les temps encore à venir, entre le souvenir du passé et sa remembrance à l'heure actuelle, entre le temps individuel et les temps collectifs, historiques, mythiques.

Un autre exemple: dans le chiasme « mon fruit de naissance et ma fleur prophétique », le fruit éclos est preuve de naissance, tandis que le germe de la fleur prévoit déjà l'avenir. Commencement et fin, gestation et mûrissement alternent et s'échangent, se projetant au devant de leurs propres limites: vers un futur actualisé par prophétie, voire rendu antérieur au maintenant, vu que sa « fleur » n'est même pas éclose, et vers un commencement toujours déjà annoncé, préhistorique à la naissance, à la gestation même: vers les « premiers jours y compris l'avant-premier ».

La précision temporelle de « la première fois que j'ai coupé un mot » chavire quand on se rend compte que ce mot coupé, « l'oranje », a déjà figuré deux fois dans le texte. Ce mot coupé a d'ailleurs aussi une valeur métalinguistique[25] dans la mesure où il indique que l'inscription textuelle, les signifiants, priment l'énoncé ou la narration. Car c'est au niveau du textuel qu'on apprend que cette « première fois » n'en est pas une et qu'elle a déjà été effectué deux fois.

Cette « première fois » est datée « février 1970 ». Mais pour une durée si ponctuelle qu'« une première fois » et pour un geste aussi rapide que la coupure d'une orange, elle s'étire étrangement en un « en février 1970 »,

---

24. Avec ce terme, j'entends l'énonciation performative qui, dans les termes de J.L. Austin, *font* quelque chose et ne se contentent pas de la *dire* (*Quand dire, c'est faire, op.cit.*).
25. J'emploie le terme métalinguistique dans le sens que Phillippe Hamon à donné à ce terme: le discours métalinguistique est le discours, implicite ou explicite, fait par le texte littéraire sur lui-même et/ou sur les codes en général. Voir: Philippe Hamon, « Texte littéraire et métalangage », *Poétique* n° 31, sept. 1977, p. 261-284.

pour s'étendre aussitôt sur une trentaine de « fièvriers » précédents: « je l'avais déjà fait en trente autres fièvriers: il n'y a pas un fièvrier dans ma vie où je n'aie mangé l'oranje ». Avec le « i » qui surgit de trop dans « fièvrier » et avec l'accent grave, la « fièvre » s'introduit dans le mois de février et, avec elle, un état de fébrilité, propice à l'imagination, à la mémoire, au délire et à une temporalisation littéralement extra-ordinaire, outre mesure.

Ce « février » constitue par ailleurs une intrusion du paratexte[26] au coeur de la narration: *Portrait du soleil* a été achevé, selon l'indication à la dernière page, en « février 1971 ». « Trente autres fièvriers » fait allusion à l'âge de l'auteur qui, née en 1937, avait autour de trente ans à cette époque-là. Mois de la purification, selon son étymologie, et mois de la récolte des oranges en Algérie, « février » est aussi un autobiographème: c'est le mois où le père de l'auteur est mort, ainsi qu'on peut lire dans *Jours de l'an*: « Le douze février, à moi, est arrivé ce qui n'arrive qu'une fois et à une seule personne sur terre ce jour-là, à moi à qui aucune date n'était jamais arrivée, aucune flèche, pas une ».[27] Affirmant que son « écriture est née en Algérie d'un pays perdu, de père mort et de mère étrangère »,[28] Hélène Cixous situe cet événement douloureux et insaisissable à l'origine de son écriture, qui est dès lors une écriture « devant le père »: « l'on commence à vouloir écrire devant le père, devant le père symbolique, devant le père absent – il ne s'agit jamais du père réel –, devant le père mort donc idéal ».[29] Ou comme Hélène Cixous en rajoute encore ailleurs à sa propre mythologie: « Si je ne suis pas née le douze février, alors je suis née le cinq juin qui est son synonyme. Le cinq juin fut mon premier douze février, je l'ai su plus tard ».[30]

D'un février à l'autre s'instaurent, à cette première page de *Portrait du soleil*, plusieurs décalages temporels: entre temps du présent et temps du passé, grâce à l'utilisation de différents compléments de temps (le présent « j'épluche » versus le passé composé « je l'ai coupé ») et grâce aussi à une chronologie inversée, puisque, dans la linéarité du texte, la coupure précède l'épluchage; entre temps de l'énonciation mis en relief par l'emploi du déictique « cette oranje » et temps de l'histoire (« j'épluche [...] en 1970 »); entre temps objectif et historique (« février 1970 ») et temporalité subjective

---

26. Intrusion dans la mesure où un texte n'est pas censé nous parler de son temps d'écriture. Voir Randa Sabry, « Quand le texte parle de son paratexte », *Poétique* n° 69, février 1987, p. 83-99.
27. *Jours de l'an*, *op.cit.*, p. 65.
28. « De la scène de l'Inconscient... », *op.cit.*, p. 16-18. Les italiques sont de Cixous.
29. *Ibid.*
30. *Jours de l'an*, *op.cit.*, p. 65. Le cinq juin est le jour de l'anniversaire d'Hélène Cixous.

(« fièvrier »); enfin, entre l'acte relativement ponctuel qu'est l'épluchage et son étirement sur tout le mois de février et des « fièvriers » qui le font encore glisser dans une autre temporalité.

Si ce type de geste a une date, c'est qu'il est remarquable. Or c'est bien le cas. Car avec cette « oranje », on quitte le monde référentiel de la « sanguine » pour d'autres mondes: textuel, « oranje » étant un fruit-mot; mythique, « oranje » s'avérant ne pas être pleine de jus mais « pleine de temps »; et enfin subjectif et autobiographique. Ainsi s'explique aussi le long épluchage, mais en deçà de l'épaisseur temporelle de l'oranje, il y a aussi une métaphore qui vibre légèrement, vu qu'« éplucher » signifie aussi « lire attentivement ». L'épluchage est, par conséquent, avec les notions de la lenteur et du labeur, lié au livre à écrire, au livre écrit, ou encore, grâce à un équivalent proposé par « le sang [qui] remonte les âges »: au travail de la mémoire. Ainsi l'épluchage, non pas d'une orange mais de « l'oranje », s'avère constituer une indication métadiscursive qui non seulement met l'écriture et la lecture du livre sur le même plan, mais encore leur trouve des synonymes dans la coupure des mots, c'est-à-dire dans une lecture précise et appréciative des signifiants, comme s'il s'agissait de les manger. En outre, le déictique « cette oranje », moins utilisé pour anaphoriser que pour souligner l'actualisation et l'unicité de l'énonciation, fait coïncider le temps de l'Histoire et du récit avec celui de l'énonciation et de la lecture. Couper « cette oranje » revient à couper « cette oranje »-ci, ce mot-fruit-ci, à cet instant même: et l'étrange présent de « j'épluche » (qui se dilue déjà dans le passé par sa datation précise tout en se projetant vers le futur par la prophétie qui va se dévoiler ou par la certitude des « fièvriers » encore à venir), s'avère être le « présent du parcours paginal »[31] avec lequel il coïncide à chaque réactivation lectorale.

Quel est alors le temps diégétique du début de *Portrait du soleil*? Quel temps, quelle heure choisit-il comme le sien? La (chrono-)logique événementielle indique que ce temps commence par le choix, l'épluchage et la coupure d'une sanguine survenus en février 1970. Mais l'événementiel textuel et poétique de cette première page n'est pas aussi ponctuel. Il se déduit, par exemple, de la transformation poétique, qui est aussi une transformation dans le temps, d'une « sanguine » en une « oranje ». Ou encore du jeu vertigineux des temps se pliant et se repliant, se superposant, qui confèrent à *Portrait du soleil* une durée ambivalente: une durée dont l'amplitude[32] s'étend des « premiers jours » jusqu'à ceux encore à venir, à l'image donc

---

31. Terme emprunté à Mireille Calle-Gruber, *L'Effet-fiction. De l'illusion romanesque*, A.-G. Nizet, 1989, p. 42.
32. Voir Genette, *Figures III*, *op.cit.*, p. 89.

de l'éternité, et une autre temporalité qui coïncide avec la seule coupure de l'« oranje », réactivée à chaque lecture.

Moment décisif de l'entrée du texte dans le monde de la fiction, cette première page de *Portrait du soleil* exhibe donc la difficulté qu'a le texte à entrer dans le temps, à s'installer dans un temps. On le voit dans la première phrase, où l'acte de « choisir » implique un différement temporel, poursuivi jusqu'à ce que la « sanguine » qui convienne soit prise, et ouverte – telle une porte? La difficulté à entrer se lit également dans le fait que le texte est à la recherche de son sujet propre, « la sanguine » se métamorphosant en « l'oranje pleine de temps [...] à teint immémorial », faisant preuve d'une temporalité excessive, ou dans son événementiel très restreint, mais d'une épaisseur extraordinaire, car la coupure engendre aussitôt son pendant, par un mouvement de réciprocité et de simultanéité temporelle: « à peine l'ai-je ouverte qu'elle me mange ».

Avec ce calendrier d'événements réduit *et* agrandi à l'extrême, la temporalité de l'écriture prend le dessus et, avec elle, au fur et à mesure de sa progression, une poétique engendrée par les tissages transformateurs et transférentiels entre les différents signifiants. Ainsi le transfert de « février » en « fièvrier », les contaminations entre « couler » (étirement) et « couper » (rupture), « pleine » et « à peine », « temps » et « teint immémorial », l'équivalence entre « temps » et « sang », grâce à la transformation de « sanguine » en « oranje [...] pleine de temps » et entre « temps » et « orange », c'est-à-dire « soleil », se retrouvant ensemble dans « teint immémorial ». Ces tissages reviennent d'autant plus à la surface qu'ils semblent moins contrôlés par l'énonciatrice. Par conséquent, ils instaurent une fiction qui procède au plus près du texte, assurant à merveille ce que Mireille Calle-Gruber appelle « l'effet-fiction », c'est-à-dire la fiction en tant qu'effet, dans le texte, de lisibles opérations concertées.[33] D'emblée, cette temporalité qui se plie et se replie à tous les niveaux du récit, entraîne encore un autre effet: elle ne permet plus le tissage anaphorique de la lecture, mais la contraint à revenir, à creuser de nouveau, à repartir dans une autre direction.

S'installant dans l'achronie, la fiction est contrainte à l'ici et maintenant de l'écriture et de la lecture. Qu'il se renforce du cyclique (« remonte », « revenir ») ou de la réactualisation du passé (« je l'avais déjà fait »), ce présent ne se constitue pas dans un rapport avec le passé ou avec la mémorisation, qu'elle soit prophétique, fantasmée ou pas. Il institue par contre une certaine « présentification »,[34] qui contraint le présent de la fiction non pas

---

33. *L'Effet-fiction, op.cit.*
34. *Ibid.*, p. 68.

à une temporalité d'un maintenant qui serait déjà là, mais à une actualisation à valeur performative, à chaque instant, notamment à partir de ce qui se pose dans son immédiateté inscrite, l'ici et maintenant du signe linguistique.

Ceci est d'autant plus étrange que la valeur du temps passé et présent insiste et persiste: dans la datation, dans « immémorial », dans la « façon de revenir aux premiers jours, y compris l'avant-premier ». Va-t-on remonter, dans *Portrait du soleil*, le fleuve des âges? S'enfoncer, ou « s'enfancer » (9), avec l'énonciatrice, sur les p(l)ages de l'Oran d'antan? Cette première page nous apprend deux choses. D'abord que le commencement, dans sa ponctualité comme dans son originalité, est un leurre: les « premiers jours » sont au pluriel, et le premier ne l'est pas, comprenant lui-même « l'avant-premier », terme qui, par ailleurs, dément toute possibilité de primarité et de primauté.

Deuxièmement, à défaut de repères temporels suffisants, le texte se propose comme un espace scriptural où tout peut advenir en son temps propre. Temps s'écoulant (comme le jus qui coule) à travers des affinités poétiques, temps engendré par des nécessités subjectives, temps s'inventant avec les réponses lectorales. Cette temporalité ne vient pas s'imposer à partir d'une extériorité référentielle, mais est déjà là, inscrite dans le texte, présente à sa présence: elle lui est intérieure, à l'image de cette « oranje [...] pleine de temps », à l'image de ce jus qui coule, s'écoule à travers parole et silence, à travers cri et écrit, à l'écoute de ce « fièvrier », fébrile, hallucinante et, en effet, dé-lirante.

Une dernière fois: quel temps est celui de *Portrait du soleil*? Il y fait quel temps? Et s'il faisait « entre jour et nuit »? Mais qu'est-ce qu'« entre jour et nuit »? Une nouvelle fois le texte travaille des expressions communes du français, telles que « jour et nuit, nuit et jour » ou « c'est le jour et la nuit » où jour et nuit sont des notions radicalement opposées et séparées. Intercaler un « entre » entre ces deux termes revient à accentuer cette séparation. Mais où se situe cet « entre »? Où est le point tranchant, à quand le moment décisif où la journée, le jour se distingue de la nuit, et la nuit du jour? Dans l'idiome, comme dans la pensée métaphysique, jour et nuit s'opposent comme une différence de lumière, comme la présence ou l'absence du soleil. Mais toute heure « entre » jour et nuit, comme l'aube, l'aurore, le crépuscule, prouve déjà que ces notions ne sont pas si nettement opposées et opposables que le langage, véhicule de la pensée métaphysique, a tendance à nous faire croire. Au contraire, elles se muent, d'une manière intranchable et indécidable, l'une dans l'autre. Ainsi cet « entre » court-circuite le discours de la séparation et de la coupure qu'il était censé pourtant soutenir.

Avec cette heure impossible « entre jour et nuit », le début du livre de Cixous cherche à instituer une autre temporalité au-delà de celle, chronométrique, des horloges, en deçà de celle, perceptive, du changement de lumière. Si « l'entre » fonctionne dans sa signification d'espacement, ce serait en tant qu'arrêt dans le temps « réel », en tant que brèche qui fait entrer une autre temporalité: celle des temps antérieurs et prophétiques, celle des rêves et des souvenirs, de l'affect et de l'imagination.

Entre l'heure historique d'un « février » et celle agitée, surréelle, imaginée d'un « fièvrier », de l'heure « entre jour et nuit », la fiction entre, dure, et perdure. Et le portrait du soleil? Lui attend son heure « entre »: fébrile, nocturne et voyante, dévoilant des visions que la lumière et sa source, le soleil, ne sauraient capter.

c. Où? Le royaume de l'entre

Aucun toponyme, aucune indication de lieu, imaginaire ou « réel », ne localise, dans cette première page, l'histoire de *Portrait du soleil*. Et pourtant: le monde est là. Il l'est dès les premiers mots, d'une manière concrète et quotidienne. La « sanguine » n'évoque-t-elle pas, par exemple, le monde du marché, de la cuisine, de la corbeille de fruits? Le « sang » n'appartient-il pas à celui, plus intime, du corps et de l'âme, de la famille et de la filiation ou, selon l'expression de Cixous, à « notre pays intérieur »[35] – à moins que l'auteur ne se réfère, avec tout le sang versé dans nos mythes et dans nos cités, au monde de la haine et de l'effroi, aux scènes de boucheries humaines, à « la terre bourrée d'assassinés »?[36] Dans *La Ville parjure*, pièce consacrée à la soi-disant « affaire du sang contaminé », Hélène Cixous fait oeuvre poétique et politique du fantasme millénaire de la pureté du sang, dont le « fléau du Sida »[37] n'est qu'un récent avatar. Mais le sang est aussi un autobiographème pour Hélène Cixous, lié à la mort du père. Dans son premier roman, *Dedans*, le sang représente le lien avec la vie du père moribond: « il rit parce qu'on l'a épinglé à la vie. Dans son bras gauche il y a une veine pleine de sang qui monte », tandis que, dans *L'Ange au secret*, le père, atteint par la tuberculose, meurt justement des suites d'une hémorragie pulmonaire: « Le sang coule ».[38]

Si le monde est là, dans cette première page de *Portrait du soleil*, il est intérieur, à l'intérieur, au-delà d'une porte sanguinaire. D'où aussi l'importance du motif de l'entrée qu'on trouve dans la coupure et le manger de la sanguine ou encore dans des prépositions, excessivement répétées, comme « par où » ou « en ». Mais où entre-t-on? On ne peut en fait reconnaître une

---

35. Dans « Nos mauvais sangs », introduction à *La Ville parjure ou le reveil des Erinyes*, Editions du Théâtre du Soleil, 1994, p. 6.
36. *Ibid.*, p. 7. En guise d'allusions historiques et politiques, *Portrait du soleil* contient de nombreuses images violentes de morts, de décapitations et d'ossements répandus.
37. *Ibid.*, p. 6.
38. *Dedans, op.cit.*, p. 132; *L'Ange au secret, op.cit.*, p. 191.

localité au-delà de cette « porte », mais il s'agit tout de même d'une entité spatiale. Dans « la nuit le sang remonte les âges », cet espace, déjà rendu nocturne, épouse les intimités du corps et du rêve. Corps du « je » mais aussi de « tout le monde vivant ». Corps aussi de la sanguine qui, coupée, épluchée et ouverte, est mise en valeur comme une intériorité recueillante, comme le prouve sa capacité englobante, sinon « pleine », c'est-à-dire, dans le langage familier: enceinte. Mais c'est aussi le corps, textuel, d'« oranje », signifiant qui en incorpore d'autres. Et comme l'heure dans ce début de texte est de « naissance » et des « premiers jours », le milieu s'avoue, avec ces références au maternel, définitivement au-« dedans ».[39] *Dedans*: dans la sanguine, en « l'oranje », et, grâce au rapport de contenant-contenu entre le sujet-je et la sanguine-« oranje »: en « je », en moi.

Accueillant, ouvert, plein, sphérique, organique: c'est ainsi que cet espace se laisse définir. Mais en réalité, sa géométrie est toute imaginaire, toute subjective. Avec son « irrégulière sphéricité » et sa forme globulaire, l'espace restreint de la sanguine atteint des dimensions cosmiques, sinon divines. Cette description suggère un regard extérieur porté sur la sanguine, mais c'est pourtant son intériorité qui est seule prise en compte: en témoignent le manger, l'englobement, et la vision dedans de l'énonciatrice.

Cet espace s'étend aussi comme une durée. Et là, sa capacité englobante est, littéralement, sans limites. Il tend jusqu'aux « premiers jours, y compris l'avant-premier » et va donc toujours plus loin, plus au-devant. Plus au-dedans aussi, car tout « premier jour » porte en lui, « y compris », le jour « avant-premier ».

« La nuit », autre notion temporelle, lui sert de cadre, de « parergon », avec toute l'ambivalence que Derrida attribue à cette notion.[40] Se référant entre autres au cadre pictural, Derrida montre comment le *parergon* fait partie de l'oeuvre (peinte) en même temps qu'il s'assimile à son milieu: « Le cadre parergonal se détache, lui, sur deux fonds, mais par rapport à chacun de ces deux fonds, il se fond dans l'autre ».[41] Le cadre dont nous parlons: « la nuit », mais par exemple aussi les pelures de la sanguine, ne saurait donc se rattacher à « l'oeuvre » seule, c'est-à-dire, respectivement, l'espace de la remontée du sang et celui de l'écoulement du jus. Avec la révélation de l'intérieur de la sanguine, les pelures semblent se confondre avec le milieu extérieur de la narratrice: « Je vois orange, je rêve orange, je sens orange ». Ou est-ce qu'avec l'écorce de l'orange, la notion d'un espace encadré, enceint, limité, séparé, est délaissée au profit de celle de l'intériorité pure, dé-

---

39. Comme cela a toujours été le cas chez Hélène Cixous: *Dedans* est le titre de son premier roman.
40. Voir *La Vérité en peinture*, Flammarion, coll. Champs, 1978, p. 71.
41. *Ibid.*

ceinte, mais pourtant « pleine » d'autres corps? Cette intériorité aurait l'avantage de ne pas relever du fusionnel: la coupure et l'englobement réciproques, l'écorce et la peau parergoniques, constitutifs de cet espace fantastique, l'empêcheraient.

La logique réfléchissante du *parergon*, selon laquelle l'opposition du formel et du matériel, du dedans et du dehors, du propre et de l'impropre etc., est à la fois constituée et abîmée,[42] s'applique d'une manière significative à ce que pourrait être un portrait du soleil. Pour nous limiter au cadre nocturne: la nuit qui entoure une intériorité également obscure fait basculer la pertinence de l'opposition présence-absence de la lumière, donc aussi celle de la présence-absence et donc de la figurabilité du soleil. Les choses se compliquent encore si l'on prend en considération que le soleil, le modèle d'un tel portrait, en est encore la puissance constitutive, c'est-à-dire la force visibilisante même ou, en termes derridiens, « le corps singulier du visible, *à même* le visible ».[43] Cette visibilité constitutive produirait « de l'aveuglement, par émanation, comme s'il secrétait son propre *médium* ».[44] Dépendant de l'idée qu'on peut se faire de cet aveuglement, deux propositions se présentent alors. Tout portrait, pourvu qu'il donne du visible ou diffuse de la lumière, *est* un portrait du soleil, en deçà de toute représentation. Ou encore: un portrait du soleil en tant que source du visible, en tant que le visible même, est un portrait invisible, et seulement reconnaissable à son cadre, qui le délimite en même temps qu'il le dilue dans ce qui lui ressemble: la nuit des temps.

Ce « portrait » globulaire, avec ses limites extérieures toujours repoussées et son for intérieur toujours davantage creusé, fait allusion à la fameuse définition de Pascal: « Dieu est une sphère dont le centre est partout, la circonférence nulle part ».[45] L'espace cixousien, lui aussi dépourvu de périphérie et d'un point intérieur central ou ultime, s'approche donc de cette « figuration de l'immensité divine », de cette « figure du Tout » – c'est ainsi que Georges Poulet et Jean Starobinski appellent cette admirable sphère infinie.[46]

---

42. *Ibid.*, p. 85.
43. *Mémoires d'aveugle, op.cit.*, p. 56. Derrida se réfère ici au *Visible et l'Invisible* de Maurice Merleau-Ponty.
44. *Ibid.*
45. En fait, cette formule est originaire d'un manuscrit pseudo-hermétique du XIIe siècle. Il est le point de départ de l'ouvrage de Georges Poulet, *Les Métamorphoses du cercle*, Flammarion, coll. Champs, 1979 (préface de Jean Starobinski).
46. *Ibid.*, p. 26 et 21.

Dans l'espace nocturne, mais visionnaire, où se réalise la coupure de « l'oranje », il y a en effet comme une épiphanie:[47] « La première fois que j'ai coupé un mot c'était elle » ressort bien du registre de l'apparition et de la révélation. Je coupe un mot et, voilà, c'est « elle ». « Elle », c'est-à-dire pronom personnel féminin, mais aussi, par le système des renvois: un mot coupé – mais « elle » est-il un mot coupé ou à couper? – et « l'oranje », elle aussi triplement une « elle », un fruit et un mot coupés. Couper un mot-fruit, dévoiler son intérieur, revient, selon la logique syntaxique de la phrase, à rencontrer « elle ». Ce couper revient aussi à donner à la transparence d'un mot une valeur concrète, à redonner au texte sa matière de texture: tissu à découper: « oranje », oran-je; « elle », oran-elle, mais aussi texte « à voir à lire »:[48] « elle », L , so*leil*, texte à entendre à lire: « elle », aile, so*leil*, « soleille »... La coupure de « l'oranje » s'avère fonctionner ici comme un métadiscours[49] qui met en valeur, outre la matérialité du texte, son existence comme espace, comme un dedans où d'autres mots s'engouffrent, se répercutent, se pourchassent.

Espace intérieur, nocturne, visionnaire; espace coupé et retourné: s'il nous fallait vraiment décider du lieu de l'espace cixousien, le localiser, nous pourrions user d'un petit subterfuge en lui dédiant l'« entre ». Le texte

---

47. Il s'agit d'entendre l'épiphanie dans le sens où James Joyce a reformulé le genre, c'est-à-dire, dans les termes d'Hélène Cixous elle-même: « une soudaine manifestation spirituelle, se traduisant par la vulgarité de la parole ou du geste ou bien par quelque phrase mémorable de la mentalité même [...] La "révélation" saisie dans le *réel* par l'artiste et simplement enregistrée par l'écriture, devient un produit de l'écriture même, cristallisation de signifiants que le texte par son travail incessant sur son corps phonique fait surgir et aussitôt fixe ». Hélène Cixous, « Introduction » à James Joyce, *Dublinois: Les morts – Contreparties*, Aubier-Flammarion, 1974, p. 33-34. Voir aussi: Hélène Cixous, *L'Exil de James Joyce*, *op.cit.*, p. 677-713.
48. Selon le titre d'une conférence d'Hélène Cixous faite au colloque « Lectures de la différence sexuelle », Paris, Collège International de Philosophie et Université Paris VIII-Vincennes, octobre 1990.
49. Par métadiscours, j'entends le discours du narrateur « qui porte sur la structuration du texte et/ou de sa signification » (Françoise van Rossum-Guyon, « Redondance et discordances: métadiscours et autoreprésentation dans *Les Parents pauvres* », dans Françoise van Rossum-Guyon et Michiel van Brederode (réd.), *Balzac et* Les Parents pauvres, SEDES-CDU, 1981, p. 147). *Portrait du soleil* connaît de nombreuses interventions de la part de la narratrice pour justifier l'introduction de tel ou tel élément du récit, attirer l'attention du lecteur sur tel ou tel aspect de la narration ou de la fiction, donner une indication de lecture ou proposer sa propre interprétation. Voir pour les fonctions du métadiscours (régie, communication, nomination, justification): Françoise van Rossum-Guyon, « Des nécessités d'une digression: sur une figure du métadiscours chez Balzac », *Revue des Sciences humaines* n° 175, juillet-septembre 1979, p. 99-110; *id.*, « Métadiscours et commentaire esthétique chez Balzac: quelques problèmes », *Degrés* n° 8, vol. 24-25, hiver 1980-81, p. b1-b12.

propose en effet un tel lieu: « entre jour et nuit », dont on a déjà relevé l'impossible localisation. *Entre*: c'est le milieu, l'espace entre deux lieux, l'entre-deux, mais aussi la confusion entre ces lieux, leur espacement, la localisation toujours incertaine, indécise, différée. *Entre*: c'est aussi l'injonction, ou l'invitation à entrer. *Entre* peut aussi bien s'écrire avec un *a*.[50] *Antre*: caverne, grotte naturelle, profonde et obscure, fente, c'est-à-dire aussi un espace symboliquement féminin. Cet *antre* fait allusion à l'intériorité de la sanguine découpée, à sa plénitude temporelle et globulaire, aux fentes de la bouche et du texte « par où » le jus-sujet coule. Mais *l'antre* de Cixous se révèle comme un lieu impossible, sans fond ni périphérie, dont l'extérieur peut se renverser en l'intérieur et vice versa. De la même façon, *l'entre*, comme dans « entre jour et nuit », oscille, d'une manière indécidable, dans l'entre-deux, incapable de pouvoir marquer la ligne de démarcation.

Ainsi cette fiction, qui débutait dans l'obligation de la séparation – « il faut choisir » – et qui, jusqu'ici, racontait, voire effectuait, une histoire de la coupure, se crée avec l'*entre/antre* un espace qui refuse cette séparation, cette coupure. Dans l'espace creux et ouvert de l'*antre* elles sont incorporées, englouties dans un tout qui répare la faille; dans le jeu oscillant de l'*entre* aucune coupe définitive ne pourrait se réaliser. Dépourvu d'un référent dans le réel comme d'une figure dans le récit et d'un signifiant propre, *l'entre/antre* est alors ce qui hante ce texte, ce qui porte son désir, sous forme de fantôme textuel, de trace. De blessure aussi. Ce qui se tient à ce début du texte pour la vérité et le sens même de son monde subjectif: la sanguine, figure primitive du Tout, de l'englobement, de l'embrassement, se révèle être entachée d'une blessure profonde, puisqu'il a fallu la couper. S'il faut la couper encore une fois, c'est pour pouvoir arriver à réparer cette coupure, cette entaille, ce *trait*, en les voyant, goûtant, touchant, rêvant. La séparation s'étant avérée inévitable, le sujet doit arriver à la conjurer, à la refaire et s'en défaire, dans la conscience de la blessure et de ce qui la cause: une perte, une mort, ou un autre départ.

La précédente analyse de l'*incipit*, portée qu'elle est par l'institution littéraire, montre comment cette fiction de Cixous, à première lecture obscure, expérimentale et repliée sur elle-même, non seulement peut être soumise à une « critique du roman »[51] des plus canoniques, mais encore sait tirer profit, pour sa propre mise en fiction, et pour les détourner, de ces

---

50. Voir sur l'étymologie partagée de *entre* et de *antre*: Jacques Derrida, *La Dissémination*, *op.cit.*, p. 240.
51. Selon le titre de Françoise van Rossum-Guyon: *Critique du roman. Essai sur* La Modification *de Michel Butor*, Gallimard, 1970, repris dans la coll. Tel, 1995.

mêmes protocoles, identificatoires, d'une poétique de la *mimesis*. Il y a peut-être là gageure, ou encore une ruse à soupçonner de la part de l'auteur, qui est professeur de littérature (anglaise), spécialiste de Joyce et, à travers ses recherches sur des structures libidinales dans des textes très divers, profondément et intimement initiée aux puissances de la textualité. Quoiqu'il en soit, *Portrait du soleil* exhibe dès sa première page, à travers les déplacements de ses sujets possibles se relayant et se pourchassant, la question du sujet comme l'enjeu même de son « histoire », tout en tirant celui-ci hors du domaine de la référentialité. Car ce sujet est un sujet pluriel, en métamorphose continuelle, pourvu de la seule identité graphique, écrite, incrusté qu'il est dans le textuel. La question du temps et du lieu subissent un sort semblable. Repérables mais sans commune mesure, temps et espace esquissent le fin fond d'un monde personnel, onirique et intérieur, porté par les mouvances du désir, de l'affect et de l'écriture en train de se réaliser. Quant à la question du portrait, tous les éléments: modèle, sujet contemplant, peinture colorée et temps propice, sont donnés, mais ne sauraient se résoudre en un portrait constitué: soutenu par une subjectivité qui est à la quête de soi-même et une textualité qui est travaillée par le transfert, ce portrait ne saurait se réaliser qu'à partir de la multiplication, de la décomposition et de la recomposition.

3. « *Couper un mot* », *ou sexuer la section*

Cette fiction trébuche sur le tout premier mot qu'elle produit: un pronom masculin dit « impersonnel »: « Il faut choisir une sanguine ». Indiquant une position d'énonciation que « personne » ne vient assumer, « il » contraste avec « une sanguine », nom féminin qui n'indique pas non plus une personne, mais introduit tout de même une présence corporelle, singularisée par l'article indéfini. « Il » fait aussi écho à « elle » qui apparaît un peu plus loin: « La première fois que j'ai coupé un mot c'était elle ». « Elle », c'est « l'oranje », venue remplacer la « sanguine » et connotée comme celle-ci de corporalité et d'intériorité. Mais à cause de la syntaxe ambiguë de cette phrase, « elle » se rapporte aussi à « un mot », nom masculin, ou encore au fait même du mot coupé (ou à couper) de « l'oranje », ce mot-fruit qui est masculin en tant que « mot », mais féminin en tant que « fruit ».

Cet « il » initial et tranchant et cette « elle » ambivalente montrent que la différence sexuelle traverse ce texte selon une sémiotique toute particulière. Cette différence ne s'énonce pas au niveau discursif ou référentiel. Elle se marque au niveau textuel, poétique, ou encore « fabuleux », dans le double sens où Jacques Derrida entend ce terme: tout récit fabuleux – et cette histoire de « l'oranje » n'est-elle pas fabuleuse? – « raconte, met en scène, enseigne ou donne à interpréter la différence sexuelle », tandis qu'aussi « "fable" [...] *est* toute la différence sexuelle. La différence sexuelle serait, s'il y en avait, fabuleuse. Il n'y aurait pas de parole, de mot, de dire qui ne dise et ne soit et n'instaure ou ne traduise quelque chose comme la différence sexuelle, cette fabuleuse différence sexuelle ».[52] Ceci vaut davantage pour le début de ce texte de Cixous: l'affabulation de la différence sexuelle s'y réalise à la base d'un « il » et d'une « elle », d'un « mon » et d'un « ma ». S'avérant, en premier lieu, comme une « simple » question de langue, elle est promise, dès lors, à l'aventure de la lecture et de l'interprétation.

Car le sujet sexué ici n'est pas le « je », comme on pourrait s'y attendre. A la première page de ce *Portrait du soleil*, le sexe du scripteur-portraitiste reste inconnu, et le restera encore longtemps. Ce n'est qu'à la page 11 que son identité sexuelle se révèle et encore seulement par voie grammaticale, l'action désignée étant, par contraste, phalliquement connotée: « Je pénètre seule ». D'autre part, tout au long du livre, l'identité sexuelle du scripteur est, littéralement, mise en question (« Je suis la honte de mon sexe, lequel? »; 89) et mise en fable: « entre sans bruit et comme si elle m'était destinée, une personne très grande et fine, aux proportions enviables, au visage creux et fermé, sans doute asiatique, mat, et qui était un prince ou une princesse. [...] c'est qui je ne sais pas que je suis » (20-21); « L'auteur souffre en personne de la comédie de sa propre fuite: où il fut femme il devra être lion » (135). Qu'elle relève du domaine de l'inconnu, de ce qui fuit ou de l'énigme (cette femme-lion ne rappelle-t-elle pas la Sphynge?), l'identité sexuelle est présentée comme une chose littéralement insaisissable, « neutre », au sens où Hélène Cixous entend ce terme dans son livre du même titre. « Neutre », dérivé du latin *ne-uter*, signifie « ni l'un ni l'autre », mais doit se comprendre, selon l'auteur, comme « l'un n'est pas sans l'autre ».[53] Cette traduction s'oppose à l'idée du neutre qui dépasserait la différence sexuelle vers une totalité indifférenciée, de même qu'à la conception de cette différence sexuelle comme une différence nettement tranchée. Selon une autre signification de « neutre », celle-ci est foncièrement « indécise ».

Dans *Portrait du soleil*, la question de l'appartenance sexuelle accompagne la quête identitaire du sujet-je: « Mais d'abord qu'est-ce que je suis? Dans la coupe des sexes qu'est-ce que je suis, par revers lui? » (78). On peut lire dans cette « coupe des sexes » une référence aux différents coups de couteaux qui surgissent dans bien des mythes sur l'origine humaine et celle,

---

52. Jacques Derrida, « Fourmis », dans Mara Negrón (éd.), *Lectures de la différence sexuelle*, des femmes, 1994, p. 72-73 (italiques dans le texte).
53. Voici la citation: « L'un n'est pas sans l'autre. [...] Impossible de penser l'un sans l'autre et sans ni l'un ni l'autre: le propre ici appalit, le coeur sombre ». *Neutre, op.cit.*, p. 19-20.

plus précisément, des sexes. Car qu'on soit des êtres sexués, avec tout ce que cette situation implique en imperfections et solitudes causées par l'appartenance – ou est-ce une résignation? – à *un* sexe mais aussi en convoitises de et rivalités avec l'*autre*, fait supposer, à l'origine, une intervention, sinon une punition, divine.

Ainsi nous l'enseignent deux grands mythes fondateurs de la culture occidentale: la *Genèse* et *Le Banquet* de Platon, qui relatent tous les deux, dans leur propre perspective, la création du premier être humain, sexuellement indifférencié ou bisexuel, à qui « la sexuation »[54] est survenue, dans le premier cas, comme une création secondaire, et dans l'autre, comme un accident résolument post-paradisiaque.

Le cas de la *Genèse* est d'autant plus remarquable qu'elle contient deux récits de la création humaine, attribuée aux différents rédacteurs élohiste et jahoviste. « Dieu créa l'homme à son image; il le créa à l'image de Dieu: il les créa mâle et femelle »: selon le premier livre de la *Genèse*,[55] l'homme et la femme ont été créés simultanément, à l'image de Dieu. Il est tentant, comme l'ont fait des théologiennes féministes,[56] de prendre cet *imago dei* comme la preuve d'une différence sexuelle divinement égalitaire, ou encore d'y voir démontrée l'existence d'un Dieu bisexuel, comme c'était le cas dans plusieurs traditions rabbiniques.[57] Phyllis Bird avance l'idée que la création de la différence sexuelle serait secondaire à celle de l'être humain, dans la mesure où le premier homme « est créé d'après (*i.e.* ressemblant) Dieu, mais *en tant* que créature, et par conséquent mâle et femelle ».[58] Cette idée de la

---

54. J'utilise ce néologisme dans le sens de prendre une identité sexuelle. Il se veut un équivalent du terme anglais « gender » (genre) qui, dans son emploi féministe, comprend le sexe et la sexualité non pas comme des faits biologiques ou anatomiques, mais en tant que constructions de ou identifications à des modèles sexuels culturels, psychiques et sociaux. Voir pour une première introduction de ce terme: Joan W. Scott, « Gender. A Useful Category of Historical Analysis », *American Historical Review* n° 91, 1986, p. 1053-1075; Teresa de Lauretis, « The Technology of Gender », dans *id.*, *Technologies of Gender*, Bloomington/Indianapolis, Indiana University Press, 1987, p. 1-30.
55. *Genèse*, 1:27-29.
56. Par exemple Elizabeth Cady Stanton, *The Woman's Bible* [1895], Edinburgh, Polygon Books, 1985. Voir pour d'autres exemples, et pour une critique qui corrige cette interprétation: Phyllis A. Bird, « *Male and Female He Created Them*: Gen. 1:27b in the Context of the Priestly Account of Creation », *Harvard Theological Review* 74-2, 1981, p. 129-159. Je remercie Anne-Claire Mulder pour ces références.
57. On sait que cette bisexualité divine, occultée par l'exégèse judéo-chrétienne, a été une tradition vivante dans certains commentaires rabbiniques. Elle y fournit la preuve de la nature parfaite, bisexuelle, de Dieu, dont Adam et Eve constituent la double image. Le *Zohar*, par exemple, enseigne l'existence d'un Adam androgyne qui serait le reflet fidèle de la bipolarité divine. Voir Marie Miguet, « Androgynes », dans Pierre Brunel (réd.), *Dictionnaire des mythes littéraires*, Ed. du Rocher, 1988, p. 58.
58. *Op.cit.*, p. 149: « *adam* is created *like* (i.e., resembling) God, but *as* creature, and hence male and female ». Italiques de l'auteur.

création de la différence sexuelle comme une création secondaire s'applique aussi au deuxième livre de la *Genèse*, qui raconte comment Eve est née d'une côte d'Adam.[59] On connaît la lecture traditionnelle, misogyniste, de ce récit, qui voit ici affirmée l'existence secondaire et dérivée d'Eve, née non seulement après Adam mais encore tirée de lui. Mais une lecture comme celle de Mieke Bal,[60] qui focalise sur des aspects narratologiques du récit biblique, montre que la première créature humaine, *ha-'adam*, faite de la terre (*ha-'adama*), est présentée comme un être unique et indivis, sans nom et sexuellement indifférent, et devient seulement une créature humaine quand Eve est tirée de lui en tant qu'être sexué et différent de lui. Ainsi la naissance de l'humanité est accomplie en deux étapes d'une perfection croissante, où la création de la différence sexuelle, inaugurée par celle de la femme, joue un rôle primordial.

Platon, de son côté, fait mention d'un être primordial double, à deux visages, à quatre jambes et à quatre bras et constitué de trois espèces: l'homme double, la femme double et l'androgyne. Grâce à cette androgynie, mais aussi à cette monosexualité, ou plutôt asexualité mâle ou femelle, ce premier humain était un être parfait: complet dans sa dualité fusionnelle, inconscient et libre, délivré du désir de l'autre.[61]

Dans les deux mythes, la création des sexes, éprouvée comme une chute, figure une séparation, une coupure. Dans *Genèse II*, la femme est, par l'intermédiaire d'une côte, tirée, prise du premier homme. Dans *Le Banquet*, cette coupure entre les deux sexes est encore plus concrète. Les dieux courroucés et jaloux ont voulu mettre fin à la vigueur et à l'audace des premiers êtres humains en les tranchant en deux. C'est à cause de cette séparation que l'être humain est devenu un être sexué et sexuel, voué à la recherche de sa propre moitié, qu'il peut trouver dans l'autre sexe ou chez un autre de son propre sexe. C'est d'ailleurs cet autre-ci qui a souvent été « oublié » par les commentateurs du mythe, fascinés qu'ils étaient, et le sont toujours, par l'androgynéité originaire de l'être humain et anxieux de mettre au devant de la scène la « nature » complémentaire et fusionnelle des deux sexes.[62] Mais telle était aussi l'intention majeure du mythe platonicien: son

---

59. *Gen.* 2:21.
60. *Femmes imaginaires. L'ancien testament au risque d'une narratologie critique*, Utrecht, HES Publishers et A.G. Nizet, 1986, p. 214-245.
61. Platon, *Le Banquet*, 189e (Garnier-Flammarion, 1964, p. 49).
62. Mythe d'origine ethno-religieux, l'androgyne connaît à partir de Platon une longue vie philosophique, et est aussi pris en charge par le discours ésotérique de la Gnose, la Cabale et la théosophie. Il n'entre dans la littérature (française) qu'assez tardivement, au XIXe siècle avec *Séraphita* de Balzac et *Mademoiselle de Maupin* de Théophile Gautier. Voir pour un aperçu de son histoire: Frédéric Monneyron, *L'Androgyne romantique. Du mythe au mythe littéraire*, Grenoble, ELLUG, 1994.

fond anthropologique montre que l'être humain, au-delà de la « coupe des deux sexes » et au-delà de la coupure hétéro- et homosexuelle, était censé appartenir à un sexe unique, se garantissant indivis et insécable.[63]

Dans *La jeune née*, en s'appuyant sur la psychanalyse, Hélène Cixous critique les mythologies de la bisexualité originaire comme un « fantasme d'un être total » qui voile le deux, c'est-à-dire la différence sexuelle, dans la mesure où celle-ci est éprouvée comme « marque d'une séparation mythique, trace donc d'une sécabilité dangereuse et douloureuse ».[64] Elle critique cependant en même temps Freud et son hypothèse de la bisexualité originaire de l'être humain. Comme dans les mythologies, cette thèse repose sur un fantasme qui vient « à la place de la peur de la castration » et, notion centrale de la psychanalyse, fait de celle-ci l'avatar moderne de ces mythologies. En effet, Freud a mis le complexe de castration au centre de sa théorie sur la différence sexuelle, aveugle au fait que le petit « pervers polymorphe » qui fantasmait le retranchement du pénis (chez sa mère), devait nécessairement être un petit mâle. Mais les jeux étaient faits. Avec cet axiome analytique, la notion de la différence sexuelle s'est vue réduite à la dichotomie insoluble d'un coupé et d'un non-coupé, d'un avoir et d'un pas-avoir, d'un visible et d'un non-visible.

C'est surtout la femme qui fait les frais de ces coupures imaginaires[65] et séparatrices. Castrée chez Freud, elle s'était déjà trouvée décapitée comme le montre l'exemple de la Méduse, figure de référence pour Hélène Cixous.[66] Méduse était la seule mortelle des trois soeurs Gorgones qui, avec leurs cheveux hérissés de serpents et leur regard pétrifiant, constituaient un objet d'horreur et d'épouvante. « Décapiter = castrer », écrit encore Freud dans le petit article qu'il lui a consacré,[67] et Méduse ne demandait pas mieux,

---

63. Voir le mythe dans sa relation avec le complexe de la castration: J.-P. Pontalis, « L'Insaisissable entre-deux », *Nouvelle revue de psychanalyse* n° 7 (*Bisexualité et différence des sexes*), printemps 1973 , p. 14.
64. *La jeune née*, Union Générale d'Editions, coll. 10/18, 1975, p. 155.
65. En réalité, elles ne sont pas si imaginaires, comme le prouvent la circoncision et l'excision. Ces pratiques, qui sont quant à la fonction de l'organe enlevé et les blessures conséquentes, loin d'être équivalentes ou substituables d'un sexe à l'autre, sont destinées à faire passer l'enfant de façon définitive dans son sexe apparent, le clitoris étant considéré comme une survivance de l'organe viril et le prépuce comme une survivance féminine.
66. Voir son article « Le Rire de la Méduse », *art.cit.*, p. 39-54. En dépit dépit de ce titre, Hélène Cixous ne traite qu'allusivement de l'histoire de Méduse et de son image dans la représentation des femmes dans la culture occidentale. Pourtant Méduse reste une constante sous-jacente dans son oeuvre. Sa monstruosité de femme réapparaît, pour être mise en valeur, dans la figure des Erinyes dans *La Ville parjure ou Le Réveil des Erinyes, op.cit.*
67. « Das Medusenhaupt » [1922], trad.fr. « La tête de Méduse » [1940], dans S. Freud, *Résultats, idées, problèmes II (1921-1938)*, PUF, 1985, p. 49-50. Voir aussi ce titre de Cixous « Le sexe ou la tête? », dans *Les Cahiers du Grif* n° 13 (*Elles Con-Sonnent. Femmes et langages II*), octobre 1976, p. 5-15.

semble-t-il dire. Freud voit en effet dans le visage entouré de serpents de Méduse le désordre velu de l'organe génital féminin, c'est-à-dire de la mère. Regarder le visage de Méduse revenait donc, pour le héros antique, à être confronté avec l'interdit, insupportable, de l'inceste. Freud interprète en outre l'abondante chevelure serpentine de Méduse comme un substitut du pénis. Ainsi Méduse offrait un spectacle hautement ambivalent au héros: tout en réassurant le mâle horrifié de sa virilité à lui – Freud considère le légendaire pouvoir de pétrification de Méduse comme une figure de l'érection consolatrice –, elle le renvoyait aussi, par l'excès de sa chevelure serpentine-phallique, à son émasculation à elle et, par conséquent, à son angoisse à lui: d'être castré à son tour.

Mais si on tirait Méduse par sa chevelure serpentine hors du registre de la castration et si on prenait son portrait comme le point de départ d'une autre histoire sur la différence sexuelle, conçue au-delà de cette « sécabilité dangereuse et douloureuse »? Avec sa tête entourée de serpents, ses grosses défenses de sanglier, ses mains de bronze et ses ailes d'or, Méduse pouvait se vanter d'un corps extraordinaire, excessif qui, loin d'être neutre, au sens traditionnel du terme, était un mariage fabuleux des règnes humain, bestial et minéral et des genres féminin et masculin. Comme l'explique Jean-Pierre Vernant, Méduse est, avec Artémis et Dionysos, une des figures de l'altérité, de ce qui échappe au monde civilisé, ordonné, habitable.[68] Mais elle y échappe par le bas, projetant l'homme, habitué à l'ordre et à la lumière, dans la confusion, dans la nuit du chaos et de la mort. A peine humaine par ses traits bestiaux, elle est la figure effrayante de l'autre de l'humain, voire celle du Tout-Autre, c'est-à-dire « l'altérité radicale du monde des morts »,[69] nocturne, ombrageux et déserté. Figure du Rien encore, selon Max Milner, qui souligne l'effet paralysant et aliénant qui émane de la face vide, au « regard neutre, sans intentionnalité, sans foyer » de Méduse.[70]

Mort, rien, vide; ombre, nuit, autre. En deçà de leur appartenance à différents discours, métaphysiques ou analytiques, ces notions, euphémismes de l'insupportable expérience de l'homme devant le chaos, l'informe et l'indistinct, ne sauraient faire passer sous silence leur propre sous-entendu – leur « manque », pour jouer avec le vocabulaire analytique. Ces termes

---

68. Jean-Pierre Vernant, *La Mort dans les yeux. Figures de l'Autre en Grèce ancienne*, Hachette, coll. Textes du XXe siècle, 1985, p. 28-30. Selon Robert Graves, le mythe de Méduse, combattue par Persée, conserve le souvenir des luttes qui opposèrent les hommes aux femmes lors du passage de la société matriarcale à la société patriarcale (*Les Mythes grecs*, 1958, cité dans Brunel). La littérature garde des traces de cette « guerre des sexes » dont Méduse offre le masque. Voir Camille Dumoulié, « La tête de Méduse », dans P. Brunel, *Dictionnaire, op.cit.*, p. 989-998.
69. Vernant, *La Mort dans les yeux, op.cit.*, p. 47.
70. Dans *On est prié de fermer les yeux, op.cit.*, p. 21.

font preuve d'une impuissance à accueillir la différence dans son rapport différentiel et dans la variété de ses formes, à appréhender l'altérité autrement que dans sa négativité absolue: impropre, abjecte et mortifère.[71] C'est ici que Méduse, devenue une figure de l'irreprésentable, épouse les contours d'un soleil aveuglant...

Insolite, « impossible » à concevoir, tel est donc le portrait de Méduse. Dans ses traits déformés se télescope ce qui est normalement séparé: le masculin et le féminin, le jeune et le vieux, le beau et le laid, l'humain et le bestial, le céleste et l'infernal, le haut et le bas (Méduse enfante par le cou), le dedans et le dehors (la langue fait saillie au dehors comme un sexe masculin).[72] Aussi celle dont la vue était réputée pétrifiante, ne faisait que renvoyer en miroir tout regard qui, troublé et « horrifié » par son aspect hors-ordre, cherche à la fixer, à la saisir, à la dé-tailler dans ses parties reconnaissables. Paradoxe donc d'un tel regard qui, afin de découvrir une Méduse connaissable, acceptable, c'est-à-dire inséparable, aura justement à la rendre cou-pable, à la décapiter, à la sectionner. A lui assigner *un* sexe aussi. C'est ici que le mythe de la Méduse se rapproche de ceux sur l'origine humaine et sexuelle: à savoir que, au regard de la *psyché* humaine, la sexuation ou la « sexion »[73] est une question de section, de coupure. Ainsi le veut aussi l'étymologie: « sexe » est dérivé du latin *sexus*, *sectus*, qui signifie « coupé ». Mais avec la différence suivante: Méduse, c'est-à-dire une femme, toute femme, n'entre dans l'histoire que divisée par une décapitation séparatrice qui rejette le féminin dans les profondeurs obscures du monde. Que le sexe féminin ait, à travers les siècles, été présenté comme monstre marin ou comme « continent noir » (Freud), il est toujours *ab-jecté*, rejeté dans un repli où il reste englouti, inconnu, effrayant.

Cependant l'histoire de Méduse continue. Car coupée, la tête « hideuse » n'arrive pas à mourir. Dans *L'Iliade* par exemple, elle continue à exercer son effet dévastateur sur l'égide d'Athéna (V, 738) ou accrochée au bouclier d'Agamemnon (XI, 36). Dans *Les Métamorphoses* d'Ovide, les rameaux et les tiges sur lesquels repose la tête fraîchement coupée prennent, à son

---

71. Vernant souligne qu'Artémis et Dionysos, figures comme Méduse de l'Autre, ont été, pour les Grecs anciens, confrontés à travers des générations à tous genres d'échanges avec « l'étranger », des incarnations de différentes attitudes morales, politiques et intellectuelles à observer devant l'autre et l'étranger. Artémis par exemple a été dotée d'une puissance d'intégration et d'assimilation; Méduse en revanche est renvoyée dans l'au-delà de l'altérité radicale. Elle figure non plus l'homme autre en tant que différent du Grec, mais l'autre de l'homme. *La Mort dans les yeux*, *op.cit.*, p. 27-29.
72. Classification de Vernant, *op.cit.*, p. 79. Pour une iconographie de la Méduse, de l'époque hellénique jusqu'à nos jours, voir Jean Clair, *Méduse. Contribution à une anthropologie du visuel*, Gallimard, coll. Connaissance de l'inconscient, 1992.
73. Terme construit par J.-B. Pontalis, à la suite de Roger Lewinter, dans son « L'insaisissable entre-deux », *op.cit.*, p. 14, et Clair, *Méduse*, *op.cit.*, p. 53.

contact, « une rigidité jusque-là inconnue ».[74] Preuve horrible, selon Jean Clair dans son étude sur les représentations de Méduse, qu'un organe sectionné (qui est, en outre, par son aspect vulviforme, un organe féminin), au lieu de mourir, peut survivre, à la manière des araignées, des serpents et des invertébrés.[75] Preuve promettante aussi, dirais-je, qu'une coupure n'a pas toujours besoin de tuer, séparer, sect/xionner. Et, inversement, que la sexuation ne repose pas toujours sur une séparation, une rupture. Aussi cette coupure peut-elle nous mettre sur la voie d'une sect/xion qui ne se fixe pas dans la dissociation et la démarcation, qui ne se réduit pas au deux, c'est-à-dire au deux en Un. « Voilà de quoi on aimerait parler », pour reprendre les termes de Derrida: « du séparé/non séparé, du coupé/non coupé – et du mot "sexe", de la différence sexuelle, dans son rapport au coupé (et) (mais) non coupé, au coupé qui ne s'oppose plus au non-coupé, entre le "séparer" et le "réparer" ».[76] C'est-à-dire aussi, dans la conscience de « l'impossibilité de totaliser » et de l'importance de « la fracture, de la distance interruptrice et de la séparation infinies: [de] la différence même ».[77]

Portrait du soleil ajoute, dès sa première page, une nouvelle version à la fable de la « sex/ction », avec tout ce que celle-ci implique de dualités, duels et deuils. L'« elle » surgit au milieu du premier paragraphe en tant que résultat d'une coupure ou en tant que mot coupé (« la première fois que j'ai coupé un mot c'était elle »), tandis que l'« il » initial est, lui aussi, l'effet d'une coupure: celle d'avec le blanc prétextuel ou encore, dans la perspective lacanienne (*passim*), le présymbolique maternel. Si « il » et « elle » sont donc chacun issu d'une coupure, il ne s'agit pas de la même coupure. « Il »

---

74. *Les Métamorphoses*, livre 4, v. 743, trad. de Georges Lafaye, Gallimard, coll. Folio, 1992, p. 160.
75. Clair, *Méduse, op.cit.*, p. 53.
76. « Fourmis », *op.cit.*, p. 76. Derrida tient ce discours à propos du terme *insecte*. Sa source latine est *insecta*, un neutre pluriel, qui, dérivé d'*inseco*, ne veut pas dire insécable, indivisible, ou atomique, mais coupé, disséqué, parfois déchiré avec les dents (*dentibus aliquid insecare*), mis en menus morceaux. Ainsi le mot *insecte*, tout en nommant la coupure de l'invertébré qu'il désigne (et dont le corps est en effet articulé par étranglements ou par anneaux), en vient à signifier « étranglé », mais non coupé (*Ibid.*, p. 75). Remarquons que, dans ses représentations plastiques, la Méduse a souvent été dotée d'une apparence insectiforme (voir Clair, *La Méduse, op.cit.*, p. 53). Dans *Portrait du soleil* aussi, le terme « insecte », mis en italiques, surgit du « tissu du monde [...] un monstre petit mais d'une effrayante mobilité, milibellule, mifourmi évidemment plein de mauvais vouloir » (92).
Il est par ailleurs frappant et amusant de constater que la lecture par Derrida du mot *fourmi*, mot qu'Hélène Cixous lui a communiqué par un « rêve téléphoné », se trouve, vingt ans plus tôt, avoir déjà été mise en fable dans cette fiction de Cixous, non seulement à cette première page, mais aussi plus loin dans le livre, dans des paragraphes intitulés « *On me donne une fausse terre* » et « *D'autres insectes* » (91-93).
77. Derrida, « Fourmis », *op.cit.*, p. 82.

et « elle » ne sont pas non plus coupés l'un de l'autre. D'autre part, leur fonction dans le texte montre que la différence sexuelle ainsi mise en relief ne s'engouffre pas dans l'opposition masculin-féminin: « il » garde son ambivalence de pronom masculin et impersonnel-neutre. De son côté, « elle », pronom féminin, s'est avéré aussi être d'un genre indéterminable, renvoyant à la fois à « mot » (m) et à « oranje » (m/f). En plus, « elle » ne se rapporte pas directement à ces antécédents. « Elle » ne surgit qu'en tant que le complément du pronom « ce », qui est le véritable sujet – neutre – de la phrase. Alors, qu'est-ce « ce » qui est, qui engendre le féminin? Qu'est-ce que c'est que féminin?

Suivons le texte de tout près. Féminin est « ce » qui permet l'ambivalence. Ambivalence d'antécédents possibles, donc aussi ambivalence dans l'assignation sexuelle, trouble générique. Féminin est ce qui, par son genre neutre (« ce ») ou indécis-impersonnel (« il »), présente la *possibilité* du féminin, telle l'« elle » qui surgit du passage d'« un mot » à « ce ». Inversement est féminin ce qui n'écarte pas, n'oblitère pas le masculin (« un mot ») ou le neutre (« ce »). Bref, féminin est ce qui relève de l'effet d'un mot coupé, du sect/xionnement d'un mot. Réciproquement, il est féminin d'explorer un mot, de le diviser, de le différencier.

Poser la question du féminin est aussi poser celle du masculin. Et le masculin vient en premier lieu dans ce texte de Cixous, avec son « il faut » initial. Or cet « il » n'indique pas seulement une catégorie grammaticale, mais aussi une catégorie symbolique. Associé au verbe « falloir », « il » est une figure de la loi, ou encore, dans la chaîne d'associations analytiques, symboliques et biographiques: de la Loi, de l'instance paternelle, du père réel et du père idéal.

Le texte se garde pourtant bien d'identifier ce masculin. Au contraire, il donne astucieusement à lire que cet « il » n'y est pas (« il n'y a pas »), absence qu'il faut prendre à la lettre. Tout d'abord parce que l'impératif d'« il faut » se perd: sa position d'énonciation est inoccupée. Ensuite parce que le texte donne à lire ce qu'il « faut », au sens de « manquer » ou de faire « défaut », à cet « il » et qui empêche sa loi d'être véridique: c'est d'être un corps, une présence, une intériorité. Or cette intériorité est l'apanage du féminin. On le lit dans la « sanguine » qui est pleine de « sang » et de sens, et qui est choisie parmi plusieurs et est donc plurielle. On le lit dans « oranje », également porteuse et, dans sa mouvance textuelle, débordante de suc et de su/jets. On le lit enfin dans la quadruple occurrence d'« elle » dans sa qualité de sujet présent et agissant: « elle est (pleine de temps) » « elle me mange », « elle m'englobe ». Fable première donc de la différence sexuelle: le masculin, législatif dans sa manifestation, est absent et sans vérité quand il est sans corps. Par contre est véridique tel objet référentiel, ou textuel, qui fait preuve de corps, d'intériorité et de pluralité.

Ainsi c'est justement la « cou-pabilité » de « l'oranje », contrôlable et certifiable au niveau de son référent, les sanguines et les oranges, que la coupabilité du signifiant, c'est-à-dire son côté organique et matériel, peut être mise à l'épreuve et exploitée comme un indicateur de subjectivité et donc de différence sexuelle. Il n'est jamais indifférent qui fait la coupure, ni où elle se fait, voire si elle se fait. Ceci implique aussi que la différence sexuelle ne repose pas sur une donnée statique: elle affecte le texte, où elle se donne à lire comme un effet – effet du travail du texte, plus ou moins intentionnel, effet de la lecture – qui, si elle a lieu, n'a pas son propre lieu. Ainsi, par exemple, « l'oranje ». Il n'est pas indifférent d'introduire du « je » dans une orange, il n'est pas indifférent non plus de se laisser manger par elle. Il n'est pas indifférent non plus d'ouvrir ce mot et de jouer le jeu du « je » dans ses positions « or-hors » et « an-en ». « Couper un mot », c'est couper court aux identités fixées au préalable, et donner libre cours au désir de s'installer dans l'écriture-lecture.

Que la différence sexuelle affecte jusqu'au langage qui la parle et semble la fixer, se lit par exemple dans le mot « elle ». Ce mot se coupe en « el » et « le », en « L » et « le », mais on peut le « sexionner » davantage en « L/elle » et « le », ou encore, par son étymologie, en « il » et « la ».[78] On peut sexionner aussi l'« il », en dépit de ses apparences. Son « l », qui est un « le », s'entend aussi comme « elle », et coupé en « I » et « l », il offre une image doublement phallique. Aussi la coupure de « il » est-elle doublement fabuleuse. Elle donne à entendre et à voir que non seulement ce qui est réputé impersonnel, à savoir le pronom impersonnel, mais aussi ce qui semble être trace « pure », peut faire preuve d'intériorité et donc être sexuellement marqué.

« L'oranje est mon fruit de naissance et ma fleur prophétique » constitue un autre exemple fabuleux. « L'oranje » (m/f) est à la fois, et de façon indéterminable, « mon » et « ma »: masculin et féminin, ou plutôt: paternel et maternel. Le « fruit de naissance » qu'est « l'oranje » se lit comme « lieu » ou « date de naissance », signes d'identité qui appartiennent au symbolique paternel. Mais il renvoie aussi au « fruit des entrailles », qui est indubitablement une allusion maternelle. Comme pour « il » et « elle », le paternel et le maternel ne s'opposent pas ici, ils glissent l'un vers l'autre. Dans la fable de la descendance et de l'origine que raconte la section ici, le paternel perd son statut unique et absolu avec les « premiers jours », tandis qu'il prend aussi un caractère maternel dans la nature « englobée » de

---

78. *Elle* est dérivé du latin *illa*. On sait le profit qu'Hélène Cixous a tiré de ce genre de coupures sexuellement et conceptuellement indécidables avec des titres comme *La* (*op.cit.*) et *Illa* (*op.cit.*).

l'avant-premier jour: « y compris l'avant-premier ». Et avec « avant-premier », le temps de la gestation et la préhistoire du sujet sont mis en relief en tant que notions maternelles.

Ainsi, d'une manière générale, la coupure ne tranche pas, pas plus qu'elle ne fixe les sections et les sexions consécutives dans une structure d'oppositions ou de complémentarités. L'acte de couper, ainsi que ses synonymes et ses pratiques textuelles, se soumettent à un système de valeurs impliquant une éthique qui refuse la césure séparatrice, la différence hiérarchisante et la sélection. Un exemple: « je l'ai coupé en deux morceaux inégaux, un plus long, un plus court »: les deux morceaux sont inégaux, mais la différence de taille n'implique pas la domination. Déjà leur soi-disant « inégalité » est démentie au niveau graphique, où les deux morceaux sont de longueur égale. Au niveau logique, l'inégalité est réciproque: si chaque morceau est plus long ou plus court, il l'est par rapport à l'autre. Or si on ne peut mesurer la longueur de chaque morceau, on ne peut non plus indiquer le lieu ni l'ampleur de la césure. Au-delà de la coupure qui s'est révélée arbitraire et déplaçable, les deux morceaux continuent à interférer, à se renvoyer et à s'embrasser.

Quant aux synonymes de « couper »: « choisir » est un acte difficile, riche en hésitations et oscillations tâtonnantes entre deux ou plusieurs objets à choisir. Tout choix se fait au bonheur du hasard, tandis qu'il ne saurait faire oublier le moment de l'« entre », celui de l'embarras du choix, des possibilités infinies. « Eplucher » entraîne une précarité pareille: impossible de savoir où mettre le couteau pour une séparation juste, impossible non plus de savoir jusqu'où enlever l'écorce, de distinguer entre le dedans du fruit et ce qui s'en détache. Ici aussi, l'« entre » s'installe comme lieu de passage et de différence, sans pourtant se localiser, sans trancher net entre l'intérieur et l'extérieur.

Et que penser de l'ouverture du deuxième paragraphe, résultat d'une double coupure, celle de la sanguine et celle du texte: « A peine l'ai-je ouverte qu'elle me mange »? Aussitôt entamée, la coupure et l'incorporation qu'elle prépare sont données en retour, le sujet-je s'enfonçant, glissant dans la sanguine coupée qui devient sujet à son tour. Dans cette scène érotique, le couper ne remplit pas non plus la fonction séparante et distanciante. Dans l'évocation des coupures et décollations mythiques, le couper garantissait justement le désir de se maintenir sans que celui-ci s'effondre dans une jouissance dangereuse. Chez Cixous, l'acte de couper est ouverture à l'autre et ouverture de l'autre, et la jouissance qu'elle engendre est immédiate et mutuelle. Aussi cette scène énonce-t-elle ce qui est inscrit à l'intérieur de cette jouissance et qui est de l'ordre de la réciprocité, de l'attachement et de l'engendrement amoureux. Si tu me manges quand je te mange, si je me suis donné(e) à toi, c'est que je suis à toi,[79] voire je jouis à toi, comme je jouis de toi. Je nais sujet jouissant en toi qui « me mange », « me m/en-je ». Dans l'instant du transport amoureux, le sujet entre en transes, en transfiguration: sur le mode du jus qui s'est répandu, le sujet-jus se liquifie, coule en l'autre qui, à son tour, s'ouvre à lui et l'avale. Ce moment d'entrée et de rentrée, d'entregoûter et d'entre-toucher, garde précieusement en lui le souvenir ancestral du désir fusionnel et de la jouissance unifiante. Mais il en fait aussi le deuil, installant le royaume de *l'entre*, l'espace où le deux, en deçà de la fête des attouchements et goûters partagés, s'avère aussi être un « duel »: une appréhension des différences.

4. « *Couper un mot* », *démembrer le texte*

Dès son commencement, *Portrait du soleil* mise sur l'énigme, l'étrange. Enigme qui émane de « l'histoire » de cette fiction-portrait, dont seuls des instants brefs sont rendus. Enigme qui vient du genre hybride de cette fiction, à la fois récit fabuleux, métafiction et autobiographie. Et n'oublions pas ces agrammaticalités, allographies et amphibologies, cette poétique du transfert, par lesquels le texte met en brèche sa transparence référentielle pour souligner sa littérarité, voire sa poéticité.[80]

Autoconsciente et autoréflexive, cette écriture invite à une lecture particulière. Elle l'exige même, explicitement, et à plusieurs reprises, dans ce métadiscours étrange au sujet de la coupure des mots et de l'épluchage du texte. En d'autres termes, en reprenant le lexique organique et sensoriel de cette première page: il s'agira de goûter au suc des mots, de suivre l'écoulement des signifiants, de tenir le cap de l'orange et de ne jamais perdre de vue l'état hémorragique, sanguinolent de cette écriture qui s'avoue coupée et coupante, « plein[e] de sang » (81).

Mais qu'est-ce que « couper un mot »? Cette expression est à prendre au sens propre ou au sens figuré, comme une forme de catachrèse. Le texte lui-même laisse planer l'équivoque. « La première fois que j'ai coupé un mot c'était elle »: ce qui est coupé peut être « un mot » ou « elle », en l'occurrence « l'oranje ». Mais « l'oranje » est-elle un mot, vu qu'il n'a pas de droit d'entrée dans le dictionnaire? Selon son (ortho)graphie, ce ne peut être que « l'oranje » qui entre en compte de mot coupé « en deux morceaux

---

79. Ce rapport d'intransitivité et de réciprocité possible au niveau de la syntaxe fait aussi partie constituante des recherches pour une « éthique de la différence sexuelle » de Luce Irigaray. Voir notamment son *J'aime à toi*, Grasset, 1992.
80. Michael Riffaterre souligne que les « agrammaticalités » sont des marques de poéticité. Parallèlement, un « roman » comme *Portrait du soleil* se marque comme fiction poétique (Riffaterre, *Semiotics of Poetry*, Bloomington/Londres, Methuen, 1978, p. 6).

inégaux, un plus long, un plus court ». Comme il est différencié par rapport à son homophone, « orange », la coupure qu'il porterait en blessure n'est visible que par une lettre « fausse ». Or cette lettre ne coupe pas, aussi peu qu'elle ne transforme la sonorité. Au contraire, elle enrichit le mot d'un morphème: « -je », et d'un nom propre: « Oran », venus se greffer sur lui.

Ainsi la coupure d'un mot ne sépare pas, ne disjoint pas. En revanche, elle ouvre à un enchevêtrement de signifiants qui se substituent, se relaient et se relancent. Si tout de même les mots sont censés se couper, c'est pour montrer que, tels des sanguines succulentes, ils sont faits, en deçà de leur statut inébranlable de signe, avec leur côté signifiant au service d'un signifié, d'un fond(s) insoupçonné d'autres mots, d'autres signifiants, qu'ils « englobent » autant que ceux-ci les « englobent ».

D'une manière aussi allusive qu'indubitable, cet état englobé-englobant du mot, cette mouvance coupante de la lettre, rejoint le discours théorique de Jacques Derrida. L'« oranje » coupé rend explicite sa nature de « trace », c'est-à-dire son fonctionnement comme lieu d'inscription d'autres signifiants, la marque qu'il porte en lui d'autres mots, d'autres signifiants, auxquels il renvoie et qu'il relance dans un enchaînement infini. Cet enchaînement ou, pour commencer déjà à déplacer l'« oranje », cette mise en « or-bite » (hors-bite, l'allusion phallique n'est pas innocente), est comme une figuration de la « différance », la force par laquelle les signifiants s'évoquent, se dispersent, se disséminent, non pour se taire, mais pour « faire terre », comme Cixous l'écrirait,[81] faire sens, toujours de nouveau.

Quant à cette mouvance des mots et des sens, une double économie, paradoxale, est au travail dans ce début de texte. D'un côté il y a une économie de la polysémie, de l'empilement, de la coagulation du sens, qu'on peut relever par exemple dans « je crie »-j'écris, dans « tout le monde vivant » ou encore dans « oranje » lui-même. De l'autre côté il y a une économie de la dissémination et de la dispersion, dont on peut relever les effets dans la dissémination de « je » et de « oranje », dans tous ses états.[82] Par ces deux économies, la langue poétique s'avère préoccupée de couper et

---

81. Selon une analogie qu'on trouve plus loin dans *Portrait du soleil*: « l'Orient m'atterre » (29), c'est-à-dire « ma terre », mais aussi « mon atterrissage », vu l'importance du motif du décollement.
82. « Oranje »: or-*an-je/anje*. *Or* s'entend timidement dans « fav/or/iser », « m/or/ceaux » et « immém/or/ial ». Dans les pages suivantes, il s'impose dans les noms de J*eor* et D*ora*, dans « corps », « d'abord », « bord », « mort », « dort », « l'or », « orient », « organe ». *Or* hante cette première page surtout sous sa forme anagrammatique: « choisi*r* », « remonte », « jou*r* », « p*r*ophétique », « cou*r*t », « au[o]t*r*es », « ouve*r*te », « comp*r*is ». *An(/je)* est repris en écho dans « m/ange », « re/mon/te », « orange ». *An* s'entend dans « sang », « viv/ant », « pr/ends », « sil/en/ce », « en/tre », « naiss/an/ce », « tr/en/te », « t/emps », « m/en/globe », « l'av/ant/-premier ».

de relier des mots, de dissocier et de rassembler des signifiants, de séparer et de réparer. Par ailleurs, ce travail ne fonctionne pas uniquement au niveau verbal. On le rencontre aussi à un niveau plus discursif, par exemple dans l'énoncé « choisir une sanguine », qui à la fois ouvre et oblitère toute possibilité de choix, et dans cette mise en faillite d'une opposition des plus classiques qu'« entre jour et nuit ». Et dans le reste du livre, cette double économie reste à l'oeuvre: elle se consolide en véritable isotopie qui va jusqu'à déterminer l'architecture du livre, haché de blancs, mais aussi constitué de paragraphes longs de plusieurs pages.

Pourquoi ce texte passe-t-il son temps à couper des mots, à mettre en faillite la référentialité du signifiant, de l'histoire, du portrait qu'il est censé raconter? Pourquoi décourage-t-il le lecteur dans ses anciennes habitudes de chercher une réalité imaginée à travers le textuel, et l'incite-il à prendre celui-ci justement comme la seule réalité, ses particules graphiques et sonores à l'appui? Certes, le travail germinal et séminal auquel il invite rend ces coupures littéralement fertiles, mais quant à leur mise en signification, elles restent, pour employer le vocabulaire linguistique, « arbitraires ». A moins que ce qui est mis à découvert ici, soit cet autre « elle »: la lecture, et à travers celle-ci, le lecteur. Car lire ne saurait être arbitraire, dans la mesure où cette lecture ne saurait se réaliser indépendamment d'un contexte très précis. Les récentes théories de la lecture ont montré que celle-ci relève non seulement de la compétence linguistique et littéraire du lecteur, mais encore de son identité culturelle, sociale et sexuelle, de ses affects, de ses fantasmes et de ses désirs.[83] Ainsi tel lecteur ou lectrice francophone, familiarisé(e) avec la langue verte et sensible au féminin dans le langage, se plairait à couper « sanguine » en « cent gouines ».[84] Et on doit à l'auteur Hélène Cixous elle-même, lisant sa sanguine à elle, la découverte qu'une « ville faisait *fruit* par simple addition de moi ».[85]

Comme on a déjà pu le constater, ce côté fruit du mot relève de sa capacité d'épanchement de son « jus »-sujet, de son activité sécrétante et

---

83. Jonathan Culler, *Structuralist Poetics: Structuralism, Linguistics, and the Study of Literature*, Londres, Routledge & Kegan Paul, 1975, et *On Deconstruction. Theory and Criticism after Structuralism*, Londres, Routledge & Kegan Paul, 1983. Voir pour une approche du texte d'un point de vue politique et/ou lesbien: Maaike Meijer, *De Lust tot lezen*, Amsterdam, Sara, 1988.
84. Selon une observation qu'on m'a faite lors d'une lecture publique. Au cours de cette recherche, j'ai eu l'occasion de confronter différents lecteurs et lectrices, francophones et autres, avec cette première page de *Portrait du soleil*. Je leur suis reconnaissante pour leurs remarques et lectures précieuses.
85. « De la scène de l'Inconscient... », *op.cit.*, p. 16.

secrète.[86] De son identité de trace aussi, notamment en ce qui concerne son double aspect comme quelque chose qui s'infiltre, s'inscrit visiblement, voire se donne à entendre, mais qui ne s'énonce pas discursivement. Couper le mot, voir son tracé, c'est couper court à la neutralité du corps textuel, dynamiser sa substance sonore et prendre à la lettre la pulsion graphique qui le soutient. Eplucher le texte, suivre ce qui s'y trace – s'y por*trait* –, c'est radicaliser ce que Derrida dit à propos de la trace comme marque d'une absence, c'est aussi dynamiser les déplacements que Lacan, de son côté, considère être la marque du désir, soit désir d'autre chose qui toujours manque. Absence, manque: ces deux notions semblent s'ériger en marque de blessure de ce texte et motiver ce qui, incessamment, fait appel, « pel », « peau », « pelure », à la surface du texte.

Avec le signifiant surmotivé de « l'oranje » et sa redistribution phonique comme phares d'appel, on peut capter comme un effet de ce qui s'inscrit comme blessure. « Or », « je/ge », ge-or-ge. Georges était le prénom du père, mort, de l'auteur qui, en tant qu'anagramme syllabique et phonique, se révèle être distribué à travers le texte, voire motiver celui-ci, si on tient compte des théories de Ferdinand de Saussure sur les anciens procédés anagrammatiques, destinés, dans l'Antiquité, à célébrer celui dont ils portaient le nom.[87]

C'est ici, par ailleurs, que ce texte se déclare portrait: portrait dont les éléments se trouvent, tels des membres d'un corps, coupés et dispersés sur la surface du texte. Portrait qu'il s'agit donc de reconstituer, de remembrer. « J'ajoute que "remembrer" est un mot anglais dont tout le monde à Vienne sait ce qu'il veut dire » (130), ajoute la narratrice beaucoup plus loin. Remembrer, « remember », se souvenir. C'est tout au plus ce que ce portrait pourra être: un souvenir à reconstituer.

5. *Le rayonnement du nom du père*

Maintenant que des particules d'« oranje » s'avèrent être distribuées au long du texte, évoquant, à chaque occurrence, le nom du père de l'auteur, on possède avec ce « Nom-du-père » une allusion théorique avec laquelle on peut confronter le texte cixousien: la psychanalyse lacanienne. Comme on aura l'occasion de voir, *Portrait du soleil* est bourré d'allusions et de

---

86. « Secret » et « sécrétion » partagent la même étymologie. « Secret », du latin *secretus*, séparé, participe passé de *secernere*, écarter. « Sécrétion », du latin *secretio*, séparation; de *secretus*, participe passé de *secernere*, écarter. Par leur étymologie, ces deux termes sont synonymes de « couper ».
87. Jean Starobinski, *Les Mots sous les mots*, *op.cit.*, et *id.*, « Lettres et syllabes mobiles. Complément à la lecture des *Cahiers d'anagrammes* de Ferdinand de Saussure », *Littérature* n° 99, octobre 1995, p. 7-18.

références à Lacan. Elles sont de nature très diverse, non seulement quant aux éléments lacaniens référés, qui peuvent varier d'une notion clé telle que la Loi – dépréciée dans « impossible de tolérer ces petites lois » (60) – à une simple comparaison – un « mur de langage » devenant, chez Cixous, le « Mur/Mûre » (80)[88] – ou encore à une évocation de ses formules mathématiques, telle cette « barre de l'origine » (45), qui renvoie à un simple trait tiré. Leur degré d'insertion et leur fonction dans le texte de Cixous peuvent également varier: la « barre » s'émancipe chez Cixous en élément de la fiction,[89] que le sujet doit franchir, le « mur » du langage donne lieu à tout un « mur/mûre » éloquent, tandis que le « Nom-du-père », s'il n'est pas explicitement nommé, se donne à entendre tout au long du texte.

Encore s'agit-il de savoir comment utiliser la référence lacanienne. Est-elle une grille de lecture, tirée d'un champ théorique et conceptuel certes relativement ambigu, mais tout de même très précis, que la fiction cixousienne demande explicitement de prendre en compte? Ou est-elle un énorme champ textuel, « écrit », comme la narratrice ne manque pas de le souligner, dans lequel Cixous a puisé très « librement » pour le critiquer, lui rendre hommage, le parodier ou encore, tout simplement, pour enraciner la fiction dans un contexte historique précis? Vu surtout l'impact que Lacan a eu en France sur la génération d'auteurs et d'intellectuels dont Hélène Cixous fait partie et l'envergure de sa théorie qui, aussi centrée qu'elle soit sur la problématique du sujet, était aussi destinée à donner une description des rapports humains et donc de toute une société, on est tenté d'attribuer à la référence lacanienne une signification théorique, ou du moins critique. Mais la nature non-discursive et non-close du texte cixousien s'y oppose radicalement, ce qui n'empêche pas qu'on pourrait y déceler des effets critiques.

Ainsi, par exemple, cette entrée même du texte et dans le texte. Le « il » initial qui marque l'entrée est aussi la première inscription d'un sujet-« il »: voici une véritable mise en scène du double avènement, discursif et subjectif, que Lacan décrit comme « l'entrée du symbolique ».[90] Avec « l'imaginaire » et « le réel », les deux autres « registres essentiels de la réalité humaine »[91] que Lacan distingue, « le symbolique » se définit comme la fonction

---

88. Avec ce « mur du langage », Lacan désigne la parole du patient qui se heurte au langage stéréotypé, qui n'a pas encore trouvé la « parole pleine » où sa vérité puisse se dire. Jacques Lacan, « Fonction et Champ de la parole », dans *Écrits*, Seuil, 1966, p. 248.
89. Voir chapitre III.
90. C'est en effet par un discours de l'*entrée* et du *passage* que Lacan reformule l'Oedipe de Freud. Par exemple: « [...] cet ordre où nous sommes *entrés*, si l'on peut dire, *nés* une seconde fois...: soit l'ordre symbolique constitué par le langage [...] », « La Psychanalyse et son enseignement », dans *Écrits*, *op.cit.*, p. 445 (mes italiques).
91. Jacques Lacan, « Le symbolique, l'imaginaire et le réel » (communication de 1953), dans *Bulletin de l'Association freudienne*, n° 1, novembre 1982, p. 4. Cité par Joël Dor,

ordonnatrice de la Culture qui sépare l'homme de la Nature, en l'inscrivant d'emblée dans le langage.[92] En psychanalyse, le symbolique joue son rôle primordial dans la dynamique oedipienne, dans la mesure où l'enfant va se soumettre à la Loi qui régit la participation du sujet aux valeurs de la culture et qui exige de lui le respect des systèmes de symbolisation et de représentation aussi bien économiques, sexuels que discursifs. C'est seulement à condition de cette entrée que l'enfant accède au statut de sujet à part entière et qu'il pourra devenir un « sujet désirant », « dés-assujetti » de ses besoins oedipaux, capable de *dire* son propre désir.[93]

Or « il », qui se tient au passage du prétextuel au textuel, du blanc silencieux au langage articulé, semble non seulement marquer cette entrée du symbolique mais encore figurer de par sa « personne », il-masculin, de par la parole législative qu'il énonce, « il faut », de par la saillie graphique de son image textuelle et de sa position primaire, l'instance même qui, dans la psychanalyse lacanienne, garantit le bon fonctionnement du symbolique: le phallus.[94] L'« elle », à son tour, sacralise ce passage au symbolique justement parce qu'elle est à « couper », à lire dès lors comme écarter, délaisser. « Elle », ce mot coupé ou à couper, figurerait ainsi le détachement du langage inarticulé pré-symbolique et pré-oedipal qui doit être opéré et qui, dans la perspective lacanienne, relève de la mère. Cette même coupure d'avec la mère se trouve, plus loin dans le texte, figurée dans « l'éventrement de la soleille » (143).

Tout ce dispositif est cependant contrebalancé par la poétique du texte qui, dans cette perspective, s'investit d'une fonction parodique, sinon critique. Assumé par « personne », comme on l'a déjà signalé plus haut, donc toujours métaphorique, toujours renvoyant à une instance supérieure qui se voile, « il » a, certes, vocation de figurer le phallus, le « Signifiant », le

---

Introduction à la lecture de Lacan, t. 2 « La structure du sujet », Denoël, 1992, p. 17.
92. Voir pour une initiation à l'oeuvre de Lacan: Marcelle Marini, *Jacques Lacan*, Belfond, 1986, qui contient le résumé analytique de 140 titres de Lacan, et les deux volumes de Joël Dor, *Introduction à la lecture de Lacan*, t. 1 « L'inconscient structuré comme un langage », Denoël, 1985, et t. 2, « La Structure du sujet » (1992), *op.cit.*
93. Ce qui constitue, en fait, un leurre, ce que Lacan ne manque pas de signaler. Sitôt advenu comme sujet désirant, le désir du sujet se révèle captif du langage dans lequel il se dit. Autre manière de dire que le sujet est divisé par l'ordre même du langage, et que son désir ne saurait s'y énoncer qu'en faux.
94. Dans la triangulation oedipienne mère-père-enfant, le phallus est le référent, extérieur, auquel chacun des trois membres, dans leurs désirs réciproques, a besoin de se référer. Dans la structure symbolique, le phallus a la valeur d'un « signifiant », dont la fonction signifiante se situe du côté du désir inarticulable. « Destiné à désigner dans leur ensemble les effets de signifié, en tant que le signifiant les conditionne par sa présence de signifiant », le phallus peut devenir le « signifiant des signifiants », le « signifiant absolu », voire le seul signifiant à devenir « symbole » de la sexuation, du désir, et du pouvoir même de symboliser. Voir Lacan, « La Signification du phallus », dans *Écrits, op.cit.*, p. 690.

« pur signifiant », d'autant plus que son dessin, deux courts traits d'une incision sans signification propre, lui confèrent le statut d'icône, d'idole même, de son référent anatomique. Mais à travers le fonctionnement poétique du texte, cette vérité analytique est confrontée avec celle de l'« oranje » et de la circulation des signifiants. En face de la mise en valeur du sang-signifiant, du jus-sujet et du mouvement renversant non-dialectique de l'englobement, le « il », et la loi qu'il énonce, ne peut que frapper par son caractère vide, sans vérité autre que celle de reposer sur une énonciation absente et de n'être qu'une fonction grammaticale.

« Il » peut-il alors être considéré, un temps, comme la textualisation ou la marque même de l'écriture rêvée par Lacan?[95] Celle qui est inscription pure et incorporelle, et dont le corps vécu et verbalisable est évacué, au profit de la matérialité de la lettre? Certes, mais tout en en démasquant et critiquant la fonction phallique. Car le texte de Cixous fait entendre que le phallus, tant qu'il sera « pur signifiant », sans rapport avec le corporel, l'intériorité ou encore le sexuel, ne saurait maintenir sa fonction de régie externe à la structuration signifiante. Historiquement ou corporellement inassumé, le phallus sera une imposture, tandis que son représentant « il » dévoile la nature véritable du signifiant: celle de n'être qu'une image muette, soutirée à toute possibilité de symbolisation.

Reste, maintenant que l'« il » est démasqué, son pendant féminin: « elle ». Cette « elle » est à couper. Ici aussi, les interprétations parodiant Lacan foisonnent. Couper un mot, c'est couper court à une structuration signifiante symboliquement régie; c'est faire court-circuiter l'enchaînement des signifiants et tenter un autre destin. C'est d'abord couper court à la subordination à un champ du désir culturel et ouvrir le langage vers d'autres voies et voix. Il n'est pas insignifiant que la coupure soit connotée du féminin, ce qui soulève la question de l'instrument de la coupure, le couteau, dont on connaît le symbolisme phallique. On voit ici le principe actif, associé maintenant au féminin, modifier la matière passive qui ressortait traditionnellement du féminin.

En deçà des coupures et des déplacements qu'elle opère, la poétique cixousienne à cette première page s'applique surtout à montrer que « elle »,

---

95. Depuis le « Séminaire sur la lettre volée » et « L'Instance de la lettre » (*Ecrits, op.cit.*, p. 11-61 et p. 493-528), où il découvre la lettre, épurée en Signifiant, comme déterminant de la subjectivité, et dans l'usage qu'il fait de la linguistique et sa prédilection pour la mathématisation des concepts, Lacan s'est toujours montré en quête d'un Signifiant toujours plus symbolique, toujours plus pur. Exemple d'une rigueur théorique ou hantise d'une pureté incorporelle et anhistorique que, seule, l'idéologie patriarcale soutient? Lacan met en effet la mère en position de matière où le masculin puisse se reproduire, placé, lui, du côté du sujet inscrit dans le signifiant purement paternel.

c'est-à-dire l'« oranje », c'est-à-dire un mot, le langage, est marquée de plénitude. Plénitude par rapport à laquelle le sujet n'a pas besoin de se positionner parce qu'il s'y trouve déjà inscrit. Chez Lacan, cette plénitude est mise en rapport avec le registre maternel fusionnel, auquel l'enfant, pour devenir sujet, saurait seulement échapper en renvoyant la mère comme l'Autre. L'englobement réciproque de chez Cixous montre que la plénitude n'a pas besoin d'être une question de fusion totale, qui empêcherait l'engendrement subjectif, ni de se marquer par la faille qui instaurait un rapport de dépendance à l'autre. La plénitude cixousienne permet à la fois l'engendrement de la subjectivité et l'expérience de l'autre et de l'aliénation: dans l'« oranje », « je » est à la fois « an »-en et « or »-hors. Assurant la libre circulation des signifiants et l'inscription quasiment infinie du sujet, cette plénitude montre également que ce n'est pas le manque qui est à l'origine du désir. Manque qu'il aurait fallu remplir, boucher, défaire, et qui aurait mis le désir qu'il sous-tend du côté de la possession et de la maîtrise. S'il est question de manque dans ce texte, il serait à chercher du côté de « il », et de ce qui lui « faut », dans le sens de manquer: une corporalité, la présence.

Retournons au « Nom-du-Père ». Chez Lacan, ce « Nom-du-Père » n'est qu'un signifiant qui renvoie à un autre signifiant: la fonction paternelle. A son tour, celle-ci renvoie au Père dans sa qualité de détenteur du phallus qui n'est qu'un autre signifiant.[96] Encore une fois, Lacan a été amené, avec le « Nom-du-Père », à faire disparaître le Père derrière un autre signifiant encore, ce qui fait que, dans ce processus de métaphorisations répétées, le référent du symbole est renvoyé de plus en plus de la structure symbolique. Pour Lacan, cette évacuation du référent est la preuve même que chaque tentative de symbolisation renvoie, en dernière instance, au signifiant phallique. Mais le « il » de Cixous montre que cette métaphorisation peut tout aussi bien reposer sur une absence, voire constituer une imposture, puisque, pour citer Marcelle Marini: « la primauté du phallus comme emblème unique de l'humain est nécessaire pour soutenir la prééminence du père en tant que Père ».[97]

Devant la métaphorisation du « Nom-du-Père » lacanien, le nom du père cixousien se caractérise par sa présence concrète et continue. Ce nom résonne à travers le texte, sans qu'il s'appuie pour autant sur le système de la nomination, ce qui reposerait sur une autre symbolisation. Le nom s'offre à entendre dans les pelures du texte, où il ne fait pas la dépense des restes et du non-sens et où il se manifeste, sans faille, comme une autre sécrétion du

---

96. Jacques Lacan, *Les Formations de l'inconscient*, op.cit., séminaire du 15 janvier 1958 (inédit), cité par Joël Dor, *Le Père et sa fonction en psychanalyse*, Point Hors ligne, 1989, p. 55.
97. *Jacques Lacan, op.cit.*, p. 61.

sujet et de son désir. Il tient du signifiant phallique dans la mesure où il n'arrive pas à s'épuiser et détermine l'origine et la progression du texte. Mais si le Père lacanien n'était qu'une métaphore et une fonction structurante, le père cixousien est un nom et une lettre, à retrouver et à reconstituer à tout moment. De ce fait, *Portrait du soleil* se manifeste comme un tèxte de la jouissance où le sujet écrivant-lisant, tel le petit enfant de Freud jouant à la bobine,[98] constate l'absence du père mais rappelle sa présence dans le texte. C'est là la valeur intrinsèque de la coupure du signifiant: morceler le texte, disperser les morceaux, puis rassembler le corps du nom du disparu et l'appeler par son nom.

---

98. Freud montre comment un petit enfant joue pendant l'absence de sa mère avec une bobine entourée d'un fil, lance cette bobine loin de lui en criant « Fort » (loin), puis la retire par la ficelle en le saluant avec un joyeux « Da » (voilà). Avec le jeu de disparition et de réapparition, le petit enfant se dédommagerait du départ et de l'absence de la mère. Voir Sigmund Freud, *Au-delà du principe de plaisir* (1920), dans *Essais de psychanalyse*, Payot, 1951, p. 15-20.

III
L'histoire solaire du sujet

> Révolution: mouvement d'un mobile qui, parcourant une courbe fermée, repasse successivement par les mêmes points.
>
> *Dictionnaire Larousse*[1]

> Ainsi je décris la question du soleil sur trois cent soixante degrés au terme desquels je parviens au point du départ de l'autre.
>
> Hélène Cixous, *Portrait du soleil*

1. *Une narration qui se veut solaire*

La porte d'entrée maintenant grande ouverte, entrons dans *Portrait du soleil* et cherchons le soleil. Par où passe-t-il? Ce grand corps céleste qui ne se laisse pas appréhender directement, qui n'a pas de face à contempler, sous quelle forme manifeste-t-il sa présence? La première page ne fait aucune mention du soleil, et pourtant il est là: la sanguine et l'« oranje » évoquent sa forme et sa couleur, la montée du sang son mouvement ascensionnel, les fleurs et les fruits son effet nourricier et créateur, la sphéricité et l'englobement son aspect céleste. L'« or » disséminé montre, en outre, que tout, dans cette première page, est inondé d'une lumière dorée, même si la signification solaire de cet or lui est parvenu par voie analogique ou métaphorique.

Dans les pages suivantes on voit bien que la solarité de cette fiction n'est pas seulement une question d'images et de signifiants mais qu'elle touche à la structure même de la narration. Une « question se lève », qui « grossit, monte, pleine. Se balance en aplomb au-dessus de nos corps allongés, se répand en tous sens et m'inonde » (8). L'image solaire que forme cette question fait allusion à la symbolique de la lumière de la connaissance, du soleil qui illumine tout et détient la vérité. Cette question-soleil représente la quête que la narratrice va entreprendre et qui consiste à arriver à comprendre, à savoir: « Si seulement je comprenais! Alors je saurais tout » (6). La nature fondamentale de ce non-savoir implique que la question ne s'articule pas sous forme d'un discours: ainsi cette question qui « se lève », de préférence, pendant la nuit, *fait* encore cette nuit: « Cette question fait cette nuit ».[2] Et dans la mesure où chaque question articulée porte déjà en germe

---

[1]. Cité en exergue au *Palace* de Claude Simon (Minuit, 1962).
[2]. Plus précisément, c'est par un fait d'autonymie, faculté par laquelle le langage se désigne soi-même, que le côté nocturne de la question est relevé: « Il fait nuit. Qui fait ça? » (7) est la question littérale qui fait que c'est « cette question qui fait cette nuit ».

sa réponse, il y a toujours une autre question à poser: « Il y a toutes les questions obligatoires, et celle-ci en plus: Qu'est-ce que c'est, le secret? Ça, c'est la question qui contient toutes les autres questions, y compris elle-même, et qui les chauffe dans son ventre qui est sa face même et sa paroi interne » (7). Rappelant le double aspect englobé-englobant de l'« oranje » et lui conférant en outre un corps et un visage, cette image de la question confirme également sa solarité.

Suivre cette question-soleil devient l'enjeu de la narration de *Portrait du soleil*, et on va voir comment cette solarité régit les facteurs centraux de la fiction: son temps et son espace, la situation de l'énonciation, l'enchaînement des actions.

Pour pouvoir suivre le soleil, il faut d'abord monter. Aussi l'action prend-elle souvent l'aspect d'une « ascension » (22) ou d'un « décollement » (45), que ce soit au moyen d'un avion ou d'une paire d'ailes, par bondissements (7), par la montée d'une fourche (23), par intermédiaire d'une personne qui vous « fiche en l'air » (49) ou vous « crache sur l'univers » (39). Ensuite, « quand l'avion a décollé [...] il faut le maintenir en vol » (45). Il faut « avancer » (9), « passer » (9), « bouger » (35), « frayer » (49), « attaquer » et « foncer » (50). Cette série de verbes montre à quel point un fonctionnement hélioforme de *Portrait du soleil* est voué à la métaphoricité. Et l'énonciatrice nous en prévient. Dans la seule note qu'elle ajoute au début de son texte, elle indique que « pousser, chercher, monter, perdre et fièvrier sont les verbes qui m'emploient » (8n). Avec ces montées multiples et muliplées, la fiction de *Portrait du soleil* se manifeste comme une narration qui part et repart, s'arrête et se renverse, chute parfois, ce qui donne encore un autre exemple de narration solaire. Car si, dans *Portrait du soleil*, les avions « capotent » (48) régulièrement, cela implique aussi, si l'on passe à une des significations de « capoter », culbuter, qu'ils « font un soleil ».[3]

Puissante, la métaphore du soleil est signifiante à l'excès, « ex-orbitante ».[4] Le mouvement solaire implique la course incessante aussi bien que l'éclipse ou la fuite; la montée aussi bien que la chute; la clarté de midi aussi bien que la nuit. Et comme un soleil chasse toujours l'autre et prend sa relève, se dédouble par les ombres qu'il projette ou disparaît dans la nuit – comme, par exemple, dans les multiples blancs du texte –, sur quels indices suivre la narration solaire? Et là on n'a pas encore pris en compte les mouvements particuliers qu'emprunte le soleil cixousien. Ce soleil peut « osciller » (123), se lever à l'occident, s'obscurcir, se perdre dans un trou noir, tomber ensemble avec son ombre « soleilombre » (73), être freiné et

---

3. Selon *Le Petit Robert*, sous l'entrée *soleil*: « Une automobile qui capote, fait un soleil ».
4. Voir Brian Duren, « Cixous' Exorbitant Texts », *Substance* n° 32, 1981, p. 39-51.

maté, verbes qui figurent tous des rebondissements et des renversements narratifs. Mais ici aussi, la narration manifeste sa solarité: tout système de commencements et de recommencements comme toute pensée de la naissance et du déclin, est commandé par le système solaire.[5]

Que la métaphore solaire ne s'arrête pas à la seule description du mouvement narratif est expliqué dans l'important métadiscours de la narratrice sur le style. « Style du levant, style du couchant le vrai style du vrai qui est perdu entre les hémisphères » (153) exploite le mouvement ambivalent de la course solaire, tandis qu'une écriture « blanc sur blanc » (153), par l'allusion qu'elle fait à « l'alphabet des astres » de Mallarmé qui, style de la nuit, s'écrirait « lumineusement, sur champ obscur »,[6] se déclare non seulement lumineuse et visionnaire, mais encore illuminée à l'excès, au risque donc d'être aveuglante. Des passages autoréflexifs de toutes sortes fournissent encore des clés de lecture supplémentaires: « ainsi dérapant, apeurée, enivrée, jouant la chute, seyant la métonymie, je parviens par la force des choses à un embranchement » (161). Le terme technique de métonymie fonctionne comme une indication métalinguistique qui ouvre l'aspect solaire de la narration à d'autres domaines encore de la fiction. Ainsi, par exemple, le mouvement révolutionnaire du soleil fait entrer toute « révolution » dans le récit solaire, dont les révolutions sociales et politiques – « Je tourne autour de la Révolution comme autour du soleil avec un désir immobile éternel comme l'enfer autour du ciel » (90) –, astuce de la narratrice pour incorporer le hors-texte historique et politique. De son côté, la valeur mythico-symbolique du soleil, objet de vénération dans bien des cultures, consolide le rapport entre les différentes scènes d'adoration qui sont racontées, tandis que le personnage de Dora, la jeune patiente de Freud, dont la narratrice retrace l'histoire, se rattache à l'histoire générale par son nom doré.

Parmi ces différents trajets solaires on peut distinguer deux modèles intertextuels qui infléchissent le mouvement narratif de *Portrait du soleil* et pourvoient la fiction d'une thématique spécifique: le modèle solaire des anciens Egyptiens et celui de Georges Bataille. Nous allons en suivre quelques repères.

---

5. Voir *Versions du soleil. Figures et système de Nietzsche*, où Bernard Pautrat tire à profit ce mouvement renversant du système solaire pour tenter une lecture « héliologique » de Nietzsche (Seuil, 1971).
6. Voici le passage chez Mallarmé: « Tu remarques, on n'écrit pas, lumineusement, sur champ obscur, l'alphabet des astres, seul, ainsi s'indique, ébauché ou interrompu; l'homme seul poursuit noir sur blanc ». Mallarmé, *Oeuvres complètes*, texte annoté et commenté par Henri Mondor et G. Jean Aubry, Gallimard, coll. Bibliothèque de la Pléiade, 1945, p. 370.

a. Le modèle solaire des Egyptiens

Avec leur culte solaire millénaire, les anciens Egyptiens ont fait preuve d'une grande capacité d'interprétation et de symbolisation quant à la circulation et aux diverses manifestations du soleil. Son cycle journalier, ses mutations continuelles durant la journée, la modification de sa course annuelle, mais aussi ses effets sur le monde terrestre, ont tous fait l'objet d'une réflexion théologique et sont à l'origine d'une importante mythologie et théogonie solaires.

Dans sa réalité matérielle, le soleil était associé au dieu Rê qui, dans sa barque solaire, parcourait le ciel d'est en ouest. Après son coucher, le soleil était censé traverser l'hémisphère souterrain, nocturne, où il avait à passer douze divisions, correspondant aux douze heures de la nuit, au bout de laquelle il sortait, revigoré, pour réapparaître à l'aube dans le ciel. Pour garantir le succès de ses pérégrinations nocturnes et assurer son éternel retour, le soleil était associé à Osiris, le dieu qui symbolise la résurrection et l'immortalité. C'est par ces périples diurne et nocturne que le soleil symbolisait aussi la force de la circulation et de la transformation.

Outre une allusion au « soleil aplati » (65) des peintures égyptiennes ou aux douze divisions de l'hémisphère souterrain dans l'écriture de « douze heures d'un jour-sans-soleil » (153), plusieurs détails dans *Portrait du soleil* semblent s'inspirer directement de ce modèle égyptien. Dans la note qu'on a déjà citée – « pousser, chercher, monter, perdre et fiévrier sont les verbes qui m'emploient » (8n) –, le premier verbe « pousser » correspond au travail qu'effectue la divinité égyptienne qui assure la première montée du soleil: Khépri, le dieu scarabée. L'analogie se trouve dans le fait que l'animal confectionne des boules de détritus qu'il déplace en les poussant de ses pattes. La question-soleil chauffé « dans son ventre qui est sa face même et sa paroi interne » (7) fait penser à la déesse Hathor, une des entités féminines, « filles » de Rê, qui personnifient le rayonnement solaire. En tant qu'émanation du soleil, Hathor incarne le cercle brûlant qui entoure l'astre, et ce cercle lui confère un visage, qui est le seul, parmi ceux des autres déesses solaires, à être figurée de face. Mais en même temps cette déesse est celle qui chaque matin remet le dieu au monde: elle est donc le réceptacle du soleil, qu'elle chauffe dans son ventre.[7]

Se référant à ce soleil égyptien, *Portrait du soleil* se pourvoie d'une temporalité et d'une thématique particulières. De la même manière que, pour les théologiens égyptiens, transformer la temporalité linéaire en un temps cyclique était un moyen de rendre compte de l'ordre du monde et de faire

---

[7]. Voir sur les différentes entités solaires: Isabelle Franco, *Mythes et Dieux. Le Souffle du soleil*, Ed. Pygmalion/Gérard Watelet, 1996, p. 45-53.

face aux menaces de dissolution, emprunter un mouvement solaire identique est pour la narration cixousienne un moyen de courber la progression du temps et d'y chercher de nouvelles significations.

La narration exploite notamment deux aspects de la temporalité solaire. Les mutations continuelles que subit le soleil pendant sa course journalière et que les Egyptiens ont personnifiées dans différentes entités divines, donnent lieu chez Cixous à une narration cyclique dont la durée se caractérise également par les déplacements et les transformations du sujet solaire, en l'occurrence le sujet-je (voir ci-après). Dans la mesure où la capacité de se déplacer et de se transformer était, pour les Egyptiens, la garantie de vaincre la mort qu'ils associaient à l'inertie, la fiction de Cixous trouve dans cette histoire du soleil naissant et mourant une symbolique et une thématique pour évoquer la mort. Elle le fait en se référant aux symboles égyptiens de la (re)naissance: l'Orient, et de la mort: l'Occident, dont elle renverse le mouvement dialectique mort-renaissance en faisant de l'Occident un lieu où le soleil peut se lever: « elle a dit que le soleil se lèverait à l'Occident » (32). Car chez Cixous, il ne sera jamais question de résurrection ni de renaissance. Son Orient est situé plus loin que l'horizon, et c'est dans cette direction, forcément occidentale, que sa narration avance: vers le couchant du soleil, c'est-à-dire son « bord de mort » (8) naturel. Pour la narratrice, ce « bord de mort » devient alors le lieu désiré, mais impossible à atteindre:

> Tout de suite après, il y a la mer, sur laquelle il est si difficile de marcher. Je m'y enfonce, j'en sors, j'avance. C'est long. C'est long jusqu'à presque le bord de mort. C'est tuant. C'est le corps à corps avec les fantômes. Il faut pourtant la passer puisqu'elle ne passe pas. Il faut avancer puisqu'elle ne recule pas: elle est de ces mers qui vous survivent et connaissent vos os. (9)

b. Le modèle solaire de Bataille

Dans *L'Anus solaire*, *L'oeil pinéal* et quelques petits articles dont *Soleil pourri*, Georges Bataille a donné une description du soleil qui va à l'encontre de la symbolique solaire dont Platon, avec l'histoire de la Caverne, a donné les fondements. Selon cette symbolique, reprise et développée par la philosophie occidentale, le soleil sensible est dans le monde visible la représentation de l'idée du Bien.[8] Si cette conception du soleil a pu s'enraciner justement parce que l'astre solaire ne se voit pas, Bataille, en revanche, a tenté de regarder le soleil en face et de le fixer. Et il a vu ce que les autres, craignant l'éblouissement, ont refusé de voir: le soleil comme il est, non pas une image de l'Idée, symbole de la lumière naturelle, de la clarté rationnelle et du

---

8. *La République, op.cit.*

monde ordonné, propre et intelligible, mais « écoeurant et rose comme un gland, ouvert et urinant comme un méat »,[9] bref un soleil laid, nauséabond et meurtrier qui, dans les termes de Robert Sasso, montre « l'envers horrible du monde métaphysique ».[10]

Pour Bataille, le soleil « n'est que *rayonnement*, gigantesque perte de chaleur et de lumière, *flamme, explosion* ».[11] Cette exubérance solaire fait partie de l'ivresse générale de l'univers, qui est aussi l'univers qui porte l'existence humaine. Seulement, les êtres humains ne se reconnaissent plus dans ce spectacle parce qu'ils ne connaissent que « l'erreur que représente le sol immobile ».[12] La terre elle-même participe à cette ivresse universelle. Dans *L'Anus solaire*, Bataille note que la nature terrestre a gardé son caractère héliotrope et il décrit les mouvements de la terre comme un grand coït polymorphe et organique avec le soleil. Pour se libérer de ce surplus d'énergie, « le globe terrestre est couvert de volcans, qui lui servent d'anus ».[13] L'homme, par contre, a littéralement détourné les yeux du soleil et de sa vérité universelle, ce qui n'empêche pas, selon Bataille, qu'il aspire toujours à atteindre cette vérité. A cet effet, Bataille imagine sur le sommet du crâne humain l'existence d'un troisième oeil, l'oeil pinéal, avec lequel l'être humain communique avec le soleil. Par cet oeil se dégage, comme par une « éjaculation mentale »,[14] tout le potentiel d'épanouissement et toutes les possibilités de libération d'énergie qui n'ont pu trouver une sortie du corps, l'orifice le plus approprié à cette tache, l'anus, s'étant retiré à l'intérieur des chairs.

Si Bataille caractérise sa conception du soleil et la fantaisie de l'oeil pinéal comme un fantaisie excrémentielle et dépensière, c'est pour mieux la lier à sa vision du monde et de l'économie universelle. A l'opposé du monde de l'homme, qui est le monde clos de la production utile et de la gérance des énergies et des êtres, Bataille pose l'univers sans bornes, qui se définit comme production de déchets et comme perte sans compensation de forces. Une des preuves de cet univers improductif[15] est livrée par le soleil lui-

---

9. Dans un aphorisme figurant sur le prospectus de souscription à *L'Anus solaire*, *Oeuvres complètes*, t. I, Gallimard, 1970, p. 612.
10. Robert Sasso, *Georges Bataille: le système du non-savoir. Une ontologie du jeu*, Minuit, 1978, p. 61.
11. « Van Gogh Prométhée », *Oeuvres complètes*, t. I, *op.cit.*, p. 498. Les italiques sont de Bataille.
12. *Ibid.*, p. 516.
13. « L'Anus solaire », *op.cit.*, p. 85.
14. « Soleil pourri », *Oeuvres complètes*, t. I, *op.cit.*, p. 231.
15. Dans *La Part maudite*, Bataille relève une série d'activités humaines qui sont irréductibles aux principes de l'économie classique, dont le luxe, les deuils, les guerres, les cultes, les jeux, etc. (*La Part maudite*, précédé de *La notion de dépense*, Minuit, 1967, p. 33).

même: « La source et l'essence de notre richesse sont données dans le rayonnement du soleil, qui dispense l'énergie – la richesse – sans contrepartie. Le soleil donne sans jamais recevoir ».[16] S'appuyant sur cette dépense solaire, Bataille propose l'existence d'une économie universelle générale qui, à l'opposé de l'économie classique de la production-consommation, est une anti-économie: celle de la dépense improductive et de la perte.

Portrait du soleil fait à plusieurs reprises allusion à cette conception dépensière du soleil. On peut la relever dans les qualifications excessives de son rayonnement: le soleil « inonde » de sa lumière, il « brûle » de sa chaleur, il effectue un « bombardement solaire » (61), mais aussi dans la description de son substitut: « l'oranje », pleine, juteuse, débordante. Dans sa quête du soleil, le sujet-je fait également preuve d'être d'une nature solaire, conformément à ce que Bataille écrit sur la fonction « copule » du verbe être: « le verbe être est le véhicule de la frénésie amoureuse ».[17] Etre « fiché en l'air » est, dans *Portrait du soleil*, une des positions solaires enviées, de même qu'être « une, fureur et hauteur » (50) où « une » a la valeur d'une unité totalitaire qui s'excède. Mais comme dans la perspective de Bataille l'expérience de la dépense est une expérience de l'instant présent, l'être-soleil du sujet cixousien s'appréhende lui aussi sur le mode de l'immédiateté. Il s'en suit que son instant, qui est celui de la jouissance, ne peut être contenu, compris, raconté, que par le biais analogique ou métaphorique. Aussi les nombreux capotages et révolutions désignent-ils l'instant où se réalise, d'une manière intense et excessive, l'être solaire du sujet. Mais ils indiquent déjà aussi le danger et le risque qu'encourt le sujet qui joue le jeu de la perte:

> Tout à l'heure j'étais haute, j'étais fureur, j'étais *une*, fureur et hauteur, j'avais un but, et j'attaquais. Je fonçais. Maintenant j'ai mille corps brûlés dans leur propre sang, des centaines de corps sans tête sans membres, sans destinateur, répandus dans l'ordre feu de la souffrance [...]. (50)

Tel Icare qui a volé trop haut, « il faut garder les ailes un peu fermées » (50). Aussi ce n'est pas au niveau de la représentation et de la narration que l'aspiration solaire pourra se réaliser. S'il s'agit, pour la narratrice, de gagner sa place dans l'univers, de dé-penser sa subjectivité, ce sera au niveau de l'écriture, excrémentielle par anal-logie, qu'elle devra réaliser sa « fiente cosmique » (58). La narratrice trouve les termes sur lesquels peut s'articuler cette fiente chez Bataille lui-même. Elle le cite comme suit: « Ce serait une fiente cosmique (il dit fiente. Et aussi ordure et chier) ("rouge, divinement,

---

16. *Ibid.*, p. 79.
17. « L'Anus solaire », *op.cit.*, p. 81.

fiente avec une majesté d'orage", dit-il) » (58).[18] « Rouge », couleur du soleil sanguin, *ro*/or-soleil et *je*; fiente solaire répandue dans « *or*dure », « ma*je*sté », « *or*age »; voici déjà toute une fête scripturale, un potlach de signes, où la figure du Soleil concourt à sa dépense et, avec lui, la figure du je-sujet. Voici encore une autre qui s'articule sur le signifiant *or* et sur le motif bataillien de l'« ordure »-« or [...] dure »:

> On dirait une g*ro*tte: *or* c'est moi. Plus précisément, moi dans moi, sombre. Et, sans voul*oir* choquer, d'une obscu*ri*té *mor*bide, éblouissante. Si je vois enc*ore*, je vais m*our*ir. Si je deviens *or*, je suis du*re*. (62)

L'« or » disséminé, son éclat vaincant l'« obscurité morbide » fait que le « je », rejeté comme une ordure, deviens dure, se consolide, et peut durer: « Je m'adore parce que je troue tout » (62).

2. *Réflexions du sujet féminin*

Avec ses montées, ses vols et ses « périples » (70, 137), le sujet-je de l'énonciation s'identifie lui-même comme une figure solaire. Sa course forme la trame narrative du récit qui, tout en constituant un ensemble homogène par cette référence solaire, reste fort complexe. Dans ses grandes articulations, elle suit le modèle solaire égyptien: elle commence par une série de levers du sujet – « le sang qui remonte » (6), « mon soleil qui voit sa naissance » (13), l'entrée de la figure significativement appelée « Ascension » (21), le décollement de l'avion (45) – et termine par son coucher, qui est à la fois un coucher au lit – « je veux dormir sur la poitrine d'un homme cultivé » (194) – et, à la dernière page du livre, un coucher-couper qui mime le « soleil cou coupé » d'Apollinaire:[19] « Soudain. Oui. Lui. Le Soleil, Le Procureur. D'un geste. Sa main en ellipse. Se rapproche. Ralentit. Se Procureur. Coupe. D'un coup. Sec. La Gorge. Du Sujet. Quoi! » (195). Entre ces montées et couchers, le périple effectué par le sujet est littéralement exorbitant. Ponctuée par des accidents solaires de toutes sortes: chutes, virevoltes, « convulsions » (79), bombardements et fuites, la course lumineuse du sujet peut aussi se transformer, d'un moment à l'autre, en une nuit sans profondeur, où le je doit progresser à l'aveugle.

Les premiers envols au début du livre sont associés à des histoires d'enfance: « Cette histoire est vraie. Je n'étais pas encore pubère. Je n'avais

---

18. Voici la citation chez Bataille: « Etre Dieu, nu solaire, par une nuit pluvieuse, dans un champ: rouge divinement fienter avec une majesté d'orage, la face grimaçante, arrachée, être en larmes IMPOSSIBLE: qui savait, avant moi, ce qu'est la majesté? ». *Le Petit*, Pauvert, 1963, p. 36-37.
19. Voir « Zone », dans *Alcools* [1920], Gallimard, coll. Poésie, 1993, p. 14.

ni taille, ni forme, ni poids, ni figure, ni passé. [...] Je n'étais personne ni corps. » (21). Les couchers à la fin du livre sont en rapport avec l'expression du désir de je: « je suis une femme parce que j'ai grand désir de toi » (189). Prenant son point de départ avec cette « personne » qui n'a pas encore de corps, cheminant vers un je qui énonce son désir, le périple solaire se donne, dès lors, à lire comme l'avènement d'un sujet qui, au cours de ce vol, a pris un corps et un sexe, une histoire et un destin.

Mais quel corps, quel sexe? « Dans la coupe des sexes qu'est-ce que je suis, par revers lui? Ni fille ni raisin.[20] Ni billes ni garçon » (78). *Portrait du soleil* est parsemé de ce genre de remarques qui mettent en cause l'appartenance sexuelle. Faisant allusion à l'idée de la bisexualité originaire de l'être humain, la narratrice confirme ici l'idée de la sexuation comme une séparation infligée par les lois de la société et de la culture. « La Féminité » (90)[21] à laquelle elle devrait se rallier est un modèle guère alléchant, imposé – « ils se mettent à hurler au signal, ils me lapident de leurs cris et de leurs rires, ils me jettent dans la cage de mon corps » (39) –, et circonscrit d'avance, ainsi que le montre la parodie suivante sur les savoirs des femmes: « Toutes ces choses que savent les femmes: faire de la confiture, faire la révolution (une certaine espèce de révolution), faire le maquillage, faire de la pâtisserie; adopter des petits bébés; faire cuire la viande, trousser des volailles » (57). Soulignons la présence parmi ces savoirs de « la révolution », c'est-à-dire le mouvement des femmes, désigné de ce fait comme une nécessité quotidienne de premier ordre.[22]

---

20. Transcription cixousienne de l'expression « mi-figue, mi-raisin ».
21. Dans le contexte freudien, « la Féminité » constitue une référence au article de Freud du même titre, où il retrace le processus psychique qui conduit le « petit pervers polymorphe » du sexe féminin à accepter sa féminité. Sigmund Freud, « La Féminité » [1933], dans *Nouvelles conférences d'introduction à la psychanalyse*, Gallimard, coll. Folio-essais, 1984.
22. « Il se trouve qu'à un certain moment de ma vie je me suis trouvée en pleine Histoire des femmes. Je n'y étais pas quand j'ai commencé à écrire en 1966. En 1968 il y a eu l'explosion de l'Histoire des femmes, je n'y étais pas. Puis à un certain moment je n'ai pas pu ne pas y être. Il m'était impossible de ne pas en tenir compte; ne pas en parler cela m'était impossible moralement et politiquement, j'étais appelée et je m'y suis avancée aussi loin que possible. Je venais de rencontrer Antoinette Fouque. C'était en 1975 » (« De la scène de l'Inconscient... », *op.cit.*, p. 27). Cette participation d'Hélène Cixous au mouvement des femmes ne concerne qu'une partie de ce mouvement qui, en France, était politiquement et idéologiquement très diversifié. La notion de la différence sexuelle a conduit l'auteur à critiquer les féministes de signature « radicale ». Soulignant l'égalité entre les sexes, ces féministes appréhendaient la différence sexuelle comme une différence infériorisante et réductrice, source de l'oppression des femmes, alors que l'auteur la considère comme ce qui assure la vie et protège contre l'assimilation au même. Voir aussi: Hélène Cixous, « "O grand-mère que vous avez de beaux concepts! C'est pour mieux vous arriérer, mon enfant!" », *des femmes en mouvements hebdo* n° 1, 9-16 novembre 1979, p. 11-12.

On sait, depuis Foucault, que le sujet est le produit d'un système historique spécifique qui le parle et des discours qui le construisent. *Portrait du soleil* fait aussi état de cette conception, car, d'un bout à l'autre de la narration, le sujet-je fait l'inventaire de ses appartenances sexuelles, raciales, ethniques, sociales, culturelles, etc., ainsi que des « bains de pensées » (112) dans lesquels il est baigné. Ce sont pourtant des paramètres ambivalents, dans la mesure où ils constituent un ensemble identitaire que le référent hors-textuel du sujet, Hélène Cixous, par le pouvoir des structures socio-politiques et historiques, a été interdit d'assumer ou qui lui a été confisqué. Aussi la position de départ du je est-elle ex-centrique, résolument hors-circuit: « *dehors*, relégué mais *où*, expropriée mais de quel droit? » (90).

« Cette terre n'est pas la mienne. Et ce ventre et cette Histoire et ce Sexe? » (90). La narratrice retrace ici par bribes l'expérience douloureuse et complexe vécue par Hélène Cixous qui, plusieurs fois dans sa vie, s'est trouvée par la force des circonstances historiques, politiques et socio-culturelles n'être qu'une partie d'elle-même, réduite à la position de l'autre. « Cette terre n'est pas la mienne » désigne la situation d'exil de Cixous qui, algérienne de naissance, s'est trouvée en une France qui a perdu son « algérifrançaise »,[23] et qui avant, juive, s'est trouvée dans cette même Algérie, colonisée et antisémite, dans un exil intérieur. « Ce sexe n'est pas le mien » indique la situation d'une femme à qui manquent les « petits bagages de la vierge triomphante: coupe et couture, cuisine, pâtisserie, prévoyance » (78) et qui, par manque d'« adresse manuelle », est non seulement « la honte de mon sexe, lequel? » (89), mais aussi « la honte de sa race et le mépris de leur race » (89). Quelle histoire est la sienne? « Le FLN occupe mes rêves et me regarde avec méfiance » (90) indique la position ambivalente dans laquelle se trouvaient les Juifs – ni Algériens ni Français – dans une Algérie sous l'occupation française. Comme elle le raconte dans de nombreux autres livres, Hélène Cixous a vécu de près l'expérience de la différence opprimante, de l'exclusion, de la séparation et de la perte. Elles figurent un aspect de ses traumatismes personnels, dont l'autre est constitué par la mort prématurée de son père, autre séparation qui a causé d'autres sentiments violents d'exclusion et de perte. C'est dans cette perspective qu'on doit comprendre le tableau un peu hilare que la narratrice trace des appartenances et des alliances qu'elle a essayées. La liste des « moyens de communication » qu'elle détaille figure la nécessité fondamentale, existentielle, de communiquer avec l'autre, de faire lien, de jeter un fil:

---

23. Ainsi Hélène Cixous cite la dénomination avec laquelle les Français, au « sommet de l'aveuglement impérialiste », se référaient à l'Algérie, « une terre habitée par des humains comme si elle était peuplée de non-êtres, d'esclaves-nés ». *La jeune née, op.cit.*, p. 128.

[...] moi qui désire la Révolution je ne sais par où la rejoindre. J'erre parmi les foules, j'observe les communautés, les partis, les systèmes, les sexes, les âges, les libérateurs, les oppresseurs, et je m'essaie, au hasard défié par une fausse clé, successivement et à maintes reprises parmi: les jeunes filles; les jeunes à cheveux longs; les théoriciens; les résistants; les peuples décolonisés; les femmes d'expériences; les bandes de garçons; les enseignants; et même les fous volontaires et jusqu'aux hospitalisés, aux cancéreux, aux mourants et par contiguïté à tous les groupes successivement en hésitation au bord de disparaître; et par tous les moyens de communication: trains, taxis, bateaux, avions, souterrains, lettres, livres, conférences, jeux, théâtre, j'essaie de toucher à la Révolution, moi et mon écriture, sans calcul, sans défense naïvement inquiète au bord de ma disparition, me tenant lieu. (81)

« Je n'ai jamais su où me tourner » (33) conclut la narratrice, utilisant un vocabulaire solaire pour désigner son inaptitude à faire « Révolution », c'est-à-dire à tourner, à faire flot, avec les autres. Aussi faut-il couper avec cette histoire: « Ils prennent leurs mitraillettes et ils tirent. Maintenant que l'histoire est finie, c'est l'inconnue » (90).

3. Le discrédit du sujet

Commence maintenant une lecture de *Portrait du soleil* qui indiquera les stratégies mises en oeuvre et leurs effets repérables qui contribuent, pour citer Hélène Cixous elle-même, à « discréditer le sujet ».[24] Ce sujet peut être le sujet-personnage sous la figure du « caractère » littéraire, qui d'avance se rend suspect par sa prétention de représenter, par un ensemble de traits distinctifs – donc repérables, donc contrôlables – ce qui constitue une « personne ».[25] Ce sujet peut être aussi celui de l'énonciation qui se veut un et indivisible, ou encore, la psychanalyse ayant rendu cette notion désuète, le sujet, et son Représentant un et indivis, qui peut se constituer tel quel en s'insérant dans l'ordre du symbolique. Ce sujet peut être aussi le moi qui se rend complice du maître et de l'autorité, en l'occurrence (la notion de) l'auteur. Dans *Portrait du soleil*, celui-ci, se désignant sous le nom d'« hélène cixous », sans majuscules, déjà se distancie du nom et de l'individu qu'il est censé représenter, de même que l'auteur, à qui pourtant le je de la fiction s'associe, fait abandon de ses droits de propriétaire et de maître de la narration et se révèle comme simple scripteur: « Il est douloureux d'appren-

---

24. Voir sa lecture du sujet discrédité chez Joyce: « Joyce, la ruse de l'écriture », *Poétique* n° 4, 1970, p. 419-432, repris dans le chapitre « Les hérésistances du sujet », dans *Prénoms de personne*, *op.cit.*, p. 237-286.
25. Voir Hélène Cixous sur cette question: « The Character of "Character" », *art.cit.*, p. 383-402.

dre que je ne suis pas l'auteur de ma biographie, mais c'est délicieux. Il est délicieux de savoir que je serai le biographe de mon auteur » (135).
Or qu'est-ce que le sujet? Qui est le je « or » qui est aussi « hors »?

           Je   Je
Qui? (147)

De part en part, *Portrait du soleil* est traversé par cette mise en question du je qui, grâce à la figure narrative du périple, se donne l'apparence formelle d'une quête et d'un apprentissage où, certes, l'avènement du sujet est promis – « je m'attends à moi » (173) –, mais est, à chaque fois, différé et relancé: « ainsi je décris la question du soleil sur trois cent soixante degrés au terme desquels je parviens au point du départ de l'autre » (153), c'est-à-dire d'un autre moi.

Cette « attente-du-sujet-par-lui-même »[26] est, bien sûr, favorisée par le dispositif solaire, dont les montées et les descentes désignent autant de surgissements du moi que de déplacements, relancements ou annulations. La course du je est relayée par d'autres périples effectués par d'autres sujets – Dante, Dora –, dont surtout ce dernier « personnage » est important à relever, puisqu'il est tiré d'un cas clinique où Freud attribue un grand rôle au ressort hystérique de l'aptitude à l'altération et à l'identification multiplié du sujet. Mais « il est évident qu'il n'y a pas plus de ressemblance entre Freud et moi et Dora, qu'entre chat et chat » (135) affirme la narratrice, ce qui ne l'empêche pourtant pas de mettre en oeuvre un jeu d'écriture où, d'un sujet-je à l'autre, ce qui est transféré – ce qui fait métaphore, terme mis en relief: « ΜΕΤΑΦΟΡΑ » (129) et qui, étymologiquement signifie « transposition » –, c'est justement ce qui constitue la subjectivité: son potentiel infinie d'individualités diverses.

La référence freudienne constitue un autre repère important dans la mesure où le sujet énonciateur s'identifie comme un rêveur: « le rêve suivant est rêvé par un rêveur qui ne se connaît pas » (148). La logique de la phrase comme celle du rêve désignent le je-rêveur comme un sujet qui à la fois sait et ne sait pas, comme quelqu'un qui gère ses vérités en même temps qu'il est géré par elles. Cette logique est à l'oeuvre dans de nombreuses actions où le je est à la fois un sujet actif et un objet passif: « Je me jette en avant, je poursuis, je me souviens, je suis poursuivie » (188); « toujours déjamais [*sic*] à la course retenant entraînée » (155). Plus précisément, la fiction tire profit de la théorie du rêve en soumettant le sujet rêveur aux lois du rêve, qui ne sont plus les lois du symbolique, mais celle de la symbolique du désir,

---

26. *Prénoms de personne, op.cit.*, p. 238.

transposée dans le langage: « rêver toujours plus loin dans un effort désespéré pour user le rêve dans ses propres versions ou pour semer le rêveur au tournant feint d'un rêve » (134). La quête rationnelle remplacée ainsi par le tissage analogique et métaphorique et le jeu des signifiants, le souffle de l'inconscient entre dans la narration et, de ce fait, un sujet qui s'excède d'un savoir qu'il ne connaît pas. Ce décentrement du sujet va de pair avec une mise en doute du « style du sujet » (193): le rapport entre énonciation et énoncé est vicié et la subjectivité discursive présentée comme un effet du langage:

> qu'est-ce qui se trame en vérité entre le destin dont je suis le sujet et l'histoire de ce destin dont je suis le sujet et l'histoire de ce destin dont je suis le sujet et le style de l'histoire de ce destin dont je suis le sujet et la grammaire de la langue qui ordonne le style dont je suis le sujet [...] (192)

En même temps, la narration continue à mettre le sujet explicitement en question: tantôt il paraît sous forme barrée: « *J̸é Pourrais-j̸é les écrire* » (64), où la double présence de « je » traduit l'indécision entre l'affirmation et l'interrogation; tantôt je glisse de la première personne à la troisième personne: « Ainsi je glisse par où je glissera [*sic*] » (135). Ne coïncidant jamais avec le moi de l'énonciation, je peut se répéter à l'extrême: « Je. Je (ou Je encore) » (154) ou, littéralement, être mis entre guillemets ou mis en discours différemment: « "Je". Je l'ai voulu. L'avais-je voulu? Anonyme l'avais voulu. Je: l'*ai* voulu » (148). Je peut même se retirer de ou s'enliser dans l'énoncé, libérant celui-ci de la référence énonciative:

> Est-ce que je me souviens?
> Est-ce que je souviens?
> Est-ce que souviens? (51)

Je: « C'est une illusion. L'illusion est Un ». (154) La vérité du sujet que ce texte met en scène est celle d'être constamment en suspens, de se constituer en subjectivités et en substituts. C'est ici où la figure du périple solaire prend sa signification primordiale: la course permet de penser un sujet qui se « relaie » (155) incessamment, qui avance en se substituant à lui même, qui, littéralement, se dé-place et, chemin faisant, met toutes les possibilités, tous ses sujets à l'épreuve, « tantôt virant au masculin tantôt versant au féminin [...] glissant et désirant glisser virant et désirant verser, délirant et liquidant mes désirs » (132).

« Qui ne puis-je être? Qui suis-je quand je suis mon lieu tenant qui ne suis je pas? Quelle est il? » (80). Dans leur articulation, ces questions suggèrent déjà qu'une éventuelle réponse n'apportera jamais plus que ce qui avait été su dans le questionnement même, et que la question du sujet restera étroitement liée à celle du sujet dans le texte, voire à celle du texte comme sujet. Avec son fonds insoupçonné d'allusions, d'analogies et de métaphores, son travail incessant sur le signifiant et l'abandon du « droit d'auteur » au profit du langage lui-même, la poétique du texte ouvre à un savoir du sujet qui se trouve en creux dans le texte: dans son souffle, qui, peut être, s'entend dans l'essoufflement du sujet qui, à la fin du livre, reprend sa course:

> Je traverse à la course, portée par les jarrets de la femme obstinée, sur des terres que mon trajet déploie, dans une envolée de fantasmes, sans viser personne, traversée par ma course, au rythme exact du soleil sans qu'ombre me précède ou suive, épuisée mais ne rechignant pas à l'être, sachant qu'il existe à l'infini invisible d'autres terres et d'autres sujets donc aussi d'autres soleils et qu'au mien je ne saurais couper. (190)

4. Les autres soleils du sujet

Trois figures, trois semblants de personnage, accompagnent le sujet-je sur sa course solaire. Ils s'appellent Dioniris, Dieubis et Jeor, qui sont des noms aussi étranges que riches en allusions et en associations.

Le nom de Dioniris, constitué à partir de Dionysos et d'Osiris, confère au porteur du nom un halo de divinité. Dionysos était pour les anciens Grecs le dieu de l'ivresse et de l'emportement mystique. Sa légende mentionne deux faits frappants. Il est né de la cuisse de son père Zeus, qui l'y avait cousu quand mourut la mère de Dionysos, Sémélé, enceinte de six mois. Pendant ses longues pérégrinations, Dionysos a fait en outre l'expérience de la mort: il descendit dans les Enfers pour ramener l'ombre de sa mère vers la vie. On connaît aussi la signification que Nietzsche a donné à l'emportement dionysiaque et qui nous paraît très pertinente pour la recherche de sujet solaire que nous raconte *Portrait du soleil*: éclatement du principe de l'individuation et abolissement de la subjectivité, l'ivresse caractérise, selon Nietzsche, cette même individuation comme la source et la cause de la souffrance humaine. « Les dieux olympiens sont nés du sourire de Dionysos, les hommes de ses larmes ».[27]

C'est dans sa qualité de « Dieu-deux-fois-né » que Dionysos s'approche d'Osiris, le dieu mort ressuscité. La légende née d'Osiris et de son sort tragique est sans doute le thème le plus connu de la mythologie égyptienne. Roi-dieu de l'Egypte,[28] Osiris fut jalousement tué par son frère Seth, après quoi sa dépouille mortelle fut démembrée et les parties dispersées dans toute

---

27. Friedrich Nietzsche, *La Naissance de la tragédie* [1871], Denoël-Gonthier, coll. Médiations. 1964, p. 69.
28. Une vieille tradition fait d'Osiris un héros divinisé, un souverain ayant vraiment régné et que son destin exceptionnel aurait conduit à une immortalité surhumaine. Voir Isabelle Franco, *Mythes et dieux*, op.cit., p. 184.

l'Egypte. Isis, la veuve inconsolable, réussit à retrouver les membres dispersés du corps de son époux et à reconstituer le corps. C'est de cette façon que fut créée la première momie. L'âme, aidée en cela par un ensemble de rites funéraires, avait encore à suivre un itinéraire vers l'au-delà, dont les grandes étapes sont décrites dans une importante littérature funéraire, dont *Le Livre des morts*.[29]

Le mythe d'Osiris a ceci de particulier que le mort, après la reconstruction de son corps par sa veuve, réussit encore à ensemencer celle-ci. Horus le jeune devait être le fruit de cette union *post mortem*. D'autre part, le dieu était identifié avec la terre d'Egypte, qu'il fertilisait avec sa vitalité souterraine. Associé donc à la réussite des cycles et au triomphe de la vie, le dieu lui-même connut la résurrection. L'âme du défunt fût ressuscitée et métamorphosée pour pouvoir faire sa sortie. Ce n'était pourtant plus sous sa forme humaine qu'Osiris pouvait sortir. Il sortit transfiguré en soleil, par association au dieu solaire Rê. Depuis, il parcourt journalièrement le ciel diurne, dans sa barque solaire, pour mourir le soir. Rentré dans le monde inférieur, il est supposé commencer son voyage souterrain nocturne d'Ouest en Est, pendant lequel il se métamorphosera de nouveau pour rejaillir à la lumière du jour.

Par association à ces divinités, Dioniris se revêt des deux aspects du délire et de la mort, ce qui est confirmé par la narratrice: « [Dioniris] peut être attendu les jeudis, les fièvriers, mais attendu mort » (30). Grâce au « fièvrier », qui est, comme on l'a vu, le temps de l'écriture de ce livre, cette attente de Dioniris se caractérise comme un effet de l'imagination. Cet effet peut être involontaire, dans la mesure où cette attente se fait « par hasard à tout instant en coïncidence avec tout autre », mais il peut aussi relever d'un travail de recherche « par prévision à travers tout dieu et tout lit » (30), où « tout lit » peut être, indifféremment, le lit qui accueille le sujet-rêveur, le lit qui est le lieu de la jouissance, ou le lit qui est le fait d'une lecture. Mais les différents « apparents de Dioniris »[30] qui peuvent se présenter, le figurent toujours comme mort, et la narratrice en est très consciente: « je pourrais attendre Dioniris si Dioniris pouvait être attendu. Mais il était impossible de l'attendre sans déboucher sur la mort » (33). Ceci, non seulement, ôte à cette attente tout espoir de retrouver Dioniris, mais encore la caractérise comme une confrontation impossible avec la mort elle-même.

---

29. *Le Livre des morts des anciens Egyptiens,* introduction, traduction et commentaire de Paul Barguet, Ed. du Cerf, coll. littératures anciennes du Proche-Orient, 1967. Voir pour une introduction au *Livre des morts*: Fernand Schwarz, *Initiation aux livres des morts égyptiens*, Albin Michel, coll. spiritualités vivantes, 1988.
30. Hélène Cixous, *Tombe*, Seuil, 1973, p. 18.

Comme son nom l'indique déjà, Dioniris est une figure double, pourvue d'une identité orientale et occidentale. « Par l'Orient il fut le maître des jardins. Il plantait les arbres rituels, les arbres à pommes, à oranges, à poires » (30). Tenant à la fois de Dionysos, le dieu de la vigne, et d'Osiris, le dieu de la fertilité, Dioniris est associé à la terre – « l'Orient m'atterre » (29) –, aux racines et aux fruits, à la lumière naissante, bref: au Paradis. Mais Dioniris est aussi celui dont la narratrice a vu la « face de mort [...] sa ressemblance avec la face préservée d'un pharaon à cause de cette immobilité animale » (30). Ici se manifeste l'aspect occidental de Dioniris. Comparé à un pharaon mort, Dioniris est un soleil « gonflé de mort » qui s'est couché à l'horizon pour ne plus réapparaître. C'est par cet aspect que Dioniris est une figuration dans l'histoire du père mort.

Mais un mort n'est jamais vraiment mort, et les puissances de l'imaginaire peuvent défier les lois cosmiques. Si le soleil cixousien peut osciller, Dioniris, lui aussi, peut recouvrir, dorer, son aspect nocturne et occidental par des éclats orientaux. Ainsi la bouche de Dioniris, celle « qui me promettait les premières oranges et la première immortalité », peut proférer « que le soleil se lèverait à l'Occident et se coucherait dans mon lit » (32), ce qui n'est rien d'autre que l'expression du désir fortement éprouvé par la narratrice de pouvoir rejoindre, toucher, embrasser, la figure solaire qui, en réalité, ne peut plus être atteinte. Aussi, en dépit de la nature irrémédiablement morte de Dioniris – « la mort était aussi inséparable de sa bouche que mon enfance de moi » (32) –, Dioniris reste pour elle toujours rayonnant: « l'Occident était son Orient. Il ne se couchait jamais » (32).

A côté de Dioniris, on trouve la figure de Dieubis. Dieubis, son nom le dit déjà, est « sans doute un double de dieu » (6), ce qui en réalité, et par loi divine même, est impossible. Aussi Dieubis ne tardera-t-il pas à montrer ses aspects très humains: non seulement parce qu'il est « un homme unique » (6), un homme qui aurait pu avoir vécu « dans la vie » de la narratrice « mais il n'y était plus » (19), mais surtout parce que sa bouche, « divine, mortelle, gardée comme un tyran » (32), ne s'ouvre que pour proférer des menaces et des interdictions. « Il s'agit en un certain sens de mon rapport à Dieubis » (15), suggère la narratrice, et au fur et à mesure que la narration progresse on pourra se rendre compte que ce Dieubis n'est personne d'autre qu'un « apparent » de *Sig*mund Fre*ud*, intertexte majeur de ce livre d'Hélène Cixous comme de beaucoup d'autres de cet auteur. On peut le déduire à partir de détails comme « un recueil de rêves que j'avais jadis faits pour Dioniris et que Dieubis avait publiés en première édition » (123), qui évoque *L'Interprétation des rêves*,[31] à son association à l'Autriche – « En Autriche

---

31. Titre original: *Die Traumdeutung* [1900] (trad. I. Meyerson), P.U.F., [1926] 1987.

je l'appelais Dieubis » (154) –, à un lapsus fait par la narratrice, qu'elle associe aussitôt à Dieubis: « c'est toujours ainsi avec Dieubis, ça glisse, ça échappe, c'est très fort » (31).

Associé à « un grand oiseau noir » (51), à savoir un aigle, oiseau solaire dans la mesure où il est le seul qui ose fixer le soleil sans se brûler les yeux, Dieubis est le créateur d'un « nid infernal » (49). Un des grands dangers que la narratrice peut rencontrer pendant sa course solaire est de tomber « dans le nid infernal » (70) de Dieubis. Le côté oxymorique de ce « nid infernal » est expliqué dans le fragment suivant:

> je vois comment Dieubis remet au monde le fond des souffrances, avec l'obstination et la dextérité d'un artisan; il fabrique lui-même le nid à chose. La chose est toujours potentiellement très grande. La chose est dans l'oeuf. Il n'a pas été dit que la chose ne doit pas sortir. L'oeuvre de Dieubis consiste à étouffer dans l'oeuf. Le désir de Dieubis est la perte continue de la chose qu'il désire animer. (49)

Lu à la lumière de la critique de Cixous sur *Le Cas Dora* de Freud,[32] le « nid infernal » que Dieubis est en train de fabriquer est à appréhender comme une figure de la théorie analytique que Freud est en train de développer. En dépit de toutes ses promesses quant à la découverte de l'inconscient et de la mise en valeur de la sexualité dans la constitution du sujet, la théorie freudienne a fonctionné, l'histoire de Dora le prouve bien, comme un « enfermoir » (49) du désir féminin, comme l'étouffement de la voix des femmes. Dans *Le Cas Dora*, Dora se plaint du fait que « pas grand-chose » ne soit sortie de son traitement,[33] après quoi elle annonce son propre départ. Dans la langue verte, la « chose » désigne le coït, et ce sont ces différentes significations de « chose » qui font du « nid » de Dieubis à la fois un nid d'amour et une fabrication – une théorie? – répressive. Aussi « il faut résister, frayer, décoller » (49), avertit la narratrice à propos du nid de Dieubis, et c'est cette attitude tendue et méfiante qui caractérise son rapport avec Dieubis et, *mutatis mutandis*, avec Freud. « Il faudrait une sorte de muselière. Dieubis me tient par la bouche » (31-32): c'est la primauté de l'interprétation freudienne, étouffant la voix féminine, qui est désignée ici. « Je n'aimerais pas Dieubis, il me mépriserait, je le détesterais, il ne me répondrait jamais, je croirais devenir fou » (58) fait plus directement allusion à l'histoire de Dora, la patiente que Freud n'a pas vraiment écoutée et qu'il a secrètement convoitée. C'est par ce genre de remarques et d'allusions que la narratrice prend position contre Dieubis.

---

32. Voir les chapitres V et VI pour une introduction au *Cas Dora* et pour une explication détaillée des références intertextuelles relevées ici.
33. « Ce n'est pas grand-chose, ce qui est sorti », *Le Cas Dora, op.cit.*, p. 78.

Par la référence freudienne, la figure de Dieubis s'avère impliquée dans une histoire de père(s) amoureux et d'une fille séductrice, et ce détail prend une signification particulière dans l'histoire de l'attente de Dioniris, qui est aussi une figure paternelle. « Cette histoire commence dans la bouche de Dioniris et s'achève loin des lèvres de Dieubis » (32) en dit déjà long quant à une éventuelle interprétation freudienne, oedipienne, de cette histoire, d'autant plus que l'attente se concrétise comme une attente devant une porte, dont on connaît la signification sexuelle depuis Freud. Car s'il est bien vrai que Dioniris peut être attendu derrière la porte, la narratrice ne laisse aucun doute sur le fait que jamais Dieubis ne serait le bienvenu, ni en tant que « personne », ni en tant que loi qui en dirige le passage.

Par son nom, qui signifie lumière en hébreu et qui donne à entendre le nom de Georges, la troisième figure, Jeor, est bien en instance de représenter la figure solaire et paternelle tant attendue. Aussi Jeor est-il la figure masculine sur qui la narratrice projette ses désirs érotiques. Souvent elle imagine qu'elle se trouve avec lui dans un lit, mais la configuration particulière de la scène d'amour – « Jeor et moi nous sommes couchés, sous cette question » (7) – en fait, avec cette « question » en position solaire, une scène à trois, où le troisième terme, étant justement une « question », brise le cercle qui était en train de se constituer vers une autre dimension, littéralement mise en question. On peut constater une chose pareille pour les scènes affectives avec Jeor: « Je traverserai l'oranje, j'irai m'asseoir sur les genoux de Jeor et je passerai mes bras autour de son cou, le ciel autour de nous sera de ce bleu phosphorescent qui coule dans son vase de verre en l'absence du soleil » (6). Ici, c'est le coulement du bleu du ciel s'évidant dans le vase qui fait que l'importance de la scène représentée dépasse la simple configuration à deux. Même si « mon sang n'aura plus de secret pour nous » (6), jamais Jeor et la narratrice ne sauraient faire un. C'est que Jeor, à l'opposé de Dioniris et Dieubis, qui « sont réels, j'ai des centaines de preuves de leur existence, d'ailleurs ils existent » (34), est une figuration du « je », son alter ego, avec qui elle communique – « par le fond des gouffres je communique avec Jeor » (99) –, à qui elle se confie, et qui, étant son objet de désir, est pourvu d'une identité plus circonscrite qu'elle ne l'est elle-même: « il y a Jeor et qui? » (8). Aussi les quelques fois que Jeor s'incarne dans un être en chair et en os – il est d'ailleurs le seul à avoir une « chair »: « elle est française, carmine, musclée, obscure, occidentale, fibreuse, maîtresse » (14) – il est, du même coup, radicalement séparé d'elle, devenu son autre lointain, inatteignable: « Il [Jeor] dort maintenant, total, infranchissable, gardé, abandonné, confiant, replié sur lui-même » (43).

Ainsi Dioniris, Dieubis et Jeor appartiennent chacun à des domaines bien différents. Dioniris, figure issue de la mémoire et d'une expérience vécue et traumatisante, se présente à chaque fois pour être conjuré comme mort. Ses différentes évocations sont comme les étapes d'un travail de deuil.[34] Dieubis, « trace infernale » dans la mémoire de la narratrice à cause de son identification avec la patiente Dora, désigne une figure historique en même temps qu'il figure toute une attitude socio-culturelle que la narratrice conteste: le patriarcat. Jeor, enfin, est l'objet du désir de la narratrice, son frère et son amant, mais aussi son absolument autre, inatteignable. Autour de chacun des trois se cristallisent des bribes d'histoire, des pensées et des fantasmes, ce qui n'implique pourtant pas qu'ils jouissent du statut de personnage. Dioniris, Dieubis et Jeor sont, chacun dans son propre domaine, des réminiscences, des émanations, des figurations du « je » qui, dans son désir de retrouver l'aimé perdu, aimerait être deux au lieu d'un, mais qui beaucoup plus souvent se retrouve être trois : « Si nous sommes deux je le suis, et si nous sommes trois je suis trois » (169). « (Jeor Dieubis Ke Dioniris/J) » (135), voici une équation qui résume le rapport entre « je » – c'est-à-dire « J », dont le « e » est transféré sur « Ke »-K., un des pères amoureux de l'histoire de Dora – et les autres. Là où le « je », par ce transfert du « e », se tient des deux côtés de la barre, étant à la fois « J » et un trait des autres, le « je » se marque pourtant comme différent des autres quand la question de la différence sexuelle se pose : « il n'y a pas moins de ressemblance entre Jeor et moi et Dieubis etc. qu'entre lion et lionne et pas plus » (135).

Dans la mesure où *Portrait du soleil* raconte l'histoire d'un sujet-je qui ne se connaît pas, ce sujet, pour arriver à se connaître, sait par moments s'identifier à son autre, se substituer à un de ses autres – Dioniris, Dieubis, Jeor. Ceci donnerait lieu à une suite de substitutions, de renversements, de relais de l'un à l'autre qui, dans l'espace mental du sujet-je et selon le rythme temporel où s'opèrent les transformations, se dessine comme un trajet, une course:

> Je me déplace déplaçant Jeor que je suis et que je ne suis pas déplaçant Dieubis que je ne suis pas et que je suis déplaçant Dieubis qui est Jeor que je suis et ainsi de suite. (169)

Se substituer à son autre, se perdre dans le désir de l'autre, trancher d'avec l'autre mais sans le nier, sans le refouler, sont des façons pour arriver à se connaître. Chercher à être sa propre recherche, suivre pas à pas la question qui « est toujours où je ne suis pas » (169), est une façon d'accomplir son destin de sujet solaire: « Je me suis approchée » (169).

---

34. Par le travail de deuil, Freud entend le processus psychique par lequel un sujet, qui vient de subir une perte importante, arrive progressivement à se détacher de l'être ou de l'objet perdu. Voir Freud, « Deuil et mélancolie » [1915], dans *Métapsychologie*, Gallimard, coll. Folio-Essais, 1986, p. 145-171. Voir aussi le chapitre V.

5. Une histoire étoilée: le motif du décollement

Parmi les termes qui sont utilisés pour indiquer le mouvement solaire, celui de « décollement » s'impose. Non seulement il figure dans le titre d'un long passage métadiscursif, « LE DECOLLEMENT DU REVEUR » (111), mais, des avions décollants aux décollations de têtes,[35] le terme circule dans *Portrait du soleil*, où sa valeur polysémique donne lieu à une narration étoilée. En outre, par synonymie le terme s'accole à d'autres signifiants tandis que, par voie phonique, il en fait découler d'autres. Se revêtant, en outre, d'une signification métadiscursive, le « décollement » constitue une énigmatique clé de lecture dont la pertinence se trouve dans cette question même: qu'est-ce qui s'en décolle?

Le décollement comme décollage ou envol se présente dès le début du texte, sous la forme de figures de fiction et à travers des nominations différentes. Il y a d'abord ce décollement d'avion qui figure à un endroit stratégique de *Portrait du soleil*, au début de la troisième partie. Mais avant ce décollement nous avons déjà assisté à un autre: l'élévation aussi miraculeuse qu'onirique d'Ascension, personnage « cosmique » (21) qui fait ainsi honneur à son nom.

Ces décollages différents se rapprochent et s'éclairent mutuellement. Insérés dans des bouts de récit qui racontent des rêves ou des fantasmes, ils sont d'abord en rapport étroit avec l'envol, précaire et hasardeux, de la narration. L'histoire d'Ascension, par exemple, fait partie du motif des portes qui s'ouvrent et font démarrer ou reprendre la fiction: « Cette porte s'ouvre. Derrière la porte il y eut une autre porte: pour décrire Ascension [...] » (23). Le décollement d'avion use d'une recette d'ouverture bien éprouvée: un triple « il faut » au début du paragraphe rappelle l'injonction de la première page:

> Pour faire décoller un avion, il faut le vouloir comme il convient avec la force nécessaire pour l'arrachement, avec toute la force nécessaire. Il faut beaucoup de force mais ce n'est pas impossible. Quand l'avion a décollé, parce que vous l'avez arraché de toute votre force à la terre, il faut le maintenir en vol. (45)

Mais ce n'est pas tout. On peut reconnaître dans ce fragment une allusion à *A l'ombre des jeunes filles en fleurs*, où Marcel Proust se sert de la métaphore, fort nouvelle à l'époque, du décollage d'avion pour désigner le travail créateur: « Pour se promener dans les airs, il n'est pas nécessaire d'avoir l'automobile la plus puissante, mais une automobile qui ne conti-

---

35. On développera ce motif, inauguré par la coupure de l'oranje, dans le chapitre VII.

nuant pas de courir à terre et coupant d'une verticale la ligne qu'elle suivait soit capable de convertir en force ascensionnelle sa vitesse horizontale ».[36] A côté des ressemblances au niveau de la thématique et de la syntaxe, on peut constater des déplacements significatifs: le terme de « nécessaire », utilisé au négatif chez Proust – « il n'est pas nécessaire » –, devient chez Cixous, avec la « force nécessaire » au décollement, répétée par deux fois, la nécessité même qui soutient l'action. D'autre part, la « force », qui renvoie à la « puissance » de la voiture chez Proust, est chez Cixous le fait d'un effort à la fois psychique – « il faut le vouloir » – et physique – « vous l'avez arraché de toute votre force » –, ce qui désigne le décollement comme une action qui demande un investissement total de la part du sujet. On retrouve d'autres éléments de la citation de Proust, éparpillés, dans *Portrait du soleil*: l'automobile de Proust est reprise par une « auto », plus précisément une « Legrand », dont la marque « est instituée comme une emblème » (161). « Décapotable », cette voiture affirme son rapport avec l'avion qui, au cours du décollage, risque de « capoter ». La « force ascensionnelle » de Proust renvoie chez Cixous au personnage d'Ascension, tandis que la « vitesse horizontale » trouve son écho dans le cheminement de la narratrice « jusqu'au bord » (77).

Par sa place au début de la troisième et dernière partie de *Portrait du soleil*, qui est de loin la plus longue du livre, on peut conclure que le décollement de l'avion signale l'envol définitif de l'écriture. Or ceci reviendrait non seulement à disqualifier les quarante pages précédentes du livre – qui contiennent d'ailleurs aussi leurs scènes de décollage – comme de simples préparatifs à la suite, ce serait encore ne pas tenir compte de la spécificité de l'acte du décollement: l'arrachement, l'élévation, la promenade « dans les airs », pour parler avec Proust. Ce sont ces conditions, mises en relief pour leur côté difficile mais tout de même pas « impossible », qui font du décollement, non pas une métaphore de l'envol de l'écriture, mais une métonymie d'une écriture spécifique, faite dans l'arrachement et la nécessité et qui se projette vers une ailleurs. D'autres histoires de décollements – réussis ou accidentés – vont en montrer le rapport avec l'histoire du sujet.

une histoire vraie I: Ascension
L'histoire « vraie » (21) d'Ascension raconte l'histoire du sujet-je quand il n'était « pas encore pubère [...] personne ni corps. Mais fourmillement et obscurités » (21). Elle enrichit la notion du décollement de la valeur métaphorique de la naissance et même de la sexuation. Sexuation d'un sujet,

---

36. Marcel Proust, *A la recherche du temps perdu*, éd. Jean-Yves Tadié, Gallimard, coll. Bibliothèque de la Pléiade, t. I, 1987, p. 545.

l'énonciatrice, qui passe d'un état embryonnaire – « je n'avais ni taille, ni forme, ni poids, ni figure, ni passé. Je n'avais pas encore attendu, je n'avais pas pleuré, je n'avais pas perdu, je n'avais pas désiré » (21) – à une identité achevée, « toute » (48), unique et énergique, « une, fureur et hauteur » (50), qui prend le soleil comme modèle. Cet engendrement cherche aussi à faire l'économie de la différence sexuelle, puisqu'Ascension, modèle d'identification pour l'énonciatrice, joue la mascarade de la sexuation: « Une cape lourde enveloppait le haut corps nerveux et fermé [...] La cape tombe. Le pantalon en velours inconnu étreint des jambes hautes des cuisses sans sexe; blanche la chemise masculine collante à peine soulevée peut-être par des seins c'est peut-être une femme » (20).

Certes, « décoller » cette chemise masculine collante découvrirait peut-être un sujet physiquement féminin. Mais ce n'est pas cette identité sexuelle qui importe – « une fille, une femme, un adolescent, aucune importance » – (22), c'est la nécessité d'avoir à en embrasser une, à devenir « l'unique, l'unique unique, l'horreur, l'inconnu qui se fait connaître avec la brutalité foudroyante de dieu » (22). La narratrice aimerait plutôt « [foutre] le feu aux maisons, aux champs, aux âges, aux sexes, aux portes » (22), c'est-à-dire se défaire de tout ce qui fait cloisonnement, distinction et frontière, et continuer à être « sphère de sang [...] Toute et [...] Faim et Soif de Toute » (22). Les conditions d'achèvement subjectif qui se réunissent ici: solaire, « sphère »; corporel, « sang », « Faim et Soif » et entier, plein, « Toute », font que cette même « Toute », avatar féminin de « tout », se marque comme une catégorie sexuellement double, ambivalente, « Toute » englobant « tout » et « toute », l'un et l'autre, le masculin et le féminin en tant qu'un « un », qui est déjà « tout », plus un autre « un/e ».[37]

Décoller avec Ascension permet à l'énonciatrice de se choisir une identité sexuelle – « c'est moi qui l'ai mise là-haut » (23) –, féminine certes, mais à l'excès, Ascension ne tenant pas à un seul sexe – « il me regarde et elle louche » (21) –, se « coulant » aussi facilement « entre deux tables » (21) qu'entre les deux sexes. Mais l'énonciatrice arrivera-t-elle à s'envoler avec Ascension, à accéder à une subjectivité sexuée? Déjà leur montée partagée bifurque devant une « fourche »: « Elle prit la pente de droite, celle qui montait. [...] Je laissai la pente de gauche m'emporter à pic » (23). Puis l'histoire d'Ascension se renverse dans une autre, placée sous le signe de la folie: Ascension y est certes l'accompagnatrice de la narratrice, mais en même temps aussi son « portrait fou ». Folie d'être « qui ne je sais pas que je suis » (21), folie de vouloir être, telle Ascension, prince-princesse, « peut-

---

37. Voir aussi le chapitre VI, qui contient une analyse détaillée des occurences de « tout/e » dans *Portrait du soleil*.

être une femme [...] en réalité un homme » (20-21), « tout » en même temps que « Toute ». Mais l'histoire se termine par « en vérité, il faut » (24). « Il faut »: « choisir » – on se rappelle l'injonction de la première phrase. Il faut: choisir un sexe, une identité. Il faut: décoller, certes, mais aussi décoller un sexe de l'autre, trancher, appliquer la coupure. Il faut, c'est l'impératif du principe de réalité qui veut qu'on ait un sexe, une identité, un nom. Il transforme l'histoire miraculeuse d'Ascension en un récit d'adieu et de deuil.

une histoire vraie II: la chasse du Paradis

> Je devais décoller depuis mon lieu d'origine, cette vaste forêt prénatale, hostile, qui me chassait, à laquelle je ne tenais que par un fil. Jeor, de l'autre côté, se demandait si je parviendrais à franchir la barre de l'origine; à ses yeux, la barre ne coupait pas la terre mais la mer Méditerranée. Passera-t-elle? (45-46).

Ce fragment, qui fait suite à celui du décollage de l'avion, contient en fait plusieurs histoires. Il raconte d'abord l'histoire d'une naissance: le « lieu d'origine », la « forêt prénatale » et le « fil », ombilical, sont tous des indices que ce décollement se veut une histoire de parturition. Mais en même temps, cette naissance prend l'aspect d'une expulsion: la vaste forêt prénatale est « hostile », le décollement du lieu d'origine relève d'une obligation: « je devais décoller », tandis que le décollement lui-même est la conséquence d'une poursuite: le sujet est « chassé ». L'indication géographique « la mer Méditerranée », la forêt prénatale, définitivement devenue « hostile » quand « la phase de guerre violente qui avait ravagé l'univers avait gagné la zone où nous prenions le départ » (45), et la transposition émotive dans « les avions décollaient avec peine » (46), pointent vers un autobiographème essentiel: l'expérience de la guerre, de la poursuite et, finalement, de l'exil, que l'auteur appelle ailleurs la perte du paradis de l'enfance.[38] Ce paradis se présente ici sous la figure de la forêt, symbole cixousien, comme celui du jardin, des racines entremêlées et encore non découpées. Il se fait aussi entendre dans l'homophonique « mer [mère] la Méditerranée ». Ainsi le décollement se fait entendre comme une double histoire du je, aux résonances analytiques et autobiographiques, où la nécessité d'avoir à couper d'avec la mer/mère, de devoir s'arracher, se décoller d'elle, se déploie dans toute son ambiguïté.

---

38. « De la scène de l'Inconscient... », *op.cit.*, p. 16.

le vol solaire du sujet I
Les différents décollements se rapprochent aussi par leur signification érotique. Le décollage d'avion se présente comme une envolée fantasmatique et libératrice, articulée sur les pouvoirs sensitifs du corps:

> Un avion! Que l'on me donne un avion!
> Et j'ai ce désir. Je suis jeune encore et crédule, mais résolue. J'ai toujours eu ce goût voluptueux de l'efficace. Le chant des veines. Que l'on me donne un avion, et un temps limité! Je lèverai la terre. Elle dépend du sang, de l'âge, du soleil, de l'obstacle, de l'origine, de l'envie [...] Fête de ma force, forêt en feu, je lèverai. Ma force est incalculable [..] Elle est la différence infime et bouleversante entre ce que je suis et ce que je veux être, la barre entre mon orgueil et ma honte, la couronne posée sur ma faiblesse, ma mère phaillible et tentatrice, ma divinité. Rassembler l'énergie stationnée dans les canaux et recoins du corps au siège des actions, supprimer les membres. Economiser; suspendre: voir, toucher, sentir, bouger, espérer, respirer. Ramener au seul noyau tous les sens, les nerfs, les courants, les élans. Pétrir avec joie et précision une boule lourde et brûlante. (47-48)

Du décollage de l'avion au « je lèverai la terre », le décollement subit une nouvelle transposition, motivée par le sens ambivalent, héliocyclique et subversif, du verbe « lever ». Ce lever se rattache au décollement en tant que métonymie de l'ascension solaire qui réunit, elle aussi, l'idée de la rotation et de la révolution. Mais il constitue encore un autre moment « révolutionnaire », au sens de révolte et de « bataille », qui, dans *Portrait du soleil*, constitue toujours une allusion à Georges Bataille.[39] En rapport avec l'imaginaire érotique et dépensier de cet auteur, le révolutionnaire « je lèverai » est comme une mise en « or-*bite* » du texte et dote le désir solaire et subversif de l'énonciatrice d'une signification résolument phallique. En témoignent des termes comme « ma force » et « phaillible » ou encore la scène d'amassement d'énergie, de concentration musculaire et de durcissement corporel.

Mais ce décollement est-il purement phallique? Si l'imaginaire et le symbolisme dans ce texte le font penser, sa poétique textuelle inscrit une autre histoire. Les « elle » initiales priment en effet sur les images phalliques. Une notion généralement connotée masculine comme « ma force » est un substantif féminin. Le mot-valise dans « mère phaillible et tentatrice » renvoie à la « mère phallique », c'est-à-dire la mère non castrée, désirée et, dans les termes de Freud, encore non « dévalorisée ».[40] Elle se métamor-

---

39. Ainsi l'indiquent des phrases comme « j'ai fini par atterrir dans une plaine pour une Bataille » (56).
40. « La Féminité », *op.cit.*, p. 170.

phose en une divinité concurrente du soleil, avec ce qui faisait autrefois sa « faiblesse » – sa « faille » ou encore son « défaut » (« faillir ») – promu en sa force. Une symbolique érotique féminine se décèle dans le glissement, véritable lapsus freudien, de la « fête de ma force » à « forêt en feu » – la forêt se référant, selon Freud, aux *crines pubis*[41], ironisant dès lors cette fête de la force phallique. Et comment ne pas reconnaître dans la « boule lourde et brûlante » l'image du clitoris, et dans son pétrissement une scène de masturbation? Le décollement-jouissance auquel ce pétrissement donne lieu est, dès lors, solairement connoté. En outre, si les lois du discours logocentrique et dichotomique impliquent que toute « force » s'institue par rapport à une « faiblesse », on est invité à considérer aussi « cette petite faiblesse à gauche » (48) qui se déclare dès le décollage de l'avion:

> L'avion roule. Je suis immense, le temps sous moi est carbonisé, je vais envahir l'univers, il y a cette petite faiblesse à gauche, je durcis, à ma gauche cette petite faiblesse tient les commandes, je suis dure, cette faiblesse est molle. Qu'est-ce qui est plus fort que le poids et le feu? L'eau molle. S'il y avait des yeux pour me voir, ils se tordraient de rire: quelle est cette éternité que le temps précipite? Cet aigle sans ailes, cette force viciée? Dans trois minutes l'avion va capoter. Il y aura une explosion. C'est une erreur. (48)

Au niveau du décollement comme figure de la fiction, cette faiblesse va couper court à l'envol de l'avion puisque celui-ci va capoter. Mais au niveau du décollement comme figure érotique, prise en compte par le jeu des signifiants, cette faiblesse qui « tient les commandes » inaugure une scène sexuelle, qui se terminera par une explosion de jouissance.

Jouissance masculine, dure et explosive, ou jouissance féminine, qui dure? La textualité oscille entre ces deux économies, jouant sur la parenté phonique entre la dureté, « je durcis », et la durée, « je dure ». Quand l'écriture passe, selon la logique dichotomique, à confronter le « dur » au « mou », couple apparenté à la force et à la faiblesse, la sexualité vire au féminin. La mollesse, en tant que qualificatif de l'eau « molle », faible et perméable, est tout de même censée être « plus [forte] que le poids [rappel de la « boule lourde et brûlante »] et le feu ». Par son poids et sa fureur, l'eau sait faire contrepoids, « écraser », c'est-à-dire éteindre ces objets qui lui sont contraires par leur force et par leur étanchéité. Cette « eau molle » qui remplace le durcissement s'insère aussi dans la chaîne phonico-sexuelle molle-mou-« mouillée », adjectif mis en relief dans *Le Décollement du rêveur*[42] et qui appartient au

---

41. *L'Interprétation des rêves, op.cit.*, p. 314.
42. Un des indices métatextuels du *Décollement du rêveur* met clairement en rapport le couple « mou-dur » et « mouillé »: Notons: Fleurs blanches/Fer noir. Fleurs molles/Fil dur. Fleurs mouillées/Fil rouillé. (112)

registre érotique du féminin. Ici on trouve encore une autre signification du décollement. Tout en s'articulant sur une logique de l'opposition et puisant dans un symbolisme phallique, ce passage travaille non seulement à déceler, ou à décoller, un imaginaire sexuel féminin, mais se révèle encore progresser selon une économie textuelle autre. Si la fiction se tient enfermée, sous le coup de la logique dichotomique, dans des aventures de forces et de faiblesses, la poétique s'ouvre à une économie d'épanchements phoniques et significatifs et, dès lors, à un étoilement d'autres histoires.

le vol solaire du sujet II
Regret de l'énonciatrice: « J'aurais pu être l'ascension » (52), cet « aigle sans ailes [c'est-à-dire: elle], cette force viciée », détournée, impropre. Persévérance de l'énonciatrice, usant d'un « il faut » qui insiste et tranche autrement: « Il faut résister, frayer, décoller. » (49)

Encore faut-il savoir comment décoller, comment s'envoler. On se rappelle, par exemple, les « barres »-barrières à passer, ou les risques de la montée trop rapide ou rigide, de la chute ou de l'égarement. Et puisque, dans *Portrait du soleil*, le décollement d'avion, qui est le décollement de prédilection, est destiné à sombrer dans un capotage, s'agit-il alors de chercher à s'envoler avec d'autres moyens, avec d'autres ailes, d'autres plumes?

A un endroit du texte, la narratrice est très catégorique à cet égard:

> il est évident que l'envol n'a rien à voir avec les ailes ni les ailes avec l'envol, mais l'envol avec la volonté, les ailes avec les lettres de la volonté. (52)

Comme c'était le cas pour l'« oranje », l'« envol » et ses synonymes sont, plutôt qu'un concept ou une idée, des « lettres », des signifiants, disséminés, envolés, au long du texte, où ils engendrent des éléments de fiction. Un exemple de ce vol poétique, qui montre en même temps la croyance cixousienne accordée à la puissance évocatrice de la graphie même des lettres, se trouve dans la lettre V. Offrant elle-même une graphie du vol, V serait venu se déposer dans le texte par un nom venu à « vol d'oiseau » (31): « Vienne ». En effet, ce nom non seulement énonce l'espoir de la venue de l'autre, exprimé sans cesse dans ce livre, mais indique encore, par la référence freudienne qu'il constitue, le domaine où se réalise cet espoir: le rêve. Entendu de nouveau comme un verbe, il consolide la géographie imaginaire de *Portrait du soleil* – « que je vienne ou que j'égypte » – tandis qu'il arrive aussi à introduire le hors-texte historique dans la fiction: ainsi le Viet-Nam serait « venu par le détour de VieNne » (123).

Si ce « vol » poétique semble relever d'une mystification cixousienne, il constitue en réalité une importante métaphore de l'écriture. Considérons, à

Une histoire étoilée: le motif du décollement 103

partir du fragment cité, les lettres qui rattachent « l'envol » à la « volonté », c'est-à-dire le signifiant de « vol » même:

> [...] je pourrais profiter de sa profusion et de son sommeil, lui voler des plumes, les cacher, en avoir divers usages. Je voulais décoller par ma seule volonté, par mes forces appelées depuis tous mes jours, et sans facilité. (52-53)

Quand le vol se fait subtilisation et enlèvement, un autre décollement devient possible. Décollement qui se caractérise comme un désir absolu, mais encore inassouvi, – « je voulais [...] par ma seule volonté » –, comme un appel déjà ancien – « mes forces appelées depuis tous mes jours » –, comme une entreprise difficile mais nécessaire. Ce décollement se caractérise également comme frauduleux: pour pouvoir le réaliser, l'énonciatrice doit s'emparer des plumes de Jeor quand celui-ci dort. Allusion à la scène biblique où Dalila coupe et vole traitreusement[43] les cheveux de Samson endormi, ce « vol », grâce à l'ambiguïté du terme, se réfère aussi au vol d'Icare qui, négligeant les avertissements paternels, vole trop haut, près du soleil, et puis perd ses ailes. Riche de ces références mythiques, le vol de Cixous les renouvelle, notamment en s'appuyant sur l'imaginaire sexuel des mythes. Le vol traître de la force masculine par une femme se transforme en libération des forces féminines; le vol téméraire à l'encontre des conseils paternels devient réalisation nécessaire de l'ambition féminine de s'envoler, de s'exprimer, d'aller de l'avant et de ne plus se retenir.

Ressurgissant dans des fictions comme *Souffles* et *La*,[44] l'importance de ce « vol » ambivalent est commentée dans les essais qu'Hélène Cixous a consacrés à l'écriture féminine. Dans *La jeune née* (1975) comme dans *Le Rire de la Méduse* (1975), elle présente cette écriture comme une écriture neuve et insurgée qui, bien qu'elle ne soit pas le propre des femmes, les concerne tout particulièrement. Cette écriture qui, du point de vue de l'Histoire, est à venir, en devenir, permettra aux femmes, tout en s'écrivant, de retrouver ce qui leur a été confisqué: leurs corps, leurs sexualités, leurs désirs. Sur le plan socio-politique, elle les aidera à effectuer les ruptures et les transformations qui sont indispensables pour qu'elles s'inscrivent comme sujets à part entière dans l'Histoire; sur le plan épistémique, telle écriture, s'articulant sur le différentiel, casse le système des couples et des oppositions et, dès lors, l'empire de l'Un, du propre, du même. C'est cette écriture qu'Hélène Cixous désigne comme « la possibilité même du changement,

---

43. Du moins, c'est ce qui disent les commentaires traditionnels. Des motivations comme le patriotisme de Dalila et la nécessité d'acquérir son indépendance financière sont rarement relevées. Voir Mieke Bal, *Femmes imaginaires, op.cit.*, p. 107.
44. Voir aussi un texte court comme « La noire vole », publié dans *La Nouvelle Critique* n° 82, mars 1975, p. 48-53.

l'espace d'où peuvent s'élancer une pensée subversive, le mouvement avant-coureur d'une transformation des structures sociales et culturelles ».[45]

Or le « vol », dans sa double signification de voler dans la langue et de faire voler la langue, symbolise le geste libérateur et révolutionnaire des femmes par rapport à l'écriture:

> Du vol, nous avons toutes appris l'art aux maintes techniques, depuis des siècles que nous n'avons accès à l'avoir qu'en volant; que nous avons vécu dans un vol, de voler, trouvant au désir des passages étroits, dérobés, traversants. Ce n'est pas un hasard si « voler » se joue entre deux vols, jouissant de l'un et l'autre et déroutant les agents du sens. Ce n'est pas un hasard: la femme tient de l'oiseau et du voleur comme le voleur tient de la femme et de l'oiseau: illes passent, illes filent, illes jouissent de brouiller l'ordre de l'espace, de le désorienter, de changer de place les meubles, les choses, les valeurs, de faire des casses, de vider les structures, de chambouler le propre.[46]

Si l'on prend dans *Portrait du soleil* ce vol féminin et clandestin à la lettre, les « ailes » se font entendre comme des « elles » et les « lettres de la volonté » comme la volonté d'effectuer une écriture au féminin. Ecriture qui ne saurait se faire que par le vol: vol d'abord des « plumes » de Jeor, c'est-à-dire du père-Dieu; vol ensuite qui se transforme en envolée, « usage » et « force » féminins finalement mis en oeuvre.

Le motif du vol désigne cette écriture comme un geste d'effraction et de transgression par rapport aux « plumes » de la langue masculine. De la même manière que « l'oranje » désignait un mot-corps foncièrement poétique, auquel d'autres significations pouvaient être subtilisées, le vol de ces « plumes » prend son départ dans le langage grammaticalement et symboliquement codé. Fouille et brouille du langage, cette écriture n'instaure pourtant pas une autre langue ou une nouvelle symbolique: elle se contente d'aller hors « sens », effectuant un tissage où, à chaque croisement de fils, de nouvelles connexions se font et se défont. Ceci n'empêche pas que le vol

---

45. « Le Rire de la Méduse », *art.cit.*, p. 42. Les italiques sont de Cixous. L'idée du vol de la langue par les femmes et, parallèlement, de la prise par les femmes de la parole qui leur a été confisquée, se retrouve également dans des titres d'auteurs féministes de l'époque: Claudine Herrmann, *Les Voleuses de langue*, des femmes, 1976; Annie Leclerc, *Parole de femme*, Grasset, 1974; Marie Cardinal, *Les Mots pour le dire*, Grasset, 1975. Voir aussi Françoise van Rossum-Guyon, « Sur quelques aspects de l'écriture féminine d'aujourd'hui », dans Charles Grivel (éd.), *Ecriture de la religion. Ecriture du roman*, Lille, Presses Universitaires de Lille, 1978, p. 109-134; repris sous le titre « L'écriture féminine comme concept et comme pratique dans les années 70 » dans *id., Le Coeur Critique*, Amsterdam/Atlanta, Rodopi, 1997, p. 149-169; Béatrice Slama, « De la "littérature féminine" à "l'écrire-femme". Différence et institution », *Littérature* n° 44, déc. 1981, p. 51-71.
46. *La jeune née*, *op.cit.*, p. 178-179 et « Le Rire de la Méduse », *art.cit.*, p. 49.

parfois tourne court: dans ses fureurs et hauteurs, il risque la brûlure et la chute. C'est pour cette raison que, parfois, « il faut garder les ailes un peu fermées » (50).

le vol solaire du sujet III
Quant à certaines de ses étapes, ce vol-envolée, non seulement, s'effectue dans un contexte riche en références théoriques, mais encore emprunte ses scènes romanesques à des éléments du métalangage théorique. Il s'agit d'une scène de décollement où le sujet-je, afin d'atteindre Jeor, doit franchir une barre: « Jeor, de l'autre côté, se demandait si je parviendrais à franchir la barre de l'origine; à ses yeux, la barre ne coupait pas la terre mais la mer Méditerranée. Passera-t-elle? » (45-46). Ce fragment a la particularité de s'articuler, quant au « paysage » décrit, sur un élément issu de la théorie lacanienne, plus particulièrement de l'écriture algorithmique à laquelle Lacan avait fréquemment recours. Il s'agit de « la barre de la signification » qui, dans la description du signe par Lacan, sépare le signifiant du signifié: $\frac{S}{s}$. De son côté, le « franchissement de la barre » appartient aussi au langage lacanien. L'expression renvoie à l'importance que la barre joue dans le processus métaphorique, où un signifiant, pour se constituer en tant que métaphore, doit arriver à remplacer, au-dessus de la barre, l'ancien signifiant, celui du référent, qui passe au-dessous de la barre.[47] Dans cette substitution des signifiants au-dessus de la barre, Lacan aurait par ailleurs trouvé la preuve de « l'autonomie des signifiants par rapport au réseau des signifiés qu'ils gouvernent et, par voie de conséquence, de la suprématie du signifiant »,[48] non seulement à l'endroit du signifié mais tout aussi bien à l'endroit du sujet parlant qu'il prédétermine à son insu.

Le rapport entre la barre cixousienne et celle de Lacan s'explique par la présence de Jeor au-dessus de la barre, où il tient la position qu'occupe chez Lacan le signifiant. Puisque, pour Lacan, ce signifiant est aussi le lieu-tenant de la métaphore paternelle, cette même position de Jeor corrobore sa signification paternelle dans la fiction de Cixous. Vouloir franchir la barre et atteindre Jeor renvoie donc, au niveau de la fiction, au désir de la narratrice d'atteindre la figure du père. Par la référence lacanienne, ce désir se revêt d'un objectif supplémentaire: vouloir franchir la barre est vouloir s'approcher

---

47. La barre joue un rôle différent dans le processus métonymique où, les signifiants des deux signes étant irréductibles l'un à l'autre, le franchissement ne se fait pas. Voir notamment Lacan, « L'Instance de la lettre dans l'inconscient ou la raison depuis Freud » dans *Ecrits, op.cit.*, p. 515. Voir pour un commentaire de Lacan sur ce sujet: Joël Dor, *Introduction à la lecture de Lacan*, tome 1, *op.cit.*, p. 42-86.
48. *Ibid.*, p. 60.

du signifiant et, dès lors, du phallus. Voici bien un « vol » qui se donne à entendre dans toute son ambivalence.

La double fonction de Jeor se lit dans son comportement ambivalent. D'un côté il surveille la montée de la narratrice « avec angoisse », craignant qu'elle ne tombe et n'ait le corps déchiqueté; de l'autre côté, si un tel accident lui arrivait, « il n'était pas sans en éprouver une écoeurante satisfaction » (46). Aussi l'énonciatrice constate-t-elle qu'il « aurait voulu me barrer le chemin ». Ceci ne l'empêche pas d'effectuer son décollement, sûrement et lentement: « impossible d'arrêter mon avance calme. Impossible de me précéder » (46). Au fur et à mesure que la narratrice fait son avancée, la barre se déplace aussi. D'un obstacle à dépasser elle se transforme en un support qui élève la narratrice. D'un bord qui marque un au-delà, elle devient « sans nerfs, sans fin, sans intériorité », dépourvue dès lors de vérité, comme l'est toute entité non corporelle chez Cixous. Aussi le franchissement de la barre n'a-t-il pas lieu, *a fortiori* il s'avère qu'il n'y a pas de barre, ni un au-delà de la barre. Cette conclusion a ses conséquences pour la fiction: si la barre ne fait pas bord, Jeor ne peut pas être rejoint de l'autre côté de ce bord. Aussi la narratrice remarque-t-elle qu'« il n'était nulle part » (46). Quant à la référence lacanienne, on peut tirer une conclusion identique: s'il n'y a pas de barre, la fonction – et l'existence – d'un Signifiant garantissant le franchissement de la barre devient obsolète.

Dans cette fiction qui s'affirme comme une recherche éperdue du père, la « barre », à chaque fois qu'elle se présente, souligne l'impossibilité foncière de l'entreprise fictionnelle d'arriver à re-présenter le père. En d'autres termes, lacaniens à cause de la référence mise à jour: jamais le père en tant que signifiant ne peut être trouvé de l'autre côté de la barre. Métaphore par excellence, le père n'a pas sa propre métaphore.

Ce qui est mis en valeur, par contre, est le décollement lui-même, l'avancée du sujet comme au-dessous de la barre, dans le domaine où signifiants et signifiés se relaient et ne sont pas remplacés – métaphorisés – en un seul signifiant. Seulement ce vol-ci, qui est un vol à travers la couche des mots, est promu à la voie royale du père.

qu'est-ce qui s'en décolle?

D'un synonyme à l'autre, d'une démonstration textuelle à l'autre, le terme de « décollement » creuse la narration de *Portrait du soleil* et en montre la profonde cohérence poétique et thématique. Sa récurrence dans des scènes aussi différentes que des rêves, des souvenirs autobiographiques, des scènes sexuelles ou analytiques et des transcriptions intertextuelles, font de celles-ci des pré-textes à une seule et unique histoire: celle de la constitution du sujet-je en un sujet sexué, historique, incarné, qui se désigne comme solaire et féminin.

Si ce décollement subjectif est toujours censé constituer un arrachement libérateur, un ravissement fait dans la jouissance, il est frappant de constater que cette libération ne se réalise pas au niveau de la narration. En dépit des termes concrets qui désignent les moyens de « transport » – avion, automobile, fourche, barre –, ce n'est pas au niveau de la représentation scénique que le décollement se maintient; les avions capotent, le sujet chute. Le véritable transport se réalise ailleurs, au niveau du texte. Ainsi le suggèrent déjà l'exemple de la barre, elle-même transportée d'un texte à l'autre, le vol donné à voir dans toutes ses lettres et les différentes fêtes de feu. Ceci implique que l'histoire du sujet ne se détache pas de celle du texte: si le sujet est ce qui se décolle du texte, le facteur déterminant de la constitution du sujet est le décollement lui-même et, dès lors, le travail de la lecture. C'est ce qui apparaît dans:

> La difficulté: comment décoller la couleur de la fleur? le rêveur du rêve? le cou du collier? la mort de l'amour le mutisme du sublime? la part de Dora de mon inconscient?
> Ce qui est décollé de moi est ma vérité: mes larmes, mes rêves, mon collier, mes fleurs blanches. Ma tête. Mes larmes mes rêves mon collier mes fleurs blanches mon sexe sont des productions de ma comédie. (110)

Sans l'énoncer d'une manière discursive, ce fragment véhicule un concept du sujet. Le sujet se constitue de ce qui se décolle de lui, et ceci est à la fois sa « vérité » et sa « comédie », toujours en déplacement et en métamorphose. Ce sujet ni un ni stable et, dès lors, non représentable, performe pourtant sa « comédie » au niveau du texte. Ainsi le montrent les quelques procédés de « décollement » donnés en exemple: métonymie (couleur-fleur, rêveur-rêve, cou-collier), anagrammatisation (la mort-l'amour), rimes intérieures (mutisme-sublime). « Comédie » qu'il s'agit aussi de repérer là où le texte se lit comme un corps: dans ses décollations – « Ma tête » –, c'est-à-dire les mots coupés; dans ses sécrétions – « mes larmes, mes rêves [...] mes fleurs blanches » –,[49] c'est-à-dire son rayonnement poétique, ses envolées; dans ses parures – « mon collier » –, c'est-à-dire aussi la restitution et le remontage de toute cette poétique mise en miettes. Le motif du décollement se fait connaître ici comme un indice métadiscursif, où « décoller » consiste à démonter les mots de leur contexte et à les mettre en rapport les uns aux autres, confronter leurs fonds polysémique et polyphonique, afin de voir ce qui s'en décolle. Ce qui s'en décolle est toujours, le temps d'un mot, le

---

49. Voir chap. IV.

temps d'une phrase, une histoire. Une histoire qui dit la « vérité » poétique du sujet qui est non décollable de son contexte mais toujours en vol, inattrapable.

IV
L'alchimie du texte

1. Le métadiscours et la métaphore alchimique

Une métaphore aussi éprouvée que puissante traverse *Portrait du soleil*: l'alchimie de la création poétique. L'analogie entre le principe alchimique: la transmutation des métaux et d'autres matières en or, et une poétique de la transformation du langage et des formes littéraires en vue de créer de nouvelles images et de nouvelles réalités, s'est ancrée dans l'esprit littéraire depuis le Romantisme et est devenue une référence majeure pour un poète comme Rimbaud.[1] *Portrait du soleil* n'est pas le seul livre de Cixous qui fait usage de cette métaphore. *Révolutions pour plus d'un Faust* (1975) invoque le personnage mythique de Goethe pour appliquer l'idée de transformation alchimique à la représentation littéraire de l'Histoire, en posant la question si, par cette transformation, l'Histoire elle-même pourrait être « révolutionnée ». La métaphore se poursuit avec *La*, qui combine d'autres idées alchimiques telles que la mort régénératrice, la quête du savoir et de l'illumination, ainsi que la transformation des matières, à une poétique du texte vu comme un « Pot-pourri de Régions en Enfer, de Livre des Mortes, d'Ilelumination, de Cantique, de Parodie Perdue et Retrouvée ».[2]

Dans *Portrait du soleil*, la référence alchimique revêt également les deux aspects d'un motif et d'une métaphore poétique. C'est bien sûr dans le motif de l'or, alchimiquement désigné comme le « soleil des métaux »,[3] que la fiction manifeste une affinité avec le symbolisme alchimique. Cette affinité est confirmée par le « soleilombre » (73), évocation de l'*umbra solis*, par laquelle les alchimistes entendaient l'idéal de la totalité parfaite, totalité qui, comme le soleil avec son ombre, n'exclut pas, et comprend aussi bien le positif que le négatif, le masculin que le féminin.[4] Avec ce « travail que j'effectue nocturne dans la cuisine cosmique, en désobéissang aux livres

---

1. On rencontre le thème de l'alchimie chez des auteurs aussi différents que Rabelais, Shakespeare et Yourcenar, mais ce n'est qu'à partir du Romantisme, avec le *Faust* de Goethe, les poètes maudits, Baudelaire et Rimbaud, que l'alchimie est utilisée comme une métaphore pour désigner la création poétique. Cet emploi métaphorique se poursuit, pour la poésie d'avant-garde du début de ce siècle, avec Apollinaire et les manifestes surréalistes.
2. *La*, Gallimard, 1976, p. 181. Voici les ingrédients de ce potpourri: Une *Saison en Enfer* où Rimbaud, d'ailleurs, lance l'idée de « l'alchimie du verbe » (*passim*), *Le Livre des Morts* égyptien, traité sur le passage du mort vers la vie au-delà, les *Illuminations* de Rimbaud, *Paradise Lost* de Milton et *Le Temps retrouvé* de Proust.
3. Jean Chevalier e.a., *Dictionnaire des symboles*, *op.cit.*, p. 892.
4. Pour les références alchimistes, je me suis servie de: Jay Ramsay, *Alchemy. The Art of Transformation*, Londres, Thorsons, 1997, p. 142.

secrets » (56) on semble même entrer dans le laboratoire d'un alchimiste. Cependant ce laboratoire n'est pas un lieu. Il se constitue dans et par le texte. Ainsi le montre l'hypallage de « nocturne », qui devrait s'associer à « travail », et la transformation de « désobéissant » en « désobéissang », qui signale en outre que le sang continue à constituer une des *prima materia* de cette fiction.

Avec cette « cuisine cosmique », on touche à la part poétique de la métaphore alchimiste. Se déclarant scriptrice – « source de mon encre » (54) –, la narratrice « [met] des choses ensemble » pour « voir l'effet » (55). La métaphore alchimiste se confirme par une citation non-authentifiée de *L'Alchimie du verbe* de Rimbaud: « Je lis en proie *à tous les sens* des sens » (55; mes italiques). Minimale et aléatoire à première vue, la citation est tirée de la phrase où Rimbaud, considérant ses anciennes ambitions de poète, évoque l'intention qu'il a eue d'« inventer un verbe poétique accessible, un jour à l'autre, à tous les sens ».[5] Le poète renvoie plus particulièrement à *Voyelles*, où il s'était appliqué à inventer « la couleur des voyelles », afin d'expérimenter, par ce mélange du regard et de l'ouïe, de nouveaux sens, dans les deux sens du terme: des sensations et des significations. Si la citation de Cixous se réfère à cette poétique rimbaldienne de la sensation brute, elle évoque aussi la célèbre formule du « long, immense et raisonné dérèglement de tous les sens ».[6] Car c'est à un tel « dérèglement » qu'on assiste quand la narratrice va « lire », c'est à dire remuer, la citation même de Rimbaud « en tous les sens » et la confronter, jusqu'à l'épuisement, avec d'autres « sens », venus par analogie « sémantique » ou par voie homophonique ou anagrammatique – « ensemble »:

> Je lis en proie à tous les sens des sens, zébrée. Méconnaissable, méconnue. Très vite dans le même quartier de signifiants: sable. On peut voir comment cette structure va fonctionner, ce qu'elle va produire. C'est tordant. Se tordre en tous les sens. Etablir l'infini réseau de relations possibles entre les éléments, les ensembles, les termes-objets, les contenus sémantiques, la langue-objet, les réseaux de, les relations, les possibles, les entre, les les, inonder de sens les sens des sens et voir ce qui flambe; voir ce qui reste. (55)

La conception absolument matérialiste du langage est frappante. Citation, syntagmes, mots, discours coagulé en matière textuelle: tout entre dans le chaudron-fiole de l'alchimiste-narratrice, pour être soumis à un processus de mélange et d'assemblage continu d'éléments textuels. Parmi les matériaux susceptibles de subir une transformation figure aussi le sujet, ce qui se

---

5. *Une saison en enfer, op.cit.*, p. 106.
6. Arthur Rimbaud, « Lettre du Voyant » (lettre à Paul Demeny, 15 mai 1871), dans *Oeuvres complètes, op.cit.*, p. 251.

manifeste dans l'effet « tordant » qui va affecter la position du sujet de l'énonciation: « se tordre en tous les sens ». Avec ce sujet qui, « méconnaissable », ne se connaît pas mais s'apprête à se lire dans les éléments du chaudron-texte, la métaphore alchimique se révèle comme une variante de la quête de soi de l'énonciatrice. Cette quête prend son départ dans une analogie entre « sang » et « sens »: « en proie à tous les temps par ce sang je suis en proie à tous les sens » (54). Cette mise en rapport de « sang », de « temps » et de « sens » est suggestive: le sang, délivré au moyen de coupures et d'ouvertures, va passer d'un corps à l'autre, d'un mot à l'autre, d'un temps à l'autre, pour les lier et délier, les lire et dé-lire, afin de créer des nouveaux sang/sens. Ainsi la fiction crée elle-même une nouvelle théorie du sens.

Comme le sujet-jus de la première phrase, ce sujet-ci se caractérise par un corps sanguin, qui lui confère une identité liquide et coulante, jamais fixe, toujours susceptible d'être regénéré: « Ce qui coule m'a déjà traversée, sang et lait, urine et larmes. Je coule, je suis coulée sans mourir jamais » (54). La mise à l'épreuve des différents « sens »-sang prend son départ de cette nature coulée-coulante du sujet, ce qui va permettre sa transmutation en mot et, inversement, la transsubstanciation d'un mot en « je ». Quand le sujet se désigne par exemple comme « méconnaissable », ce terme contient déjà en germe le lieu où la connaissance de soi-même est à trouver: « Très vite dans le même quartier de signifiants: sable ». Méconnais*sable-sa*ble-Sa[7]-signifiant: avec l'image du sable comme matière coulante et la symbolique des deux « vases du sablier » (51), s'inaugure un mouvement-coulement de l'un à l'autre, d'un mot à un autre comme d'un sujet à un autre dans un processus de transmutation et de transsubstanciation continues.

Ce qui va ressortir de ce remuement des « sens »-sang-sable n'est pas encore clair. Ou, plutôt: les coulements et les glissements vont par un coup d'« essence » se renverser en une flambée. Point de départ d'une nouvelle recherche des cendres et des restes:

> [...] voir ce qui reste. Il reste pas grand-chose. Une petite chose énorme qui fait un bruit de larmes et d'urine et de méconium, comme si elle se prenait pour Dieu, ou pour deux ou pour ce que Dieu croit être; et vue de près, c'est bien Lui. (55)

Ce « reste » désigne bien un autre « *homunculus* » faustien, né non pas « *inter urinas et faeces* » comme le veut l'adage de Saint Augustin que nous rappelle le bruit d'urine et de méconium, mais engendré selon des principes qu'on peut reconnaître comme alchimiques. Ainsi peut-on suivre le processus

---

7. Sigle de signifiant. Ferdinand de Saussure, *Cours de linguistique générale*, Payot, 1931.

du « *coniunctio contradictionis* », l'alliance des termes opposés,[8] dans la définition oxymorique de la « pas grand-chose » qui est aussi une « petite chose énorme » et dans la prétention de cette petite chose d'être « deux » ou encore « Dieu ». On assiste aussi à la transmutation de quelques matières primaires, sous leur forme textuelle, en sujet-« je ». La nature « méconnaissable, méconnue » du sujet, prise à la lettre, devenu « *contenu* », à la fois matière textuelle produisant du sens désignant une matière corporelle produite par le sexe, crée, à son tour, le « méconium » qui, étant la première selle, la *prima materia*, d'un nouveau-né, constitue ici la matière primaire du sujet délivré par le con du texte. « Rien ne prouve d'ailleurs ce que je dis », ainsi la narratrice semble démentir ces trajets textuels et interprétatifs, « seulement entre Médonnais/sable, Mécon/nue et Méconium » (56). Mis en relief, ces termes se voient attribués une fonction métafictionnelle et métadiscursive, que voici: *Médonnais*: je/*mé* nais; *sable*: signifiant-coulement, sang; *Mécon/nue*: mot coupé en *con* et *nu*; *Méconium*: autre *con*, autre *n*(i)*u*. Et si toujours rien ne prouve la naissance du sujet à travers cette « alchimie du verbe », il y a toujours l'allusion à l'« *homunculus* » de Faust qui, lui aussi, porte en son nom son côté *cul*-con et *un*-nu.

Cette même mise en relief du con, associé en outre au méconium et au cul, introduit à une analogie qui désigne également un travail de transformation, à savoir la défécation, qui renvoie à une autre métaphore à l'oeuvre dans *Portrait du soleil*: la métaphore culinaire et nourricière, qu'on a déjà rencontrée dans la « cuisine cosmique ». Cette métaphore se trouve également dans l'image de la pâte pétrie:

> Elles [des filles] surgissent à droite à gauche, elles sortent du mur même [...] 7 ou 8 filles sortent de leurs demeures invisibles portant dans leurs bras de gigantesques masses de pâte, en volume 4 à 5 fois plus grand qu'il n'en faudrait pour un gâteau, mais fort bien pétries [...] Au sommet de la rue elles déposent leur énorme masse de pâte à gauche par terre. A même la terre; elles attendent que le soleil à son déclin vienne frapper la pâte (nue) et la faire ainsi lever. La technique est naturelle, je la juge artisanale, solaire sans doute, mais peut-être manquant à l'hygiène; respectable. Ces filles savent pétrir.
> Beaucoup de femmes mûres passent [...]. (88)

Ce passage drôle, à résonnances autobiographiques – il s'agit d'une certaine Algérie, tandis qu'en même temps « ce n'est pas l'Algérie » (88) –, contient de nombreuses anomalies qui troublent cette scène à première vue narrative, à savoir l'insistance sur l'aspect solaire du travail, la mise en relief

---

8. Dans la symbolique alchimique, cette alliance concerne le plus souvent le soleil et la lune, l'homme et la femme. Cette dernière alliance est symbolisée par le coït. Voir Jay Ramsay, *Alchemy, op.cit.*, p. 64-65.

de l'aspect « nu » de la pâte, le manque de consistance logique dans le rapport entre le soleil descendant et le lever de la pâte, le surgissement des filles du mur et le passage des femmes « mûres ». Le lever de la pâte et la main habile des filles confèrent à la scène une signification sexuelle. La métaphore culinaire se revêt d'une connotation alchimique grâce au recours à la chaleur du soleil, nécessaire à la gestation. Mais c'est surtout la signification métafictionnelle de la gestation qui frappe: le pétrissement de la pâte rappelle le mélange des sens/sang, son lever la transmutation, terme qui, à son tour, est évoqué par le « mur » et les femmes « mûres ». « *Pétrir – Mûrir* » (87) est le titre de ce paragraphe, et il désigne la préparation et la transformation de la pâte auxquelles on vient d'assister. Que ce mûrissement concerne aussi la pâte textuelle se manifeste dans le « Mur/Mûre » (80), car ce terme, titre d'un autre paragraphe, désigne bien par quel voie ce mûrissement se fait entendre.

Relevons aussi la connotation féminine de ce travail: ce sont des filles et des femmes qui s'occupent de la pâte, et le travail nocturne cosmique se déroule dans une cuisine, lieu de la préparation et de la transformation de matériaux qui font vivre et qui font jouir.[9] Dans la mesure où le corps humain, qui est un corps qui mange, digère et défèque, est aussi un lieu où s'effectue une transformation et une jouissance pareilles, le travail culinaire se caractérise comme une économie de l'improduction et du rejet, visant plutôt la perte que la rétention et l'accumulation. Cette économie est proche de ce que Georges Bataille entend par la « dépense » – notion d'ailleurs mise en relief dans *Portrait du soleil* –, qui désigne la perte, la dilapidation, le débordement et le non-sens.[10] La dépense détermine, selon Bataille, l'économie générale, universelle, avant que celle-ci ne soit reprise et restreinte par les lois de la production utilitaire qui vise l'amassement des biens et l'instauration d'un sens.

Les métaphores culinaires (*cul*inaires) servent aussi des objectifs poétiques, et cette poétique de la cuisine, connotée de féminin, s'inspire aussi de

---

9. Dans un entretien avec Françoise van Rossum-Guyon, Hélène Cixous affirme: « je crois qu'une femme touche, qu'elle est en contact, d'autre part le pétrissage est la fabrication d'un objet qui est à la fois nourricier et objet de jouissance, destiné à la dépense. Ce qui est un geste typiquement féminin, non pas culturellement, mais libidinalement: produire pour faire vivre, jouir, non pour accumuler ». « Entretien avec Hélène Cixous », *La Revue des Sciences Humaines* n° 168 (« Ecriture, Féminité, Féminisme »), 1977, 4, p. 479-493; repris dans: Françoise van Rossum-Guyon, *Le Coeur critique. Butor, Simon, Kristeva, Cixous*, Amsterdam, Rodopi, 1997, p. 201.
10. Georges Bataille, *La Part maudite, op.cit.*. La notion de dépense est inspirée de « L'essai sur le don » de Marcel Mauss (*Sociologie et anthropologie*, P.U.F., 1950). Se reporter aussi à Jacques Derrida, « De l'économie restreinte à l'économie générale. Un hégélianisme sans réserve », *L'Arc* n° 32, mai 1967, p. 24-44, repris dans *L'Ecriture et la différence,* Seuil, coll. Points, 1967, p. 369-408.

la vision poétique de Bataille: exiger de la poésie de se dépenser (dé-penser), de se consumer, de devenir une fête où la langue se dé-chaîne et ouvre la croûte discursive et utilitaire des mots vers une « nuit » ou, dans des termes plus cixousiens, une intériorité à découvrir. Cette dépense, dans le texte de Cixous, s'accompagne d'une attention particulière portée à l'insignifiant, l'abject, le reste – n'oublions pas que la « petite chose énorme » est née d'un restant. Or de même que le rapport intime avec la matière et l'intériorité désigne une économie libidinale féminine, l'art d'accommoder les restes est, comme celui de faire des ragoûts, des hachis parmentier, des lasagnes et du pain perdu, un art de femme.[11]

Relevons maintenant les ingrédients qui entrent dans le chaudron:

> Je mets des choses ensemble pour voir l'effet: une cuisine cosmique avec des astres crus, des pans de boeuf peints, des tranches de couleur orangé ou carotte, des livres secrets ou des lèvres, tout ce qui est dans les parages des Dieux; une série d'objets adorés furieux; un champ de betteraves; une série de baigneurs en celluloïd, hésitant sur leur sexe; une inconnue, mes lettres; du *meerrettich*. (55)

« Tout ce qui est dans les parages des Dieux » est utilisé dans cette recette: des « astres crus »: des soleils à mordre, mais aussi une écriture spéciale, style de la nuit, à la façon de l'« alphabet des astres » de Mallarmé,[12] autre alchimiste du verbe; des « pans de boeuf peints » que l'on retrouve dans les tableaux de Rembrandt; des « tranches de couleur orangé ou carotte », éléments sanguins et phalliques; des « livres secrets » – des traités alchimiques ou autres livres au secret? – ou des « lèvres », des paroles murmurées. Ensuite encore « une série d'objets adorés furieux » qui évoque « l'objet a », l'objet du désir, selon Lacan, présenté ici comme un sujet; « un champ de betteraves », qui annonce la douceur et la nécessité de la culture et du désenfouissement; « une série de baigneurs en celluloïd, hésitant sur leur sexe », qui évoquent des photos d'enfance, de l'enfant qui est, selon la narratrice, « ni fille ni raisin. Ni billes ni garçon » (78); une « inconnue », c'est-à-dire le sujet qui ne se connaît pas mais qui, comme le suggèrent les signifiants « con » et « nu » est à naître, à sortir; « mes lettres », des lettres; du « meerrettich », le radis noir, déjà annoncé, par paronomase, dans

---

11. Comme le signale Barbara Cassin, « une femme, pas essence ou par accident, accommode toujours les restes, ses restes, elle sait faire des ragoûts [...] revenir le vieux avec du neuf ». « Le désordre philosophique », *Les Cahiers du Grif* n° 46 (*Provenances de la pensée. Femmes/Philosophie*), printemps 1992, p. 13.
12. Signalons aussi que le terme d'« effet » rappelle la visée poétique de Mallarmé de « peindre, non la chose, mais l'effet qu'elle produit ». Mallarmé, Lettre à Cazalis, octobre 1884, dans *Oeuvres complètes*, Gallimard, coll. Bibliothèque de la Pléiade, 1965, p. 1440.

« Schwarzer, rett'dich » (39), c'est-à-dire « Noir, sauve-toi », où le Noir désigne, toutes associations confondues,[13] Freud et l'interprétation freudienne, avec laquelle, ou plutôt contre laquelle, cette cuisine va se réaliser. Avec cette recette, on possède des indications sur les matériaux dont cette fiction est faite: un fonds intertextuel, quelques images-clé, des signifiants privilégiés, le tout agrémenté par un important métadiscours qui, à plus d'une reprise, exhorte le lecteur à s'aventurer au plus près de la fiction.

2. L'intertextualité: des « Lus » et des « Mus »

> Un auteur est d'autant meilleur qu'il a été cultivé comme une terre, que sa langue a été élaborée par un nombre d'autres langues depuis toujours.
> Hélène Cixous[14]

Les exemples d'intertextes qu'on a déjà pu relever montrent à quel point cette fiction est marquée par l'intertextualité, qu'elle l'exhibe ou non. Depuis que Mikhael Bakhtine a défini le principe « dialogique » ou « polyphonique », on sait que tout énoncé entretient des relations avec les autres énoncés, littéraires ou non, et qu'il est, en outre, lié au hors-texte historique, culturel et social.[15] Julia Kristeva, à qui on doit la notion d'« intertextualité », le formule ainsi: « tout texte se construit comme mosaïque de citations, tout texte est absorption et transformation d'un autre texte ». L'Histoire et la société sont elles-mêmes conçues comme autant de textes « que l'écrivain lit et dans lesquels il s'insère en les récrivant ».[16] Comme on va le voir, le texte de Cixous se réfère à une pareille notion considérablement élargie du

---

13. Ailleurs dans *Portrait du soleil* on peut lire: « Je dis: "mon petit arabe", c'est comme ça que Mme Freud appelait son fils, à cause de ses cheveux très noirs » (40). Dans *L'Interprétation des rêves*, Freud rappelle qu'il était « venu au monde avec tant de cheveux noirs que [sa] mère [l]'avait appelé le petit nègre ». *Op.cit.*, p. 290.
14. « Questions à Hélène Cixous », entretien avec Christa Stevens, dans: Suzan van Dijk et Christa Stevens (éd.), *(En)jeux de la communication romanesque. Hommage à Françoise van Rossum-Guyon*, Amsterdam/Atlanta, Rodopi, 1994, p. 332.
15. Voir Mikhael Bakhtine, *La Poétique de Dostoïveski* (1929), Seuil, 1970, et Tzvetan Todorov, *Mikhaïl Bakhtine. Le Principe dialogique*, Seuil, 1981.
16. « Le mot, le dialogue et le roman », *Sémiotikè, op.cit.*, p. 85 et 83. Depuis son « invention » par Kristeva, l'intertextualité a connu une histoire assez mouvementée, comme en témoignent ses différentes conceptualisations et nominations. Voir pour un historique et des références bibliographiques: Marc Angenot, « "L'intertextualité": enquête sur l'émergence et la diffusion d'un champ notionnel », *Revue des Sciences humaines* n° 189, (« Le texte et ses réceptions »), 1983, p. 121-135; l'introduction de Judith Still et Michael Worton à *Intertextuality: theories and practices*, Manchester/New York, Manchester University Press, 1990, p. 1-44; Jill Felicity Durey, « The State of Play and Interplay in Intertextuality », *Style* n° 4, vol. 25, Winter 1991, p. 616-635.

texte, qui comprend aussi bien des oeuvres littéraires, des langages oraux que des systèmes symboliques sociaux ou inconscients.

Ceci dit, il n'est pas toujours facile d'identifier les intertextes[17] de *Portrait du soleil* ou d'en reconnaître même les traces. Comme on a pu le constater pour l'emprunt à *L'Alchimie du verbe*, les citations, qui sont nombreuses, ne sont pas toujours marquées par des guillemets, ces « cicatrices » de la « greffe » ainsi qu'Antoine Compagnon appelle la pratique citationnelle.[18] Elles ne se donnent toujours pas non plus à reconnaître comme des notions-clé ou des passages importants du texte-source, au contraire même. Des traces d'intertextes peuvent se révéler, discrètement, sous la forme d'« agrammaticalités ». Selon Michael Riffaterre, une obscurité, un tour de phrase inexplicable par le seul contexte, une faute par rapport à la norme que constitue l'idiolecte du texte, ou encore une altération dans son système langagier, peuvent désigner « la présence latente, implicite d'un corps étranger, qui est l'intertexte ».[19] En effet, dans *Portrait du soleil* les passages mis en italiques ou écrits avec des majuscules s'avèrent souvent constituer des citations: « *Elle ou moi* » (101) est tiré du *Cas Dora* de Freud,[20] « TIRE LES RIDEAUX » (66) est emprunté à *L'Impossible* de Bataille.[21] Pensons aussi aux anomalies nominales comme « seiṇbols » (109), « mère phaillible » (47), « utérieur » (133), qui sont autant d'applications que de pastiches lacaniens. Le nom de Dioniris rend hommage aux mythologies égyptienne et grecque autant qu'il les parodie. A côté de cette intertextualité plus ou moins marquée, il y a encore celle qui est faiblement marquée: citations à un degré d'explicitation moindre, non attestées ou non visibilisées; allusions ambivalentes dans la mesure où elles se réfèrent à

---

17. La notion d'*intertexte* est également interprétée différemment, voire contradictoirement suivant les auteurs. Chez Laurent Jenny, l'intertexte est le « texte absorbant une multiplicité de textes tout en restant centré par un sens » (« La Stratégie de la forme », *Poétique* n° 27, 1976, p. 267). Michel Arrivé, cité par Jenny, le prend au sens d'« ensemble des textes qui se trouvent dans un rapport d'intertextualité ». J'adopte la définition de Michael Riffaterre selon laquelle « l'intertexte est l'ensemble des textes qu'on peut rapprocher de celui qu'on a sous les yeux » et qui est donc un corpus indéfini (« L'intertexte inconnu », *Littérature* n° 41, février 1981, p. 4).
18. Antoine Compagnon, *La seconde main*, Seuil, 1979, p. 31.
19. Michael Riffaterre, « L'intertexte inconnu », *art.cit.*, p. 5. Voir aussi la critique de Jonathan Culler, qui souligne qu'il n'y a pas de critères permettant d'évaluer l'autorité ou l'origine d'un intertexte: Culler, « Presupposition and Intertextuality », dans *id., The Pursuit of Signs: Semiotics, Literature, Déconstruction*, Londres, Routledge et Kegan Paul, 1981, p. 100-118.
20. Sigmund Freud, « Le Cas Dora », *op.cit.*, p. 40.
21. Voici la citation complète: « dans ce dédale de l'impuissance (de tous les côtés le mensonge), j'oublie l'instant *où le rideau se lève* ». La citation est rendue probable parce que le fragment se trouve déjà mis en relief chez Bataille à cause des italiques. Georges Bataille, *L'Impossible*, Minuit, 1962, p. 35.

plusieurs intertextes; simples réminiscences tel « ce manteau [...] incongru par ce temps bleu du ciel » (72) qui intègre un titre de Bataille. Mais comment reconnaître une allusion intertextuelle dans un mot quelconque comme « impossible » ou « tout » qui pourtant, on va le voir, renvoient, le premier, à la fois à Bataille, Lacan et Rimbaud, et l'autre à la toux nerveuse de la Dora de Freud?

Portrait du soleil offre heureusement aussi des citations et des références attestées. Des noms d'auteurs, d'oeuvres, voire de personnages tirés d'autres livres foisonnent, et le paragraphe intitulé *Le Décollement du rêveur* offre un ensemble de remarques métadiscursives où la narratrice relève l'importance d'un certain contexte théorique et culturel – « le bain de pensée dans lequel je suis baignée » (112) – dont elle identifie, en les désignant comme des « Lus », certains repères.

Grâce à ces indications, *Portrait du soleil* se désigne comme une fiction qui se sait, et surtout se veut, marquée par d'autres textes, avec lesquels, ou contre lesquels, elle s'est constituée et s'offre à être lue. Ce qui frappe est l'apparent manque d'autorité avec laquelle la narratrice explicite ces intertextes. Toujours dans *Le Décollement du rêveur*, un timide « supposons » introduit l'importante section des « Lus ». Mais la prégnance intertextuelle de la fiction est telle qu'elle active ce qu'on pourrait appeler, à l'instar de la « conscience littéraire » de Jonathan Culler,[22] la « conscience intertextuelle » du lecteur et déclenche chez lui des associations mémorielles ou le désir de nouvelles lectures. Le « supposons » le confronte en outre avec sa volonté, voire sa responsabilité, de suivre les différentes voies de lecture qui se proposent au fur et à mesure qu'il s'engage dans le texte. Il s'en suit que le champ intertextuel de *Portrait du soleil* est à la fois limité et infini, lié qu'il est à chaque acte de lecture, et dont la présente n'est elle-même qu'une étape.

---

22. Jonathan Culler reprend l'idée de la « compétence linguistique » de Chomsky pour proposer l'existence d'une « compétence littéraire », c'est-à-dire une sorte de grammaire acquise et interiorisée qui permet au lecteur (qui chez Culler est un lecteur de poésie) de reconnaître dans un texte des effets poétiques. Voir Jonathan Culler, *Structuralist Poetics: Structuralism, Linguistics, and the Study of Literature*, Londres, Routledge & Kegan Paul, 1975.

a. Bibliothèques

> The treasure is in the searching, not the finding.
> Hélène Cixous, *Three Steps on the Ladder of Writing*

Pour donner une idée des références culturelles mises en oeuvre et de la Bibliothèque qu'elles couvrent, parcourons les passages intertextuels de *Portrait du soleil*:

– les mythologies égyptienne et grecque;
– la Bible: l'histoire de Samson et Dalila, racontée à travers la description d'un tableau de Rembrandt (43-44); « elle traverse le lac en marchant sur des centaines d'os » (107) est une référence à l'épisode où Jésus marche sur le lac de Tibériade (*Matthieu* XXVII, 29), tandis que l'« os » évoque la mort, et constitue de ce fait aussi une allusion politico-historique dans cette fiction où il est plusieurs fois question de l'actualité sanglante;
– pour la littérature anglophone: Shakespeare – l'évocation de la « forêt mobile » (42) de *Macbeth* et des personnages Othello et Iago de *Othello* (129-130); Poe: la dernière scène du *Portrait ovale* est presque littéralement intégrée dans la fiction (24), avec Jeor dans le rôle du peintre fou et la narratrice-je dans celui du modèle qui dépérit au fur et à mesure que le portrait s'achève;[23] Lewis Carroll, bien que « toute comparaison avec l'agréable et fantastique voyage d'Alice au pays des Merveilles serait déplacée » (137); Hemingway, auteur du *Soleil se lève aussi*, dont le nom, finissant en « way », c'est-à-dire chemin, figure dans une scène de route et de voyage, et surtout de Joyce, auquel Hélène Cixous a consacré sa thèse de doctorat d'Etat;[24]
– pour la littérature germanophone: *L'Homme de sable* d'Hoffmann; Kleist, notamment *La Marquise d'O*, par l'allusion à son amant inconnu, le comte F.;[25] Novalis, par l'évocation de Sophie, la jeune fiancée du poète, disparue trop tôt (104-105);[26] Kafka, à cause d'une allusion à *Die Verwandlung* dans

---

23. Voir aussi la section « Poe » dans *Prénoms de personne*, le recueil d'articles qui est paru dans la même année que *Portrait du soleil*. Dans *Three Steps...*, Cixous donne une analyse du « crime » du peintre du *Portrait ovale* en l'associant au thème de l'aveuglement constitutif de l'être humain. (*Three Steps..., op.cit.*, p. 27-32).
24. Hélène Cixous, *L'Exil de Joyce, op.cit.*
25. Dans *Prénoms de personne*, Hélène Cixous a consacré plusieurs études à Hoffmann et Kleist, ses « cousins germeurs », qu'elle désigne comme des « chanteurs de la dépense, poètes de la contestation, [qui] arrachent le sujet à l'asservissement du moi ». *Op.cit*, p. 10. *Le Troisième Corps* (1970) et *Les Commencements* (1970) se réfèrent plus explicitement à l'oeuvre de Kleist.
26. Novalis, *Journal intime après la mort de Sophie*, Mercure de France, 1997.

le paragraphe intitulé « *d'autres insectes* » (92-95) et à cause du personnage K. qui, bien que tiré du *Cas Dora*, évoque aussi le K. du *Procès*;[27]
– pour les lettres françaises: Mallarmé et Rimbaud, surtout en ce qui concerne leurs visions poétiques; Proust – « l'oranje » n'est-elle pas la madeleine de Cixous? – et Bataille, évoqué par ses titres, ses notions, son nom, jusqu'à se trouver inclu dans des scènes de bataille: « jai fini par atterrir dans une plaine pour une Bataille » (56) et « une incroyable bataille de boules de neige » (158);
– la critique littéraire, notamment un certain Gillet, critique de Joyce, évoqué à cause de son nom qui relaie le motif de la section sexuée – « Gillet-Gillette » (117-118) –; les Tel Quelliens; la critique marxiste de l'époque – « *Et, comment penseriez-vous votre rapport au peuple, dans une société socialiste?* » (99) –; la critique littéraire contemporaine, vu la façon dont *Portrait du soleil* exhibe ses procédés de composition – métadiscours, intertextualité –, et suit en cela les tendances de la critique des années 70, impliquée dans des nouvelles recherches sémiotiques et narratologiques;
– et enfin, outre les nombreuses références à la psychanalyse et à la philosophie, des références au domaine pictural, notamment aux peintres Léonard de Vinci, Uccello, Rembrandt, van Gogh, Delacroix (« une héroïne nationale bras ouverts, poitrine bombée, corps à l'oblique, front convulsé, en avant, citoyens reprenez vos billes », 124), ou encore Edvard Munch avec *Le Cri* (125).

Orienter la lecture du texte, en gouverner éventuellement l'interprétation, plus spécifiquement en rappelant au lecteur que les éléments du texte qu'il a sous les yeux ont déjà figuré ailleurs et qu'ils sont lourds de cette charge de significations: voilà les fonctions principales de l'intertextualité. La Bibliothèque qu'on vient de citer évoque déjà une certaine thématique, un cadre narratif, voire une certaine poétique, mais on verra mieux l'ampleur et la signification de chaque intertexte en le confrontant avec son degré d'insertion et sa motivation narrative et thématique dans le texte, ce qu'on aura l'occasion de faire dans les chapitres suivants, consacrés au *Cas Dora* de Freud et à Rembrandt. Pour l'instant, nous nous limiterons à la série de titres présentée dans *Le Décollement du rêveur* dans la section des « Lus ». Par sa présentation, cette série constitue un découpage privilégié et relativement homogène de l'ensemble intertextuel de la fiction. Elle nous permettra de nous former une idée de la nature et du fonctionnement de l'intertextualité cixousienne.

---

27. Ce K. kafkaien figure dans le titre du livre d'Hélène Cixous *Un K. incompréhensible: Pierre Goldman*, *op.cit.*

b. Titres dé-titrés

> Cinq Psychanalyses, l'Impossible, l'Ecriture, L'Addifférence, Ce que savait Maisie, Ecrits, le journal, l'Enfer... (112)

Identifions ces intertextes rapidement: « Cinq Psychanalyses » est le recueil de cinq analyses cliniques de Freud où figure *Le Cas Dora*. « l'Impossible » est un texte de Bataille, « l'Ecriture » renvoie à la *Sainte Ecriture*, « L'Addifférence » évoque la notion de la « différance » que Jacques Derrida présente dans un texte qui porte le même titre,[28] « Ce que savait Maisie » est un roman d'Henry James, « Ecrits » le recueil des séminaires de Lacan, « le journal » se réfère à tout journal, et « l'Enfer », enfin, évoque *L'Inferno* de Dante dont le nom figure dans la fiction.

Comme l'indiquent déjà les points de suspension, cette série de textes ne saurait clore le domaine intertextuel de *Portrait du soleil*: celui-ci est quasiment illimité. Pourtant cette série circonscrit le champ intertextuel, dans son étendue comme dans son caractère. Ce qui frappe alors, c'est que l'intertextualité semble se tisser entre textes seuls. Indiqués uniquement par leurs titres, sans nom d'auteur, toute signature de livre est passée sous silence. « L'Ecriture [sainte] » constitue déjà tout un corpus dont l'instance auctoriale fait problème. L'absence de majuscule dans « le journal » fait de celui-ci un terme générique, sans identité particulière, tandis que « L'Addifférence », qui réfère à la fois à un titre et à une notion de Derrida, mime le procédé de changement orthographique que le philosophe a fait subir au terme « différence » et le désapproprie, de ce fait, de ses droits d'auteur.

Qui plus est, toute référence à l'intertexte dans sa qualité d'ouvrage, unique et identifiable, semble récusée. *Cinq Psychanalyses*, par exemple, n'est pas un titre de Freud. Ce titre est donné à l'édition française de cinq analyses de cas[29] que Freud a publiées séparément entre 1905 et 1918 et qui ne figurent ensemble pour la première fois que dans les *Gesammelte Schriften*, sous le titre de *Krankengeschichten (Histoires de malades)*.[30] De même pour la traduction française: les analyses sont d'abord publiées séparément, entre 1928 et 1932, et ne se trouvent rassemblées qu'en 1954 sous le titre *Cinq psychanalyses*. Ainsi ce titre désigne, plutôt qu'un livre issu de la main d'un auteur, un fait éditorial et se réfère donc aussi au contexte historique où cette édition a eu lieu: l'histoire de la psychanalyse en France, en particulier le « retour à Freud », notamment à l'étude de ces cinq cas cliniques, préco-

---

28. « La Différance », dans *Marges de la philosophie*, *op.cit.*
29. Outre le *Cas Dora*, le volume comprend « Le petit Hans », « L'homme aux rats », « Le Président Schréber », « L'homme aux loups ».
30. Vienne, 12 Volumes, 1924-1934. Il s'agit du volume VIII.

nisé par Lacan une année avant la publication du recueil.³¹ Avec cet intertexte historique et théorique, *Portrait du soleil* qui, selon la quatrième de couverture « introduit à un rapport inédit entre littérature et psychanalyse », stipule sa propre place parmi les freudismes et anti-freudismes qui prennent leur essor à la suite de ce « retour »: Gilles Deleuze et Félix Guattari avec leur *Anti-Oedipe*,³² *Tel Quel* qui prône un marxisme et un maoïsme libertaires,³³ et les psychanalystes femmes, de différente signature, lacanienne ou anti-lacanienne,³⁴ dont Antoinette Fouque,³⁵ Julia Kristeva³⁶ et Luce Irigaray,³⁷ qui s'intéressent à la libido et à la subjectivité féminines.³⁸

---

31. Dans « Le Symbolique, l'Imaginaire et le Réel », conférence prononcée en 1953 pour la Société Française de Psychanalyse, publié dans *Bulletin de l'Association Freudienne* 1, 1982. Voir aussi Jacques Lacan, « Situation de la psychanalyse et la formation des analystes en 1956 », dans *Ecrits, op.cit.*, p. 459-491.

Voir pour l'histoire de la psychanalyse en France: Elisabeth Roudinesco, *La Bataille de cent ans* (t.1 et 2), Seuil, 1986; Marcelle Marini, *Lacan*, Belfond, 1986; Elisabeth Roudinesco, *Jacques Lacan*, Fayard, 1993.

32. Minuit, 1972.

33. Voir pour les débats entre Marxisme et Psychanalyse: Elisabeth Roudinesco, *La Bataille de cent ans, op.cit.*, tome 2, p. 530-550.

34. Citons surtout le numéro de *L'Arc* consacré à Lacan, qui contient uniquement des contributions de psychanalystes femmes.

Par un curieux phénomène de réception, dû à l'accueil favorable de la pensée française dans le monde anglo-saxon, l'apport que signifie la psychanalyse lacanienne pour la théorie féministe a surtout été étudié aux Etats-Unis. Citons entre autres: Shoshana Felman, *Jacques Lacan and the Adventure of Insight: psychoanalysis in contemporary culture*; Jane Gallop, *Reading Lacan*, Ithaca/Londres, Cornell University Press, 1985; Alice A. Jardine, « Jacques Lacan and his Others », *Gynesis. Configurations of Woman and Modernity*, Ithaca/Londres, Cornell University Press, 1985, p. 159-177; Elizabeth Grosz, *Jacques Lacan. A Feminist Introduction*, Londres/New York, Routledge, 1990.

35. Initiatrice du groupe « Psych et Po » (Psychanalyse et politique), une des fondatrices du Mouvement de Libération des Femmes, directrice de la Maison des Editions des femmes où publie Hélène Cixous. Lacanienne de formation, Antoinette Fouque s'insurge contre la thèse de Freud selon laquelle il n'y a qu'une libido, forcément masculine. Voir son « There are two sexes, there are two libidos », dans *Women in movements. Yesterday, today, Tomorrow*, Des Femmes U.S.A., 1992.

Pour une analyse du rôle du groupe « Psych et Po », voir Nicole Ward Jouve, « Psych et Po and French Feminisms », dans *White Woman Speaks with Forked Tongue: Criticism as Autobiography*, Londres, Routledge, 1990, p. 61-74.

36. Sémioticienne, Julia Kristeva est aussi psychanalyste. Pour son rapport à la question des femmes, voir: « Unes femmes », entretien avec Eliane Boucquey, dans *Les Cahiers du Grif* n° 7, juin 1975, p. 22-28; « Le temps des femmes », dans *34/44. Cahiers de recherche de sciences des textes et documents* n° 5, Université Paris VII, hiver 1979. Se reporter aussi à Ieme van der Poel, *Une révolution de la pensée: maoïsme et féminisme à travers Tel Quel, Les Temps modernes et Esprit*, Amsterdam/Atlanta, Rodopi, 1992.

37. Notamment dans sa thèse de doctorat *Spéculum, de l'autre femme*, Minuit, 1974, qui lui a valu son renvoi, par Lacan lui-même, de l'Ecole Freudienne de Paris et de l'Université de Vincennes. A partir des années 80, ses oeuvres portent sur la question d'une éthique de la différence sexuelle.

Cette mise en doute de l'identité de l'intertexte s'avère constituer un phénomène général dans le livre d'Hélène Cixous. « L'Impossible », par exemple, est un titre ambivalent. La phrase « Bataille au Tabarin dans l'Impossible » (65) l'identifie comme un titre de Bataille, et *Portrait du soleil* en effet tire de ce roman de nombreuses citations qui, pour paraphraser la narratrice de Cixous, sont « [promises] à la fouille comme les filles à dérober pour Bataille au bordel » (67). Si cette « fouille » ne dément pas son intention parodique et critique, Bataille et notamment sa vision poétique, restent une référence de poids dans *Portrait du soleil*, grâce justement à la référence à *L'Impossible*. *L'Impossible* (1962) a été publié une première fois en 1947 sous le titre *La Haine de la poésie*.[39] Sous ce titre provoquant, Bataille attribuait à la poésie seule la faculté de peindre les réalités humaines qui comptent pour lui: le désir et la mort. Cette faculté, qui réside en une violence révoltée ou en une haine, la poésie ne l'atteint, selon Bataille, qu'en évoquant « l'impossible »,[40] notion qui désigne dès lors ce qui outrepasse le discours et le savoir, le « possible » ayant toujours été, pour Bataille, l'objet de la réflexion et de la sagesse. Seule la poésie – une certaine poésie, une poésie qui se caractérise par la violence ou le délire et qui signe forcément l'échec de la « belle poésie » – sait exprimer « le langage de l'impossible » et « donner verbalement la (dé)mesure de l'impossible, offrir le négatif de l'innommable, évoquer l'intenable ».[41] S'approcher de l'intenable, soutenir l'insoutenable, bref: infirmer la maxime de La Rochefoucauld selon laquelle

---

38. Dans le cadre de la présente étude, je ne pourrais considérer de plus près les différents apports théoriques de ces écrivains. Il existe une littérature abondante sur ce qu'on appelle communément les « théoriciennes parisiennes de la question féminine », dont: Domna C. Stanton, « Langage and Revolution: The Franco-American Dis-Connection », dans Hester Eisenstein et Alice A. Jardine (éd.), *The Future of Difference*, New York, Barnard College Women's Center, 1980, p. 73-87; Michèle Richman, « Sex and Signs: The Language of French Feminist Criticism », dans *Language and Style* vol. 13, n° 4, 1980, p. 62-80; Elaine Marks et Isabelle de Courtivon (éd.), *New French Feminisms*, Brighton, Harvester, 1980; Gayatri Chakravorty Spivak, « French Feminism in an International Frame », dans *Yale French Studies* n° 62, 1981, p. 154-184; Anne Rosalind Jones, « Writing the Body: Towards an Understanding of l'écriture féminine », dans Elaine Showalter (éd.), *The New Feminist Criticism*, Londres, Virago, 1985, p. 361-377; Toril Moi, *Sexual/Textual Politics: Feminist Literary Theory*, Londres, Methuen, 1985.
39. Editions de Minuit.
40. Voir « Préface de la deuxième édition » à *L'Impossible* et les notes de Bataille en fin du volume, dans *Oeuvres Complètes*, tome III, Gallimard, 1972, p. 101-102 et p. 508-521.
41. Dans les termes de Jacques Cels, *L'Exigence poétique de Georges Bataille*, Bruxelles, De Boeck-Wesmael et Editions Universitaires, 1989, p. 70.

« le soleil et la mort ne peuvent se regarder fixement »,[42] c'est bien ce que les textes de Bataille et *Portrait du soleil* essaient de faire.

Mais « L'Impossible » pourrait tout aussi bien se référer à un chapitre du même titre dans *Une saison en enfer* de Rimbaud, ouvrage qui, du coup, s'avère également figurer parmi les « Lus », à travers le titre « L'Enfer ». Chez Rimbaud, l'idée de « L'Impossible » se rapporte à la constatation que l'esprit et le savoir ne sauraient accéder à la vérité et que seule la voyance de l'instant pourrait la révéler.[43] L'intention poétique de *L'Impossible* rimbaldien soutient d'ailleurs l'allusion dans la fiction de Cixous au « dérèglement des sens », parce que c'est dans ce chapitre que Rimbaud caractérise ces sens comme « toutes les formes d'amour, de souffrance, de folie », que le poète « cherche lui-même, [épuisant] en lui tous les poisons, pour n'en garder que les quintessences ».[44] Comme pour confirmer cette référence, mais aussi pour indiquer où cette recherche devrait s'effectuer, à savoir dans l'écrit, Cixous se sert de ce même fragment pour citer Rimbaud, sans l'attester: « Qu'il cherche, lui. C'est écrit par là. Cherche, cherche, cherche » (64-65).

« L'Impossible » est un titre, mais aussi une notion, ainsi que les deux intertextes le montraient déjà. En tant que notion, « l'impossible » renvoie encore à un troisième intertexte, c'est-à-dire Lacan. Lacan emprunte cette notion justement à Bataille[45] pour qualifier son concept du « Réel », qui est l'ordre qui précède la constitution du sujet et l'organisation des pulsions. « Le Réel » relève de la réalité brute, pré-Symbolique, corporelle, et échappe donc à toute verbalisation, à toute mise en forme. Toutefois il se rend sensible sous la forme du besoin, sentiment qui relève de l'incomplétude subjective et qui déclenche le désir de satisfaction. Comme ce désir s'oriente vers « l'objet réel », qui est, de fait, inconnu, rien, non conceptualisable, le réel se définit comme « impossible », car il ne peut jamais être atteint. C'est pour cette raison aussi que Lacan fait intervenir le terme à propos du « rapport sexuel ».[46] Cette réalité est également « impossible », « ininscriptible »,[47] à cause des différentes positions qu'occupent les fonctions du

---

42. Bataille reprend la maxime comme suit: « Les yeux humains ne supportent ni le soleil, ni le coït, ni le cadavre, ni l'obscurité, mais avec des réactions différentes ». Bataille, *L'Anus solaire, op.cit.*, p. 85.
43. Voir sur cette question Jean-Pierre Giusto, *Rimbaud créateur*, P.U.F., coll. « Publications de la Sorbonne », 1980, p. 364-365.
44. Arthur Rimbaud, « Lettre du Voyant », *op.cit.*, p. 251.
45. « De nos antécédents », *Ecrits, op.cit.*, tome II, p. 82. Voir pour l'emprunt: Elisabeth Roudinesco, *Jacques Lacan, op.cit.*, p. 188.
46. Dans *Encore. Le Séminaire, livre XX*, Seuil, Coll. Le Champ freudien, 1975, p. 87.
47. Selon les termes de Joël Dor, *Introduction à Lacan, op.cit.*, t. 2, p. 269.

masculin et du féminin devant le phallus, le premier relevant de l'Universel, l'autre n'ayant droit, dans les termes de Lacan, qu'à être « pas-toute ».

Ainsi « l'Impossible » conjugue, à travers sa triple allusion bataillienne, rimbaldienne et lacanienne, plusieurs motifs dans *Portrait du soleil*: le manque du sujet confronté à l'expérience de la mort, la perte de la plénitude et de l'union (primaire), la faillite de la fusion amoureuse et, parallèlement, celle de l'entreprise littéraire et scripturaire, son impuissance à inscrire ces expériences « impossibles » et à constituer une réparation. Du moins, c'est ce que fait entendre le discours des différents intertextes. Car chez Cixous, le terme est répété avec une telle insistance, mis en relief par sa position initiale – « Impossible de ... », « C'est impossible » –, par un emploi adverbial – « impossiblement » (69) – ou encore entre dans un jeu avec son partenaire logique – « du possible à l'impossible » (61) – que le caractère impossible de l'entreprise littéraire s'en trouve conjuré. Là où Bataille, Rimbaud ou Lacan, confrontés chacun de leur côté à l'immensité d'une expérience humaine, constatent l'impuissance du sujet et de son langage devant la tâche à accomplir, l'énonciatrice de *Portrait du soleil* fait face justement à l'idée même de l'impossible: « Je sais maintenant que l'impossible est dans le ventre du possible » (52). L'impossible est inclus dans le possible, et il devient dès lors possible de le vivre, et de le décrire.

« L'Impossible » devait son statut de livre intertextuel à sa majuscule. « Le journal », par contre, est en minuscule, par lequel il devient un texte général, à la fois tout journal, mais aussi ce dont un journal se veut le reflet: l'actualité. On connaît le remords d'Hélène Cixous, auteur politiquement et intellectuellement engagé, devant l'union difficile entre la fiction et l'Histoire. L'énumération suivante fait preuve de la difficulté de parler Histoire et Politique dans *Portrait du soleil*: « J'ai une honte au Vietnam, une grande honte. J'ai une honte en Algérie, qui fructifie. J'ai une honte au Brésil. J'en ai une autre au Mexique » (89). Souvent, la référence historique se retrouve intégrée dans le système des tropes, ainsi que dans « une rue en terre battue dans un pays étranger » (87), où la « terre battue » se donne à lire comme une métonymie de l'Algérie colonialisée. Ou bien elle se présente comme un effet du texte lui-même, et ceci encore au plus près de la réalité textuelle: l'image des lettres: « Tiens: c'est le Viet-Nam. Je devine: c'est le Viet-Nam. Je deVine qu'elle est arriVée jusqu'à moi par le V et qu'elle reste par le N [...] » (123). Insérer le terme de « journal » dans la série des intertextes élus, c'est encore user d'un autre subterfuge pour introduire au coeur de la fiction le contexte historique et politique.

En dépit des jeux de mots et des ambivalences quant à l'identification et l'attribution des titres, ceux-ci fonctionnent en tant que références intertextuelles: ils renvoient soit à des livres précis, soit au hors-texte historique, politique et théorique – le « bain de pensée dans lequel je suis baignée » – et dont on a déjà pu identifier: l'actualité politique, l'impact de la psychanalyse lacanienne et le débat qui s'est tenu autour de Lacan, et la « Révolution », dont la narratrice, sans mentionner aucun nom, donne à entendre qu'elle a été accusée d'avoir « l'inconscient plus gros que l'estomac ».

Avec les références à Rimbaud, à Bataille et à Derrida, la section des « Lus » montre aussi l'autoconscience poétique dans *Portrait du soleil* qui, à son tour, fonctionne comme un autre indice historique. Avec Bataille par exemple, *Portrait du soleil* montre qu'elle partage la fascination parisienne qui s'est déclarée début 70 pour cet auteur. Cette fascination, exploitée en particulier par la revue *Tel Quel*,[48] est le fait d'une génération d'après-guerre qui rejette l'héritage de l'existentialisme et du structuralisme et embrasse les notions bataillennes de la dépense, de l'hétérogénéité et de la transgression pour leur puissance idéologique et révolutionnaire. C'est surtout le domaine littéraire qui se trouve promu comme pratique subversive, à la fois poétique et politique,[49] capable de porter atteinte à l'institution de la Littérature et du Texte.

Avec Derrida, *Portrait du soleil* est bien en avance sur l'intérêt porté à cet auteur, dont la pensée est devenue une référence majeure dans le domaine philosophique et littéraire aux Etats-Unis, mais seulement à partir des années 80, alors qu'elle l'était depuis longtemps en France. Avec la référence derridienne, l'attention se recentre sur la question de l'écriture, notion qui est également mise en valeur par les termes – et non pas les titres – « l'Ecriture » et « Ecrits ». Comme Derrida l'a fait pour sa « différance », « l'addifférence » marque la différence dans et en tant qu'écriture. Si « l'Addifférence » de Cixous constitue en premier lieu un jeu ou une parodie du terme de Derrida, elle est aussi une l'allusion théorique à la fonction métadiscursive: ce n'est pas l'(inter-)texte en tant qu'entité autonome, porteuse et productrice d'un sens immanent qu'on est prié de prendre pour référence, mais les traces écrites mêmes, c'est-à-dire le caractère inscrit, tracé ou marqué de l'écriture,

---

48. En fait, la (re)découverte de Bataille est inaugurée dès les années 60, comme en témoignent les numéros spéciaux de *Critique* (n° 195-196, août-sept. 1963) et de *L'Arc* (n° 32, 1967) qui lui sont consacrés. Voir aussi les Actes du Colloque Cerisy, *Bataille*, U.G.E., coll. 10/18, 1973.

49. Comme le montre Michèle H. Richman dans son étude sur Bataille, les essais de Barthes, Derrida, Foucault, Kristeva et Sollers qui apparaissent dans *Tel Quel* constituent également une pratique de lecture et d'écriture qui va à l'encontre de l'idée que la critique est secondaire à l'oeuvre originale. Voir Michèle H. Richman, *Reading Georges Bataille. Beyond the Gift*, Baltimore et Londres, the John Hopkins University Press, 1982, p. 155.

La Crue de Lucette Finas (Gallimard, 1972) mérite une attention spéciale parce que, par sa thématique et par sa facture, cette étude se présente comme une lecture de l'excès.

grâce auquel chaque signe se trouve dans un rapport différentiel à un autre et porte les traces d'autres signes.

Ceci n'est pas sans conséquences pour l'interprétation de certains autres titres, notamment « l'Ecriture » et « Ecrits ». Déjà à la fois titres et traces de titre, « l'Ecriture » et « Ecrits », renvoyant l'un à l'autre, désignent en premier lieu ce qu'ils nomment: l'écriture elle-même. Ou, plus précisément, l'écrire et l'écrit, le déjà écrit, celui-là ne pouvant jamais oublier ou faire abstraction de celui-ci. Ou comme le dit Hélène Cixous: « ce n'est pas que je [...] cite, je fais écho ».[50]

Cette mise en relief du rapport différentiel des signes et des textes n'est pas sans affecter le statut du livre-texte: il perd tout droit à l'unicité et à la propriété. L'altération de « L'Addifférence », par exemple, constitue aussi le surgissement d'une autre énonciation qui, s'appropriant du terme de Derrida, naît avec lui. « Ce que savait Maisie », qui est indubitablement l'intertexte le plus facile à identifier et à mettre en rapport avec la fiction de Cixous,[51] exprime aussi ce que la narratrice, depuis les premières pages de *Portrait du soleil*, n'a pas cessé de dire: son désir de savoir, de savoir tout. Ceci libère ce « titre » de sa référence au roman de James et lui confère le statut d'une simple trace qui murmure, à qui veut bien l'entendre, un désir et une nécessité de savoir qui ne peuvent pas s'exprimer autrement. « L'Enfer » non plus n'est pas qu'un intertexte. Pour Hélène Cixous, « l'enfer » est une notion à valeur symbolique, voire autobiographique. Dans « De la scène de l'Inconscient à la scène de l'Histoire », l'auteur explique que « l'histoire d'une écriture commence toujours par l'enfer », que ce soit « l'enfer réel », ou encore « l'enfer du moi, [...] ce chaos primitif primordial qui est nôtre, ces ténèbres dans lesquelles nous nous débattons quand nous sommes jeunes et dans lesquelles aussi nous nous construisons ».[52] Et dans *Photos de racines*, « l'Enfer » se révèle dans toute sa valeur d'autobiographème: « C'est mon père qui est mort. L'Enfer a commencé ».[53] Mais cet Enfer-ci n'empêche pas à « l'Enfer » de renvoyer aux intertextes qu'on a désigné. Dans la mesure où Rimbaud et Dante se sont déjà aventurés dans des régions infernales, ils pourront revêtir le rôle d'« anges », ainsi qu'Hélène Cixous appelle, dans *L'Ange au secret*, les « guides », ses auteurs préférés, qui l'accompagnent dans son écriture:

---

50. « Questions à Hélène Cixous », *op.cit.*, p. 332.
51. Faisant date dans l'histoire littéraire comme un roman dont on dit qu'il est raconté du seul point de vue d'une petite fille, Maisie, ce roman de Henry James souligne la « scène de la fille » qui constitue la narration de *Portrait du soleil*.
52. *Op.cit.*, p. 21.
53. *Op.cit.*, p. 197.

Sans anges on ne part pas pour l'Apocalypse [...] Sans anges on ne peut supporter d'avancer dans la gueule du noir, sans jamais pouvoir lire ce que l'on écrit, sans jamais pouvoir espérer lire ce que l'on aura écrit.[54]

Ainsi la difficulté d'identifier les titres rend leur statut d'intertexte ambigu. Certes, les références aux différents intertextes mettent en relief une certaine thématique, donnent une idée de la vision poétique qui est à l'oeuvre dans la fiction, désignent le hors-texte politico-historique et théorique dans lequel ou contre lequel le livre a été écrit, mais les ambivalences qui se présentent dans l'identification des titres, le jeu des majuscules et des minuscules et, enfin, l'absence d'italiques qui est la marque même de la citation d'un titre, montrent que cette énumération constitue déjà une écriture. Aussi ne faut-il pas oublier que ces « titres » sont présentés dans le livre comme des « Lus », terme qui met au premier plan ce sur quoi repose justement l'intertextualité: le travail de la lecture, qui est le travail d'un sujet lisant. Aussi les « Lus » ne se présentent pas comme des ensembles signifiants autonomes, mais comme des textes insérés dans *Le Portrait* par un travail de filtrage dont l'instance énonciatrice et ses positions historiques, sociales, culturelles et sexuelles, constituent les paramètres. Leur fonction et leur signification sont prises en charge par le rapport différentiel qu'entretiennent les signes et les textes entre eux, rapport qui ne se dégage que dans la lecture. Aussi ces « Lus » sont également des « Mus », textes en mouvement et en émotion, textualités aussi bien transportées qu'emportées.

3. Scènes et visions

a. L'appel du visuel

Photos de racines, le recueil d'entretiens avec Mireille Calle-Gruber qu'Hélène Cixous publia en 1994, contient aussi un petit texte sous le titre « Album et Légendes ». Hélène Cixous y retrace la généalogie de ses deux familles paternelle et maternelle, ajoutant quelques photos tirées de l'album familial. Une des photos, présentée comme « Première plage avec mon père », montre la petite Hélène, âgée de deux ans environ, en costume de bain, sur la plage avec son père.[55] On est tenté de rapprocher cette photo des « baigneurs en celluloïd », un des ingrédients de la cuisine cosmique. C'est qu'avec ces « baigneurs », la cuisine cosmique s'enrichit du thème de l'enfance et de la mémoire, tandis que le registre du regard et de la représentation visuelle se propose comme une de ses composantes.

---

54. *L'Ange au secret, op.cit.,* p. 33 et 38
55. *Photos de racines, op.cit.,* p. 196.

Comme le promet le portrait annoncé dans le titre, *Portrait du soleil* parie beaucoup, de façon explicite et variée, sur la dimension de la représentation visuelle. Visions, rêves et scènes – scènes oniriques, mémorielles (« le flot des scènes que la mémoire dégorge », 27) ou sexuelles; scènes diversifiées encore en « actuelles » (26), « imaginées » (106) ou « fictives » (103) –, ponctuent la narration et donnent lieu à des descriptions. Les yeux forment également un motif important, tandis qu'un appel incessant est fait au regard: « Voyez » (64) et à la nécessité de lever le voile: « TIRE LES RIDEAUX » (62). La fiction est également riche en évocations de tableaux et de dessins, qui donnent également des scènes à voir. Le monde même est pourvu de la faculté du regard: « Le monde s'ouvrait et se refermait [...] et photographiait » (66). Parallèlement, on trouve des références au monde du spectacle, qui concernent le théâtre: comédie (109) ou tragédie – notamment *Othello* et *Macbeth* de Shakespeare (129) –, l'opéra (127), et d'autres rituels au cours desquels on se donne en spectacle: danses de cabaret (la référence au Tabarin dans *L'Impossible* de Bataille – 66), fêtes (97), noces (« un mariage égyptien » – 154) et mascarades, comme par exemple la cape d'Ascension qui lui permet de jouer avec son identité sexuelle. Ajoutons à ces énoncés l'aspect visuel du texte lui-même où on voit des chiffres, des majuscules, des blancs, des mises en retrait et en colonne, toute une gamme de signes de ponctuation – parenthèses, deux-points, guillemets, tirets, barres obliques – faire de *Portrait du soleil* un corps ouvert, tranché et espacé qui s'exhibe dans sa qualité de surface tracée et de matière à voir.

Mais quel est le sort de l'intention scénique ou spectaculaire de *Portrait du soleil* quand, en même temps, des « brouillards » (111) et des « feux », des « trous » et des « black out » (66) rendent toute vision impossible? Ce qui peut arriver à une représentation aussi précise et canonisée qu'un tableau de Rembrandt est considéré de plus près dans le chapitre VII. Ici, nous nous limiterons à l'analyse de deux fantasmes qui, de par la référence analytique qu'ils constituent, posent de façon précise la problématique du regard et de la représentation visuelle dans une fiction qui parie pourtant sur les puissances évocatrices de la textualité.

b. *Deux fantasmes à voir à lire*

Dans *Le Décollement du rêveur*, la narratrice mentionne deux fantasmes, qu'elle traduit comme suit:

> Supposons des fantasmes:
> a) Dora cueillant des fleurs au jardin des Perversions
> b) O l'horrible corps blanc perché sur un horrible corps blanc (112)

Notion dérivée de Freud, le fantasme connaît un emploi très étendu. Freud distingue les fantasmes conscients ou rêves diurnes, les fantasmes inconscients qui sont l'objet de l'analyse, et les fantasmes originaires qui sont des structures fantasmatiques typiques (scène originaire, castration, séduction) qui organisent la vie fantasmatique quelles que soient les expériences personnelles du sujet.[56] Si au préalable le caractère littéraire et écrit des fantasmes cixousiens nous empêche de les identifier comme des fantasmes au sens analytique, la référence freudienne est éclairante sur deux points. En premier lieu, la psychanalyse définit le fantasme comme un « drame imaginaire », un « théâtre privé »,[57] où le sujet, qui est présent, assiste à la réalisation d'un désir, qu'il soit inconscient ou non. Deuxièmement, les fantasmes se présentent comme des « scénarios, même s'ils s'énoncent en une seule phrase, de *scènes* organisées, susceptibles d'être *dramatisées* sous une forme le plus souvent *visuelle* ».[58] Et c'est justement ce que sont ces fantasmes cixousiens: deux scénarios, énoncé chacun en une seule phrase, dont le matériel verbal renvoie à une mise en scène susceptible de se développer et de se donner à voir.

De nouveau, la fiction cixousienne semble parier sur la dimension spectaculaire, pour la lier cette fois-ci, par la référence analytique, à l'inconscient et au désir. Mais qu'est ce que ces fantasmes donnent à voir? Comment imaginer un « jardin des Perversions » ou un « horrible corps blanc »? Aussi ces fantasmes, plutôt que de fournir des scènes à voir, donnent-ils de la matière à lire.

« a) Dora cueillant des fleurs au jardin des Perversions »

S'il se réfère au *Cas Dora*, ce fantasme est pourtant à mettre au compte de l'imaginaire cixousien. A travers l'oeuvre d'Hélène Cixous, le jardin constitue une topique aussi importante qu'ambivalente. Le « vrai jardin » dans la petite nouvelle du même titre (1971),[59] « Le jardin d'Esse » dans

---

56. Jean Laplanche et J.-B. Pontalis dans *Vocabulaire de la psychanalyse, op.cit.*, p. 152-159.
57. Voir Jean Laplanche et J.-B. Pontalis, *Fantasme originaire. Fantasme des origines. Origines des fantasmes*, Hachette, Textes du XXe siècle, 1985, p. 11 et 12.
58. Jean Laplanche et J.-B. Pontalis dans *Vocabulaire de la psychanalyse, op.cit.*, p. 156. Les italiques sont miens.
59. *Un vrai jardin*, L'Herne, 1971.

Illa (1980),[60] celui d'*Ou l'art de l'innocence* (1981) où « l'écriture poussait comme de l'herbe anglaise »,[61] sont des lieux résolument paradisiaques:

> Je me souviens du jardin, journée nue dans les sables arides, fertiles, je les ramassais, rouges encore, je les écrasais avec ma langue dans ma bouche car les mots étaient bons à manger, tout pouvait être dit, et tout ce qui était dit avait un goût enivrant et la langue reconnaît la vérité à son goût de baie mûre, de mûre nue, j'y ai goûté l'écriture aux sources il y a dix ans, c'était il y a cent ans.[62]

Mais déjà le « vrai jardin » ne pouvait être vraiment vrai dans un monde où « les gens allaient à la guerre ».[63] *L'Ange au secret* (1991) parle du « Jardin militaire », lieu de l'« Enfer, à l'intérieur du Paradis ».[64] Vingt ans séparent ce jardin-ci de sa première apparition, dans *Portrait du soleil*, où il est désigné comme le « Jardin des Fautes, rue du Cercle Milleterre » (85). Là, le jardin datait de l'année 1940: « Les deux enfants [l'auteur et son frère] chassés du Jardin militaire: ils sont juifs ».[65] Dans *Portrait du soleil*, le drame est moins concret, distribué sur plusieurs scènes. Au Jardin des Fautes, « m'est frère qui me gauchit, m'accuse, me perce, me déborde et me nace. M'est frère qui m'ôte. » (85). Et le fait d'en être chassé s'y trouve transformé en fuite: « Je vis une vaste plage sur laquelle moi-même je fuyais. Ce sable était si serré qu'il déchiquetait le pied qui l'effleurait » (73).

Autobiographème, ce jardin dont la signification est équivoque, constitue la base du fantasme. Dans le jeu des équivalences et ressemblances dans *Portrait du soleil*, l'image autobiographique de l'enfant dans le jardin a subi un transfert sur le personnage de Dora, qui n'est plus un enfant mais une jeune fille. Les traces mnésiques du drame se sont figées dans l'ambivalence du « jardin des Perversions », qui est lui-même une perversion du jardin édénique et innocent.

En même temps, la référence à l'histoire de Dora est à l'oeuvre dans ce fantasme. D'abord il y a la symbolique des fleurs: organes de la reproduction des plantes, elles tendent, selon Freud, « naturellement à représenter les

---

60. *Op.cit.*, p. 141. Ce jardin d'Esse évoque le jardin botanique d'Alger, appelé le Jardin d'Essais. « Nous sommes du même jardin », voilà ce que Jacques Derrida affirmait lors du colloque sur Hélène Cixous à Cerisy en 1998. Il a ajouté que le Jardin d'Essais s'entend aussi comme le « jardin de c'est » et le « jardin d'Esse » et est, dès lors, « de toute la terre ».
61. *Ou l'art de l'innocence*, des femmes, p. 139. Voir aussi Nicole Ward Jouve, « Oranges et sources: Colette et Hélène Cixous », dans Françoise van Rossum-Guyon et Myriam Díaz-Diocaretz, *Hélène Cixous, chemins d'une écriture*, *op.cit.*, p. 55-73.
62. *Ou l'art de l'innocence*, des femmes, p. 139.
63. *Un vrai jardin*, *op.cit.*, p. 9.
64. *Op.cit.*, p. 147.
65. *Ibid.*, p. 147.

organes humains ».⁶⁶ Dora cueillant des fleurs signifierait alors, selon l'herméneutique freudienne, l'éveil de la jeune fille à la sexualité, c'est-à-dire aussi à la défloration: « Dora florissante »⁶⁷ (106). Mais ces fleurs-ci ne sont pas les seules qui figurent dans *Portrait du soleil*. Toujours dans le contexte narratif du *Cas Dora*, elles sont mises en relief comme des symboles paradoxaux, à la fois objet du désir et objet du dégoût:

> La jeune fille [Dora] insistait pour qu'il [Freud] aille lui cueillir un bouquet de ces fleurs blanches qui poussent de l'autre côté du lac.
> Lorsqu'elle parlait de Madame K. elle faisait l'éloge de la « blancheur ravissante de son corps ».
> La jeune fille avait horreur des fleurs blanches qui poussaient de l'autre côté du lac: elles auraient dégagé un parfum trop âcre. (108)

C'est dans la fonction intertextuelle du passage par rapport au *Cas Dora* qu'il faudra chercher une clé à l'interprétation – du moins, c'est ce que suggèrent la présence des personnages freudiens et les guillemets dans la deuxième phrase. Une fois trouvée la citation chez Freud, on peut se rendre compte aussi que le fragment entre guillemets n'est pas le seul emprunt: l'ensemble de la phrase est une citation presqu'exacte.⁶⁸ La phrase est toutefois une citation non explicitée, volée: elle s'insère dans le texte au même titre que les deux autres phrases qui, en apparence, constituent des scènes tout à fait cixousiennes.

Les autres phrases s'avèrent aussi tomber sous la fonction citationnelle. Le « lac » de la première phrase, aussi bien que l'offre des fleurs, est tiré du *Cas Dora*. Dans les deux cas il s'agit, dans le texte de Freud, des avances de Monsieur K. (M. K.), qui « avait pu, durant une année, tous les jours qu'il était présent, envoyer des fleurs à Dora ».⁶⁹ C'est, plus précisément, lors de la fameuse « scène au bord du lac » qu'il a osé déclarer ses intentions sexuelles à Dora.⁷⁰ La troisième phrase, à son tour, rappelle le « dégoût intense »⁷¹ que la Dora de Freud éprouve à maintes reprises: dégoût qui s'exprime dans ses symptômes hystériques, notamment dans sa toux et son mal à la gorge, que Freud identifie comme son dégoût des choses sexuelles,

---

66. *L'Interprétation des rêves, op.cit.*, p. 323.
67. Citation du *Cas Dora*, où Freud parle de « Dora, devenue fille florissante », *op.cit.*, p. 14.
68. *Le Cas Dora, op.cit.*, p. 44. Il s'agit en réalité d'une double citation, Freud citant Dora, Cixous citant Freud. Voici la citation exacte: « Lorsque Dora parlait de Mme K..., elle faisait l'éloge de la "blancheur ravissante de son corps", sur un ton qui rappelait plutôt celui d'un amoureux que celui d'une rivale vaincue ».
69. *Ibid.*, p. 23.
70. *Ibid.*, p. 32.
71. *Ibid.*, p. 18.

et dans ses auto-accusations à cause de son soi-disant « catarrhe », c'est-à-dire les « flueurs blanches »,[72] les pertes vaginales, dont elle souffre.[73]

Or de « flueurs blanches » à « fleurs blanches » il n'y a qu'une lettre de différence mais un monde à franchir. Si pour Freud ces flueurs renvoient à la masturbation clandestine de Dora et donc à une pratique qu'il considère comme infantile, chez Cixous, les fleurs blanches, et par extension la couleur blanche elle-même, deviennent, en contrepartie à la virginité qu'est la blancheur, le symbole de ce que Freud n'a pu déceler: une libido ou une jouissance féminines. C'est ce que montre le rôle de la blancheur comme point d'intersection de plusieurs cercles de représentation.[74] La blancheur intervient dans le désir de la jeune fille de se voir offrir des fleurs blanches; dans son ravissement devant un corps blanc; dans le glissement de « fleurs blanches » à « fleurs mouillées » (112),[75] le « mouillé » symbolisant, selon Freud dans *Le Cas Dora*, l'excitation sexuelle; et, enfin, dans la phrase suivante, tirée du *Cas Dora*,[76] où une « main gauche et blanche » qui tripote des « perles »,[77] de couleur blanche, évoque l'attouchement et « l'humectation génitale »[78] qui, chez Cixous, sont confrontées à l'intervention de la loi et son interdiction: « Elle tomba d'accord avec lui qu'il valait mieux n'y pas toucher. D'une main gauche et blanche elle tripotait les perles qui paraient son cou » (108).

Avec cette « perversion » de la référence freudienne en faveur d'une pratique sexuelle féminine que Freud a cataloguée comme perverse,[79] c'est

---

72. *Ibid.*, p. 62.
73. *Ibid.*, p. 55.
74. *Portrait de Dora* exploite les associations sexuelles et érotiques féminines de la blancheur – perles, sourire perlé. Voir Camille Mortagne, « De stem van Dora », *Tijdschrift voor Vrouwenstudies* n° 11, 1982, p. 306-324.
75. Le terme de « mouillé » même constitue une autre citation du *Cas Dora*. A l'occasion du rêve de l'incendie fait par Dora, Freud explique le « mouillé », qui est le contraire du « feu », comme faisant partie « du cercle d'idées de tentation sexuelle qui se cachent, réprimées, derrière cette partie du contenu du rêve. Dora sait qu'on se mouille aussi pendant les relations sexuelles, que l'homme donne à la femme, pendant l'accouplement, quelque chose de liquide en *forme de gouttes*. elle sait que c'est là précisément le danger, que sa tâche est de préserver ses organes génitaux de cette humectation ». *Le Cas Dora, op.cit.*, p. 66-67.
76. Allusion à la remarque de Freud dans *Le Cas Dora* sur le jeu de la jeune fille qui consiste à ouvrir son porte-monnaie et y introduire le doigt, « acte symptomatique », selon Freud, qui traduit/trahit sa pratique masturbatoire. *Ibid.*, p. 56.
77. « Perles » doit sa signification sexuelle à la « perle en forme de goutte ». Dans *Le Cas Dora*, « gouttes » subit la même interprétation que « mouillé », tandis que les « perles » renvoient à la « boîte à bijoux » de la mère de Dora, « image usitée des organes génitaux immaculés, intacts, de la femme ». *Ibid.*, p. 68.
78. *Ibid.*, p. 67
79. Dans *Trois essais sur la théorie sexuelle, op.cit.*

surtout le terme psychanalytique de la perversion même qui entre en jeu. Perverse est, pour Freud, toute pratique sexuelle qui est une déviation « par rapport au but sexuel », c'est-à-dire, « la voie qui mène à l'accouplement ».[80] Dans *Portrait du soleil* ce genre de perversions est évoqué par des scènes sexuelles également « déviantes »: le frottement de la tache d'encre sur la cuisse gauche (39) qui mime une masturbation; la fouille des filles (67) qui évoque la pénétration anale; ou encore la série d' égorgements qui sont des scènes sexuelles mais non génitales. La perversion évoque aussi la « prédisposition perverse polymorphe »[81] qui caractérise la sexualité infantile qui est, par définition, prégénitale: la sexualité de l'enfant a trait à l'ensemble du corps érogène et est donc, pour Freud, déviante de l'acte sexuel « normal ».[82] Chez Cixous, cette perversion se retrouve par exemple dans la description d'Ascension et dans l'identité « hésitante masculine féminine » (27) de la narratrice elle-même.

Comme le montrent les exemples de la tache d'encre et de la fouille – « mots étrangers promis à la fouille comme les filles à dérober » (67) –, la perversion concerne également la langue et l'écriture. Cette idée est devenue commune depuis que Bataille l'a formulée dans *L'Expérience intérieure*: « le langage littéraire – expression des désirs cachés, de la vie obscure – est la perversion du langage un peu plus même que l'érotisme n'est celle des fonctions sexuelles. »[83] Or on peut pervertir le terme même de « Perversions » en « père-versions », paronomase que Lacan a déjà avancée en intitulant la perversion comme une « version vers le Père ».[84] Parlant du perverti fétichiste notamment, Lacan souligne la position ambivalente qu'occupe le sujet pervers par rapport à l'objet de son désir, son fétiche. Dans son désir – pervers – de se soustraire à l'emprise de l'Autre et à l'horreur du manque de ne pas être le phallus, le fétichiste se crée un phallus, voire s'identifie à lui. Mais pour le fétichiste aussi, ce fétiche-phallus s'avère en fin de compte n'être qu'un substitut ou, en termes lacaniens, une « figuration du manque ». Tout en ayant voulu y échapper, le pervers est tenu à s'entretenir avec l'Autre, à se positionner dans la structure

---

80. *Ibid.*, p. 57.
81. *Ibid.*, p. 118.
82. Comme celle, d'ailleurs de « la femme moyenne inculte », c'est-à-dire celle qui de poursuit pas le « but sexuel » de l'accouplement. *Ibid.*, p. 118. Voir pour une analyse de la perversion chez Freud: Janine Chasseguet-Smirgel, *Ethique et esthétique de la perversion*, Seyssel, Champ Vallon, L'Or d'Atalante, 1984.
83. Gallimard, coll. Tel, [1943] 1954, p. 173. Voir sur l'analogie entre perversion sexuelle et perversion de la langue: Nathalie Kok, « Lacan, perversie en literatuur », dans Nathalie Kok et Kees Nuijten (réd.), *In dialoog met Lacan*, Amsterdam, Boom, 1996, p. 171-181.
84. *Séminaire XXIII: Le Sinthome*, séminaire non publié, 1976-1977. Voir Marcelle Marini, *Jacques Lacan, op.cit.*, p. 253.

symbolique. Dans ce rapport ambivalent, dialectique avec l'Autre symbolique, il y a comme une idéalisation du père, un appel fait au père: une « père-version », ainsi que le reformule Lacan.

Or on a déjà rencontré de nombreuses « père-versions » dans *Portrait du soleil*: la coupure de « l'orange », pleine de jus et de mots, qui signifiait non seulement l'entrée, c'est-à-dire le respect de la structure symbolique, mais encore l'exploration excessive de celle-ci; et le « vol des plumes » (53), qui donne une même image double de l'écriture qui s'insère dans l'ordre symbolique et en constitue en même temps une effraction, sinon un débordement. Une autre « père-version » est la fouille des filles-mots qui, comme l'indique la référence bataillienne, se fait « au bordel », mais aussi « au bord d'elles » (67): dans le débordement – la perversion, comme le dirait Bataille – du langage.

Cette « père-version » fonctionne aussi comme une référence au père. Dans *Portrait du soleil* on rencontre en effet différentes versions du père: les pères pervers du *Cas Dora* – le père de Dora, M. K., qui, comme l'indique le texte, à l'instar de celui du *Cas Dora*, « était un père tendre », Freud lui-même qui, comme il est répété dans *Portrait du soleil*, « était aussi un père tendre » (121); les différentes métaphores du père – dieux, soleils, aigles, chars – qui traversent ce texte; et, enfin, le père absence, le père réel, idéalisé, qui trouve son remplaçant – son fétiche – dans tous ces pères précédents qui, de ce fait, constituent autant d'appels faits à lui.

« b) O l'horrible corps blanc perché sur un horrible corps blanc »

Ce fantasme s'exprime dans les deux registres de la représentation et de l'affect: il constitue une mise en scène nettement sexuelle et exprime en même temps les émotions entremêlées de l'appel – « O » – et de l'abjection – « horrible ». Mais la scène représentée est-elle parfaitement visuelle et l'horreur qu'elle est censée représenter aussi terrifiante? Les liens qui rattachent cette scène au fantasme précédent, son image extrêmement condensée, l'ambiguïté de sa charge affective ou encore l'incongruité du terme « perché », font de ce fantasme-ci, non pas un scénario visuel, mais un énoncé qui demande avec insistance à être lu en ses constituants poétiques et intertextuels.

La lecture du *Cas Dora* nous apprend que ce fantasme repose tout d'abord sur une citation: il s'agit de « l'horreur des hommes en tête-à-tête tendre avec une femme » qu'éprouve Dora en conséquence de son agression par M. K. Freud généralise ce sentiment comme « l'horreur des hommes susceptibles de se trouver en état d'excitation » et le range ensuite dans l'ensemble des dégoûts symptomatiques dont souffre Dora.[85] Mais à la différence du fragment chez Freud, le fantasme de Cixous ne donne aucun détail sur les protagonistes de la scène. Ceux-ci sont parfaitement anonymes et réduits à une même apparence physique minimale, au point qu'ils deviennent interchangeables.

Le « corps blanc », rappelons-le, est également tiré du texte de Freud, là où Dora fait l'éloge de la « blancheur ravissante [du] corps » de Mme K.[86] Dans la citation de Cixous, le « blanc » a subi un important changement de charge affective. La valeur amoureuse et adorante qu'il avait chez Freud s'est cristallisée en une signification plus strictement sexuelle, connotée en outre par l'horreur et la domination (« perché »). Etant donné aussi que, chez Cixous, les deux corps sont sexuellement indéterminés, neutres, la scène féminine, homosexuelle, du récit de Freud se trouve élargie en un scénario auquel peuvent s'accrocher différentes constellations érotiques.

Simplifié de la sorte, le fantasme se prête à plusieurs interprétations, au gré des allusions intertextuelles. L'horreur que suscitent les deux corps en fait une épure de la « scène primitive » qui est, dans les termes de Laplanche et Pontalis, la « scène de rapport sexuel entre les parents, observée ou supposée d'après certains indices et fantasmée par l'enfant ».[87] Mais « l'horrible corps blanc », répété par deux fois, le fait virer vers un autre scénario qu'on peut reconstituer à partir des repères qui se trouvent éparpillés, disséminés, à travers *Le Cas Dora*. Ici encore, le scénario n'est pas univoque. Par le terme « horrible », associé dans le texte de Freud à l'horreur que suscitent les hommes excités, la constellation érotique du fantasme se déclare hétérosexuelle. Mais le « corps blanc », répété d'une manière obsessionnelle, affirme aussi la base féminine et homosexuelle du fantasme – du moins, d'après la mise en évidence de la signification sexuelle et féminine de « blanc » par le texte de Cixous lui-même. La facilité déconcertante avec laquelle la Dora de Freud s'identifie aux femmes de son entourage, notamment à Mme K. avec son dos blanc, fait le reste: ce dispositif « hystérique » se trouve promu, dans le texte de Cixous, en embrayeur du dédoublement de « l'horrible corps blanc ». Dans le double réseau sémantique sexuel – « horreur » – et féminin – « blanc » – qui vient de se tisser, « l'horrible corps blanc » engendre un autre « horrible corps blanc » dans un scénario qui se veut érotique et féminin.

En deçà de ces allusions freudiennes, ce même « horrible corps blanc » évoque aussi l'horreur qui suscite le corps blanc mort – signifiant qui partage

---

85. *Op.cit.*, p. 19.
86. *Ibid.*, p. 44.
87. *Vocabulaire de la psychanalyse, op.cit.*, p. 432.

d'ailleurs la sonorité « *or*angée » de « ho*rr*ible » et de « *co*rps ».[88] « L'horrible corps blanc perché sur un horrible corps blanc » serait alors le condensé d'une scène de mort, à valeur réparatrice, dans la mesure où un « corps » se penche – se perche – sur un autre corps, mort celui-ci, dont il a imité les apparences physiques. En l'occurrence, dans une scène de mort antérieure dans *Portrait du soleil*, le corps du dieu mortel dont les lèvres arc-boutées, « gonflées de mort », sont comme « la trajectoire du soleil », mais d'un soleil dont l'énonciatrice, seule dans son lit, ne cesse d'espérer qu'il « [tombe] sur moi en chute libre » (34).

Le terme « perché », incongru dans le scénario condensé du fantasme, pose un problème de lecture. Le rapprochement qu'on vient de faire entre scène de mort et scène érotique n'est validé qu'indirectement dans le texte. Dans « Sollicitude de Virgile pensée sur Sophie. Ou penché? » (105), le glissement de « pensée » en « penché » permet la mise en rapport de l'attitude « perchée » avec ce genre d'attention amoureuse. D'ailleurs, « perché » se dit d'habitude d'un oiseau qui se tient sur une branche ou sur un perchoir. Lue à la lumière des textes de Freud, cette allusion à l'oiseau n'est pas innocente. C'est que, selon Freud, toute évocation de l'oiseau – « Vogel » en allemand, – évoque l'argot « vögeln », qui désigne le coït.[89]

La position « perchée » rappelle, d'autre part, le réseau sémantique du décollement et de l'ascension. « Perché » rappelle plus précisément la position du soleil-question qui se tient au-dessus des corps des amants: « Jeor et moi nous sommes couchés, sous cette question. Cette question fait cette nuit. Il y avait plusieurs mois que nous n'avions pas été allongés côte à côte en même nuit en même lit » (7); « Tout cela est sans ombre, *horriblement* sans ombre: la question est brûlante, nue, en aplomb au-dessus de nos corps cernés provisoires récents usables *horriblement* » (12; mes italiques). Si on se réfère à la configuration scénique de ceux deux phrases, on voit que le « perchée » exerce deux fonctions. Au niveau du discours, il signifie l'altitude et se réfère donc à la position solaire. Au niveau de l'organisation syntaxique, il sépare deux syntagmes qui, de par leur formulation identique et de par la scène érotique qu'ils sont censés représenter, ont tendance à se confondre. Ainsi le fantasme s'insère dans la série des scènes érotiques entre Jeor et la narratrice, où la position perchée, grâce à son ambivalence, arrive à figurer l'oscillement entre l'éloignement et la proximité, la séparation et la réparation.

---

88. *Le Cas Dora* fait par ailleurs mention d'une Dora « devenue mortellement pâle ». *Op.cit.*, p. 42.
89. Freud, *Un Souvenir d'enfance de Léonard de Vinci*, [1910, 1919], Gallimard, coll. Connaissance de l'Inconscient, 1987, p. 161.

Le terme de « perché » lui-même ne figure que deux fois dans le texte. Il surgit dans une scène où Dora « perchée, en déséquilibre, immobile, entêtée » (141) continue, « parvenue à cette pointe d'elle-même où elle n'est plus où elle n'a jamais tant approché d'elle-même » (141), à faire face à Freud. Ici le « perché », qui partage la première syllabe des « *Per*versions » du premier fantasme, renvoie, en négatif, au domaine du Père et désigne la position perchée-élevée comme une transgression féminine. Ce qui peut arriver à cette Dora « perchée » est à lire dans une scène qui utilise un verbe qui chuinte de la même manière que « percher »: « Dieu la fiche en l'air » (49), c'est-à-dire Dieu la renvoie mais aussi, selon la signification sexuelle de « ficher », la baise en l'air.[90]

Percher, jucher, se dit aussi d'un enfant qu'on prend sur ses épaules ou sur ses genoux, et c'est cette signification que fournit l'autre occurrence de « perché »:

> Tout se transforme et rien ne se transforme. Par exemple je prends Jeor sur mes genoux, je le serre, je lui dis: mon petit, avec une voix très douce nasillarde. Ou bien c'est moi qui me perche sur ses genoux et il me dit: « mon petit » avec tant de douceur que sa voix semble sortir d'une barbe ou d'un masque. (59)

Intégrées selon l'économie solaire du renversement et de la réciprocité, plusieurs scènes d'amour parental et filial, les unes tirées du vaste corpus intertextuel, les autres du fonds de la mémoire de la narratrice, se trouvent incorporées dans ce fragment: la scène de Freud-enfant cajolé par sa mère dans *L'Interprétation des rêves*, la référence, faite ailleurs dans le texte de Cixous, à un bas-relief égyptien où, dans une pose à la fois familiale et érotique, « Akhenaton prend Nefertiti sur ses genoux » (59), ou encore le tableau de Rembrandt, *La capture de Samson*, où Samson est « endormi [...] sur les genoux [de Dalila] la mère mûre et fatiguée du jeune Samson » (43). Quant aux scènes familiales cixousiennes, rappelons celle où l'énonciatrice « [grimpe] sur le lit » (46), qui est, indifféremment, un lit parental, un lit d'amour, un lit de mort ou un lit de lecture. Considérons aussi la suivante qui figure au début du livre, où l'énonciatrice explicite un des desseins de son livre: faire la traversée de l'oranje en vue d'enlacer Jeor, le père absent:

> Je traverserai l'oranje, j'irai m'asseoir sur les genoux de Jeor et je passerai mes bras autour de son cou, le ciel autour de nos corps sera de ce bleu phosphorescent qui coule dans son vase de verre en l'absence du soleil. (6)

---

90. Dans l'histoire de Dora, ce ficher en l'air a une signification négative. Par transfert à l'histoire de la narratrice dans sa quête des figures solaires, se ficher en l'air, pris à la lettre, est comme un coït solaire et prend donc une signification positive.

Si la position « perchée », dans une première lecture du fantasme, marquait encore la domination et la distanciation entre deux corps et introduisait un « entre » infranchissable, avec ces références-ci cet « entre » s'affirme, au contraire, comme une rencontre de l'autre, comme un désir de toucher, de réparer une séparation ancienne, survenue. L'incantatoire et ambivalente « O », exclamation de l'horreur mais aussi du désir, fournit une clé de lecture identique. Figure du soleil, elle ne représente pas l'horreur de la béance, mais, avec son cercle fermé, ses bras enlacés, le contour reconstitué d'un dedans perdu.

Ainsi ces fantasmes, à première vue obscurs, s'offrent non pas comme des scènes à voir, mais, à la manière du rêve dont les éléments signifiants ont subi des transformations de déplacement et de condensation, comme des rébus,[91] des scènes à voir à lire.[92] L'interférence du réseau d'allusions inter- et intratextuelles et la forte prégnance du signifiant trouent la surface originairement scénique du fantasme et exhibent le travail du texte, qui s'offre à suivre alors dans ses aspects surdéterminés, déplacés et décentrés.

L'ensemble du fonds fantasmatique qui, d'une manière stroboscopique, se déploie alors devant nous, ne saurait rester aveugle à une scène qui s'impose: celle de la fille restée seule qui, à la différence de Pénélope, tisse inlassablement une oeuvre pour faire advenir, d'une scène à l'autre, d'un fantasme à l'autre, celui qu'elle a perdu.

4. La filiation du signifiant

a. La fuite réglée de f

Le dernier ingrédient qui fait partie de la « cuisine cosmique » est « mes lettres ». Mais de quelles lettres s'agit-il? Des lettres qu'on adresse à une personne, des « écrits »? Ou des lettres dans leur signification de signes graphiques? Le texte ne tardera pas à donner une réponse, parce que par un procédé aussi bien varié qu'incongru, il va lui-même attirer l'attention sur une seule lettre: le *f*.

« Détraquement privilégié et contrôlé du signifiant »: c'est ainsi que Lucette Finas appelle le phénomène d'écriture qui consiste à tirer l'attention

---

91. Conformément à la théorie de Freud dans *L'Interprétation des rêves, op.cit.*, p. 242.
92. Titre emprunté à la double conférence d'Hélène Cixous et de Jacques Derrida au colloque *Lectures de la différence sexuelle*, octobre 1990 au Collège International de Philosophie à Paris. La contribution de Derrida à cette conférence a été publiée sous le titre « Fourmis », celle de Cixous sous celui de « Contes de la différence sexuelle », dans Mara Negrón (éd.), *Lectures de la différence sexuelle, op.cit.*, p. 31-68 et 69-102.

sur, à « re-marquer », un ensemble de signifiants apparemment très disparate.[93] Tout au long du livre, on assiste à une telle opération de remarque, qui a pour objet la lettre *f*. Cette « fuite réglée »[94] se présente sous plusieurs aspects. Elle peut prendre celui de regroupements de mots sur la seule base de leur allitération: « les fleurs fanent, le fil reste » (112), celui d'une contagion paranomastique comme « une fin possible en effet, ou en fête » (97) ou d'un curieux phénomène de contamination ou d'envahissement de la lettre comme « être Efeu Efypte » (155). Cette fuite se présente également dans la mise en majuscule de mots commençant par « *f* »: « le Foutu » (77),[95] dans l'abrévation de noms ou l'érection, c'est le cas de le dire, de « *F.* » et « *F* » et, enfin, dans une opération d'autonomisation de la lettre comme « Soufflée Dora comprit son intention et fila. Filée D comprit et souffla. Sifflée D file F et foula. Si fila d foula f au bord du lac de montagnes les fleurs » (108). Autour de ce signifiant privilégié vont consteller des mots ou des syntagmes apparemment sans rapport les uns aux autres, mais consacrés à établir de nouveaux réseaux de significations, voire à constituer des éléments de la fiction.

Mais d'où vient ce *f*, quelle nécessité textuelle, poétique et affective fait qu'il s'installe si pleinement dans la fiction? Il est frappant que la remarque du *f*, qui est l'effet d'une métatextualisation[96] par les procédés d'allitération et de répétition, a lieu dans des passages qui sont déjà marqués par la citation et l'allusion intertextuelle. *F* est dès lors marqué comme signe intertextuel, comme lettre qui fait « métaFore », au sens étymologique du terme: transposition, d'un texte à un autre, mais aussi comme lettre qui fait « fil », qui file, qui met le texte en mouvement, en son for intérieur.

---

93. Dans « Le pourpre du neutre, artefact en trois actes et douze scènes » (sur *Neutre* de Hélène Cixous), *Critique* n° 315, oct. 1972; repris dans: Lucette Finas, *Le Bruit d'Iris*, Flammarion, coll. Digraphe-Essais, 1978, p. 316, note 7.
94. Quant au caractère « réglé » de ce détraquement, Lucette Finas ajoute qu'il est « contrôlé dans une certaine mesure seulement, une part "revenant" nécessairement à l'aventure ». *Ibid.*
95. Pour le « *F* » je n'ai pas trouvé d'équivalent pour la remarque des lettres à l'intérieur d'un mot ou d'un syntagme comme il en existe pour le *D* et le *K* dans « Discrète eDition introuvable Du Destin de Dora » (125) et « j'aimais le dos de Mme K. parce K'il était d'une blancheur ravissante Kand Dora l'embrassait elle projetait une ombre noire Komme une enKre » (126-127).
96. J'emploie le terme « métatextuel » dans le sens que Jean Ricardou lui attribue: « une relation entre au moins deux segments du texte. Le métatextuel concourt à accroître la structure du texte parce qu'il ajoute à telle occurrence textuelle (la relation qu'il prend pour objet), une nouvelle occurrence textuelle (la relation du segment métatextuel à la relation que celui-ci prend pour objet) ». Voir Jean Ricardou, « L'Escalade de l'autoreprésentation », *Texte* n° 1 (*L'Autoreprésentation. Le Texte et ses miroirs*), 1982, p. 18.

b. Théories de la lettre

Mais d'abord: qu'est-ce que *f*: un son ou une lettre, un signifiant ou une métaphore? un il, puisqu'on dit un *f*, ou une elle, puisque *f* est une lettre? Et comment faut-il le/la lire: de l'oeil ou de l'oreille?

Dressons d'abord l'oreille, et écoutons *f* siffler, durer, insister. *F*-expiration, *f*-souffle, selon un titre d'Hélène Cixous,[97] *f* relève de la voix et de la parole vive, celle qui n'est pas encore articulée en langage. Sa sonorité continue, non entrecoupée, a la valeur d'une métaphore: elle rappelle ce qu'Hélène Cixous, dans *La jeune née*, écrira à propos « du chant d'avant la loi, avant que le souffle soit coupé par le symbolique, réapproprié dans le langage sous l'autorité séparante ».[98]

F est aussi une graphie, une forme. Selon les graphologues, la signification de sa forme, touchant à peine terre et progressive, est celle d'un « envol, un espoir, un drapeau, un appel à se surpasser ».[99] De la façon dont les petits traits-barreaux du F sont tirés, la graphologie peut déduire des indices « d'ordre religieux ou idéologique »: « transposés à un niveau purement intellectuel, et prenant comme cible généralement l'autorité de l'Etat ou de l'Eglise, [les barres] masquent subtilement des réactions d'opposition *contre le père*, qui sont déplacées à toutes fins utiles du stade des sentiments au stade plus anonyme des idées ».[100] Cette observation graphologique est doublement pertinente à cause du motif de la barre qui, dans *Portrait du soleil*, indique une voie d'ascension vers le soleil-père. Et si on considère cette lettre au pied de la lettre, au corps de la lettre, comment ne pas voir dans le *F* typographique l'image d'un drapeau, d'un perchoir, ou encore d'une échelle,[101] tendant vers le haut?

La graphologie rappelle également que, dans l'éventail des majuscules d'une écriture donnée, le F majuscule se limite le plus souvent aux seuls

---

97. *Souffles, op.cit.* Quant à ce souffle, on peut aussi se demander si le *f* n'aurait pu être un *h*, première lettre du nom d'Hélène, si seulement le « bruit » que fait le *h* avait existé dans la langue française. Dans *Les Commencements*, Hélène Cixous désigne le *h* comme son « souffle » et explique, aux francophones, comment le prononcer: « Prenez un miroir [...] Embuez: c'est mon souffle. Expirez. » (*Les Commencements, op.cit.*, p. 63).
98. *Op.cit.*, p. 172.
99. Roseline Crepy, *L'Interprétation des lettres de l'alphabet dans l'écriture*, t. 2 « Les Majuscules », Neuchâtel, Delachaux et Niestlé, 1974, p. 180.
100. *Ibid.*, p. 192. Mes italiques.
101. *F* serait alors une variante de l'échelle que Cixous a décelée dans la première lettre de son prénom, *H*, lettre qu'elle lit aussi comme une lettre-pont entre deux rives *I*-« je » et qu'elle entend comme « hache », son du souffle et de l'expiration, bref: écriture. Dans *Three Steps of the Ladder, op.cit.*, p. 3-4. Voir aussi, dans ce livre, au début de chaque chapitre, les tables de matières graphiquement disposées sur la page comme une échelle.

énoncés de noms propres.[102] Ici aussi, « *F.* » désigne un nom propre: celui de Freud et, à mesure que les affinités intertextuelles se tissent, celui du comte F, l'amant absent de la marquise d'O du conte de Kleist, celui de Faust, qui, d'ailleurs, entre dans un mariage alchimique avec Helena, ou encore celui du « nom-du-père », le signifiant phallique dont il partage le premier souffle. Sans nommer le père, *F* renvoie donc au père, aux pères, que ce soit le père-amant qui se distingue dans la double référence freudienne-kleistienne, le père qui n'est qu'une métaphore de la notion lacanienne, ou encore celui que le *f* nomme à travers les autres langues d'Hélène Cixous, l'allemand et l'anglais: Vater, Father. Notons, en même temps, que ce même *f* ne saurait exclure la mère: dans la biographie de l'auteur, *f* évoque presque littéralement le nom de la mère, qui s'appelle Eve.

Si son dessin est parlant, trop bien parlant même selon les graphologues, pour les linguistes d'inspiration saussurienne en revanche, *f* n'est qu'un phonème, une de ces « unités distinctives non significatives » qui signifient seulement les différences de son par lesquelles elles se distinguent les unes des autres sur la chaîne signifiante.[103] Mais c'est sans tenir compte du profit que Lacan a tiré de ce principe distinctif: pour lui, l'articulation des signifiants qui régit la chaîne signifiante, d'un signifiant à un autre, indique la présence même du désir. Il tire cette conclusion en se référant aux opérations métaphorico-métonymiques qui sont à l'oeuvre dans le langage et de l'approche clinique des psychoses, où le signe linguistique est altéré par un « envahissement du signifiant ».[104] Parlant avec Lacan, on pourrait dire que si, chez Cixous, le *f* insiste, c'est que « ça » parle. Et si *f* surgit incessamment,[105] s'essayant dans un large éventail de mots, c'est pour montrer qu'il tient aussi la place d'un manque: à savoir le signifiant en plus – celui même dont son érection en *F* porte le drapeau? –, qui poursuit l'énonciation jusqu'à l'essoufflement.

F, enfin, est aussi une lettre, et évoque, dès lors, les discussions qui se sont tenues à ce sujet dans les années 60 et 70 au sein de la psychanalyse lacanienne et de la grammatologie derridienne.

---

102. Roseline Crepy, *L'Interprétation des lettres*, op.cit., p. 190.
103. Oswald Ducrot et Tzvetan Todorov, *Dictionnaire encyclopédique des sciences du langage*, op.cit., p. 219.
104. Jacques Lacan, *Le Séminaire, livre III: Les Psychoses (1955-1956)*, Seuil, 1981, p. 243.
105. Lacan parle de « l'insistance de la chaîne signifiante » (« Wiederholungszwang » chez Freud), pour le mettre en rapport avec l'« ex-sistence », soit la place excentrique du sujet de l'inconscient, régi, ce dernier, par le symbolique. Voir « Le Séminaire sur *La Lettre volée* », dans *Ecrits*, op.cit., p. 19.

Lacan propose trois théories de la lettre. La première concerne la lettre en tant qu'écriture gestuelle. Si le signifiant se situe du côté du Symbolique, la lettre se trouve du côté du Réel, qui est l'impossible selon Lacan. Plus particulièrement: la lettre est un geste devant le Réel, par lequel le sujet, pensant repérer, manipuler et classer les signes du monde, ouvre à son insu un chemin qui lui échappe. C'est que, au lieu d'être une invention ou un nouvel engendrement, comme l'est le signifiant dans la chaîne signifiante (fût-ce par l'intermédiaire du phallus comme signifiant-maître), la lettre est la répétition d'un acte antérieur, et fonctionne par là comme une barre au moment où le sujet s'engage dans l'énonciation. « D'où qu'elle vienne, où qu'elle aille, la lettre est rupture »:[106] la lettre est non plus scription, mais inscription, écriture, et, dès lors, destinée, en quelque somme, à être prise à la lettre.

La deuxième théorie de Lacan concerne la lettre en tant que support matériel du discours. Cette théorie suit de près les observations de Freud sur le fonctionnement économique de l'appareil psychique, notamment la distinction qu'il fait entre les processsus primaire et secondaire.[107] Le processus primaire désigne le système inconscient, où l'énergie psychique s'écoule librement, passant sans entraves d'une représentation à une autre, selon les mécanismes du déplacement et de la condensation: il a pour objectif la satisfaction du désir. Le processus secondaire caractérise le préconscient, où l'énergie s'écoule de façon contrôlée et où une représentation s'investit seulement lorsqu'elle est capable d'inhiber le développement du déplaisir qui peut en venir. La lettre, comme toute marque ou empreinte de l'alphabet, fonctionne alors comme un embrayeur symbolique qui permet au sujet de « dire » son désir et, ce faisant, de se constituer comme sujet. Dans cette constitution subjective, la lettre occupe une position ambivalente. D'un côté elle permettrait au sujet de tendre vers la jouissance, pouvant librement disposer à travers elle de son énergie constitutive. De l'autre côté, elle est une source de frustration: tenu à l'agencement des signifiants dans la chaîne signifiante, le désir ne saurait se dire vraiment, sans entraves. Etant lui-même du domaine de l'impossible, le désir ne peut donc se dire que par le possible: sa « lettre » est perdue depuis que le sujet a fait son entrée dans l'ordre symbolique et ses mécanismes oedipiens. Si l'inscription du sujet passe par l'intermédiaire de la castration, la lettre permet au sujet, comme le dit si justement Verena Andermatt Conley, « de se souvenir à des moments privilégiés d'une connaissance régressive d'un temps où les questions de

---

106. Pierre Kaufman (éd.), *L'Apport freudien, op.cit.*, p. 197.
107. Freud, *L'Interprétation des rêves, op.cit.*, p. 500-517. Voir pour une introduction à cette question: Kaja Silverman, « Primary and Secundary Processes », dans *id., The Subject of Semiotics*, Oxford, Oxford University Press, 1983.

paternité, d'inceste, ou l'opposition entre corps et âme, entre masculin et féminin, n'existaient pas ».[108]

Dans *Le Séminaire sur "La Lettre volée"* et *L'instance de la lettre dans l'inconscient*,[109] Lacan propose encore une autre conception de la « lettre ». Il l'associe au signifiant, dont elle est le support matériel. Aussi la lettre est-elle, tout comme le Symbolique et le pouvoir du Signifiant, ce qui détermine le sujet: « pour chacun, la lettre est l'inconscient [...] c'est-à-dire qu'à chaque moment du circuit symbolique, chacun devient un autre homme ».[110] Tout comme la lettre, dans le conte de Poe, est convoitée par tous les personnages et circule, à leur insu, entre eux, « le déplacement du signifiant détermine les sujets dans leurs actes, dans leur destin, dans leurs refus, dans leurs aveuglements, dans leurs succès et dans leur sort [...] ».[111] Lacan joue ici bien sûr avec la double signification de « lettre », mais c'est pour mieux en souligner la signification de signifiant. Les caractéristiques dont il pourvoit la lettre-épître sont en tout cas celles du signifiant même: sa résistance à la partition – « mettez une lettre en petits morceaux, elle reste la lettre qu'elle est » –;[112] son statut volé qui confirme le caractère du signifiant d'« unité d'être unique, n'étant de par sa nature symbole que d'une absence »;[113] son pouvoir de déterminer l'agencement des personnages: « à tomber en possession de la lettre, – admirable ambiguïté du langage, – c'est son sens qui les possède »[114] et par lequel en même temps ils lui assignent la signification de « pur signifiant »;[115] le fait qu'elle arrive, enfin, à destination, ce qui indique qu'elle a un « trajet qui lui est propre »;[116] et, enfin, tour magique du conte de Poe au service de Lacan: sa place, tel un phallus,

---

108. « The letter – wether an A, M, K, X, or Z – can be said to remind the subject at privileged moments of regressive cognition of a preconstrictive time when questions of paternity, incest, or the opposition between body and mind, masculine an feminine, did not exist. » Voir: Verena Andermatt Conley, *Hélène Cixous: Writing the Feminine*, Lincoln et Londres, University of Nebraska Press, (1984) 1991, p. 46. Voir aussi son travail sur la lettre dans *Partie* d'Hélène Cixous: « Writing the Letter: The Lower-case of *hélène cixous* », dans: *Visible Language* vol. XII, n° 3, été 1979, p. 305-318.
109. *Ecrits, op.cit.*, p. 11-64 et 493-530. Dans le célèbre conte de Poe *La Lettre volée*, le détective Dupin se charge, à la demande de la Reine, de retrouver une lettre qui lui a été adressée et qui pourrait la mettre dans une situation embarrassante en tombant dans de mauvaises mains. Or Dupin trouvera la lettre cachée dans un endroit où, paradoxalement, elle a tout le temps été exposée au regard des autres: entre les jambages d'une cheminée.
110. Lacan, *Le Seminaire, livre II: Le Moi dans la théorie de Freud et dans la technique de la psychanalyse (1954-1955)*, Seuil, 1978, p. 231.
111. « Le Séminaire de *La Lettre volée* », *op.cit.*, p. 30.
112. *Ibid.*, p. 24.
113. *Ibid.*, p. 24.
114. *Ibid.*, p. 30.
115. *Ibid.*, p. 32.
116. *Ibid.*, p. 30.

cachée entre les jambages d'une cheminée, ce qui implique qu'un heureux dénouement de l'affaire va nécessiter la castration[117] – la lettre sera retirée de la cheminée, ce qui causera la « castration » des pourvoyeurs –, et la soumission à l'ordre phallique: la lettre sera en effet donnée à la Reine, la personne à laquelle elle revient « de droit ».

La critique de Jacques Derrida attaque de front ces notions lacaniennes. Soucieux de l'abaissement de l'écriture dans un monde où la phonétisation et le *logos* tiennent lieu de sujet, de vérité et d'origine, Derrida va mettre en cause la psychanalyse, aussi bien freudienne que lacanienne, par la place fondamentale qu'elle attribue à la parole. Dès *De la grammatologie*, Derrida s'oppose aux notions lacaniennes de la « parole pleine »[118] et de la « parole vraie », porteuses, selon Lacan, de la vérité analytique et écho de l'avènement du sujet.[119] Derrida reproche à Lacan d'établir une hiérarchie entre les signes linguistiques, c'est-à-dire de favoriser la parole, et de proposer un *telos* de la « parole pleine » dans son lien essentiel avec la Vérité.[120] Dans *Le Facteur de la vérité*,[121] qui est une lecture disséminante du *Séminaire de "La Lettre volée"*, Derrida critique « l'instance de la lettre lacanienne [comme] la relève de l'écriture dans le système de la parole ».[122] Pour lui, la lettre lacanienne a tous les qualificatifs d'une lettre prononcée: par son caractère indivisible et indestructible, elle est toujours identique à elle-même, toujours présente à elle-même, ce qui implique qu'elle assure l'unité du signifiant et du signifié. Elle tient cette intégrité de son lien à l'idéalité du sens: si la lettre, à chaque étape de son déplacement, peut être reconduite à un seul signifiant (la lettre indivisée) et si ce signifiant, en dernière instance, se dévoile, par la place de la lettre entre les jambages, comme le signifiant du phallus, ce « signifiant du signifiant » non seulement détermine tous les effets de signifié, mais encore se révèle être le signifié des signifiés, bien à l'abri dans l'indivisibilité de la lettre.

---

117. Notons que, pour Lacan, la vérité de la lettre est « femme », c'est-à-dire sa castration voilée (la lettre qui est restée invisible) et dévoilée (dès qu'elle sera trouvée).
118. « Discours de Rome », dans *Ecrits, op.cit.*, p. 251-252.
119. Minuit, 1967, p. 12, 17.
120. Voir aussi la longue note que Derrida consacre à Lacan dans *Positions*, Minuit, 1972, p. 112-119.
121. Première publication dans *Poétique* n° 21, 1975, repris dans *La Carte postale. De Socrate à Freud et au-delà*, Flammarion, coll. la philosophie en effet, 1980, p. 441-524. Voir pour un commentaire: John P. Muller et William J. Richardson, *The Purloined Poe. Lacan, Derrida and Psychoanalytical Reading*, Baltimore, John Hopkins University Press, 1988.
122. *Ibid.*, p. 493.

Derrida ne propose pas sa propre théorie de la lettre, mais on peut en déduire des éléments à partir de sa notion de l'écriture, à la fois graphique et vocale, et des concepts de « différance » et de « dissémination ». A la lumière de ces notions derridiennes, le déplacement du signifiant-lettre s'affirme comme une « dérive du *telos* et comme une pluralisation de trajectoires ».[123] Et Derrida de paraphraser Lacan: « Une lettre *peut* toujours *ne pas* arriver à destination », « Non que la lettre n'arrive jamais à destination, mais il appartient à sa structure de pouvoir, toujours, ne pas arriver ».[124] Comme Derrida l'écrit dans un de ses premiers textes:

> La parole proférée ou inscrite, *la lettre*, est toujours volée. Toujours volée parce que toujours *ouverte*. Elle n'est jamais propre à son auteur ou à son destinataire et il appartient à sa nature qu'elle ne suive jamais le trajet qui mène d'un sujet propre à un sujet propre. Ce qui revient à reconnaître comme son historicité l'autonomie du signifiant qui avant moi dit tout seul plus que ce que je crois vouloir dire et par rapport auquel mon vouloir dire, subissant au lieu d'agir, se trouve en défaut, s'inscrit dirions-nous, *en passif*.[125]

c. Le *f file*

Sans sa mise en évidence dans le métadiscours de la narratrice, notamment dans le passage du *Décollement du rêveur*, le statut du *f* comme signifiant privilégié dans *Portrait du soleil* aurait été voué à la clandestinité. Ce relèvement dans *Le Décollement*, à mi-chemin du livre, et la lecture à rebours que nécessite dès lors une appréhension générale de la remarque du *f*, implique que l'origine du trajet fait par cette lettre est pour toujours perdue, et que son occurrence finale, sa « destination » pour parler avec Lacan, est anticipée ou encore dévoyée, toujours prête à cheminer vers une autre issue. D'autre part, le *f* n'est pas un signifiant « pur ». Quand il se présente, il revêt d'ores et déjà la forme d'un mot et se range donc dans toute une chaîne de signifiants qui se relaient et se répercutent. Lettre volée dans la mesure où elle est prise, arrachée d'un corps et d'un corpus de mots, mais aussi lettre volante, puisqu'elle traverse l'ensemble du texte, *f* tient sa

---

123. Christopher Johnson, *System and writing in the Philosophy of Jacques Derrida*, op.cit., p. 179. « The endless division ("partition") of the letter [...] results in an inflected *telos* ("une dérive de destination"), a pluralization of trajectories ("elle arrive ailleurs, toujours plusieurs fois") ».
124. « Envois », dans *La Carte postale*, op.cit., p. 135 et « Le Facteur de la vérité », *ibid.*, p. 472.
125. Jacques Derrida, « La Parole soufflée », première publication dans *Tel Quel* n° 20, hiver 1965, repris dans *id.*, *L'Ecriture et la différence*, op.cit., p. 266. Les italiques sont de Derrida.

valeur de trajet à sa nature ouverte, disséminale. Elle s'ouvre ainsi à plusieurs trajectoires, à plusieurs lectures. Nous allons en suivre quelques-unes.

des feux et des fumées

La mise en relief du *f* dans *Le Décollement* est préparée dans le fragment de fiction qui le précède. Il s'agit de la locution « il n'y a pas de fumée sans feu », qui est une citation du *Cas Dora*. Parlant du rêve, Freud s'en sert pour prouver que toute verbalisation est l'expression de pensées inconscientes.[126] Chez Cixous, la locution est curieusement présentée sous sa forme inversée: « pas de feu sans fumée » (110), ce qui stipule un renversement logique et hiérarchique du rapport entre « feu » et « fumée ». La locution est par la suite soumise à un processus métatextuel qui va en dire long sur les vérités cachées de cette expression cliché:

> Pas de feu sans fumée. Sans fumée pas de Dieu, pas de K., pas de nom-du-père. Sans Dieu pas de fils. Sans fils pas de sacrifices. Sans sacrifice pas de contrat. « Mr K. était un père tendre ». (110)

Les équivalences, analogies et renversements qui s'étoilent et se répercutent, répondent à la logique dialectique de la cause et de l'effet, mais s'articulent, quant à la terminologie utilisée, sur une logique toute textuelle qui trouble la progression dialectique en faveur d'une progression du sang-« sans », c'est-à-dire d'un enchaînement phonique et associatif. Le chiasme entre les deux premières phrases « Pas de feu sans fumée. Sans fumée pas de Dieu [...] » et la rime entre « feu » et « Dieu » dévoilent l'identité divine, phallique, du « feu », qui va en se précisant: « sans fumée pas de Dieu, pas de K. », c'est-à-dire, comme nous le rappellent les différentes références à l'Ancienne Egypte, un autre dieu, « Ka » étant une divinité égyptienne, mais aussi le personnage K. du *Cas/K Dora*. « ... pas de Dieu, pas de K., pas de nom-du-père »: « K. » est la lettre, sans nom, d'un « père tendre », mais s'identifie aussi comme un « nom-du-père », c'est-à-dire le signifiant phallique, transcendant, qui, dans la perspective lacanienne, se cache derrière la « fumée » de la chaîne des signifiants, tel le faisait le dieu biblique. Ce qui en est de ce « feu » devient clair quand il se fictionnalise et prend, littéralement, corps, « la fumée les prenant à la gorge »: craché, il se dissipe et se perd dans un bruit de toux sans signification.

Avec « sans Dieu pas de fils », l'enchaînement se poursuit en posant la question de la filiation. Cette analogie semble constituer une allusion chrétienne mais s'explique par une référence, antérieure au fragment cité, à

---

126. Chez Freud, la locution est d'ailleurs motivée par un rêve d'incendie que fait Dora. Voir *Le Cas Dora, op.cit.*, p. 53.

l'histoire d'Isaac et Abraham, père pas du tout « tendre » puisqu'il a consenti à sacrifier son fils à la commande de Dieu: « Sans Isaac pas de feu » (110). Cette analogie-ci reprend l'idée subversive exprimée par « pas de feu sans fumée. Sans fumée pas de Dieu »: avec ce renversement des rapports logiques et temporels, l'antériorité, l'originalité, l'existence même du « feu » sont mises en doute.[127]

« Sans Dieu pas de fils. Sans fils pas de sacrifice »: le rapport familial croise le rapport textuel, parce que « sacrifice » rime avec « sacri[fils] ». « Sans sacrifice pas de contrat » boucle l'enchaînement et cette mise en rapport identifie le contrat, vers lequel tous les autres notions-signifiants tendaient, comme un fait économique où chaque « objet » ou notion a sa valeur ou sa non-valeur d'échange. Mais le travail de la remarque du *f* crée encore un autre effet d'économie textuelle. Les différents termes ou notions qui commencent par *f* se rapprochent par ce fait, perdent leur transparence de signifié et avouent leur identité de corps textuels sans autre valeur que les rapports de rime, d'homophonie et de contagion phonique qu'ils entretiennent entre eux. Ainsi noms, lettres et signifiants sont les sujets en vérité de ce texte, soumis à un système économique où ils circulent et s'échangent à valeur égale. Dans cette libre circulation, les notions de feu, de Dieu, de père et de signifiant phallique sont prises dans le même engrenage, ce qui fait que le système de l'échange symbolique lui-même entre dans cette économie généralisée.

Au niveau de l'intertextualité, le « contrat » renvoie à celui qui liait, dans l'histoire d'Isaac et d'Abraham, le père au Dieu. Dans l'histoire de Dora il était aussi question d'un contrat, dans la mesure où Dora était soumise au commerce sexuel des pères adultères, K. et B., et à celui, plus sournois et à un niveau plus abstrait, de Freud lui-même.[128] Or c'est dans ce même engrengage de « feu » et de « fumée » que la fiction de Cixous va mettre fin à ce contrat, se chargeant de la revanche de Dora. Une nouvelle fuite de *f* montrera comment la « fumée », au lieu de n'être qu'un remplaçant, arrive à engendrer un sujet littéralement résistant: « Quand la fumée se dissipe, on voit le fantôme plus fort que tous de Dora ramasser dans son tablier relevé par les coins en forme de vase des milliers de ces petites billes confites »,

---

127. Rappelons également la « scène fictive » dans le « bureau du Roi » (103). L'odeur de la fumée qui échappe à travers les murs renvoie à ce « Roi », mais celui-ci est significativement dit être « absent ».
128. Il est frappant de constater que Freud parle aussi de « sacrifice », mais alors au sujet de Mme K. et le père de Dora: « Mme K... ne l'avait pas aimée pour elle-même mais pour son père. Mme K... l'avait sacrifiée, elle, sans scrupule, pour n'être pas troublée dans ses relations avec lui. [...] Dora ne cessait de répéter que son père l'avait sacrifiée à cette femme [...]. *Ibid.*, p. 45. Par cette référence, le texte de Cixous évoque secrètement la scène filiale de la (pseudo-) mère qu'était Mme K. et de sa « fille » par volonté, Dora.

puis, véritable mise en abyme de l'écriture cixousienne, les lâcher « au-dessus d'une serviette diplomatique ouverte, identique à mon propre cartable, si bien qu'une pluie de minuscules missiles tombe » (111), où il faut lire le terme de « minuscules » comme « petites lettres ».

du fil, des fils et des filles

Le Décollement du rêveur propose un autre travail du *f*, tout en le confrontant à de nouvelles analogies. En même temps il propose des stratégies de lecture, voire une poétique, à en juger les différents « travaux » – « le Travail du Temps », « le travail du Texte », « le Travail du Père » – et « productions »: « La Production du Collier de Vénus ». Ces termes constituent des références théoriques. Les différents « travaux » sont des calques du « travail du rêve », qui est le processus par lequel, selon Freud, les matériaux du rêve – les *stimuli* corporels, les restes diurnes, les pensées du rêve –, sont transformés en un produit: le rêve manifeste.[129] « La Production du Collier de Vénus » évoque, quant au terme de la production, la conception du texte comme « productivité », ceci par opposition à tout usage communicatif et représentatif – donc re-productif – du langage.[130] Dans cette conception, les effets de sens sont produits par le matérialisme du jeu des signifiants, et c'est aussi ce que donne à entendre la phrase suivante:

Pour constituer le portrait du Soleil par ses Effets:

une rafale   de signifiants sur
une route   en déblai
(112-113)

Cette mise ensemble des « travaux » (dont les travaux de route) et des « productions » est un essai d'articuler, de par les références théoriques de ces notions, une conception du texte où la source corporelle, subjective de l'écriture et la production autonome, immanente au texte, des effets de sens peuvent se trouver ensemble. Ce qui impliquerait, par exemple, qu'à côté des effets de sens, on trouvera aussi des effets de jouissance.

Le procédé de la remarque suit toujours celui de la greffe et de l'alchimie textuelles, prenant maintenant comme base les termes de « fleurs », de « fil » et de « fer ». Ces termes sont pris d'une citation, attestée, de Freud: « "à des guirlandes de fleurs tendues sur un fil de fer" (produite par Freud lui-même) », qui se trouve dans *Le Cas Dora* (112). Freud évoque cette guirlande quand il interprète les sentiments et les symptômes de dégoût de

---

129. *L'Interprétation des rêves*, op.cit., p. 241. Freud distingue plusieurs mécanismes dans le travail du rêve, dont le « travail de condensation » et le « travail de déplacement ».
130. Julia Kristeva, *Séméiotikè*, op.cit.

Dora, dont il suppose qu'il s'agit de « pensées inconscientes, tendues sur des rapports organiques préfigurés, comparables à des guirlandes de fleurs tendues sur un fil de fer, de sorte qu'on peut trouver, dans un autre cas, d'autres pensées entre les mêmes points de départ et d'arrivée ».[131] Si Freud avance donc qu'en principe tous les enchaînements, c'est-à-dire toutes les équivalences et analogies s'égalent, il s'empresse pourtant d'ajouter que, dans son analyse des pensées de Dora, un seul enchaînement d'idées et de symptômes apporte la solution des symptômes de Dora et s'avère donc être valable, à savoir celui qui permet de conclure à la prééminence des sentiments sexuels que Dora porte à son père. La narratrice de Cixous va exploiter cette idée en proposant plusieurs enchaînements à la fois qui, par cette référence freudienne, sont censés véhiculer un seul sens véridique.

> 6) Le Travail du Temps (ex: les fleurs fanent, le fil reste)
> Le travail du Texte (ex: le Fils Fane, les Fleurs pestent)
> Le Travail du Père (ex: le père flirte, la Fille pleure)
> Notons: Fleurs blanches/Fer noir. Fleurs molles/Fil dur. Fleurs mouillées/Fil rouillé.

[...]

> 8) La production du Collier de Vénus: Sans Fil. Pas sans Fille.

C'est un phénomène naturel qui veut que, le temps de quelques jours, les fleurs fanent et que le fil (de la guirlande sur lequel elles étaient attachées) reste. « Les Fleurs pestent » de la deuxième équivalence est une variante de cette logique temporelle, rendue possible par un déplacement chiasmatique de « fleurs » et de « fil ». Mais pourquoi le « fil » (qui reste) se transforme-t-il en « fils » (qui fane)? Puisqu'il s'agit ici d'un « travail du texte », on peut penser à une contamination du pluriel des « fleurs » (qui fanent), à un rappel du *s* de « reste », transporté sur le « fil », ou encore à un équilibrage phonique et chiasmatique des *s* entre « fils fane » [fi*s* fane] et « fleurs pestent » [fleurs pe*s*tent]. Quoiqu'il en soit, le « fils » surgit et avec lui le registre de la différence sexuelle: non seulement parce que, avec le *s*, « fils » se remarque sexuellement par rapport à sa contrepartie, le « fil », mais encore parce que ce masculin est mis en relief dans son rapport avec les « fleurs », mots féminins, et avec « pestent », c'est-à-dire « peste », qui est le qualificatif d'une fille insupportable (comme Dora).

La métamorphose textuelle, et sexuelle, se poursuit par le « Travail du père », qui donne lieu à la configuration suivante: « le père flirte, la fille pleure ». Sur la base des différents « travaux » qu'on vient de considérer, les termes de cette configuration s'expliquent comme un effet du temps, parce

---

131. *Cinq psychanalyses, op.cit.*, p. 62.

que les pleurs sont consécutifs et conséquents au flirt, et comme un effet textuel. « Flirte » renvoie par anagramme à « fil » et par homophonie à « fleurs »,[132] tandis que « fille » est comme l'aboutissement d'un enchaînement textuel et sexuel qui a mené de « fil » à « fils » à « fille ». Mais le syntagme « le père flirte, la fille pleure » traduit aussi une scène riche en échos intertextuels. Il rappelle la situation de Dora, victime des intérêts sexuels de son père, mais aussi, d'une manière plus générale, la théorie de la séduction de Freud. Freud a formulé cette théorie quand il s'est rendu compte que beaucoup de ses patientes « hystériques » reproduisaient des scènes de leur enfance où elles étaient séduites par un adulte, dans la plupart des cas par leur père.[133] On sait que Freud, alerté par l'envergure endémique que prendraient ces cas d'inceste s'ils se révélaient tous vrais, a abandonné cette théorie au profit de l'hypothèse du « fantasme de désir ». L'invention de ce fantasme lui permettait d'expliquer à ses patientes que ce qu'elles croyaient être le souvenir d'un incident traumatique était en réalité l'expression inconsciente du désir, bien oedipien, d'être séduite par le père, ce qui arrangeait bien les pères incestueux de Vienne, et augmentait la détresse hystérique des filles agressées...

Avec cette référence théorique, ce « travail du Père » se donne aussi à lire comme une scène fantasmatique, où « la fille pleure » prend en compte la situation « réelle », et « le père flirte » le désir de cette fille. « Le père flirte, la Fille pleure » se rangerait ainsi dans la série des fantasmes, pour consolider, au niveau de la fiction, le motif du père-amant et de la fille, offrant ses pleurs ou ses fleurs dans l'(im)possibilité de l'atteindre.

« Notons: Fleurs blanches/Fer noir. Fleurs molles/Fil dur. Fleurs mouillées/Fil rouillé. » La série des équivalences et des analogies se poursuit à base d'oppositions logiques: blanc-noir et mou-dur, et à base d'un registre sexuel. Ce registre est motivé par les « fleurs », qui évoquent les « flueurs blanches », et par l'état « mouillé », signes, dans le texte de Cixous comme dans celui de Freud, de la sexualité féminine. La dureté du « Fil » (de fer) qui, dans la citation des guirlandes, pénètre les fleurs, a aussi une connotation sexuelle. Est-ce moquerie de la part de la narratrice de terminer sa chaîne d'équivalences par un fil « rouillé », qui aurait perdu sa force? La

---

132. Les dictionnaires étymologiques font état d'un faux rapport étymologique entre « flirter » et « fleurs »: la prononciation anglisante de « flirter » a provoqué une homonymie avec « fleurs » et s'est rapprochée de l'expression « conter fleurette ».
133. Voir Freud, « La Féminité », dans *Nouvelles conférences d'introduction à la psychanalyse*, *op.cit.*, p. 161-162. Voir aussi S. Freud, « L'étiologie de l'hystérie » (1896), dans *Névrose, psychose et perversion*, PUF, 1973, p. 83-112; et *Zur Geschichte der psychoanalytische Bewegung* [1914], *Gesammelte Werke*, 18 vol., Londres, Imago, 1940-1952, tome X.

rime intérieure et la référence au phénomène naturel expliquent la transformation de ce fil « dur » en un fil « rouillé », mais l'ironie de l'image est frappante. En même temps, « rouillé » vient boucler ce qui serait comme une traversée solaire des équivalences: par anagramme et par métaphore, « rouillé » évoque le terme et la gamme des couleurs « or » du soleil.

Au-delà de ces nouvelles équivalences et analogies, on voit que le discours travaille à consolider le terme de la « fille ». « Fille » dans sa qualité d'objet refoulé et « sacrifié » par tout « travail du père »; « fille » aussi en tant que signifiant qui ne cesse d'insister et de ressurgir dans l'économie générale qui se désigne ailleurs comme le « désir de F il », qui double, parodiquement l'instance phallique.

Ceci est encore affirmé dans la dernière phrase du *Décollement*: « La production du Collier de Vénus: Sans Fil. Pas sans Fille ». On reconnaît dans cette « production du Collier de Vénus » une autre variante de la filiation de signifiants, qui focalise cette fois-ci sur la chair, vu que le « Collier de Vénus » désigne la partie grasse du cou d'une femme.[134] « Sans Fil. Pas sans Fille ». Ce qui, dans une première lecture, se lit comme l'expression d'une négativité ou d'une exclusion, s'entend aussi comme « sans »-sang, où « fil » est à la fois exclu-sans et inclu-sang, et où « fille » aussi est à la fois inclu: « pas sans fille », et exclu: « pas sang fille ».

Cette « fille », serait-elle alors une autre « oranje », un autre mot-fruit, un autre mot à couper et à redistribuer au gré de la lecture? On doit bien le constater, vu que « fille », dans ses différentes filiations, surgit à chaque fois comme le refoulé d'une textualité qui se laisse régir par le symbolique. Afin que « fille » puisse faire partie, elle aussi, du libre échange des signifiants, il faudra qu'elle sorte du système oppositionnel qui la lie uniquement à « fils » ou au « père » et qu'elle entre, en tant que signifiant, dans la circulation des signifiants, faisant « fil-le » avec d'autres signifiants. Parallèlement, il faudra aussi que le « désir de F il » qui évoque la chaîne signifiante régie par le Phallus, donne aussi à entendre ce qui en est de ce « F il »: deux faisant fil faisant rapport; *f* c'est-à-dire une lettre-*f*éminin et il-masculin. C'est par ce marquage au corps même de ce qui, dans le système symbolique, fait Un et Il, que la textualité cixousienne produit ses effets de « sens », ou plutôt de « fêtes » de jouissance, qui est aussi une fête de la critique. C'est qu'elle donne à entendre que « le Travail du Texte », pour être véridique, a à s'opérer dans ce qui fait « fil », dans ce qui oscille de l'un à l'autre, dans ce qui sépare et répare, différencie, et se démarque donc comme un effet de la différence sexuelle.

---

134. Pour les anciens Egyptiens, le collier était aussi le signe hiéroglyphique de l'or.

5. La « besogne des mots », ou la mise en cause de Bataille

Dans son article « Sur les transpositions des pulsions », Freud remarque que, dans l'inconscient, les concepts d'excrément, d'argent, de cadeau, d'enfant et de pénis se séparent mal et s'échangent facilement entre eux.[135] Ces équivalences symboliques se manifestent comme un système permanent de substitutions, qui est seulement aboli au stade phallique, quand le pénis devient le référent absolu.

Articulant Freud et Marx, Jean-Joseph Goux pose que la logique des rapports sociaux que Marx a développée en partant du phénomène économique élémentaire, à savoir l'échange des marchandises, est à reconnaître dans tout procès social – politique, juridique, sexuel, esthétique, intersubjectif, signifiant, – dès lors qu'y intervient l'échange en un sens généralisé.[136] Ceci a donné naissance aux « équivalents généraux » que sont l'or, le père, le phallus, le monarque, la langue. Goux explique que la formation de ces équivalents généraux est liée à la distinction de la valeur d'usage, déterminée par la chose empirique, et de la valeur d'échange, qui remplace cette détermination empirique en faveur d'un sublimé, basé sur l'identité, le propre, l'universel. Pour donner quelques exemples: sur le plan économique, l'or est la valeur d'échange qui détermine celle des marchandises et de l'argent, ce qui se voit au fait qu'on ne s'en sert pas, parce qu'il est mis en réserve. Sur le plan sexuel, c'est le phallus qui est mis en réserve, conformément à ce que Lacan dit à son sujet: « [Le phallus] ne peut jouer son rôle que voilé, c'est-à-dire comme signe lui-même de la latence dont est frappé tout signifiable, dès lors qu'il est élevé (*aufgehoben*) à la fonction de signifiant ».[137] Au niveau de la langue, Goux, s'appuyant directement sur la *différance* de Derrida, prend l'instauration du logocentrisme comme exemple. Le logocentrisme est le règne des signes linguistiques sur les signes quelconques, où le privilège de la garantie du sens des signes est attribué aux signes de la parole.

Portrait du soleil s'oppose à cette prise de pouvoir des équivalents généraux, en s'en prenant justement à quelques-uns: l'or,[138] le père, le phallus, le Signifiant. La stratégie utilisée, explicitée dans le métadiscours de la narratrice, consiste d'abord à faire sortir ces représentants du système de la symbolisation et de la métaphorisation où ils sont mis en réserve et de

---

135. « Sur les transpositions des pulsions plus particulièrement dans l'érotisme anal » [1917], *La Vie sexuelle*, P.U.F., 1969, p. 106-112. Freud remarque que ces équivalences se font surtout au niveau de l'organisation libidinale prégénitale et chez certaines névroses.
136. « Numismatiques », *Tel Quel* n° 35 (1968) et n° 36 (1996), repris dans Jean-Joseph Goux, *Economie et symbolique. Freud, Marx*, Seuil, 1973, p. 53-113.
137. *Ecrits, op.cit.*, p. 692.
138. Voir aussi le chapitre V sur le nom de Dora.

dévoiler leur « véritable » valeur qui, au niveau du texte, est leur simple valeur d'« objet écrit » (64). Ainsi l'explique le fragment suivant, qui paraphrase la grammatologie derridienne dans sa critique de la « parole pleine » de Lacan:

> ces phrases-clés sont des objets écrits, elles n'ont jamais existé qu'en écriture. Contrairement aux choses écrites ordinaires, elles ne sont pas des après-coup de la parole, et elles ne portent pas dans leurs corps le pacte normal avec la voix. Ce sont des objets-écrits lisibles aux yeux sans voix. (64)

Ce qui, dans les termes de Jacques Derrida, « s'est toujours présenté comme re-présentation dérivée et modifiée de la simple présentation »,[139] à savoir cet « objet écrit » de la narratrice de Cixous, est ainsi dénudé comme « trace ». Indépendamment de sa qualité de lettre, de mot, de phrase ou de citation, « l'objet écrit » fait dès lors partie de ce que Derrida désigne comme « la dérive infinie des signes comme errance et changement de scènes, enchaînant les re-présentations les unes aux autres, sans commencement ni fin ».[140] Ce qui suit est la reconstruction d'une de ces errances, faite à la base de quelques *f*-fils tendus par la narratrice et où, dans le travail de la lecture ainsi déclenchée, la signification représentative de quelques « équivalents généraux » se trouve, de plus en plus, compromise.

f est une lettre, plus précisément: une lettre minuscule. Or qui dit minuscule dit majuscule, et la voici: « il faut [...] lire jusqu'au bout, pour que les majusCuls avouent leurs accointances avec les Venuscels et les musculs, par quoi le monde est transformé en réalité » (63). « MajusCuls », « Vénuscels » et « musculs »: ces mots-valise, introuvables dans le dictionnaire, constituent un échantillon spécifique d'« objets écrits » qu'on va lire « jusqu'au bout ».

majusCuls: au niveau du discours, ce terme est censé désigner l'ensemble des lettres majuscules, dont il donne un exemple précis, C, C-capitale, qui est son synonyme écrit. Etrangement placé au milieu du mot, C coupe le mot pour donner naissance à un autre: « Culs ». C'est par cette mise en relief que les derniers syllabes des deux autres mots se donnent aussi à entendre par leur « cul ». Le « cul » constitue l'inscription du bas, et s'oppose donc à « maju- », dérivé du latin *majusculus*: « un peu plus grand » qui est apparenté à *magnus*: « grand », avec une « idée accessoire de noblesse », comme dit le dictionnaire.[141] Le C-majuscule contraste aussi avec son synonyme « capitale », qui, dérivé du latin *capitalis*, est lié à *caput*: tête. Les deux

---

139. Jacques Derrida, *La Voix et le phénomène. Introduction au problème du signe dans la phénoménologie de Husserl*, P.U.F., coll. Epimethée, 1967, p. 116.
140. *Ibid.*
141. F. Martin, *Les Mots latins*, Hachette, coll. Classiques, 1976, p. 141.

premières syllabes, constituées de « ma », pronom possessif renvoyant au sujet de l'énonciation, et de « jus », dont on connaît déjà la double connotation de coulement-sang et de sujet, font que « majusCuls » se donne à lire comme un portrait du sujet-je, ne sachant trop choisir entre cul et tête, entre le bas et le noble.

Vénusculs: le passage de « majusCuls » à « Vénusculs » (comme par la suite à « musculs ») est motivé par la rime. Deux lignes plus haut, il est question d'une autre rime: « le passage par la rime des deux mêmes objets anus/vénus » (63). On voit que cette rime a donné naissance à « venuscul », où « cul » rappelle l'anus, mais désigne aussi l'autre cul: le sexe féminin.[142] Ainsi se rapprochent deux registres qui normalement devraient s'exclure: le bas et le haut, l'excrémentiel et le sexuel, le masculin (la connotation phallique de « majusCul ») et le féminin, l'hétérosexualité et l'homosexualité, tous liés par un même « cul », jetés aux ordures.

musculs: la rime « anus/vénus » est « passé » – les phrases citées mentionnent toutes les deux le terme de « passage » – à « mu- », signifiant qui évoque lui-même la transformation. « Muscul » fait penser à « musculaire », mais évoque aussi la « muqueuse », plus particulièrement les « muqueuses de l'anus » (41), c'est-à-dire du cul, ce qui fait de « muscul », mot-valise, un synonyme de ces muqueuses mêmes qui, au niveau de la fiction, sont érotiquement connotées.[143]

Ainsi deux trajets signifiants se dessinent dans ce passage des mots: un trajet qui, avec la série cul-nu-anus-muscul, est lié au « cul » dans sa signification d'anus; un autre qui, à travers le cul-vénus-muqueuses, est, littéralement, marqué du sexe féminin. Vu aussi les rapports de rime et d'homophonie que les mots entretiennent entre eux, vu aussi les lettres ouvertes que sont les capitales C et V, on voit bien ici les mots faire leurs besognes, selon l'expression de Bataille,[144] ou plutôt coïter, pour faire abstraction de la connotation masculine du terme. Ils échangent des lettres, des sons et des graphies, se transformant au passage, selon une économie textuelle qui se veut, par anal-logie, excrémentielle et sexuelle. Cette anallogie peut être confrontée à un « objet trouvé » chez Bataille. L'histoire des

---

142. Le *Petit Robert* ne fait pas mention de la signification sexuelle de *cul*. Dans le *Dictionnaire érotique* par contre la signification de « sexe de la femme » précède celle de « anus » (Pierre Guiraud, *Dictionnaire érotique*, Payot, 1978, p. 263). Ce dictionnaire évoque le cul dans son rapport avec la pratique homosexuelle seulement dans l'entrée « enculer ».
143. Voir chapitre VII à propos des muqueuses de l'anus dans « La Leçon d'anatomie ».
144. Georges Bataille: « Un dictionnaire commencerait à partir du moment où il ne donnerait plus le sens mais la besogne des mots », *Oeuvres Complètes*, Gallimard, tome I, p. 217, cité dans Christian Limousin, *Bataille*, Ed. Universitaires, coll. psychothèque, 1974, p. 83.

« majusCuls » et des « Vénusculs » constitue en fait une citation, bien que totalement transformée, du *Petit* – voici la minuscule! –, qui contient une déclaration poétique de l'écrivain: « Ecrire ventre-nu et cul-nu, écrire et trouver l'innocence que j'ai retirant mes culottes ».[145] « *Ventre-nu* et *cul-nu* »: voici ce qui constitue le « Vénuscul ». Ce terme serait alors comme une balle d'excréments, ou encore une « verge d'excréments »,[146] que le texte de Bataille est venu déposer dans celui de Cixous, mais pas sans se voir affecté par ce passage, en son corps même, qui porte la marque de la différence sexuelle. Il est clair que la dépense dessinée par Cixous – comme celle de Bataille d'ailleurs – n'a rien à voir avec l'enfant sur son pot, retenant ses besoins, faisant ses premières petites économies. Cette dépense-ci concerne une écriture doublement excrémentielle: d'abord parce qu'elle s'articule sur des constituants apparemment les plus dépourvus de valeur signifiante, les moins aptes à participer au procès de la métaphorisation et de la symbolisation: les graphies, les sons, les syllabes. Cette écriture est encore autrement excrémentielle dans la mesure où elle se soumet à une transformation des sens généralisée, épuise ses trajets signifiants et s'évide allant jusqu'au bout. Chemin faisant, elle désigne aussi sa contrepartie: le C-capital(e), c'est-à-dire l'économie restreinte de l'amassement et de la rétention, le C-castration ou plutôt la peur de la castration, qui est la peur de (se) perdre, de perdre ses privilèges – une capitale n'est-elle pas une lettre privilégiée? –, le C de Cixous,[147] c'est-à-dire du nom et du patronyme qui, dans un autre domaine hautement symbolique comme le partriarcat, sont l'équivalent général qui remplace le nom de l'individu.

f, lettre minuscule, est un « petit ». Lu à la lumière de Freud et de Bataille, ce « petit » évoque l'enfant et le pénis, et c'est cette double signifation du « petit » qui est exploitée dans *Portrait du soleil*. Mis en relief comme le pénis – « d'après Jeor le petit, c'est comme ça qu'on appelle le pénis dans les bordels. Je ne sais pas » (58) –, le « petit », mis en relief par des occurrences multipliées, des variations lexicales et par la présence incongrue de son terme opposé (comme dans le fragment suivant: petit versus grand-mère), est innocenté comme un petit être aimé, familial, enfantin:

> Mes trois grands-mères me le prêtent, elles sont debout à gauche de la place, elles l'entourent, c'est leur *petit objet*. J'aime beaucoup ce *petit*

---

145. Georges Bataille, *Le Petit*, Pauvert, 1963, p. 14.
146. Selon l'expression d'un des patients de Freud. Freud, « Sur la transformation des pulsions », *op.cit.*, p. 110.
147. Dans *Portrait du soleil*, les quelques occurrences du nom de Cixous sont toujours sans majuscule.

> *être* extraordinaire d'une singulière espèce. Malgré sa *petitesse* il est fort intelligent, malgré son intelligence il est ingénu. Je le porte au bras, lui accroché à mon cou avec les grâces cassées et vives d'un singe, indéfinissable, il tremble sans cesse. (92; mes italiques)

Le fragment suivant exploite la désignation argotique du pénis comme « frère » ou « petit frère »:

> Le petit, comment dire, je pensais que c'était un peu un frère, il y a toujours eu entre nous cette familiarité charnelle, cette connaissance du sang par le sang, nés du même pénis, cette communauté, définitive, d'enfants au même vice; cette innocence du défendu; notre plaisir sans crainte de tarir. (58)

Si on peut relever les référents auxquels le « petit » fait allusion, sa propre signification dans le texte de Cixous reste ambiguë et complexe. La seule définition de « petit », celle qu'on vient déjà de citer, fait charnière. « D'après Jeor le petit, c'est comme ça qu'on appelle le pénis dans les bordels. Je ne sais pas » (58) est une citation du *Petit* de Bataille: « J'ignorais qu'on L'appelle ainsi, quelquefois, dans les bordels ».[148] L'érection phallique que dessine la majuscule « L » est un hommage de Bataille au pénis. Si elle n'est pas reprise sous sa forme visuelle dans le texte de Cixous, cet « L » se fait tout de même entendre comme « elle ». Ce pronom va être mis en relief à partir du nom du lieu de prédilection de Bataille: le bordel, transformé en « au bord-d'elles » (67), terme qui désigne les filles jouissantes au bordel. De l'« au bord-elles » de retour au « bordel », le « petit » se donne à appréhender comme le clitoris: « S'il y avait eu bordel, c'est moi qui l'aurait été puisque c'est chez moi qu'il y a le petit, pas du tout dehors ou ailleurs » (58).

Déjà ambivalent, déjà relayé par des synonymes ou mis en rapport avec des contraires un peu étranges, le « petit », référent biologique du phallus, l'équivalent général, est passé au crible par des procédés différents. Ainsi « petit » se retrouve dans le verbe « rapetisser », rendre plus petit qui, à son tour, est démonté comme une « râpe à tisser », syntagme dans lequel se conjuguent l'émiettement, la dissémination, et la reconstruction. « Petit » est aussi confronté avec son terme opposé, grand, ce qui donne lieu à toute une considération sur la grandeur de la petitesse qui est toujours une question de perspective (père-spective):

> Qu'est-ce qui est petit? Qui est petite? Qu'est-ce que petit me fait? [...] on peut transformer le petit, ou la relation du petit; il y a des variantes qui s'étendent entre dieu et presque rien; par métonymie; par expérience. [...]

---

148. *Le Petit, op.cit.*, p. 9.

> On peut appeler petit ce qui est grand. Par exemple Dieu, grandeur nature. Ce qui montre que le sens n'est pas sur l'axe des mesures, mais bientôt sur celui de la démesure. Tout ce qui est petit est aussi grand. Tout se transforme et rien ne se transforme. [...] Quand on dort, on est petit. Les morts sont petits [...] Au regard du psychiatre on est tous petits. Ce n'est pas l'enfant qui est petit, c'est la mère qui est fort grande. Ce n'est pas le chat qui est petit, c'est le fil qui est une corde. (59-60)

De *f* à « petit » à « fil »: en dépit de tous les rapetissements et dépenses qu'on vient de relever, *f* se re*con*solide en *fil*. Or ce « fil » est une « corde », c'est-à-dire, selon *Le Petit Robert*, une « réunion de brins d'une matière textile tordus ensemble ». Et nous voilà de retour, avec ces brins tordus, image de la pluralité, de l'entremêlement, de la corporalité, à la métaphore alchimique, où il s'agissait de « se tordre dans tous les sens ».

Chez Cixous, cette besogne des mots, ce « rape-tissage » continu, ne constituent pas une pure machine signifiante. On ne peut évacuer purement et simplement la provocation impérative des signifiés, d'autant plus qu'ils concernent les équivalents généraux du phallus et du signe, remplacés ici par des substituts impropres. La transformation à laquelle ils sont soumis, qu'elle soit excrémentielle, alchimique ou autrement dépensière, se veut explicitement à intention révolutionnaire – « par quoi le monde est transformé en réalité ». Ainsi on voit le texte, opérant ses propres transformations, lutter de front contre le logocentrisme, le phallocentrisme, l'idéalisme, dont l'auteur dit dans *Prénoms de personne* qu'ils constituent « les supports de la société, l'échafaud de l'économie politique et de l'économie subjective, les piliers de la propriété ».[149] Tout est impropre dans ce texte, ainsi que le suggérait déjà la métaphore excrémentielle. Rien ne peut être arrêté, fixé, récupéré par un procès de symbolisation qui tirerait la matière textuelle hors-texte et le rendrait propre, le sien propre. Même le Sujet devient son propre étranger, mis à l'épreuve d'une discursivité qui crée ses propres perversions polymorphes. C'est ici d'ailleurs aussi que la métaphore alchimique prend fin. Car si l'alchimie est, en dernière instance, toujours orientée vers l'essence et la quintessence, la distillation et la sublimation, bref vers l'invention de l'or pur, les filiations tordues du texte de Cixous ne font que créer des semblants d'or, de l'or impur, toujours prêt à faire de nouveaux alliages et de nouveaux sens.

---

149. *Op.cit.*, p. 9-10.

V
« Dora » I, ou la question du nom

> C'est toi, Dora, toi, indomptable le corps poétique, la vraie « maîtresse » du Signifiant
> Hélène Cixous, *La jeune née*

1. Le Cas Dora: *Freud et Cixous*

a. *L'histoire d'un Cas*

Fin 1899,[1] Freud reçoit la visite d'un ancien patient, un grand industriel juif, qui lui amène sa fille dont la santé et le comportement suscitent beaucoup d'inquiétudes à ses parents. Dora – c'est le nom que Freud donne à cette jeune femme de dix-huit ans qui de son vrai nom s'appelle Ida Bauer –, souffre depuis des années déjà de certains troubles nerveux: une gêne respiratoire et une toux nerveuse qui la rendent aphone pendant des semaines parfois. Des migraines, des troubles de caractère et des dépressions ont aggravé la situation, et, un jour, les parents de Dora ont trouvé une lettre sur le secrétaire de leur fille dans laquelle elle leur faisait ses adieux, disant qu'elle ne pouvait plus supporter la vie.

L'histoire de Dora aurait seulement été un cas de « "petite hystérie" avec symptômes somatiques et psychiques des plus banaux »,[2] si le père n'avait fourni à Freud des renseignements qui, selon le docteur, pointent dans la direction d'un traumatisme psychique dans la sphère sexuelle. Dora s'est dernièrement plainte qu'une des connaissances de son père, un certain K., ait essayé de la séduire lors d'une promenade. Le père ajoute qu'une longue amitié lie sa famille à celle des K., que Dora se plaisait dans leur compagnie et surtout dans le temps a eu une sorte d'adoration pour Mme K. Bien sûr le père a demandé des explications à K., mais celui-ci a nié au point de jeter la suspicion sur la jeune fille qui, au dire de son épouse, ne s'intéresse qu'aux choses sexuelles et a sans doute « imaginé » tout la scène racontée. Le père est d'autant plus embarrassé que les tensions entre les familles entravent son amitié avec Mme K., qui selon lui, est très malheureuse dans son mariage et possède en lui son seul appui. Rien d'illicite ne se cache dans leurs rapports, assure-t-il, mais il raconte tout de même que Dora, dans les scènes qu'elle lui fait, l'accuse du contraire et exige qu'il rompe ses relations avec Mme K.

---

1. En fait en 1900. Freud s'est trompé de date. Voir ci-après.
2. *Le Cas Dora, op.cit.*, p. 14.

Au cours du traitement, Freud aurait pu se rendre compte que Dora n'est pas la petite obsédée sexuelle comme les autres la considèrent, mais une jeune femme coincée entre les intérêts amoureux des personnes de son entourage, au point d'être traitée comme gage entre les deux hommes. Mais il est d'avis qu'« il n'y a pas de fumée sans feu »[3] et il s'épuise donc à prouver à la jeune fille que son rôle de victime n'est pas dépourvu de significations inconscientes et sexuelles. Ainsi voit-il dans une agression de Monsieur K. (M.K.), un baiser pressé sur la bouche, « de quoi provoquer chez une jeune fille de 14 ans, qui n'avait encore été approchée par aucun homme, une sensation nette d'excitation sexuelle », tandis que le sentiment de dégoût que Dora éprouvait par contre révèlerait un comportement « déjà tout à fait hystérique ».[4] A plusieurs reprises, Freud met le doigt sur les sentiments contradictoires que Dora entretient vis-à-vis de son agresseur, M. K. L'analyse de quelques rêves lui fait conclure que M. K. – de même que lui-même aussi d'ailleurs – fonctionne au niveau de l'inconscient de la jeune fille comme le substitut de son père, vis-à-vis duquel Dora entretient des sentiments aussi ambivalents et complexes que l'adoration, la jalousie et le mépris, autant de signes, selon Freud, de son désir inconscient pour lui. Dora, peu convaincue par ses conclusions et toujours tiraillée entre les intérêts des autres, ne termine pas son analyse. Freud, de son côté, considère cette décision comme un problème du transfert dans l'analyse: c'est un geste de vengeance à son adresse et il regrette de n'avoir pas à temps perçu les signes avant-coureurs.

Le compte-rendu du cas aurait pu s'arrêter ici si l'histoire de sa rédaction elle-même n'avait pas été remarquable. Dans *Le Cas Dora*,[5] Freud mentionne qu'il a rédigé la description du cas en janvier 1900 (1901 en réalité), dans les deux semaines qui ont suivi le départ de Dora. Pourtant il ne la publie pas avant 1905. Freud explique qu'il a été retenu par un souci de discrétion médicale et par les critiques de ses confrères, qui avaient déjà mal accueilli son ouvrage précédent, *L'Interprétation des rêves*. Freud s'attendait à ce que le *Cas*, qu'il considérait pourtant comme « le travail le plus subtil qu'[il ait] jamais écrit », allait effrayer « les gens encore plus que de coutume »[6] à cause des théories qu'il y avançait et à cause des détails cliniques piquants. Ces réserves expliquent d'ailleurs aussi le ton ouverte-

---

3. *Ibid.*, p. 53.
4. *Ibid.*, p. 18. La jeune fille était « bereits ganz und voll hysterisch » écrit Freud en allemand, ce qui est bien plus fort que la traduction française (Sigmund Freud, *Bruchstück einer Hysterie-analyse*, Frankfurt a/M, Fischer Taschenbuch Verlag, 1981, p. 31).
5. Titre officiel: *Fragment d'une analyse d'hystérie*. Ce titre souligne le caractère inachevé de l'analyse.
6. Freud dans une lettre à Wilhelm Fliess, 25 janvier 1901, dans *La naissance de la psychanalyse*, P.U.F., 1956, p. 290.

ment polémique adopté par Freud dans son texte. Tout ceci porte à croire que Freud se sentait plus troublé par son *Cas* qu'il n'osait se l'avouer.

L'antidate de l'analyse de Dora, fin 1899 au lieu de 1900, est un autre « symptôme d'une certaine préoccupation non-analysée », selon Peter Gay dans sa biographie de Freud.[7] Cette « erreur » ressemble beaucoup à la postdatation de *L'Interprétation des rêves*. Publié en 1899, ce livre porte comme date de publication 1900, selon le voeu de l'auteur de le faire appartenir au nouveau siècle, et peut-être même bien, l'inaugurer. *Le Cas Dora* lui aussi porte le même voeu de modernité: il est censé clôre l'histoire des hystériques[8] et constituer un premier dévoilement de l'énigme de la féminité, grâce au développement de la psychanalyse. Aussi y trouve-t-on déjà esquissée, quatre ans avant *Trois essais sur la théorie sexuelle*,[9] une théorie de la sexualité féminine qui correspond aux préoccupations théoriques de Freud à ce moment-là: la sexualité enfantine, la bisexualité originaire, la théorie de la séduction qu'il venait de « corriger » et en particulier le complexe d'Oedipe qu'il était en train de « découvrir ». Ces préoccupations expliquent aussi pourquoi Freud s'acharne à trouver dans le comportement de Dora des significations profondes, fantasmatiques et déviantes plutôt qu'une réaction « normale » à une situation très concrète d'agression sexuelle, ou pourquoi il reste sourd à toute une série d'autres indications que la jeune fille lui donne sur l'homosexualité féminine. Que ces signes soient seulement cités dans les notes en bas de page, est symptomatique pour l'écriture elle-même refoulante de Freud.

Ce cas décrit par Freud repose sur une histoire d'adultère des plus banaux, mais est devenu au cours des années un véritable mythe. C'est sans doute parce qu'il s'agit ici du premier des grands cas publiés par Freud et qu'il s'y met explicitement en cause. Depuis bientôt un siècle – la datation du *Cas* au début de ce siècle reste symbolique –, *Le Cas Dora* jouit au sein de la communauté psychanalytique du statut de texte pionnier aussi bien par rapport à sa signification pour le développement de la théorie analytique que par rapport à la technique thérapeutique qui y est esquissée. Depuis une vingtaine d'années pourtant, notamment sous l'instigation de la théorie féministe, le *Cas* a été critiqué pour ses visions masculinistes de la sexualité

---

7. « A symptom of some unanalyzed preoccupation ». Peter Gay, *Freud: a Life for our Time*, Londres, J.M. Dent and Sons Ltd, 1988, p. 247.
8. Appelé primitivement *Rêve et hystérie*, *Le Cas Dora* était destiné à rejoindre les travaux antérieurs de Freud sur l'hystérie et à étayer son ouvrage précédent et pionnier, *L'Interprétation des rêves*, par un exemple tiré de la pratique analytique.
9. *Le Cas Dora* et *Trois essais...* ont la même date de publication, 1905, mais on sait que Freud a commencé la rédaction de son cas dans les semaines qui ont suivi le départ de Dora, donc début 1901, et que, attendant la publication finale, il ne l'a pas profondément revue.

féminine. Le traitement que Dora a subi et les lois familiales qui l'emprisonnent ont été dénoncés comme des exemples du sexisme dont la culture occidentale moderne était pétrie, et l'est encore. Si « dans les annales de la culture occidentale, Dora a émergé comme l'exemple paradigmatique de la manière dont, au dix-neuvième siècle, des forces patriarcales – politiques, sociales, et médicales – opprimaient une jeune fille juive qui avait à traduire sa douleur à travers son corps »,[10] le *Cas Dora* est aussi, par ses dimensions dramatiques, voire tragiques, et grâce à la vivacité du texte de Freud, l'histoire de deux âmes, l'une traquée mais lucide, l'autre ambitieuse et aveuglée. Leur association fait du *Cas Dora* aussi une « histoire d'amour, de trahison, et de ce qui aurait pu être ».[11]

b. L'histoire d'un Portrait

L'histoire de la lecture et de l'usage qu'Hélène Cixous fait du cas décrit par Freud est également fabuleuse et riche d'investissements personnels. *La jeune née*, paru deux ans après *Portrait du soleil*, nous en donne un compte-rendu détaillé, mais il faut le lire dans le contexte spécifique de ce texte lui-même. Tantôt essai, tantôt entretien (avec Catherine Clément), *La jeune née* interroge quelques figures historiques de femmes, dont les hystériques, et essaie de placer les voix de ces femmes rendues aphones dans l'histoire des discours. Parlant longuement de la Dora de Freud, Hélène Cixous ne contextualise pourtant pas sa lecture du *Cas Dora*. Vue la présence explicite de l'intertexte lacanien dans *Portrait du soleil*, on doit tout de même conclure que cette rencontre de Cixous avec *Le Cas Dora* et son auteur s'est faite dans le cadre du grand « retour à Freud » prôné par Lacan qui, dans les années 60 et 70, constitue un point de référence pour l'intelligentsia française.

« Je suis entrée dans le cercle de l'hystérie parce que j'y étais attirée, appelée »:[12] c'est en ces termes qu'Hélène Cixous commence à parler de sa fascination pour *Le Cas Dora*. Elle ajoute qu'elle a « lu ce texte dans une sorte d'éblouissement, d'explosion de la situation que ça met en scène, et où, frénétiquement, au fond, [elle s'était] sentie prise à partie par les différents

---

10. « In the annals of Western culture, Dora has emerged as a paradigmatic example of how patriarchal forces in the nineteenth century – political, social, and medical – oppressed a Jewish girl who had to write out her pain in her body ». Patrick J. Mahony, *Freud's Dora. A Psychoanalytical, Historical, and Textual Study*, New Haven et Londres, Yale University Press, 1996, p. 2.
11. « A tale of love, betrayal, and what might have been ». Hannah S. Decker, *Freud, Dora, and Vienna 1900*, New York, The Free Press, 1991, p. xi.
12. *La jeune née*, op.cit., p. 271.

personnages ».[13] Cette remarque montre clairement que l'histoire de séduction et d'identification qui l'attache au *Cas Dora* ne vient pas en premier lieu du personnage de Dora, mais de « l'hystérique » qu'elle est elle-même, la « personne poreuse, qui devient facilement la scène de l'autre ».[14] Ainsi c'est par toute la « scène de Dora » que l'auteur s'est sentie concernée: « En tant que Dora, j'ai été tous les personnages qu'elle fait, qui la tuent, qu'elle traverse et fait frémir, et à la fin je me suis échappée, ayant été un jour Freud, un autre Mme Freud, et aussi M. K., Mme K. en chacun, la blessure que Dora leur fait. ».[15]

« J'ai produit un texte là-dessus »,[16] poursuit l'auteur, sans pour autant préciser de quel texte il s'agit. Sans aucun doute, il s'agit de *Portrait du soleil* dont, d'ailleurs, *La jeune née* cite de longs passages. *Portrait du soleil* fourmille de ce genre d'identifications aux « personnages » du *Cas*. L'« infernale trace de Dora dans la mémoire de Freud » (48) est relayée par « l'infernale trace de Dieubis dans ma mémoire », tandis que le « court périple » (70) de la narratrice annonce le « périple symbolique » (137) de Dora. Pour ce qui est de la pertinence de ces réseaux similaires, la narratrice affirme « la ressemblance troublante de mon portrait avec le portrait de Freud en 1899, beaucoup moins troublante avec le portrait de Dora en 1900, la dissemblance troublante de Jeor (Dieubis etc) », mais souligne également « l'inanité du désir de discernement, car il est évident qu'il n'y a pas plus de ressemblance entre Freud et moi et Dora, qu'entre chat et chat, et pas moins » (135).

Pour en revenir à *La jeune née*, Hélène Cixous ajoute, à propos du texte qu'elle a « produit », qu'elle l'a fait « dans une sorte de naïveté ».[17] Cette naïveté s'explique par rapport au « travail » entrepris depuis sur *Le Cas Dora*, dont on trouve justement les résultats dans *La jeune née*, mais aussi dans *Portrait de Dora*, la pièce publiée et montée l'année suivante.

Cette remarque sur la naïveté, pour paraître minime, en dit long sur la fonction et la signification du *Cas Dora* dans *Portrait du soleil*, ainsi que sur le rapport entre ce livre dernier et la pièce *Portrait de Dora*. Dans *La jeune née*, Cixous dit qu'elle ne s'est pas « souciée de l'investissement analytique » dans sa première lecture du *Cas Dora*.[18] Quant au texte innommé, *Portrait du soleil*, il serait le produit d'une lecture également « naïve » à ce niveau-là. Dans un article écrit une quinzaine d'années plus tard, l'auteur

---

13. *Ibid.*, p. 272.
14. Hélène Cixous, « Théâtre enfoui », *Europe* n° 726, oct. 1989, p. 73.
15. *La jeune née*, *op.cit.*, p. 184.
16. *Ibid.*, p. 271.
17. *Ibid.*
18. *Ibid.*, p. 272.

déclare, toujours dans le même souci d'explication et de mystification, que *Portrait de Dora* est une « côte qui a été prélevée sur le corps de *Portrait du soleil, pendant que je dormais* ».[19] Hélène Cixous souligne, en outre, qu'elle n'aurait peut-être jamais écrit la pièce si elle n'avait pas rencontré la metteur en scène Simone Benmussa. Ecrite d'abord pour la radio, en 1972, donc en même temps que *Portrait du soleil*, *Portrait de Dora* a été ré-écrite à la demande de celle-ci pour être portée à la scène au Théâtre d'Orsay en 1976.[20]

Ce rapport intime entre *Portrait du soleil* et *Portrait de Dora* est d'autant plus à souligner que, dans la réception cixousienne, le succès de la pièce a totalement oblitéré son « avant-texte » *Portrait du soleil*. Paradoxalement, la responsabilité de cet oubli incombe à la critique féministe anglosaxonne[21]

---

19. Dans « Théâtre enfoui », *art.cit.*, p. 73. Les italiques sont de Cixous. Voir aussi Hélène Cixous, « L'auteur entre texte et théâtre », *Hors Cadre* n° 8, printemps 1990, p. 45.

20. Benmussa s'est également chargée des versions anglaises, représentées d'abord au English Theater à Vienne (1976), puis à Londres au New End Theatre (1979). Dans les années 80, la pièce a aussi été représentée aux Etats-Unis, au Canada et aux Pays-Bas. La dernière représentation en date est la mise en scène par Liliana Alexandrescu avec le Creatheater d'Amsterdam en 1995. Voir aussi: Simone Benmussa, « *Portrait of Dora*. "Stage work and dream work" », dans *id.*, *Benmussa directs*, Londres, John Calder, 1979, p. 9-19.

Par ailleurs, la rencontre avec des metteurs en scène a continué à être décisive pour la venue à l'écriture du théâtre de Hélène Cixous. C'est le cas pour *L'Histoire terrible mais inachevée de Norodom Sihanouk, roi du Cambodge* (1985), *L'Indiade ou l'Inde de leurs rêves* (1987) et *La Ville parjure ou le Réveil des Erinyes* (1994), écrites à la demande d'Ariane Mnouchkine pour le Théâtre du Soleil. Citons aussi *Et soudain, des nuits d'éveil*, « création collective en harmonie avec Hélène Cixous », présentée par le Théâtre du Soleil en 1997 et en 1998. *On ne part pas, on ne revient pas* (1991) et *L'Histoire (qu'on ne connaîtra jamais)* (1994) ont été écrites pour le Théâtre National de Lille et (la Métaphore) dirigés par Daniel Mesguich. *Rouen, la 30ème nuit de mai 31* est la dernière pièce d'Hélène Cixous, lue par Daniel Mesguich et Luce Mouchel de (la Métaphore) lors du colloque « Hélène Cixous: Croisées d'une oeuvre », le 28 juin 1998 au Château de Cerisy-la-Salle.

21. Jane Gallop, « Keys to Dora », dans *id.*, *Feminism and Psychoanalysis. The Daughter's Seduction*, Londres, MacMillan, 1982; Martha Noel Evans, « *Portrait of Dora*: Freud's Case History as reviewed by Hélène Cixous », *Sub-stance*, vol 11, n° 3, 1982; Sharon Willis, « Hélène Cixous's *Portrait of Dora*: The Seen and the Un-scene », *Theater Journal*, vol 37, n° 3, oct. 1985, p. 287-301; Rosette C. Lamont and Adelia Williams, « The Reverse Side of a Portrait: The *Dora* of Freud and Cixous », dans Brater et Enoch (éd.), *Feminine Focus: The New Women Playwrights*, Oxford, Oxford University Press, 1989, p. 79-93; Jeannette Laillou Savona, « In Search of a Feminist Theater: *Portrait of Dora* », dans *ibid.*, p. 94-108; Ann Wilson, « History and Hysteria: Writing the body in *Portrait of Dora* and *Signs of Life* », *Modern Drama* n° 1, vol. 32, mars 1989, p. 73-88; Anne Boyman, « Dora or the Case of l'écriture féminine », *Qui parle: a Journal of Literary and Critical Studies*, n° 1, vol. 3, printemps 1989, p. 180-188; Marie Feldman, « Le Troc des femmes ou la revolte de Dora », *Paroles gelées, UCLA French Studies* vol. 8, 1990, p. 21-29; Jeannette Laillou Savona, « *Portrait de Dora* d'Hélène Cixous: A la recherche d'un théâtre féministe », dans Françoise van Rossum-Guyon et Myriam Díaz-Diocaretz, *Hélène Cixous, Chemins d'une écriture*, *op.cit.*, p. 161-175; Celita Lamar, « From Freud to Cambodia. The theatrical Oddysey of Hélène Cixous » dans *id.*, *Our Voices, Ourselves. Women Writing for the French*

– et néerlandaise![22] – des années 70 et 80. Préoccupée par la représentation des femmes dans l'Histoire, dont celle de la psychanalyse, et par la recherche des formes de subjectivité féminine, cette critique s'est en effet intéressée à ce texte essentiellement pour sa dimension historique et politique. En témoignent, entre autres, les termes assez polémiques utilisées par cette critique: *Portrait de Dora* constituerait une « ré-ouverture du cas » (Lamar), une « cassure du cas » (Willis), une « analyse politique » (Gallop), ou encore la véritable « vengeance féminine » (Motard-Noar) qui remplace celle que Freud a invoquée pour bafouer le départ de Dora.[23] La façon dont ce texte a été reçu répond d'ailleurs à ce qu'en dit Hélène Cixous dans une interview accordée au journal *Le Monde*. Alors qu'en général elle est très réticente pour déclarer ses affinités féministes, elle y reconnaît que *Portrait de Dora* est « politiquement subversif ».[24]

Destin curieux donc que celui de *Portrait de Dora*: cette pièce qui aurait bien pu ne pas exister, a fait d'Hélène Cixous un auteur de théâtre et un auteur féministe. Mais ce n'est pas tout: publiée dans la même période que *Le Rire de la Méduse* et *La jeune née*, elle lui a valu sa première percée internationale et sa consécration comme théoricienne de la problématique de la différence sexuelle.[25] Ces dernières années on peut constater un nouveau

---

Theater, New York, Peter Lang, 1991.

L'étude féministe de référence est celle de Charles Bernheimer et Claire Kahane, *In Dora's Case. Freud, Hysteria, Feminism*, Londres, Virago, 1985. Cet ouvrage comprend en outre les articles désormais célèbres de Jacques Lacan sur le problème du contretransfert qui a fait échouer l'analyse de Freud, et celui, controversé, de Felix Deutsch qui a eu pour patiente, dans les années cinquante, une femme dans laquelle il a reconnu la Dora de Freud.

22. Rina van der Haegen, « Hysterie revisited. Of hoe Dora het spel weigerde mee te spelen », *Tijdschrift voor Vrouwenstudies* n° 7, 1981, p. 317-338 – un des rares articles qui se penche également sur *Portrait du soleil* –; *id.*, dans *In het spoor van seksuele differentie*, Nijmegen, SUN, 1989, p. 181-215; Margret Brügmann, « Tussen Liefde en Verlangen. Aspecten van vrouwelijk schrijven. Een vergelijking van Freuds en Cixous' Dora-benadering », dans *Maria of Medusa, Op zoek naar nieuwe mythen*, Amsterdam, IAV, 1982, p. 67-88; Camille Mortagne, « De stem van Dora », *art.cit.*; « Van kleine hysterie tot contemporaine mythe », n° spécial sur *Portrait de Dora* de la revue *Lust & Gratie* n° 49, printemps 1996, avec des articles de Liliana Alexandrescu, Margret Brügmann, Camille Mortagne, Matthijs Engelberts et Christa Stevens.

23. Celita Lamar, *Our Voices, Ourselves, op.cit.*, p. 150; Sharon Willis, « Hélène Cixous's *Portrait de Dora*: The Seen and the Un-scene », *art.cit.*, p. 287; Jane Gallop, « Keys to Dora », *op.cit.*, p. 148; Martine Motard-Noar, *Les Fictions d'Hélène Cixous. Une autre langue de femme*, Lexington, French Forum Publishers, 1991, p. 71.

24. Claire Devarrieux, « Hélène Cixous et le *Portrait de Dora* », *Le Monde* du 16 février 1976.

25. « Selon le pays de lecture, selon l'état de la diffusion culturelle dans tel pays, telle langue, je suis "connue", définie ou codée très diversement et de manière pour moi très inattendue », rappelle Hélène Cixous dans le *Reader* qui lui est consacré (Hélène Cixous, « Preface » dans: Susan Sellers (éd.), *The Hélène Cixous Reader*, Londres et New York,

phénomène de réception, lié à l'intérêt récent porté au *Cas Dora* et à Freud en dehors de la communauté psychanalytique. Cette réception vient de la part de la critique littéraire, qui s'intéresse notamment aux complexités de la structure narrative du texte de Freud, et d'autres sciences humaines (sociologie, l'Histoire, sciences politiques, critique féministe[26]) qui cherchent à ancrer le *Cas* dans son époque et dans son lieu. A l'intérieur de cette critique nouvelle, *Portrait de Dora* lui-même commence à constituer un ouvrage de référence à cause de sa lecture précise et sa déconstruction du texte de Freud.[27]

Dans *Portrait de Dora*, Hélène Cixous reste au plus près du texte de Freud, qu'elle « vole » et transforme. Elle en met à nu les motivations cachées, les lacunes et les interprétations forcées, tout en en développant les possibilités plus proprement dramatiques: les liens d'amour entre Dora et Mme K. mais aussi la trahison de celle-ci; la rage de la jeune fille contre M. K. mais aussi ses penchants amoureux pour cet homme, séduisant aux dires de Freud, et qui aurait pu l'initier à la vie sexuelle; les tensions entre père et fille; et celles entre Dora et son analyste, dont elle met constamment en doute les interprétations et qu'elle laisse seul et stupéfait quand elle s'en va.

Tout cet intérêt de la critique, et de l'auteur répondant à la critique, a eu pour résultat que l'étude des rapports entre *Le Cas Dora* de Freud et l'oeuvre de Cixous s'est presqu'exclusivement concentrée sur le personnage de Dora et sur la problématique de la subjectivité feminine. Ceci contraste avec certaines remarques de l'auteur dans *La jeune née*, où elle s'écrie, dans l'ardeur de son entretien avec Catherine Clément, qu'elle se « fout » de Dora et qu'elle ne la « fétichise » pas.[28] Dans *Portrait du soleil* elle avoue par la bouche de la narratrice: « Au fond je l'ai toujours trouvée antipathique, avec son sexe qui braille si fort » (103). Ce dénigrement ne rime guère avec d'autres observations dans *La jeune née*, où Dora est déclarée « indomptable

---

Routledge, 1994, p. xvi; cité du typoscript français original). Cixous se réfère ici au fait qu'en France, par exemple, elle est surtout connue pour ses séminaires et ses pièces pour le Théâtre du Soleil, tandis qu'aux USA, au Canada ou au Japon, elle est classée, parfois même exclusivement, dans la catégorie des théoriciens.

26. Voir pour des exemples de ces nouvelles approches du texte de Freud: Hannah S. Decker, *Freud, Dora, and Vienna 1900*, *op.cit.*, qui situe l'histoire de Freud et de Dora dans son contexte historique et étudie notamment les discours sur les Juifs, les femmes et la médecine à Vienne à la fin-de-siècle; et Patrick J. Mahony, *Freud's Dora*, *op.cit.*, qui est, comme l'annonce son sous-titre, « une étude psychanalytique, historique et textuelle ». Ce dernier ouvrage contient également une importante bibliographie qui rassemble les différentes approches disciplinaires.

27. Voir pour des exemples: Patrick Mahony, *Freud's Dora*, *op.cit.*, et Charles Bernheimer et Claire Kahane, *In Dora's Case*, *op.cit.*

28. *La jeune née*, *op.cit.*, p. 289.

le corps poétique, la vraie "maîtresse" du Signifiant »,[29] ou encore avec celles-ci plus récentes, qui empruntent le mode de l'identification: « Sans être Dora moi-même je la connaissais bien: j'avais en moi une virtualité de Dora, que je tenais à quelque distance pour ma propre sécurité ».[30] Ou encore dans l'exemple suivant, où Cixous tire profit du double sens de l'expression « faire une scène », comme si, dans l'idiome du français, se trouvaient déjà conjuguées l'histoire d'une femme, Dora, et sa propre histoire d'auteur qui fait son entrée sur la scène du théâtre:

> Pourquoi ai-je commencé, *semble-t-il*, à écrire pour le théâtre par *Portrait de Dora* me demande-t-on aujourd'hui. [...] C'est, d'abord, Dora qui a commencé. La vraie Dora [...] Parce qu'elle a *fait une scène* à Freud. [31]

Ces remarques, cependant, ne cachent guère leur fonction d'explication après coup, voire de mystification. « Sans doute m'était-elle inévitable et destinale », écrit encore Hélène Cixous en 1989 à propos de Dora.[32] Et certes, *Portrait de Dora* inaugure ce grand passage qu'a effectué son écriture, selon la célèbre formule de l'auteur, « de la scène de l'Inconscient à la scène de l'Histoire » et des « personnages »-voix, « émanations » et « transcriptions de passions »[33] de ses premiers romans, fictions analytiques, au personnage incarné, sexué et historique qui fera son entrée sur la scène théâtrale. Mais de même que cette pièce, enfant d'une rencontre heureuse, laisse loin derrière elle le souvenir du texte dont elle est issue: *Portrait du soleil*, elle a aussi oblitéré la compréhension de la nécessité authentique et originaire que constitue *Le Cas Dora* dans l'oeuvre de Cixous, qui, on va le voir, dépasse de loin le contexte analytique freudien ou féministe.

2. *Le nom de Dora*

> Tous les autres noms de l'histoire sont sans importance sauf celui de Dora (102)

a. *Le nom « porte »: une entrée dans le texte*

Comment entrer dans l'histoire de Dora que raconte *Portrait du soleil*? Quelle « porte » ouvrir sur ce personnage, dont le nom lui-même a fonctionné plus d'une fois comme une porte symbolique? Je fais ici allusion à

---

29. *Ibid.*, p. 176.
30. « Théâtre enfoui », *art.cit.*, p. 73.
31. *Ibid.*, p. 72. Les italiques sont de Cixous.
32. *Ibid.*, p. 73.
33. *Ibid.*. Voir aussi Christa Stevens, « Entrent les personnages. Hélène Cixous et son passage au théâtre », *Rapports/Het Franse boek*, vol. 63, n° 3, 1993, p. 114-117.

l'équivalence, maintes fois signalées par la critique et Hélène Cixous elle-même,[34] entre le nom de Dora et l'anglais « door-a », qui signifie porte, et à la double porte que constitue alors le titre *Porte-trait de Door-a*. Encore faut-il savoir de quelle porte il s'agit: est-ce une porte qui ouvre, ou qui ferme? Et sur quoi ouvrirait-elle, qu'est-ce qu'elle fermerait? « On dirait toute sa vie si l'on faisait le récit de toutes les portes qu'on a fermées, qu'on a ouvertes, de toutes les portes qu'on voudrait rouvrir », peut-on dire avec Bachelard.[35] Liée à l'expérience humaine, le motif de la porte est, d'entrée en jeu, lourd de significations symboliques, que pas mal de penseurs se sont plu à relever. « Dialectique du dehors et du dedans »[36] toujours selon Bachelard, ou encore recherche du centre, même si elle semble s'en éloigner, ainsi que la conçoit Mircea Eliade,[37] la porte est le seuil lui-même, le passage, le symbole de la transformation, représentant le désir humain de la transcendance dans son sens originaire: « aller vers ».[38] En ce qui concerne Freud, celui-ci attribue une signification sexuelle à la porte, ne laissant pas de doute quant à la signification d'une porte de chambre ouverte ou fermée, ni à l'identité de la « clef » qui ouvrirait dans ce cas.[39]

Dans *La jeune née*, Hélène Cixous se penche également sur le thème de la porte, tout en évitant de la mettre en rapport avec ces significations dualistes, métaphysiques et sexuelles. Pour elle, la porte symbolise l'échec que Freud a subi devant Dora, puisque la jeune fille, quand elle lui avait donné son congé, l'a « foutu dehors », comme dit l'expression, l'a mis à la porte. Certes, dans cette interprétation de Cixous, la porte garde toujours une signification sexuelle, vu l'étymologie sexuelle de foutre.[40] Mais, au cours de son raisonnement, il paraît que ce même « foutre à la porte » peut être mis en rapport avec un fait historique d'ordre socio-culturel: c'étaient les domestiques qui étaient « foutues à la porte », dans les deux sens de l'expression.

Ce qu'il s'agit de souligner dans le raisonnement de Cixous est la signification ex-centrique de la porte à l'intérieur de la structure familiale: à la fois reléguée vers les marges, dans la mesure où on fout à la porte, à l'extérieur

---

34. « [...] Dora, celle qui marque, discrètement mais fortement, de son faux (si vrai) nom le passage du siècle » (Hélène Cixous, « Théâtre enfoui », *art.cit.*, p. 72). Voir pour le nom-porte aussi: Jane Gallop, « Keys to Dora », *op.cit.*, p. 215; Martha Noel Evans, « Portrait of *Dora*: Freud's Case History as reviewed by Hélène Cixous », *art.cit.*
35. Gaston Bachelard, *La Poétique de l'espace* [1957], Quadrige-P.U.F., 1992, p. 201.
36. *Ibid.*, p. 191.
37. Mircea Eliade, *Images et symboles* [1952], Gallimard, coll. Tel, 1980, p. 51.
38. Georges Matoré, *L'Espace humain*, Ed. du Vieux Colombier, coll. Sciences et Techniques humaines, 1962, p. 176.
39. *Le Cas Dora*, *op.cit.*, p. 48, en note.
40. « Foutre » est dérivé du latin *futuere*, qui signifie avoir des rapports sexuels avec une femme.

de la famille, et retenue par le centre, dans la mesure où cet acte fait partie de l'économie familiale. Mais puisque c'est justement à la porte que l'on – c'est-à-dire des femmes – est « foutu »,[41] la porte est aussi le seuil où s'expérimentent et se consolident les liens familiaux par rapport à la différence sexuelle et par rapport à la différence de classe qui, dans les deux cas, constituent une inégalité de pouvoir. Or dans la structure familiale qui était la sienne, la Dora de Freud occupait cette position même de porte: réduite à un objet d'échange qui circule dans les marges du système, elle constituait paradoxalement aussi le pivot même de ce système. C'est que la structure familiale, partriarcale et adultère du *Cas Dora*, fonctionne sur l'acceptation que les femmes appartenant à la famille pouvaient être réduites à « rien » – c'est par ce terme que les hommes dans *Le Cas Dora*, M. B., le père de Dora, et M. K., se réfèrent à leurs épouses –, de la même manière que les femmes occupant les marges de la famille: la bonne, la gouvernante, pouvaient être foutues à la porte.

Dans *Portrait du soleil*, le motif de la porte, omniprésent, intervient également dans le contexte de l'histoire de Dora. Deux portes sont à retenir: « une porte dans Vienne », ouverte, à travers laquelle « des jeunes hommes et des jeunes femmes [se] déversent continuellement, naturellement » (25). Les allusions freudiennes, sexuelles, de cette porte sont patentes. Puis il est question d'une porte à « ouvrir » et à « claquer » (147), qui se réfère à celle que Dora a tirée en quittant Freud. Tout en se référant à l'histoire de Dora, ces portes offrent des ouvertures particulières sur la fiction de Cixous.

attendre devant la porte: la rencontre avec la loi

Désirer passer par une porte et ne pas oser le faire: voici l'attitude ambivalente que l'énonciatrice emprunte devant sa porte. Elle est exprimée dans un discours oxymorique où la question d'entrer ou ne pas entrer devient une question de vie ou de mort: « je crains, je suis au-delà de toute crainte, mais je n'entre pas »; « mais je n'entre pas, si je n'entre pas je mourrai, parce que je n'entre pas je meurs, si j'entrais je mourrais, mais je meurs de n'entrer pas » (25).

Le lecteur familiarisé avec l'oeuvre d'Hélène Cixous reconnaît dans cette porte une allusion à *Devant la loi*,[42] la parabole de Kafka qu'Hélène Cixous

---

41. Soulignons que, pour Freud, la porte symbolise le sexe de la femme. Cette même signification est relevée dans: Ad de Vries, *A Dictionary of Symbols and Imaginary*, North-Holland Publishers, 1974, p. 143; Pierre Guiraud, *Dictionnaire érotique*, Payot, 1978, p. 513.
42. Franz Kafka, « Vor dem Gesetz » [1914], *Sämtliche Erzählungen*, Frankfurt a/M, Fischer Taschenbuch Verlag, 1976.

évoque dans plusieurs de ses essais. Dans ce petit texte de Kafka, la porte en question est la porte de la loi. Un homme de la campagne est venu demander accès à la loi, ce que le gardien de la porte lui refuse pour l'instant. Ainsi l'homme commence à attendre devant la porte; attente qui lui prendra le temps de sa vie. Jamais il n'entrera dans la loi, et pourtant il n'y a rien qui l'empêche de le faire: la porte est ouverte. Hélène Cixous interprète cette attente vaine comme une affirmation que l'accès à la loi, l'être *dans* la loi, ne sauraient exister, de même que, d'ailleurs, être *hors* la loi ne le saurait. *A fortiori*, la loi n'est pas: « il [le bonhomme] ne voit pas qu'elle est derrière, autour, avant, *dans lui*, qu'elle n'est rien sans lui, que sa puissance apparemment absolue est inépuisable, parce que comme le Dieu de Moïse, elle n'existe pas; elle est invisible; elle n'a pas lieu; elle n'a rien ».[43]

Cette loi, autrefois intouchable, mais dévoilée maintenant comme un simulacre, démasquée comme une construction humaine, de quel biais se présente-t-elle dans *Portrait du soleil*? En fait, la porte devant laquelle l'énonciatrice se tient, a plusieurs apparences. Elle désigne d'abord un rite de passage: des jeunes hommes et des jeunes femmes la passent, ce qui fait de cette porte le lieu d'initiation à la vie sexuelle ou, plus précisément, lourde qu'elle est de résonances viennoises donc freudiennes, l'entrée même dans le complexe d'Oedipe. Si sa loi consiste à « glisser parmi le flot » indistinct des jeunes gens, son issue est, comme nous l'apprend la référence freudienne, moins indistincte: les jeunes gens en ressortent hommes et femmes, sujets à l'identité sexuelle bien définie.

La porte prend un tout autre aspect dans la mesure où son passage sert à rejoindre Dieubis, à le revoir encore une fois. La porte est donc aussi liée aux aspirations solaires de l'énonciatrice, qui sont ici frappées d'interdiction, punies par l'aveuglement: « s'il me voyait le voir il me fermerait les yeux, et je ne le verrais plus jamais, mais si je ne passe pas, je ne peux pas le voir » (26). La question s'impose, par référence à la parabole de Kafka, si cette impossibilité-interdiction de voir Dieubis est vraiment un fait de sa loi, ou une construction imaginaire de la part de l'énonciatrice sur l'être-loi de Dieubis, et quelle serait alors cette loi?

Toutes allusions et associations confondues, l'histoire de la porte, fort énigmatique, est à mettre en rapport avec le thème du père, et la loi de la porte avec la séparation inévitable d'avec lui. Ainsi s'explique la porte viennoise: passer par elle et entrer dans le complexe d'Oedipe, signifie un adieu fait au mirage oedipien et à l'attachement amoureuse au père. Passer par la porte et voir Dieubis implique une autre séparation de lui: l'impossibilité de ne plus jamais le voir.

---

43. *La jeune née, op.cit.*, p. 190.

On comprend que l'énonciatrice hésite à passer par de telles portes-lois aussi sévères. Mais le sont-elles vraiment? On se rappelle l'interprétation par Cixous de l'histoire de Kafka: la loi n'est rien, elle est une construction humaine. Ainsi en est-il de la porte chez Cixous: elle est une « ouverture que j'essaie de boucher avec mes rêves » (25); *a fortiori*, ce n'est plus la porte qui est ouverte, mais l'énonciatrice elle-même – « c'est moi qui, à la longue, suis ouverte » (25) –, « pleine » qu'elle est « de mémoire et de désespoir » (25). Aussi imaginaire qu'elle soit, la porte reste très réelle: elle est le corollaire de la « Perte » qui, mise en relief par sa majuscule, prend les dimensions d'une Furie antique. Car si, dans des moments de renoncement lucide, l'énonciatrice se demande « à quoi cela [il sert] de rester devant cette porte, au milieu des phrases bizarres » (27), il devient clair que c'est la loi de la perte qui lui dicte de « se glisser parmi le flot des scènes que la mémoire dégorge au cas où il y aurait des recommencements, à pouvoir, à menacer, à croire, à ne pas croire, à couper et monter, à repasser encore et encore par la Perte, les yeux désarmés » (27). On note d'ailleurs que, par ces « phrases bizarres » et ce « couper et monter », c'est l'écriture elle-même qui est indiquée comme une porte à passer, et le livre comme l'espace-ouverture à « boucher » de rêves et de mémoire. Savoir en finir avec cette loi de la perte, qui exige qu'on s'arrête à faire repasser des scènes douloureuses, à régler des comptes avec celui qui est parti, à reconstruire le passé irréparable, ou ne pas savoir en finir: l'histoire des portes à passer ou à s'attarder devant relève bien d'un travail de deuil. Ce travail détermine la structure narrative du livre, qui se caractérise en effet comme une succession de portes à ouvrir. Or le passage de ces portes ne connaît aucune autre loi que la nécessité même, intérieure à l'histoire du sujet-je. Il en va ainsi aussi des portes ouvertes sur l'histoire de Dora. Mise à l'épreuve du récit de Freud, chaque porte ouverte sur Dora est aussi une mise à l'épreuve de l'histoire de l'énonciatrice, avec la fin du livre comme seule porte de sortie possible.

claquer la porte, ou la sortie du sujet féminin

Placée « devant la porte », l'énonciatrice est aussi « *dehors*, reléguée mais *où*, expropriée mais de quel droit? » (90). On reconnaît ici la position excentrique, maintes fois évoquée, qu'occupe la narratrice, double de l'auteur, par rapport à la Loi et ses représentants symboliques. Si elle est exclue, c'est à cause de sa « Féminité » (90), incongrue et oscillante, de sa judaïcité et de sa nationalité: « cette terre n'est pas la mienne » (90). Quant à l'identité sexuelle, l'identification avec la porte-Dora est patente: comme l'énonciatrice, Dora avait une identité sexuelle ambivalente, s'identifiant tantôt à une position féminine, tantôt à une position masculine. Caractérisée « hystérique », elle était expropriée de son droit à un désir à elle.

Ici apparaît l'importance de l'image de la porte que Dora a franchie et claquée en quittant Freud: la narratrice emprunte à ce geste historique la « sortie » qui lui est propre. Cette sortie se présente sous plusieurs formes: s'identifiant à Dora, la narratrice entreprend une histoire d'« oeil et de dent », et prend ainsi à la lettre l'idée de revanche, et même de vengeance, ainsi que Freud a faussement interprété la sortie de Dora: « A sa place je. [...] A ma place Dora ... mon oeil et ma dent » (140). Le geste de Dora était « le seul possible à un certain moment historique, au sein d'une certaine configuration culturelle », comme l'écrit Verena Andermatt Conley.[44] L'écrivain Cixous, avec son droit à la parole et à l'écriture, est, ainsi qu'elle le souligne elle-même, celle que « Dora aurait été, si l'histoire des femmes avait commencé ».[45] Un autre aspect de la sortie se dessine. Cixous tire la porte de Freud tout en sortant de son texte à lui: elle le suit de près mais le prolonge aussi, littéralement, en multipliant les motifs et les associations. « L'histoire qui suit est vraie » (136), affirme la narratrice, ne laissant aucun doute sur la véracité et la « nécessité » de ce qui va suivre: « le sujet ne peut à aucun moment agir autrement qu'il n'agira. Temps, lieu, mouvements, pensées, actions et réactions fonctionnent en un système aussi définitivement organique et réglé qu'un corps humain » (136).

Pour sa sortie, la narratrice laisse à Dora l'honneur du premier pas: « Dora franchit la porte: elle se trouve désormais dans l'espace de la nécessité » (136), puisqu'il s'agit maintenant pour Dora de continuer seule, d'explorer ses vérités primaires et « primitives » (137). Le paysage onirique qui se déploie devant elle est menaçant, dévorant et destructif: la jeune fille doit passer par une gorge étroite, elle se tient entre ciel et terre sur une échelle dont elle ne peut descendre car des lions féroces l'attendent en bas. Les allusions à la quête de l'énonciatrice elle-même sont claires: Dora suit un « périple symbolique » qui rappelle celui, solaire, de l'énonciatrice, la gorge évoque le nom du père, tandis que les lions, avec leur peau « orangée » (138) et leur « crinière » (138), symbolisent le soleil.

Au début, Dora « voyage avec difficulté dans le symbolique » (136), réalisant « la déroute du sujet » (136). Les allusions lacaniennes sont manifestes: Dora, ou celle qui se désigne par ce « nom symbolique » (136), voyage pour se constituer comme sujet. Mais ce sujet doit, d'entrée de jeu, se constituer comme sujet sexué: ainsi s'explique, au cours de ce voyage, la

---

44. « Dora's gesture was the only possible at a certain historical moment, in a certain cultural configuration ». Dans Verena Andermatt Conley, *Hélène Cixous: Writing the Feminine*, *op.cit.*, p. 44.
45. *La jeune née*, *op.cit.*, p. 184.

présence de Mme K., la fausse amie qui, dans *Le Cas Dora*, joue le jeu des hommes et qui, chez Cixous, continue à le faire, car elle fait à Dora « une suggestion qui nous paraît perverse » (139). La scène des lions qui agressent Dora représentent également le choix, ou plutôt l'impossible choix, que la jeune fille doit faire devant la différence sexuelle. La question traditionnelle: sera-t-elle tuée ou pas, sera-t-elle mangée ou pas, est transformée en une question sur l'identité sexuelle des lions: « ont-ils des crinières ou pas? » (136), sera-t-elle mangée « par le lion ou la lionne? » (137). « Toute comparaison avec l'agréable et fantastique voyage d'Alice au pays des Merveilles serait déplacée », ajoute la narratrice, évoquant une autre histoire de jeune fille. Ensuite elle se réfère à un autre voyage encore (et à une autre histoire de porte), celui de Dante, auquel le voyage de Dora emprunte son caractère infernal, mais en pire. Si Dante était assisté par Virgile, Dora voyage seule, et le passage par le symbolique et la fixation sexuelle constituent des expériences pas moins infernales que les affres et les hésitations de Dante se hasardant au-delà de la porte de l'Enfer: « Si l'on désire comparer ce progrès à celui de Dante, il convient de semer Virgile et d'hésiter à intervalles réguliers sur le genre du poète: cette migration doit s'accomplir en effet dans le doute, la solitude et le risque » (137). La signification de la fausse accompagnatrice Mme K. apparaît dans une autre comparaison avec *L'Inferno* de Dante:

> L'histoire fera ainsi un coup inattendu mais nécessaire: pour subir l'effroi perplexe qui pétrifie Dora sur son échelle, imaginez que vous êtes Dante regardant la 9e bolge du 8e cercle de l'enfer le Samedi saint 9 avril 1300 entre une et deux heures de l'après-midi du haut du point qui la domine la langue coupée par l'atroce spectacle des divisés et imaginez celui que Dante vit « fendu du menton jusque là d'où l'on pète, entre ses jambes pendent ses boyaux et ses poumons apparaissent et le misérable sac qui fait de la merde de ce qu'on avale » et Dora serait Dante et le damné fendu serait sa « vérité » que Mme K. lui offre à voir. (139-140)

La « vérité » que représente Mme K., avec sa féminité rangée, est justement celle d'un être damné, déchiré en son for intérieur, mort-vivant. Pour Dora se tenant sur son échelle, cette vérité implique d'être mangée par les lions, être couchée, foutue, réduite à rien: « Voilà pourquoi Dora ne veut pas descendre », conclut la narratrice. « Avec mon sang et mes moelles je la comprends » (140), termine-t-elle, se référant une dernière fois à la véracité de la parole du corps.

On vient de voir comment la narratrice, empruntant le « nom symbolique de Dora », est entré dans le texte de Freud pour en ressortir par le « sac qui fait de la merde » du texte de Dante. C'est peut-être une sortie peu triomphale, si ce n'est que dans le processus alchimique et anal-logique de *Portrait du soleil*, la merde se transforme en or. Une autre histoire pourra commencer.

b. Le nom d'« or » de Dora

> Mme K a des droits
> M. K a des droits
> Papa a des droits
> Maman a des droits
> Ya qu'le pijou qui n'en a pas.
> Mais elle a le nom. (102)

économie familiale, économie textuelle

« Si la jeune fille avait porté un autre nom aurait-elle fonctionné, comme monnaie marquée au niveau socio-économique? » (110). Par cette question, la narratrice de *Portrait du soleil* met en évidence que la portée symbolique du nom de Dora, conçu dans sa signification d'« or », s'étend aussi sur un autre domaine: celui du prix et de la valeur, et donc de l'échange et de la circulation.

Cette question rejoint la plupart des observations qu'Hélène Cixous fait au sujet de Dora dans *La jeune née*. L'auteur s'y montre tout particulièrement intéressée par la structure familiale dont Dora est prisonnière. Les rapports humains s'y tissent et s'entretiennent comme un ensemble économique, garanti par un pacte social:

> Chacun fait le petit calcul de la comédie bourgeoise classique, comédie de la bonne conscience, d'une part, comédie des convenances, d'autre part. D'abord « tu ne divorces pas »; ensuite tu fais une combinatoire de structures à éléments permutables pour tirer le plus grand plaisir possible d'une situation d'adultère. Et ça ne peut tenir que s'il y a un pacte social qui est observé. Ce pacte, c'est: « personne ne dira ce qu'il sait ». Tout le monde sait, mais tout le monde se tait, et tout le monde y a intérêt. Donc, on est dans un monde qui repose sur un système de contrats silencieux, un contrat d'hypocrisie générale. Et c'est une chaîne: « moi, je ne dirai pas que tu fais ça et toi, tu ne diras pas que je fais ça ».[46]

Avec admiration, Cixous appelle Dora « une gosse qui arrive à bloquer tous les petits moulins adultères qui tournent autour d'elle »,[47] qui « casse le calcul » de l'économie familiale que les autres s'efforcent de maintenir à

---

46. *Ibid.*, p. 272-273.
47. *Ibid.*, p. 274.

tout prix. Avec son « non » entendu comme un refus historique, « Dora m'est apparue comme celle qui résiste au système, celle qui ne peut pas supporter que la Famille et la société soient fondées sur le corps des femmes, sur des corps méprisés, rejetés, humiliés une fois employés ».[48]

Pour Freud, d'ailleurs, le nom de Dora était également surdéterminé sur ce point-ci. Dans *Psychopathologie de la vie quotidienne*,[49] il rappelle qu'il a emprunté ce nom à une domestique de sa soeur. Or ce nom n'était pas le vrai nom de la domestique. Elle portait le même nom que sa patronne et a donc été obligée de l'abandonner. Si Freud constate avec indignation que les gens pauvres n'ont même pas le droit de conserver leur propre nom, il est assez franc pour noter qu'il a lui-même aussi minimisé Ida Bauer quand il lui a inconsciemment donné le nom d'une bonne. Il s'excuse pourtant en disant que ce choix inconscient lui a été insufflé par Dora elle-même: la jeune fille lui a raconté qu'elle était très attachée à la gouvernante de la famille. Cette gouvernante avait même joué un rôle important dans la décision de Dora d'abandonner son traitement. Freud montre également qu'au cours de l'analyse, Dora se met sur le même plan qu'une domestique: son amour-propre est blessé quand elle apprend que M. K. a courtisé également sa gouvernante, et sa décision d'arrêter son traitement ressemble à l'avis que donne une domestique de son départ. Or ces identifications inconscientes que Freud décèle chez Dora sont aussi les siennes. Comme le souligne Hélène Cixous dans *La jeune née*, si Dora annonce à Freud son départ comme le ferait une bonne, par rapport à Dora, Freud occupait lui-même la place de la bonne. Quoi qu'il en soit, Freud, baptisant Ida Bauer du nom d'une domestique, indique que pour lui, « la domesticité était une métaphore de féminité », ainsi que l'écrit Maria Ramas.[50] Seulement, Freud préférait que Dora, comme la servante qui va jusqu'à abandonner son nom, accepte sa servitude: « S'échapper d'un destin féminin est la prérogative du fils, pas de la fille », conclut Maria Ramas.[51] Et ce destin féminin, *Le Cas Dora* le montre bien, est le risque qu'encourt toute femme, bonne ou gouvernante, épouse légitime ou jeune fille séduite, d'être réduite à une personne qui perd jusqu'à son nom, d'être réduite à ce « rien », qui scande le texte de Freud. Car ce « rien » est aussi le qualificatif féminin que les

---

48. *Ibid.*, p. 282-283.
49. Dans « Déterminisme. Croyance au hasard et superstition. Point de vues », dans *Psychopathologie de la vie quotidienne* [1901], Payot, 1984, p. 258-260.
50. Comme le note Maria Ramas dans « Freud's Dora, Dora's Hysteria », dans: Charles Bernheimer et Claire Kahane (éd.), *In Dora's Case*, *op.cit.*, p. 176: « Through his choice [...], Freud revealed his recongnition that in his mind, as in Ida Bauer's, servitude was a metaphor for femininity ».
51. « To escape a feminine fate is the prerogative of the son, not the daughter ». *Ibid.*

hommes du *Cas Dora* ne cessent de transmettre à Freud: « vous savez bien que ma femme n'est rien pour moi ».

Femme, servante, rien: avec ce nom qui, étymologiquement, est dérivé du grec « to doron »: cadeau, don, Dora porte bien son destin de femme-objet d'échange.[52] C'est ce nom-ci qui préoccupe la narratrice de *Portrait du soleil*:

> Le pesant de Dora: dans le donnant-donnant, combien valait Dora pour Mr K. pour Mme K. pour papa pour maman pour Dora? [...] Si la jeune fille avait porté un autre nom aurait-elle fonctionné, comme monnaie marquée au niveau socio-économique? Qu'est-ce qu'ils veulent, tous, K, A, X, E, T, C? Consommer sans payer. Payer sans consommer. Payer pour consommer. Consommer pour payer. Dora = Rien = l'envers de dieu. (110)

Dans la machinerie adultère, Dora doit se donner, tout donner; en échange, elle ne reçoit rien, *a fortiori* n'est « rien ». Voici un exemple typique d'une économie restreinte: au lieu de libre échange et circulation des valeurs, des corps et des désirs, il y a seulement entassement d'un côté et videment de l'autre. En parlant en termes de « monnaie » et de « socio-économie », la narratrice montre qu'elle cherche à interpréter l'histoire de Dora en des termes libidinaux économiques. Mais en renvoyant au nom de Dora et à sa signification de monnaie-or, elle rattache la question économique à la problématique du langage et de la représentation. Aussi ne cherche-t-elle pas à entamer un discours avec des termes tirés d'un registre économiquement et sémantiquement préétabli, mais à réaliser une opération non discursive, où tous les éléments discursifs – noms, actions, comparaisons – s'échangent et établissent de nouvelles valeurs équivalentes, à l'instar de l'or. Ainsi, par exemple, le rapport entre « payer » et « consommer ». Ces deux termes appartiennent au registre économique, où ils entretiennent un rapport hiérarchique, mais ce rapport peut être inversé, déplacé, échangé autrement, comme le montre la suite des phrases. Le rapport logique entre payer et consommer est ainsi déplacé puis annulé, de même que la structure des équivalences et de l'échange sur lequel il reposait.

Au début du fragment cité, la « valeur » de Dora est estimée dans son rapport avec chacun des membres de sa famille: « combien valait Dora pour Mr K. pour Mme K. pour papa pour maman pour Dora? ». Cette chaîne de personnes et de noms rassemble les différents personnages qui, dans l'histoire de Freud, occupent des positions libidinales et économiques fort différentes. Il y a ceux qui veulent avoir tout: M. K., papa, mais aussi Dora

---

52. Cette idée rappelle bien sûr la thèse de Claude Lévi-Strauss sur l'échange des femmes dans les sociétés fonctionnant sur des liens de parenté. *Structures élémentaires de la parenté* [1949], La Haye, Mouton, 1967.

et Mme K., et il y a ceux qui ont tout à perdre, qui, à la rigueur, ne sont « rien »: Dora, Mme K., maman. Chez Cixous, ces différences sont annulées par l'économie du texte qui met tous les personnages sur une même ligne d'équivalence, à l'aide de l'absence de virgules. Devant Dora et son offre d'or, les autres deviennent identiques dans leur demande: ils veulent « tout », n'offrant rien en échange, ou seulement une petite part d'eux-mêmes. Or la loi économique elle-même veut que toute absence d'échange, tout « donnant-donnant » unilatéral, change la valeur d'or en « rien ». C'est aussi ce que montre l'équation « Dora = Rien = l'envers de dieu »: Dora étant comme une pièce de monnaie, l'envers de cette pièce serait que sa valeur « tout », sa valeur de « dieu », peut être réduite à « rien ».

« Qu'est-ce qu'ils veulent, tous, K, A, X, E, T, C? ». La logique de cette phrase circule autour des notions de la demande: « veulent », et de la totalité: « tous ». Plus précisément, elle tend vers une accumulation d'exigences de totalité, vu que la phrase donne à lire une série de propositions où il est question à la fois de « ceux qui veulent – tout », « ceux qui (s)ont – tous/t », et d'un mouvement de capitalisation littérale: des lettres capitales se suivent, s'amassent, sans logique apparente. Certes, les lettres K et C évoquent le nom de M. K. et celui de l'auteur, mais les autres, avec la lettre X, la grande inconnue, comme exemple classique, ne renvoient à « personne », ne sont « rien ». Cette démonstration rappelle l'histoire de la porte de la loi. De même que la loi pouvait être démasquée, et détrônée, comme une puissance investie par contrat, n'existant donc pas en elle-même, ici, les capitales qui ne se réfèrent à personne, le « tout/s » qui s'avère être « rien », font tourner la capitalisation et l'attribution de valeur à vide. Pour l'économie textuelle qui est en train de s'esquisser, cette nouvelle équivalence a sa valeur. Comme la mise en faillite de la capitalisation désigne celle du système de la représentation et de la référence, la seule chose mise en valeur par ce texte est la lettre. Cette lettre est d'abord celle qui se fait connaître sous sa forme figurale seule, qui ne représente donc rien d'autre qu'elle-même. L'accumulation des capitales « K, A, X, E, T, C » suggère d'ailleurs une certaine jouissance de la lettre de la part de la scriptrice. Jouissance dans la mesure où cette lettre mime à l'excès l'usage que Freud en fait dans son *Cas Dora*; jouissance aussi dans la mesure où ces lettres, détachées de leur nomination originaire mais mises en circulation dans un système tout de même sémiotique, esquissent un nouveau procès de signification. Cette signification s'opère en dehors du système de la référence et de la symbolisation, et s'articule sur l'ici et maintenant de la lettre, pourvue, dès lors, d'une puissance synesthétique. Pour la structure économique textuelle qui est en train de s'esquisser, cette nouvelle équivalence a sa valeur: dans *Portrait du soleil* tout: personnages, noms, symboles et lettres, sont égaux et peuvent se, substituer et s'échanger.

épuisements

Cette économie textuelle générale traverse l'ensemble du texte – on l'a déjà rencontrée sous sa forme alchimique –, mais voici encore deux cas qui sont emblématiques de la fonction et de la signification de l'intertexte freudien dans *Portrait du soleil*.

On peut tout d'abord constater que cette économie est utilisée pour critiquer le discours familial du texte de Freud, comme dans l'exemple suivant:

> Papa – Maman – Dora – Mr K – Mme K – Papa – Mme K – Dora – Mr K – Dora – Papa – Mme K – Maman – Papa – Dora – Mon trésor – Ma perle – Mon bijou – Papa – Dora – Mon pijou – Mme K – Jeor – Mme F – Dora – Dieubis – Mme Dieubis – Mon coffret – Mon trésor – Ma Maison – Mes billes – Ma Fille – Papa – Mon pijou – Mes dés (102)

Comme s'il s'agissait de choses substituables, tous les personnages et les objets alternent et se relaient dans cette chaîne: des noms de personnages, freudiens et cixousiens; des objets de valeur – bijoux, perles – qui, dans *Le Cas Dora*, sont les objets avec lesquels les hommes adultères achètent l'accord des femmes. Dans l'analyse de Freud, ces mêmes objets sont aussi des symboles sexuels féminins – bijoux, coffret, trésor – qui, Freud le montre bien, ont également leur valeur marchande. Mais il y en a aussi dont Freud ne parle pas et qui, dans la langue verte du moins, représentent le sexe masculin: « billes », c'est-à-dire testicules, ou encore « bijoux », qui ont la même signification dans l'expression « bijoux de la famille ». Ainsi le sexe masculin et son représentant symbolique, le phallus, sont inclus dans le jeu. La dernière chose à souligner est la transformation de l'énumération en un dialogue où deux voix alternent: il y a une voix qui appelle: « papa », « maman », et une autre qui est comme une réponse nommant l'autre tout en se l'attribuant: « mon trésor », « mon bijou », etc. Le fait que la première voix réduit l'autre au silence ne peut que nous frapper.

Comme l'écrit Verena Andermatt Conley à propos de ce fragment, « Cixous tourne en dérision la circulation limitée de la machine familiale, gouvernée par l'ordre symbolique et le nom du père ».[53] En effet, le texte de Cixous désigne, et dénonce, tous ceux et tout ce qui, dans l'histoire de la Dora de Freud, contribuent à faire respecter le contrat tacite des personnes

---

53. « Cixous mocks the limited circulation of the family machine, governed by a symbolic order and the name of the father ». Verena Andermatt Conley, *Hélène Cixous, op.cit.*, p. 44.

intéressées par le commerce sexuel. Dans la narration de Cixous, Freud fait partie de ce commerce: l'amalgame des bijoux renvoie à la façon dont Freud, dans son interprétation de la signification des bijoux dans le commerce des hommes et dans les rêves de Dora, mélange leur valeur symbolique, économique et sexuelle. On voit d'autre part que le nom de « Mme F », l'épouse de Freud, est également inclu dans la série d'objets et de noms: ce bref rappel range Mme F du côté des épouses réduites à « rien » du *Cas Dora*, et Freud du côté des hommes consentants. En tout cas, Freud lui-même a prouvé qu'il est capable de considérer une femme en des termes de valeur. Quand il constate l'échec du traitement de Dora, il se demande s'il avait pu retenir la jeune fille s'il avait « exagéré la valeur qu'avait pour moi sa présence et si je lui avait montré un intérêt plus grand »[54]...

La citation de Conley le suggérait déjà, Freud n'est pas le seul à être critiqué ici. Lacan non plus ne soutient pas l'épreuve du texte de Cixous. Les références parodiques aux *Ecrits* sont claires: les noms se suivent comme des signifiants sur une chaîne, initiée d'un côté par « papa », synonyme du « nom du père », et gouvernée de l'autre par « les dés » qui, par association aux « billes »[55] et « bijoux », renvoient au domaine phallique. De par sa place au bout de la chaîne, vers laquelle tendent tous les autres signifiants qui s'évoquent et se relayent, les « dés » rappellent également le signifiant phallique, celui même qui, chez Lacan, ne s'énonce pas mais détermine tous les autres. Or non seulement les « dés » de Cixous sont parfaitement énonciables et concrets, mais avec ses synonymes « billes », « bijoux » et d'autres qu'on pourrait encore relever dans le texte, ils donnent une image indéfiniment plurielle et disséminée du phallus: de quoi faire perdre au Signifiant ultime sa valeur unique et déterminante.

La dissémination de ces « dés » et de ses synonymes est d'ailleurs prise en charge par la narration de *Portrait du soleil*. Considérons par exemple le terme de « billes ». Il intervient dans les passages où la narratrice pose la question de la différence sexuelle: « De toutes petites billes, de petit garçon et de petite fille » (76-77). Sa signification sexuelle strictement masculine se perd ou, plutôt, s'entache de féminité: par rime intérieure il renvoie à « fille », tandis que son synonyme, le « petit », qui n'y figure que sous la forme d'un adjectif et a donc perdu son statut nominal, quasi autonome, s'étend sur l'ensemble du champ de la différence sexuelle, s'appliquant aussi bien à « garçon » qu'à « fille ».

Une autre occurence de « billes » montre comment la narration se sert de quelques locutions autour du terme « billes » – ainsi « reprendre ses billes »,

---

54. *Le Cas Dora, op.cit.*, p. 82.
55. Etymologiquement, « billes » vient du francique *bikkel*: dé.

qui signifie cesser de participer à une action collective –, et autour de son presqu'homophone « billet », dans l'expression « ficher son billet » qui signifie assurer ou certifier:

> Il ne refuse rien, maintenant
> Et je reprends mes billes
> Bibi, bibi, rends-moi les billes
> Et je t'en fiche mon billet

Appartenant à l'histoire de la narratrice, ce fragment contient aussi des allusions à l'histoire de Dora. Il s'agit du retrait et de la trahison de M. K. quand Dora révèle à ses parents les intentions de celui-ci: non seulement il nie ce qui s'est passé lors de la promenade au lac, mais en plus il calomnie la jeune fille. Sa mauvaise foi apparaît également quand Dora se rend compte du fait que M. K. ne lui porte pas de sentiments exclusifs – il a fait une proposition identique à la gouvernante – et qu'il ne reviendra jamais sur une éventuelle promesse de mariage. Le fragment contient également une citation du *Cas Dora*: parlant des tentatives de séduction de M. K., la gouvernante raconte à Dora comment il « s'était rapproché d'elle, l'avait courtisée et suppliée de ne rien lui refuser ».[56]

A partir des notions de demande et de refus, de don et de retrait, ce fragment explore plusieurs situations d'énonciation: affirmation, déclaration, imploration et injure. Les positions fixes de demandeur et de donneur du *Cas Dora* sont inversées et continuellement déplacées au moyen d'une énonciation incertaine et floue. Celle qui, dans *Le Cas Dora*, ne devrait rien refuser, est ici celui qui ne refuse rien; celui qui, chez Freud, ne tient pas parole, est chez Cixous une instance-« je » – l'énonciatrice, Dora? – qui refuse de respecter le contrat. Par rapport au texte de Freud, un scénario de vengeance s'esquisse, où le « je » arrive à dire son refus.

L'oscillation entre les différentes positions d'énonciation, tantôt demandant ou suppliant, tantôt renvoyant et refusant, contribue également à explorer les connotations phalliques de « billes » et de « billet ». Dans les deux premières phrases, « billes » prend le relais de « rien » et s'échange donc apparemment facilement avec cette notion. Par la suite, les « billes » sans cesse reprises et rendues évoquent l'idée de la promesse non tenue, comme le fait l'expression « je t'en fiche mon billet », qui désigne à la fois la promesse tenue et la promesse retirée ou encore ridiculisée. Ainsi « billes » est à la fois ce qui s'échange avec rien et ce qui a valeur de promesse mais qui, puisqu'elle est reprise, tombe à zéro: grâce à cette ambivalence, la valeur plus ou moins certifiée de « billes » est réduite à rien. Cette annulation n'est pas sans conséquences pour le discours sexuel qui se tient implici-

---

56. *Le Cas Dora, op.cit.*, p. 79.

tement ici: démasqué comme « rien », comme parole retirée ou non tenue, rendue dérisoire, la signification de « billes », et tout ce que ce terme contenait en associations phalliques, est réduite à zéro.

Un peu plus loin, la narratrice récidive, se référant de nouveau au *Cas Dora* – M. K. donnant des cadeaux à Dora –, et au phallus – « sa petitesse » – et au signifiant phallique – « au bout d'une chaîne ».

> Il allait me donner un présent. Je le désire: je le regrette. C'était un cadeau bizarre et attendu, l'autre moitié d'un bibelot que je possède, sorte de matraque miniature bijou et arme, tribale, avec lequel malgré sa petitesse mais grâce à son poids (cependant la pièce a couleur d'argent et non de plomb) mes ensêtres se cassaient la tête, très lourd, au bout d'une chaîne. Je le regrette pourtant je le voulais: ainsi il ne me l'aura pas donné. Ce n'est pas ma faute: passée sans mains tenantes je n'aurais pas pu le prendre. Il ne refuse rien, maintenant. (77-78)

Donner, désirer; refuser, prendre: on reconnaît le système économique qui tente de s'instaurer ici, on reconnaît également la façon dont il est court-circuité: ce qui allait être donné ne sera pas donné; ce qui est voulu est regretté. Entre un avoir et un ne pas avoir passe l'objet de convoitise, le bibelot « sorte de matraque miniature », dont la « petitesse » maintes fois soulignée constitue une allusion phallique. Une nouvelle fois, le texte travaille à faire régner l'ambiguïté signifiante, tirant à profit le double discours affirmatif et négatif – « il allait me donner »-« il ne me l'aura pas donné »; « je le désire: je le regrette » – et la féminisation de l'adverbe « maintenant », qui se substantivise en « mains tenantes » et se fait, en retour, remarquer comme participe présent du verbe « maintenir ». Le récit distingue ainsi deux sujets opposés: il y a le sujet qui n'a pas de « mains tenantes » et celui qui est « maintenant » et se tient donc dans une attitude de refus. Entre les deux, le cadeau ne pourra pas passer; on reconnaît le motif de l'impossibilité qui traverse *Portrait du soleil*. Entre les deux, le cadeau ne saurait même pas passer, dit le double discours critique qui s'accroche comme un fantôme aux mots du texte même. Car si « il ne refuse – rien », ce qu'il ne refuse pas – c'est-à-dire le « bibelot », synonyme du phallus-« billes » – est réduit à un petit objet d'aucune valeur, donc à « rien ».

Citons, enfin, un dernier fragment qui reprend le motif des « billes » mais dans sa signification apparemment neutre, celle de boules. Il s'agit d'une scène où Dora est attaquée par les membres de sa famille et par les K. au moyen de « milliers de petites boulettes de canon » (111). Elle prend sa revanche comme voici:

> Quand la fumée se dissipe, on voit le fantôme plus fort que tous de Dora ramasser dans son tablier relevé par les coins en forme de vase

des milliers de ces petites billes confites comme elle aurait ramassé des mûres dans un champ (ce sont d'infimes boulettes enrobées dans ce papier d'hostie qui fond sur la langue, sucrées, agréables au palais) puis lâcher les coins du tablier au-dessus d'une serviette diplomatique ouverte, identique à mon propre cartable, si bien qu'une pluie de minuscules missiles tombe, parfois dans le sac, parfois à côté. (111)

Plusieurs motifs et allusions s'enchevêtrent ici: le « tablier » est dérivé de l'expression « rendre son tablier », avec laquelle une domestique donne son congé. Le terme renvoie donc à l'avis de départ que Dora a donné à Freud et souligne le motif de sa revanche. Les « mûres » auxquels ressemblent les billes sont ailleurs dans le texte mis en relief par le terme de « Mur/Mûre » (80). Ce « murmure » fait allusion, à son tour, au « mur du langage », terme avec lequel Lacan, parlant du langage du patient en psychanalyse, oppose le verbalisme et le langage des stéréotypes et des fantaisies accommodantes, à la « parole pleine » du sujet qui, enfin, arrive à parler au lieu d'être parlé.[57] L'oralité mise en relief par les « billes confites » et par les boulettes qui fondent sur la langue suggère une autre appréciation de la langue pleine et jouissante. Si les billes et les boulettes renvoient encore à leur signification phallique, voici l'ancien phallus en voie d'être pris dans la bouche et être dégusté par un sujet jouissant, à sa guise. Aussi peut-on considérer ce fragment comme une mise en abyme de l'écriture cixousienne, surtout quand une « serviette diplomatique ouverte, identique à mon propre cartable » rassemble et prend soin des billes lâchées par Dora. Ramassant, ou volant encore, des « billes » de part et d'autre, le texte de Cixous peut assurer la revanche de Dora et d'autres.

réinvestissements

Les exemples de l'économie textuelle d'évidement et d'épuisement qu'on vient de relever servent de support à une intertextualité décentralisante et démystifiante: ce qui, chez Freud comme chez Lacan, garantissait respectivement les structures socio-sexuelle et symbolique – à savoir l'or de la valeur marchande, le phallus, qui sont des équivalents généraux mêmes – est, chez Cixous, révélé dans sa valeur de mot, lié à un référent dans le réel, puis introduit dans un commerce textuel, où les valeurs sont locales et ponctuelles. On retrouve également des exemples d'une autre économie qui, tout en étant aussi disséminante que celle-là, réinvestit des éléments du *Cas Dora*. L'exemple le plus évident concerne le nom de Dora, mis au service de la narration de *Portrait du soleil*.

---

57. « Fonction et champ de la parole et du langage en psychanalyse », dans *Ecrits, op.cit.*, p. 162.

– Adoration I

Plusieurs fois dans le texte, le nom de Dora est accompagné du terme « adoration » qui lui fait écho. On retrouve ce terme dans *Le Cas Dora* au sujet de l'admiration que Dora éprouve pour Mme K.: « Mme K... pour laquelle elle avait, dans le temps, une sorte d'adoration ».[58] Freud avoue dans ses notes que dans cette adoration il a négligé de reconnaître à temps le « profond amour homosexuel »[59] que Dora portait à Mme K.. Mais l'aveuglement du docteur pour cet exemple de désir féminin est tel qu'il récidive dans la même note. Il y rappelle la célèbre visite de Dora à la galerie de Dresde, pendant laquelle elle était restée pendant deux heures en admiration devant le tableau de la Madone Sixtine de Raphaël. Dans une note antérieure, Freud interprète cette admiration pour la mère-vierge d'abord comme une « allusion à la virginité mise en relief »;[60] dans cette note-ci, il ajoute quelques interprétations complémentaires. « La Madone », c'est maintenant la jeune fille elle-même, d'abord à cause de son « adorateur », M. K., ensuite parce qu'elle a conquis l'amour de celui-ci grâce surtout à son attitude maternelle envers les enfants de K. Puis, enfin, Dora s'identifie à la Madone parce que celle-ci eut, vierge, un enfant: cette identification répondrait au désir d'accouchement de Dora.[61]

Dans la pièce *Portrait de Dora*, les implications masculinistes et hétérosexuelles de ce passage du *Cas Dora* occupent une place centrale, mais dans *Portrait du soleil* cette histoire de Dora et de la Madone n'est évoquée qu'une seule fois. Elle figure dans un fragment qui rappelle le motif de la mort et s'appuie sur un autre épisode de l'histoire de la Dora de Freud. A la fin du *Cas Dora*, Freud relate que M. K. a été victime d'un accident de voiture dont Dora, par hasard, a été le témoin – c'est elle d'ailleurs qui le lui raconte.[62] Par un geste de revanche générale, cet accident est transformé

---

58. *Ibid.*, p. 16.
59. *Ibid.*, p. 78, note.
60. *Ibid.*, p. 74, note 2.
61. *Ibid.*, p. 77, note 2. Constatons que Freud n'arrive pas à concevoir une autre image de la femme que celle qui s'affirme comme vierge, épouse ou mère. Même dans ses hypothèses sur l'amour homosexuel de Dora pour Mme K., il avance un scénario strictement hétérosexuel ou masculin: selon Freud, Dora adopterait dans son amour pour Mme K. soit la position d'une fille qui aime sa mère, soit celle d'un homme qui désire une femme. Voir à ce propos son interprétation d'un rêve de Dora sur une forêt et des nymphes. Pour souligner que ces images appartiennent à la géographie sexuelle symbolique féminine, Freud affirme qu'elles constituent une « *Weibsbild* »: une image d'une femelle. Avec le terme péjoratif de « Weib », il empêche que le regard spécifique d'une femme porté sur une autre femme puisse s'énoncer. *Ibid.*, p. 73, note 3. Voir sur ce sujet: Mary Jacobus, « Dora and the Pregnant Woman », dans *id., Reading Woman. Essays in Feminist Criticism*, New York, Columbia University Press, 1986. p. 137-193.
62. *Ibid.*, p. 91.

chez Cixous en la double mort (ou meurtre) de M. K.: « M. K. ... meurt sous les roues du char de Dora » (49), et de son complice, M. B., le père de Dora: « M. le Père meurt » (49). Il est clair que ce détour par l'histoire de Dora sert à évoquer le motif de la mort du père. Parallèlement, l'histoire de la Madone Sixtine qui va être introduite dans la narration cixousienne sert, non pas à critiquer ou à corriger l'histoire de Freud, mais à étayer la quête spécifique, autobiographique, de la narratrice:

> [...] M. K. ... meurt sous les roues du char de Dora et M. le Père meurt, et
> et Dora
> est debout
> conne,
> devant l'image de la Madone
> qu'elle regarde pendant des années, jusqu'à ce que Dieu la fiche en l'air. (49)

Ce qui frappe d'abord dans ce fragment est sa mise en page particulière – une colonne –, son vocabulaire vulgaire sexuel – « conne », « fiche » –, l'étirement temporel – les deux heures du *Cas Dora* sont devenues « des années » –, et l'intervention de Dieu qui fiche Dora en l'air, scène qui suggère à la fois un renvoi définitif et un instant de jouissance. Scène d'adoration, ce fragment raconte un moment de regard intense où Dora « debout », en position verticale, solaire – soulignons les références solaires dans le « char de Dora » et dans l'expression « ficher en l'air », de même que dans la mise en colonne, qui mime une érection ou rappelle le motif du décollement –, contemple l'image de la Madone qui est devant elle. La scène est très énigmatique. Scène de jouissance homosexuelle, elle suggère aussi, sur le modèle lacanien de la relation fusionnelle originaire, un moment d'identification et de plénitude intense entre enfant et mère, aussitôt suivi par la séparation, opérée par un tiers: Dieu, le représentant du père, agissant d'une manière qui est phalliquement connotée.

Sa valeur profonde, autobiographique, en revanche, se révèle si on la confronte à une autre scène d'adoration qu'Hélène Cixous raconte dans *La Venue à l'écriture* (1976):

> Au commencement, j'ai adoré [...] J'ai adoré le Visage. Le sourire. [...] Le visage primitif a été celui de ma mère. Sa face pouvait à volonté me donner la vue, la vie, me les retirer. A cause de la passion pour le premier visage, j'ai longtemps attendu la mort de ce côté. Je gardais ma mère à vue, avec la férocité d'une bête. Mauvais calcul. Sur l'échiquier, je couvais la dame; et c'est le roi qui est tombé.[63]

---

63. *La Venue à l'écriture*, dans: Hélène Cixous, *Entre l'écriture*, op.cit., p. 9-11.

Le rapport entre les deux fragments est affirmé, dans *Portrait du soleil*, quelques lignes plus haut, où il est raconté comment un avion a « capoté » (c'est-à-dire: a fait soleil) et comment un trou noir s'est levé par la suite dans le bleu du ciel: « dans cette fosse a péri le soleil [...]. Il n'est guère de spectacle plus désespérant » (48). Ce qui, dans ce fragment, apparaît d'abord comme un ensemble assez hétéroclite d'images et de références, s'avère constituer la cohérence de la thématique: la disparition du père.

Plus loin dans *Portrait du soleil*, cette disparition est évoquée dans une autre référence à l'histoire de Dora qui se réfère aussi à la capacité d'adoration de la jeune fille. Sous-entendant que la Dora de Freud, à un certain moment de son histoire, a dû réaliser que son « objet de désir », que ce soit Mme K., M. K. ou encore son père, s'est retiré d'elle et l'a laissée seule (Mme K. par exemple a vraiment trahi son amitié avec Dora), la narratrice avance la notion de « l'effet Dora »:

> c'est l'effet de disparition foudroyante et irrémédiable de l'objet du désir sans l'ombre d'un espoir, effet d'une cruauté unique, comparable ou équivalent ou produit par l'arrachement imprévisible des deux yeux du sujet ou l'explosion inattendue des globes oculaires, douleur unique parce qu'elle ne peut même pas se consoler de se voir, celle qui fait que le deuil pour un être mort noyé, au corps introuvable, est plus subtile herse aux nerfs que le deuil pour un corps bien conservé, veillé et surveillé. Disparition dont je sais par expérience que son effet est double et réciproque: je ne le vois plus et je ne suis plus vue, effet qui a pour effet de redoubler ma douleur d'amour. (187-188)

– *Adoration II*

Quand Freud parle de la « tendresse particulière »[64] que Dora portait à son père, il relève un autre cas d'adoration. La narratrice intègre cette tendresse dans *Portrait du soleil*, mais en inversant significativement les rôles de l'adorateur et de l'adoré: ici c'est le père qui adore sa fille.

> Pendant les huit premières années de sa vie Dora fut adorée par son père. C'était un amour sans contrat. A partir de l'âge de huit ans ce petit trésor souffrit d'une gêne respiratoire. Elle causait beaucoup de souci à son père adoré. (102)

Ce passage se compose de plusieurs citations tirées du *Cas Dora*: Freud mentionne que Dora « dès l'âge de 8 ans [...] souffrait [...] d'une gêne respiratoire », que la jeune fille « causait à ses parents beaucoup de soucis », tandis que le « contrat » dont parle la narratrice fait écho au « pacte » dont Freud se demande s'il a existé entre les deux hommes B. et K.[65] Le

---

64. *Le Cas Dora, op.cit.*, p. 10.
65. *Ibid.*, p. 12, p. 14, p. 23.

terme de « souci », d'autre part, prend en écho le nom de Cixous et donne à ce passage une connotation autobiographique.

Relevant de la scène du père qui, chez Cixous aussi bien que chez Freud, est une scène à la fois familiale et amoureuse, ce cas d'adoration est précédé par d'autres, moins explicites quant à leur origine freudienne et plus articulés sur des motifs plus proprement cixousiens. Dans le fragment suivant, l'adorateur intervient dans son rapport avec « dieu », représentant du soleil vénéré:

> Le dieu et l'adorateur sont les deux vases du sablier. Les sables passent de l'un à l'autre. La mémoire et l'oubli sont comme le dieu et l'adorateur. Le temps coule de l'un à l'autre. Le dieu épuise l'adorateur. Mais à la fin l'adorateur renverse l'adoré, pour l'épuiser. Puis l'adoré reprend la substance de l'adoration.
> Et comment épuiser la mort, et comment oublier celui qui n'est pas. Reste et reste et comment tuer s'il n'y a pas de coups
>   pour que je te
>   perde et perde (51)

Comme dans le fragment de « l'effet Dora », l'adoration prend la forme d'un amour réciproque qui se partage et se redistribue sans cesse entre les deux amants, l'un prenant la relève de l'autre. Mais en vérité, le motif de l'adoration sert de support au thème du deuil et de la conjuration de la perte. Comme dans l'histoire des portes à passer, le deuil, porté qu'il est ici par l'amour adorant et toujours recommençant, ne saurait jamais s'achever.

Comme pour souligner l'impossibilité de la tâche, la notion d'adoration ne figure plus dans *Portrait du soleil* que sous la forme d'un léger rappel. Dans le fragment suivant, qu'on a déjà rencontré au sujet du signifiant « or », l'adoration ne constitue plus un moment du récit, mais est un effet du texte, engendré par ce signifiant même:

> On dirait une grotte: or c'est moi. Plus précisément, moi dans moi, sombre. Et, sans vouloir choquer, d'une obscurité morbide, éblouissante. Si je vois encore, je vais mourir. Si je deviens or, je suis dure. Je résiste. Je m'adore parce que je troue tout. (62)[66]

Si les exemples précédents ont mis en évidence l'idéal de l'adoration réciproque, ce fragment-ci décrit un moment de délaissement et de solitude totals: au lieu d'une relation duelle il est question de « moi dans moi », et l'adoration mutuelle a fait place à une adoration autoréflexive: « je m'ado-

---

66. « Une obscurité morbide » est une citation du *Cas Dora*. Freud fait mention de la « cure d'obscurité » (p. 11) à laquelle le père de Dora a été soumise quand sa rétine était décollée – période pendant laquelle il a affectueusement été gardé par sa fille. Le chapitre qui décrit les maux de Dora est intitulé « l'état morbide » (p. 7).

re ». Pourtant cette adoration-ci constitue un moment bénéfique. C'est que l'énonciatrice, au lieu d'être soumise à une contemplation meurtrière car aveuglante – et on sait que l'éblouissement a pour fonction de cacher l'absence de l'objet ou de la personne adorée –, prend elle-même la substance de l'adoration et devient elle-même solaire. C'est ce que nous apprend l'enchaînement du signifiant « or », qui passe de la « grotte » « sombre » et d'une « obscurité morbide » – termes d'ailleurs qui relèvent du registre sexuel féminin –, à l'or qui est « dure », qui « résiste » et « troue », qui évoquent une histoire d'érection et de pénétration phalliques.

On peut se demander si cette érection vient consacrer ou, plutôt, critiquer une vérité quelconque. L'allusion à Lacan et à la primauté du phallus est évidente, de même que son intention parodique: la présence disséminée du représentant du phallus, l'« or », épouse des formes et des valeurs syntaxiques aussi différentes que le substantif, le verbe ou la conjonction, ce qui fait que « or » s'échange avec tout et ne s'attribue donc aucune valeur privilégiée. Mais ce n'est pas tout. Avec cet « or » qui pénètre tout et dont tout est pénétré – l'énonciatrice qui s'érige en position solaire; les mots marqués par le signifiant « or »; les métaphores de l'or: le soleil, le phallus, le père, ainsi que l'étoilement des réseaux sémantiques: « sombre »- « éblouissant », « mourir »-« durer » –, la narration dispose ici d'une immense métaphore textuelle dans laquelle elle se réfléchit. Si le fragment trace un autoportrait du je, il dessine aussi celui du texte. On peut le qualifier de « sombre », car il opère nettement au-dessous du niveau de la représentation, mais aussi d'« éblouissant » dans la mesure où il signifie sans avoir recours à la figuration. Il s'agit seulement de le considérer là où il est « moi dans moi », c'est-à-dire là où il s'affirme être un ensemble stratifié de signifiants et de motifs. Si ce texte « s'adore », c'est qu'il s'exhibe comme tel – le terme « adorer » n'évoque-t-il d'ailleurs pas l'idée de la superposition des différentes couches dorées? S'il « troue tout », c'est qu'il veut être creusé, renversé, fouillé, percé et remembré. Freud montre, dans *Le Cas Dora*, que l'adoration est analytiquement investie comme un lieu sur lequel le désir se projette avec toutes ses exigences de totalité et d'infaillibilité. La source analytique de l'adoration désigne l'enjeu de l'économie textuelle dont fait preuve *Portrait du soleil*: déceler l'objet du désir, invisible, qui se trouve comme incrusté dans le tissu des signifiants d'une façon à la fois ponctuelle et poursuivie. Rien, dans ce texte de Cixous, ne saurait constituer le portrait du soleil au niveau discursif, référentiel ou symbolique – toute figuration ferait défaut ou serait en manque. Par contre, « tout », dans ce texte: motifs, allusions intertextuelles, mots, signifiants, est en mesure de le contenir ou, plutôt, de constituer un reflet. Car le véritable portrait se trouve, jeté comme des poignées de sable, véritables graines d'or, tout au long du texte.

Qu'il signifie monnaie, porte, adoration ou or, le nom de Dora traverse *Portrait du soleil* comme une force sémiotique qui double la narration. La voix plurielle, poétique et non-discursive qui parle à travers ce nom ouvre la narration discursive, que ce soit celle de Cixous ou celle de Freud, à un fond intérieur où la parole puise à d'autres sources.

Cette adoration généralisée, textualisée, est encore à l'image de la Dora historique. Avec sa voix sans paroles, Dora s'est insurgée contre les systèmes symboliques et leurs discours qui essayaient de l'enfermer: le discours adultère qui fonctionne sur le non-dit; le discours familial qui fonctionne sur le dit du père; le discours analytique qui fonctionne sur le discours du maître. Citons un dernier passage où la narratrice de Cixous se charge de la revanche de Dora et parodie, « dans une énorme jouissance de la langue », les références masculines et phalliques du discours originaire freudien. A cette occasion, on voit comment le nom de Dora, auparavant si fallacieusement imbriqué dans des discours à intérêts différents, grandit, s'érige et épouse ses contours véritables qui disent son vrai nom, c'est-à-dire sa douleur et sa rage:

> Freud vit en rêve Dora dresser le mur symbolique à une vitesse fabuleuse. Elle empilait les matériaux avec tant d'adresse qu'il soupçonna quelque magie cachée. Pour ne pas la faire fuire, il dut s'approcher avec toutes les précautions, à plat ventre sur le sable orange brûlant. Par le ventre et le sable il sait qu'il fait un rêve égyptien. Dora n'est pas Dora: elle a grandi; elle s'est développée, elle s'écrit Dolora, mais elle a d'autres noms que Freud ne connaît pas. [...] le travail de Dolora s'élève [...], Freud se sent de moins en moins coupablement innocent c'est-à-dire de plus en plus prêt à payer de plus en plus excité, détaché, vacillant, misérable et vivant, et ignorant [...] Rien ne s'est jamais perdu. Rien ne s'est jamais trouvé. Dans une énorme jouissance de la langue. Dolorage. Et Freud l'adore. (151-152)

D'une adoration à l'autre, la narratrice de *Portrait du soleil* montre ce qu'il en est du nom de Dora. Déjà pseudonyme chez Freud, déjà surdéterminé quant à son choix, la narratrice adopte ce nom de Dora, de même que l'histoire dont il fait partie, en mettant au profit sa fonction même: celle d'être signifiant, surdéterminé, polyvalent et impliqué dans une chaîne d'autres signifiants. Il peut être mis en relief par le métadiscours ou par un détraquement du signifiant, distribué au long du texte, le nom de Dora, tel de l'or ou un cadeau offert, s'érige en signifiant éloquent et permet à la textualité de dire sa vérité à elle. Par rapport au *Cas Dora*, le nom de Dora a une fonction critique: il permet de revenir sur certaines questions que Freud a laissées à côté. Quant à la narration de *Portrait du soleil*, le nom a une fonction recentralisante: allant au plus profond de la couche des signifiants, il souligne la consistance et la pertinence de ses motifs, tandis que le réseau des échos intertextuels affirme la position centrale de la scène filiale et la valeur autobiographique de la narration. « Sans doute m'était-elle inévitable et destinale » écrit l'auteur à propos de la Dora historique.⁶⁷ C'est en effet ce que le texte donne a entendre dans la transformation de nom de Dora en « Dolora » et en « Dolorage ». Par le nouveau nom de Dolora-ge/je, la narratrice assume la douleur et la rage de la Dora historique, s'érige avec elle en sujet. En même temps, le nom s'intègre, tel une autre « oran-je », dans la circulation des signifiants priviligiés et autobiographiques.

---

67. « Théâtre enfoui », *art.cit.*, p. 73.

VI
« Dora » II, ou le portrait du père

1. Une textualité symptoma0tique

a. Le signifiant symptôme: la toux

L'inconscient a beau être structuré comme un langage: un texte ne se réduit jamais à l'énonciation d'un sujet pas plus que ses jeux de signification ne sont le simple effet d'un inconscient, même s'ils suivent les procédés de déplacement, de condensation ou de figurabilité. Avec la notion de « travail du Texte », la narratrice de *Portrait du soleil* est claire sur ce sujet. Dans le cadre de l'histoire de la jeune « hystérique » qu'était Dora, la notion de « symptôme du texte » se présente comme une heureuse métaphore. Car de même que l'hystérique n'a pas de mots pour dire son mal d'être et « parle » avec son corps, à travers des symptômes, le texte, lui aussi, peut parler un langage qui n'est pas de l'ordre du discours, mais qui fait corps-à-corps avec lui, comme à son insu, et se déclare à travers une série de phénomènes textuels qui échappent à la logique de la narration.[1]

Si le terme de symptôme évoque son acception médicale, on l'entend ici plutôt comme un trouble du réel – soit-il textuel –, comme quelque chose qui arrive et, survenant, « tombe mal ».[2] Insistance, incongruïté et exhibition sont les moyens par lesquels il se manifeste dans le texte, sans qu'il arrive pourtant à se dire. Si le symptôme névrotique est l'expression d'une jouissance pré-génitale,[3] on peut dire du symptôme textuel qu'il relève d'une nécessité de la jouissance pré-symbolique.[4] Ceci implique que le symptôme textuel, aussi peu que le symptôme clinique, ne repose sur un mensonge ou sur un dysfonctionnement: il est lui-même un certain visage du réel textuel. Et si le symptôme se présente comme quelque chose qui cloche, c'est qu'il se trouve confronté aux limites du langage discursif de la même façon que l'hystérique était confrontée aux limites de la parole. Pour l'hystérique, sa « maladie » – son mal-à-dire –, était historiquement, culturellement ou

---

1. Charles Peirce emploie également le terme de symptôme pour indiquer les signes émis involontairement, par opposition au signal, qui est voulu. Voir Charles S. Peirce, *Collected papers*, Cambridge, Harvard University Press, 1931-1935, cité par Mieke Bal, *Femmes imaginaires, op.cit.*, p. 256.
2. Le grec « sumptôma » signifie « accident, coïncidence », et connote l'idée de chute: « sun », avec, « piptein », tomber.
3. Voir pour le symptôme: P. Kaufman (éd.), *L'Apport freudien, op.cit.*
4. La théorie du sémiotique de Julia Kristeva donne une autre approche de cette question. Voir Julia Kristeva, *La Révolution du langage poétique*, Seuil, 1974.

sexuellement déterminée.⁵ Les limitations dont le symptôme du texte relève sont encore à déterminer. Mais le savoir poétique qu'il véhicule comme à son insu, et qui se dégagera dans le travail du texte, nous mettra sur les traces d'un désir et d'une position d'énonciation, incertaine et glissante certes, mais qui sont en accord parfait avec l'intention générale du livre: faire un portrait du soleil.

Lire ce texte à travers ses symptômes revient donc à déceler en lui une autre discursivité. Il s'agira de se mettre à son écoute, de déplier ce qui se glisse dans l'oreille et de suivre les contorsions et les distensions qui se font dans l'entrelacement du tissu textuel.

Retournons d'abord au *Cas Dora*, où Freud parle si abondamment de symptômes, et nous prenons comme fil directeur ce que Dora y avance comme sa parole et sa vérité primaires: non pas celles qu'elle verbalise sur le divan de Freud, mais ces « maux/mots du corps » qu'elle énonce incessamment, malgré elle, par sa toux nerveuse.

b. La toux de Dora

Une gêne respiratoire à partir de l'âge de huit ans, une toux nerveuse qui se déclare vers l'âge de 12 ans, des périodes d'aphonie et d'enrouement et un dégoût pour les aliments: voici les symptômes « hystériques » dont souffre Dora et que Freud s'applique à interpréter.

Il trouve très éclairante l'histoire que Dora lui raconte sur un événement qui lui est arrivé quand elle avait 14 ans. Un jour de fête, Dora s'est trouvée seule avec Monsieur K. dans le magasin de celui-ci et K. avait essayé de l'embrasser sur la bouche. Dégoûtée, Dora s'était arrachée violemment et était partie. Freud déclare sans hésiter ce comportement de Dora « déjà tout à fait hystérique ». Cette jeune fille de 14 ans, qui n'avait encore été approchée par aucun homme, aurait dû ressentir un sentiment d'excitation sexuelle. Le dégoût qu'elle éprouve est pour Freud au contraire la preuve qu'il y a eu là une installation hystérique, et il en nomme les mouvements: une « interversion de l'affect » (dégoût au lieu de plaisir), suivie par un « déplacement de la sensation » (troubles en haut du corps au lieu de sensation dans le bas ventre).⁶ Dans le sentiment vif d'une pression sur le thorax que Dora ressent, Freud croit reconnaître le souvenir refoulé de la pression du membre érigé de K. contre son ventre.

---

5. Ceci à l'opposé du symptôme hypocondriaque, qui se distingue par la prévalence, dans la chaîne de pensées, d'un élément qui a pour contenu une innervation corporelle. Voir Freud, *Le Cas Dora, op.cit.*, p. 28.
6. *Ibid.*

Depuis, ce traumatisme n'a fait que s'affirmer à l'occasion d'autres circonstances douloureuses. Dora tousse, jusqu'à en devenir aphone, quand elle est séparée de M. K. Signe, pour Freud, que la jeune fille tient à son adorateur, qu'elle regrette son absence et désire même être pour lui une meilleure femme que la sienne.[7] Mais comme la toux s'est déclarée bien avant la scène avec M. K., Freud va en chercher la cause dans des événements antérieurs à la rencontre avec K., dans l'espoir qu'ils l'amèneront du côté du personnage dont M. K. n'est que le substitut: le père. Quand il apprend que Dora a souvent soigné son père, ancien syphilitique qui, en outre, avait plusieurs fois été atteint d'une affection tuberculeuse, il reconnaît dans la toux de Dora une imitation, par compassion, de ce père malade. Mais cette imitation était doublée d'une autre, qui avait trait aux « mauvaises passions » et aux maladies du père, dont Dora était certaine qu'il les lui avait transmises. Au lieu de corroborer ces soupçons de la jeune fille – sa mère était également atteinte de maladies vénériennes que son mari lui avait passées – Freud saisit encore une fois l'occasion pour déceler une source nettement sexuelle dans le raisonnement de Dora: les complaintes de la jeune fille sont destinées à désavouer sa pratique masturbatoire.[8] Avec sa libido tournée vers son père, selon Freud, c'est dans cette direction que la toux de Dora acquiert sa signification dernière: sachant que son père est impuissant, Dora tousse pour s'identifier à Mme K. qui donne à son amant une « satisfaction sexuelle *per os* » et exprime encore une fois son désir du père.[9]

Avec ces interprétations freudiennes, la toux est déjà surdéterminée quand elle entre dans le texte de Cixous: elle y ouvre le domaine du pulsionnel et de l'affect, en commençant par la brûlure et la douleur – Freud lui-même admet que la fixation hystérique de la toux est souvent précédée par une réelle irritation organique. La toux se réfère aussi à l'érotisme et au désir sexuel dans un rapport explicite au père. Il ne faut pourtant pas perdre de vue ce qu'il en est de l'hystérique et de sa toux: si l'hystérique tousse parce qu'elle n'a pas d'accès à la parole – ne parle-t-on d'ailleurs pas d'« accès de toux », comme aussi d'« accès d'hystérie », comme s'il s'agissait d'accéder à quelque chose, d'entrer dans un domaine auparavant inaccessible? –, la toux de l'hystérique ne tient pourtant pas lieu de la parole. La toux est un remplaçant, un signe vide par lui-même, qui parle le corps mais en mascarade, en situation déplacée à travers le corps lui-même – le gosier au lieu du

---

7. *Ibid.*, p. 28.
8. *Ibid.*, p. 60-61.
9. *Ibid.*, p. 33-34. Il revient à Jacques Lacan d'avoir décelé dans la toux de Dora un rappel d'une autre forme de satisfaction sexuelle: « sans qu'il soit besoin d'invoquer la perception de la *fellatio* subie par le père [...] chacun sait que le *cunnilingus* est l'artifice le plus communément adopté par les "messieurs fortunés" que leurs forces commencent d'abandonner ». Jacques Lacan, « Intervention sur le transfert », dans *Ecrits, op.cit.*, p. 221).

ventre, comme le montre l'exemple de Dora. La toux, en outre, parle le sujet comme malgré lui, littéralement à son corps défendant. Sa signification profonde est, par conséquent, toujours donnée par un autre – l'analyste, Freud –, ce qui fait que la toux de l'hystérique, parole bavarde mais silencieuse, devient aussi la scène des fantasmes d'un autre.

Par analogie à cette toux hystérique, la toux se propose d'entrée de jeu comme un signifiant vide, sur lequel peuvent se greffer plusieurs discours: celui qui s'articule dans la référence freudienne; celui qui se tient dans la lecture cixousienne du texte freudien; celui enfin, ou plutôt ceux, qui se distinguent à travers toute toux émise dans ce texte. Aussi s'agit-il, à chaque moment de lecture, de se demander où ça tousse dans le texte de Cixous.

c. L'autre tousseur

Ça tousse abondamment dans *Portrait du soleil*, mais ce n'est pas toujours Dora qui tousse. La première fois que son nom est évoqué, il est question d'« un doux et irritant flamboiement » (48) qui rappelle la toux de la jeune fille. Mais chez Cixous, ce flamboiement est littéralement transféré sur le personnage de Freud qui, souffrant de « l'infernale trace de Dora », exprime son désir et son regret de Dora: « S'il n'avait pas ajourné l'interprétation du transfert; et Dora n'est pas morte, elle revient et cependant que la trace va et vient en un doux et irritant flamboiement ironique en travers du vieillissement de Freud » (48-49).

Mais avant cette toux, il y en a eu d'autres, dès le début du roman: « Il a une toux » (11); « Il me sembla saisir de vagues échos sonores. D'une toux » (19). Jamais le sujet, masculin, de cette toux n'est identifié, ce qui montre à quel point la narration est hantée par la toux, qui y résonne comme une parole sans destinateur. Sauf dans le passage suivant:

> Il a une toux. Une chose inconnue parle dans sa poitrine où je ne suis pas admise. Où je ne puis être, elle est. Epouse bestiale, à demeure. Son pouvoir est grand, elle l'embrasse et l'étouffe, elle le touche où je ne peux le toucher. Si c'était moi sa mort, comme je l'occuperais, fil à fil, comme je le gagnerais, je l'étreindrais, je l'obscurcirais, je l'éteindrais. Il a dit que ce n'est rien, qu'il va l'expulser, qu'elle ne saurait tenir contre sa volonté, qu'il est maître de la chaleur et du froid. Pendant la nuit, elle attaque, et je le vois se plier pour n'être pas percé, les genoux ramenés vers le menton. Ainsi recroquevillé, il semble plus jeune ou plus vieux, plus petit. Une solitude très forte me remplace. Elle s'allonge à côté de lui. Elle est aussi forte que la toux, c'est une toux aussi, un gémissement séculaire qui le désire. (14)

Cet « il » recroquevillé est Jeor, la figure solaire sur laquelle la narratrice projette ses désirs érotiques. Jeor toussant porte bien son nom: non seulement ce nom fait résonner le terme de « gorge », lieu du corps où se réalise la toux, mais aussi le nom de Georges, le père de l'auteur. Comme Hélène Cixous l'a écrit dans *L'Ange au secret*, son père est mort des suites de la tuberculose, cette toux infernale qui, une fois qu'elle l'a embrassé, ne l'a plus quitté. La toux est donc un autobiographème qui rappelle la souffrance du père de l'auteur, sa lutte contre la toux qui l'assomme et l'épuise. Dans le passage cité, la toux évoque aussi le point de vue de la fille qui, désemparée devant les paroles consolantes de son père, voit la toux mortelle prendre possession de lui et l'éloigner d'elle. Comme pour conjurer la réalité meurtrière sur laquelle repose cette scène, elle suit un scénario érotique multiplié, où le « je » autobiographique de la narratrice s'identifie tour à tour à la toux mortelle qui embrasse son amant au plus intime de son corps, à la « mort » elle-même qui a pouvoir d'occuper l'aimé d'une manière totale, et à la « solitude » à laquelle la mort donne lieu. Destiné à représenter la fusion des deux corps, le scénario érotique ne fait qu'insister sur son contraire: la séparation définitive et le délaissement. Entre temps, la toux mortelle prend le statut de parole: « gémissement séculaire qui le désire », elle est devenue la métaphore même du désir de réparation.

Tel un bacille, la toux contamine ensuite les autres personnages et la textualité elle-même: « Jeor tousse, je un tousse, Dieubis tousse, ils ont tous dit que ce n'est rien » (14). Doublée de la référence freudienne, où la toux rappelle les fumeurs et leurs signaux de désir, la toux-gémissement séculaire affecte tous les personnages de *Portrait du soleil*, se généralise à travers eux et tourne à vide, apparemment. Investi du signe de la mort et du désir entremêlés, la toux, dans toutes ses apparences narratives et textuelles, s'affirme comme un signifiant éloquent et plurivalent, qui soutient de près la narration du livre.

d. La toux et ses signifiants

Si la toux et son message secret se disséminent dans *Portrait du soleil* à travers la bouche des personnages, ils se font aussi entendre à travers la textualité. Dans « Jeor tousse, je un tousse, Dieubis tousse, ils ont tous dit que ce n'est rien » (14), la juxtaposition du verbe « tousser » et du pronom « tous » a la fonction d'une toux qui se généralise au niveau phonématique du texte. Les exemples de cette toux généralisée sont multiples:

> Il a une *toux* [...] elle l'embrasse et l'*étou*ffe, elle le *tou*che où je ne peux le *tou*cher. (14, mes italiques)
> Cela me fait penser à *tous* les temps et leurs envers; et à cette voix qui m'a fait peur *tout* à fait à l'envers de Jeor et moi. Il y a quelqu'un de mort et quelqu'un de tuant, et le temps *tou*rne sur lui-même. Brusquement *tout* va si vite [...]. (8, mes italiques)
> Si je voulais l'appeler, je l'appellerais, il me répondrait. [...] Il surgirait *tout* armé, comme d'habitude [...] La question reculerait en criant,

avec le ventre lourd de *toutes* les questions [...]. *Tout* à l'heure je l'imaginerai pour voir, dehors. (9-10, mes italiques).

Ainsi la « toux » se fait entendre à travers une diversité de registres grammaticaux et de timbres phoniques. Figurant souvent en position initiale, elle reçoit une valeur incisive et décisive, tandis qu'elle acquiert un caractère nécessaire et incontournable dans l'insistance de la répétition: « Tout à l'heure j'étais encore parmi les vivants. Tout le monde sait qu'il tue. Comme tout est simple et terrible. Tout à l'heure je vivais, je bougeais, j'hésitais, j'ouvrais. » (35). Se déclinant, à la façon du symptôme hystérique, dans une logique de l'occasion et du prétexte, elle surgit dans des contextes très variés et revêt le plus souvent des formes syntaxiquement moins fortes que l'adjectif et l'adverbe. Par allitération et par contagion phonique, la toux s'insère en effet dans un réseau de signifiants qui se relaient et par lesquels elle répand son domaine sémantique, à savoir le toucher: « Je songe à [...] le toucher, à le tuer peut-être, à toutes les fêtes [...] » (9); la douleur, liée au motif de la mémoire: le « tourment du tourment, où l'on voit le sang traverser les paupières de mémoires dégoulinant du passé » (12); la perte: « une ville au nom anglais (To Lose) qui s'écrit comme (Toulouse) » (114). Le « flamboiement » que la toux a été dans la mémoire fiévreuse du personnage Freud, se déclare non seulement comme une « réelle inflammation de la mémoire », mais encore de la textualité et de la narration. Cette inflammation est, selon la narratrice « semblable "à ce grain de sable autour duquel les ostracées forment la perle » (120). Cette comparaison est une citation non-attestée du *Cas Dora*.[10] Et le texte de Freud affirme ce qui, dans le discours de la narratrice, n'est qu'une référence indirecte à la toux: la toux est un « grain de sable », c'est-à-dire un signifiant, qu'on peut lire ou épeler en « rapprochant toutes les déterminations » et en allant « au plus profond de la stratification », pour citer encore le texte de Cixous qui continue à se ressourcer à la lecture de celui de Freud. Que ces différentes déterminations chez Freud aient trait à la « zone érogène » et aux « rapports sexuels avec le père » n'est pas indifférent pour le récit de Cixous.[11]

---

10. Citation tirée du *Cas Dora*, *op.cit.*, p. 61. Le texte de Cixous n'indique pas la source de la citation. Les marques de citation ne sont pas complètes: elles ne figurent pas à la fin de la citation.

11. *Ibid.* Pour donner un exemple de la façon dont le métadiscours de Cixous se nourrit du texte de Freud, je cite le passage de Cixous et son texte source en entier. Les italiques indiquent les fragments tirés du texte de Freud:

Portrait du soleil:

> *Tentons maintenant de* tresser *toutes les déterminations* qui ont travaillé à la fuite de fleurs en homme, d'homme en *jeune* homme, de *zone érogène* en *région* ferroviaire,

Comme si son bavardage risquait de passer inaperçu, la toux s'exhibe, affecte la matérialité du texte et fait qu'elle saute aux yeux. Par l'intermédiaire de son homophone « tout », elle se met en italiques: « *Tout* cela me désespérait; ce désespoir était d'une grande force qui me débordait et m'exaltait. Dans les mollesses du désespoir je ne me trouvai plus du *tout*. Tout était au commencement, sauf moi, et encore à la fin » (17, italiques dans le texte). Mais il lui arrive aussi de s'affirmer comme trace gravée, comme une incision faite dans le corps du texte: « Il me sembla saisir de vagues échos sonores. D'une toux. Ce mot est porteur de lames croisées: x x, comme mon nom » (19). L'idée de la toux qui supplée à la parole et se transpose en traits, en écriture, qui presse et perce, est une nouvelle fois affirmée à la fin de *Portrait du soleil*, grâce à une allusion homophonique: « dans ce mouvement de presse à imprimer sur l'autre la loi que l'autre a *tatouée* de moi de lui sur mon front » (193; mes italiques). Qu'il s'agisse d'un ta*tou*age phonique ou graphique, tout signifiant, dans ce texte de Cixous, est, dès lors, en instance de rappeler la toux. Inversement, la toux et ses différentes traces peuvent tenir lieu d'énonciation: le rayonnement phonique de la toux, parole non-discursive, mais surtout le geste d'incision et de tatouage avec lequel elle est mise en rapport, mettent en évidence le côté performatif de l'écriture. Dans *Portrait du soleil*, tracer et tousser s'équivalent ou, plutôt, renvoient l'un à l'autre et, au-delà, à la nécessité ou, pour parler avec Cixous citant Freud, à « l'inflammation de la mémoire » qui est sa source.

Dans les passages du « x » et du tatouage, la toux est, une nouvelle fois, affirmée comme un autobiographème. Le syntagme où le nom de l'auteur est mis en rapport avec deux « x » qui encadrent un grand blanc, est comme un hiéroglyphe où ce nom propre est identifié à la trace écrite, à toute trace écrite, mais aussi barré ou scellé d'inconnu. Et comment ne pas voir dans

---

de rail en oeil: *au plus profond de la stratification, il faut admettre une réelle inflammation de la mémoire, à l'endroit où Dieubis a tiré,* « *semblable à ce grain de sable autour duquel les ostracées forment la perle.* (120)

Le Cas Dora:

> Tentons maintenant de rapprocher toutes les déterminations que nous avons trouvées aux accès de toux et à l'enrouement. Au plus profond de la stratification, il faut admettre une réelle irritation organique provoquant la toux, semblable à ce grain de sable autour duquel les ostracées forment la perle. Cette irritation est susceptible de fixation, car elle concerne une région du corps ayant gardé à un degré très élevé, chez la jeune fille, le rôle de zone érogène. (61)

On l'a dit, dans le fragment de Cixous, il n'est qu'indirectement, par référence au texte de Freud, question de la toux, mais son signifiant est dès le début du texte évoqué par « toutes », ce qui n'est pas indifférent pour cette textualité particulière.

l'exemple du tatouage une image de la marque partagée? Les positions subjectives « de moi de lui » se relayant et se confondant et la position de « l'autre » absolument indécise suggèrent que « ce mouvement de presse », c'est-à-dire l'écriture, est la marque-tatouage-toux laissée par l'autre aussi bien qu'elle est une réponse faite à l'autre. Dans ce sens, l'écriture imite le tatouage-toux de l'autre; l'allusion à Dora imitant son père malade n'est pas loin. Mais aussi par un autre biais le motif du père s'impose. Car s'il est question du nom de l'auteur, marqué comme l'inconnu, il s'agit aussi de celui du père, qui est dans ce texte de Cixous l'inconnu par excellence, le disparu en vérité.

2. La toux et ses discours I: un appel à la totalité

Dans *Le Cas Dora*, « toux » et « tout » se conjuguent. Déjà Dora, la jeune hystérique dépourvue de la parole, exprime par sa toux son désir profond, qui est d'être ou d'avoir tout. Avec ce « tout/x », Dora s'insurge contre l'économie familiale restreinte où les rapports suivent la loi de « tout ou rien », sans pour autant qu'elle puisse y échapper vraiment. Cette intransigeance de la jeune fille transparaît au moment où elle place son père devant l'alternative « elle ou moi »,[12] le pressant d'abandonner ses rapports avec Mme K., ou encore à travers ses relations avec le couple K., où elle désire de Mme K. tout ce qu'elle refuse à M. K. On pourrait objecter que l'équivalence entre « toux » et « tout » repose sur un simple jeu homophonique que seul le français permettrait. Mais on n'a qu'à se référer à Freud qui montre à plusieurs reprises comment Dora souffre de la menace d'être réduite à « rien » et d'avoir à abandonner son désir d'être, ou d'avoir, « tout ».[13] Ce caractère exigeant est également relevé par Hélène Cixous dans *La jeune née*: « la source de la force de Dora, c'est quand même son désir. [...] Je vois l'hystérique comme disant: "Je veux tout". Le monde ne lui offre pas des gens qui sont des tout, ce sont toujours des tout petits morceaux. Ce qu'elle reflète comme exigence de la totalité, de la force, de l'infaillible, requiert les autres de façon qui leur est intolérable et les empêche de fonctionner comme ils fonctionnent, sans leur petite économie restreinte ».[14]

---

12. *Le Cas Dora, op.cit.*, p. 40.
13. Au moment où Dora laisse à son père l'alternative entre « elle ou moi », elle « se substituait évidemment à sa mère », de même que, avec sa toux, « Dora se mettait [...] à la place de Mme K... Elle s'identifiait donc avec les deux femmes aimées, l'une jadis et l'autre maintenant, par son père » (*Ibid.*, p. 40). Freud n'en parle pas à ce moment, mais cette identification se fait également par la notion de « rien », à quoi les deux femmes, la mère de Dora et Mme K. sont réduites par leurs maris respectifs.
14. *Op.cit.*, p. 284.

Dans *Portrait du soleil*, « toux » et « tout » vont également ensemble, comme on a déjà constaté. Le fragment suivant montre comment la narration se sert du terme de « tout » pour pouvoir revenir sur une scène centrale du récit :

> *Rien de Plus Réel* [...] le meilleur de l'inceste avec ses silences pleins de sang, cette complicité de l'égorgé qui donnait tout, tout, et me submergeait enfin par générosité. Cet homme savait mourir. (81 ; italiques dans le texte)

On reconnaît ici une reprise de l'épisode de « l'épouse bestiale » (14), c'est-à-dire de la toux qui tenait Jeor en son pouvoir. Le nom de Jeor, nom du père, se retrouve dans « égorgé », anagramme de Georges. Le paragraphe suivant traitera du motif de l'égorgement en détail. Retenons pour l'instant qu'il constitue une image narrative qui prend son départ dans le motif de la gorge et donc dans deux sources intertextuelles qui, de ce fait, avouent leur rapport étroit dans l'imaginaire cixousien : le mal à la gorge et la toux de la Dora de Freud, et la toux meurtrière du père dans l'autobiographie imaginaire de l'auteur Cixous. La « toux » se retrouve dans « l'égorgé qui donnait tout, tout », le sang que le tuberculeux tousse dans les « silences pleins de sang ». Dans le sous-titre « Rien de Plus Réel », enfin, le « rien » est motivé par le « tout », et consolide cette scène fantasmatique et érotique comme une expérience vécue : celle de la mort du père.

Il s'agit maintenant de considérer les différentes occurrences de « tout » et de voir comment le texte, à un niveau nettement au-dessous de la narration et du discours, nous prépare à une mise en rapport de la toux-tout, avec toutes ses connotations freudiennes et cixousiennes. Car même si elles se présentent sous forme adjectivale ou adverbiale et ne participent donc pas en tant que notion ou concept au discours, les quintes de « tout/x » se font entendre comme des symptômes d'une textualité qui cherche à se constituer en une discursivité autre. Car par sa fréquence seule, « tout » fait partie d'une économie textuelle de l'amassement et de l'accumulation et énonce, dès lors, un appel à la totalité, qui affecte aussi la toux.

a. Savoir tout

Dès les premières pages du livre, « tout » est mis en rapport avec « savoir » : « Mon sang parle. Si seulement je comprenais ! Alors je saurais tout. [...] Si seulement je pouvais l'entendre, alors je saurais tout. Je saurais tout. » (6). « Savoir tout », atteindre le tout du savoir, c'est bien au concept hégélien du « savoir absolu » qu'il est fait allusion ici. Ceci n'est pas étonnant pour ce texte de Cixous, nourri qu'il est d'une lecture permanente de l'oeuvre de Bataille qui, à son tour, entretient un rapport récurrent, mais tendu, avec celle de Hegel.[15] Les notions batailliennes de la dépense, du débordement et de l'excès, auxquelles la narratrice de *Portrait du soleil* se réfère régulièrement, font partie de sa critique de la science philosophique et systématique de Hegel.

Sommet de l'intelligibilité et de la clarté, le « savoir absolu » est, pour Hegel, ce en quoi le savoir s'achève comme le tout du savoir. Hegel assimile le savoir à un cercle qui à la fois clôture, dans sa circonférence, le développement dialectique du savoir et, parvenu au stade ultime de la synthèse totale, englobe le tout du savoir. Pour Hegel, il n'y a donc pas d'en-dehors du savoir ni de son discours: le savoir se ferme sur lui-même. Pour Bataille, par contre, cette fin du savoir signifie aussi sa finitude: la circularité du savoir implique une limite qui fait apparaître un en deçà *et* un au-delà. Cet au-delà l'amène à penser un autre savoir, qu'il définit comme un « non-savoir ». Ce « non-savoir », c'est ce que le travail du savoir ne peut pas s'approprier, c'est ce qu'il ne peut pas représenter à l'intérieur de son cadre intelligible et rationnel. De ce fait, le non-savoir renvoie la transparence du savoir absolu à la plus profonde « nuit ». Il est son « rien » dans le mesure où ce rien est au-delà du tout du pensable.

Dès son titre, *Portrait du soleil* se propose comme une recherche d'un savoir qui, s'il n'est pas le savoir absolu de Hegel, se veut le plus absolument possible dans le contexte de sa propre entreprise. Avec le soleil comme symbole de l'intelligibilité et de la manifestation suprêmes, ce portrait s'affirme comme une approche, sinon la représentation, de la clarté et de la compréhension mêmes, d'autant plus que « la peur, la voix, la nuit, l'antiquité » (11) constituent ses lieux de départ.

La quête du savoir-tout s'avère pourtant marquée par l'impossible bataillien. C'est qu'il s'agit d'écouter « le sang » avec ses paroles certes palpitantes et anciennes, mais aussi inaudibles. Il s'agit aussi, non pas de sortir de « la nuit », obscure et incertaine, mais de s'y aventurer, de s'y lancer. Cette nuit de Cixous rappelle le symbole de la nuit comme le temps des gestations et des germinations. Cette nuit évoque également la nuit des mystiques, dont l'obscurité signifie la disparition de toute connaissance distincte, analytique et exprimable, et qui, dès lors, favorise l'expérience d'un tout divin. Mais cette nuit mystique n'est pas un objectif en soi: elle constitue le passage obligatoire pour arriver à l'union parfaite d'amour avec Dieu, représentée par la divine lumière. Il en va de même pour le symbole de la nuit en tant

---

15. Voir notamment Georges Bataille. *L'Expérience intérieure*, Gallimard, coll. Tel, [1942] 1954. Dans le contexte de la présente d'étude, je ne pourrai considérer ce rapport en détail. Je me réfère donc à l'excellente étude de Robert Sasso, *Georges Bataille: le système du non-savoir*, *op.cit.*

qu'antre où fermente le devenir: les promesses qu'elle contient sont destinées à éclater au grand jour, en manifestation de la lumière de la vie. Chez Cixous, par contre, la nuit n'est pas un stade à dépasser, mais un domaine de premier ordre, plus véridique et plus promettant que la lumière du jour.

Ainsi nous l'apprennent les nombreuses descriptions de la nuit comme temps du sommeil, favorable au rêve, à la mémoire et au fantasme. Depuis le début du livre, où le projet de savoir-tout est lancé, la nuit est aussi mise en rapport avec le questionnement et le travail du savoir. *A fortiori*, la nuit est assimilée au questionnement – et à la quête – lui-même (« cette question fait cette nuit », 7), de même qu'elle donne lieu au lever d'une question, sur le mode solaire: « pendant la nuit cette question se lève, grossit, monte, pleine » (8). Cette nuit et cette question ne sont pas censées apporter la lumière éclairante ou s'achever dans le jour. C'est ce qu'on peut déduire à partir de la description suivante, où l'image de la nuit pleine de questions est relayée par celle d'un corps plein de questions, y comprises celle du « secret »:

> Il y a toutes les questions obligatoires, et celle-ci en plus: Qu'est-ce que c'est, le secret? Ça, c'est la question qui contient toutes les autres questions, y compris elle-même, et qui les chauffe dans son ventre qui est sa face même et sa paroi interne. C'est la question des questions et leur questionnement, sans quoi elles ne seraient pas, ni Jeor, ni moi, avec quoi elles ne sont jamais que ce qu'elles seront. (7)

Cette « question qui contient toutes les autres questions », voire le « questionnement » même, apporte-elle le savoir, arrive-t-elle à sortir de la nuit-corps qui la contient? Certes, l'image du ventre et de l'englobement rappelle la circularité du « tout » hégélien, affirmé comme ce qui à la fois développe et enveloppe le savoir et dont la clôture coïncide avec le savoir s'éclairant. Mais chez Cixous, ce ventre est un domaine intérieur, inabordable de l'extérieur. Certes, par sa « face » il peut être contemplé, mais puisque cette face est aussi sa « paroi interne », il reste intimement replié sur lui-même.

On peut déduire une ambivalence pareille à partir de l'image du ventre qui « chauffe » la « question des questions »: d'un côté le chauffage évoque la gestation nocturne et continuelle des questions, de l'autre côté le repliement du ventre empêche leur sortie. Ainsi le chauffage, c'est-à-dire l'action de poser des questions, n'est censé ni s'achever ni s'épuiser. La nuit-ventre de Cixous donne les contours d'un espace certes délimité, mais dont les bords se renversent ou sont repoussés toujours plus loin, tendant vers un extérieur qu'ils n'atteignent jamais. Ainsi ce ventre est un espace à la fois « entre » et « antre », où les questions se chauffent non pas en vue d'une réponse, mais pour être posées et reposées, pour être creusées, pour contourner le secret et la nécessité du questionnement même. Il s'ensuit que le savoir-tout auquel ces questions aspirent ne réside pas dans la sortie de la nuit ou dans un au-delà, mais dans la tentation de ses bords mêmes. Or ces bords ont trait à la question de la vie et de la mort mêmes. « Tout est », selon la narratrice de Cixous, y compris la mort. Arriver à comprendre ce tout est un long travail: « C'est long. C'est long jusqu'à presque le bord de mort » (9), bord qui va, tel le soleil approché, en s'éloignant toujours plus. Le travail de savoir-tout ne s'épuisera pas en un savoir; au contraire, il ne saurait s'épuiser, puisque sa nuit est sans limites et en gestation continuelle. « Avancer », « enfoncer », « passer », « creuser », « recommencer », sont alors les synonymes des questions à poser. C'est par ces termes aussi que le travail de savoir-tout s'avère faire partie du travail du deuil.

Pour arriver au savoir tout, il s'agit de poser des questions, « toutes les questions ». Poser « toutes les questions », c'est poser toutes les questions possibles, à partir d'une certaine prise sur le monde physique et spirituel. Arriver, par contre, à poser des questions « en plus », voire poser « la question des questions et leur questionnement » (7), c'est aller au-devant de ce savoir, se risquer dans l'inconnu, et, puisque le savoir seul s'articule en discours, tenter l'ineffable.

Mais il s'agit d'abord de poser « toutes les questions *obligatoires* », ce qui restreint considérablement le domaine quasiment illimité des questions à poser. L'obligation renvoie la problématique du savoir vers la loi et ses représentants: le langage, le symbolique et la métaphore paternelle. Aussi l'énonciatrice ne tarde-t-elle pas à poser la question « obligatoire » qui met au centre le langage et sa loi: « Il fait nuit. Qui fait ça? Toutes les questions se couchent dans cette question. » (7). Variante de l'« il faut » de la première page, ce passage nous rappelle que le langage est le véhicule du symbolique qui, lui, est instauré par la métaphore paternelle et son savoir. Souligner l'obligation de poser cette question, est revenir sur la nécessité de considérer les fondements et les présuppositions de tout énoncé discursif.

Par cette mise en question de la textualité elle-même, la question du savoir-tout se détourne de la problématique conceptuelle du savoir et envisage la question du « tout » par le biais de la matérialité du texte. C'est d'ailleurs ce qu'implique la problématique du questionnement lui-même: toute question est un acte du langage, tout savoir se constitue donc en tant que discours. Nous sommes apparemment loin ici de l'ineffable non-savoir de Bataille. Bataille a d'ailleurs été tout à fait conscient du caractère intenable de ses propositions. Parler d'une absence de sens c'est déjà lui attribuer un sens, avancer comme il a fait « le silence » comme une nouvelle discursivité est déjà rompre le silence...[16] Aussi Bataille s'est-il empressé de sortir

---

16. Voir Robert Sasso, *Georges Bataille, op.cit.*, p. 93-94.

de ce réseau de contradictions pour utiliser le langage comme une mise en cause du langage et comme une esquisse d'une discursivité autre.

Que la narratrice de *Portrait de soleil* s'entretienne, sinon s'accorde, avec Bataille sur ces points précis, devient clair quand on retrouve des citations du philosophe, sans référence aucune d'ailleurs, le plus souvent dans des passages métadiscursifs. Pour notre quête du « tout », il n'est pas sans importance que ce terme soit excessivement répété ou autrement mis en relief dans ces passages.

Dans *L'Expérience intérieure*, Bataille nous avertit des limites qu'impose le discours et le langage: l'être humain qui cherche à désigner l'outre-langage lui semble être comme un « homme enlisé, se débattant et que ses efforts enfoncent à coup sûr ». C'est que « les mots, leurs dédales, l'immmensité épuisante de leurs possibles, enfin leur traîtrise, ont quelque chose des sables mouvants ».[17]

Cette comparaison du langage au sable se retrouve chez Cixous dans l'important motif du sable, présenté dans sa qualité de « mot » – « Il y a du sable. Quel mot terrible » (7) – et de figuration: « Sable: on reconnaît la ponctuation et la figure simplifiée du Portrait du Soleil » (56). Le caractère fuyant et mouvant du sable, celui même qui le rendait traître chez Bataille, est par contre mis à profit par la narratrice. Ainsi le « sable », qui est un « mot », est mis en rapport avec le « secret », qui est aussi un mot. Creuser le sable revient donc à creuser les mots, révéler leurs secrets. Le caractère réciproque de ce creusement permet que le sable, c'est-à-dire les mots, creusent, c'est-à-dire lisent, le sujet creusant:

> Il y a le sable.
> Il y a le secret.
> Il y a le sable. Je creuse. Sous le sable il y a du sable. Je creuse. Il y a du sable. Quel mot terrible. C'est le sable en vérité qui me creuse les mains. (7)

Dans un autre passage, la narratrice se réfère au caractère coulant du sable:

> Sable: on reconnaît la ponctuation et la figure simplifiée du Portrait du Soleil.
> Ensuite je sens que ça coule, sans savoir quoi, n'importe quel liquide un peu épais et familier, il faudrait voir sa couleur, c'est important, ça aussi. C'est du matériau. Ensuite on pourrait répondre à la question quels matériaux utilisez-vous? comme tout le monde; on pourrait s'aventurer à dire que tous les hommes et toutes les femmes produisent et utilisent les mêmes matériaux ou des matériaux du même type; et que tous aiment le sable; ou que tous mangent ou ont

---

17. *L'Expérience intérieure*, op.cit, p. 26.

mangé, du boeuf, des radis, de l'orange, du riz; et ce n'est pas sans importance. (56-57)

Côté liquide et couleur, le sable est mis en rapport avec le sang; côté « matériau » il se propose comme un nouvel ingrédient à utiliser dans la « cuisine cosmique » qui, rappelons-le, est faite « avec des astres crus, des pans de boeuf peints, des tranches de couleur orangé ou carotte, des livres secrets ou des lèvres » (55). Le métadiscours utilise ici plusieurs aspects physiques du sable. Son caractère éparpillé et disséminé se retrouve dans la « figure simplifiée du Portrait du soleil », comme si chaque élément du texte est en mesure de constituer un aspect du portrait du soleil. Et le fait que le sable ne peut être contenu par la main sans risque de s'évaporer aussitôt, se retrouve dans les verbes « sentir » et « couler », qui signifient la fuite du sable-sang. Comme le sable dans ce passage a également valeur de matériau, il est frappant de constater comment ce « matériau », dont la narratrice dit qu'il est pareil pour « *tout* le monde », engendre au niveau du texte des différenciations à l'intérieur de la notion de « tout » même. Pris dans un mouvement de totalisation, le concept de « tout » se différencie grammaticalement et morphologiquement une fois qu'il est confronté à la détermination sexuelle et générique. « Et ce n'est pas sans importance ».

Le fragment suivant est la transcription d'un souvenir d'enfance, où la narratrice prend à son avantage ce que Bataille a désigé comme des risques: l'enlisement et l'enfoncement:

> Tout de suite après, il y a la mer, sur laquelle il est si difficile de marcher. Je m'y enfonce, j'en sors, j'avance. C'est long. [...] C'est tuant. C'est le corps à corps avec les fantômes. Il faut pourtant la passer puisqu'elle ne passe pas. [...] Je m'y enfance. (9)

Le terme de « tout » qui ouvre le passage se trouve mis en relief parce qu'il est précédé par un blanc; il annonce aussi la masse dans laquelle le sujet va s'enfoncer. L'enfoncement dans la mer constitue un transfert d'expression: « s'enfoncer dans le sable »/« marcher sur le sable » est devenu « s'enfoncer dans la mer »/« marcher sur la mer ». Il faut bien sûr entendre cette « mer » comme la « mère ». Cet enfoncement se présente alors comme une parodie de l'entrée lacanienne dans le symbolique, domaine de la métaphore paternelle. Cet enfoncement se présente d'ailleurs aussi obligatoire ou inévitable que l'entrée lacanienne: « Il faut pourtant la passer puisqu'elle ne passe pas » (9). Le glissement d'« enfoncement » en « enfancement », enfin, évoque le travail de la mémoire qui, grâce aux différentes contreréférences qu'on vient de relever, est synonyme du creusement du sable/texte et du dégagement/constitution du sujet énonciateur.

Un autre exemple du rapport permanent et récurrent entre ce texte de Cixous et l'oeuvre de Bataille à partir du signifiant « tout », constitue l'usage de mots « glissants ».[18] Toujours dans la perspective d'utiliser le langage pour désigner l'au-delà du langage, Bataille entend par « mot glissant » un terme dont la fonction est de se supprimer lui-même comme mot. Ainsi le mot « silence » qui signifie l'abolition du bruit qu'est le mot. L'utilisation cumulative du discursif constitue un autre moyen: en remuant en tous sens les propositions, la sphère que celles-ci définissent finirait par résonner autrement.

Que l'énonciatrice s'accorde avec Bataille sur ces points précis devient clair dans un autre fragment métadiscursif. La problématique du savoir-tout y est relancée dans la mesure où le terme de « tout » est appliqué à l'ensemble du texte et soumis, sur le mode du cumulatif, à une lecture de « tout » par « tout ». Ce qui est en jeu est la saisie non appropriative d'un point qui, pour parler avec Bataille, « toujours a le sens – plutôt l'absence de sens – de la totalité ».[19] Les références à Bataille dans le premier fragment (notamment « glisse » mais aussi « couille » et « (im)possible ») en rajoutent:

> Quelle fantastique liberté! Tout se redistribue dans une chambre entre nos gestes à la folie, tout se met à rimer, ou à sembler rimer, la rime court en asymptote à ce que je fais, à ce que je veux, à ce que je prends, de glisse à pisse, de trouille à couille et de possible à impossible, sans aucune excuse [...]. (61)
> Je lis en proie à tous les sens des sens, zébrée. Méconnaissable, méconnue. [...] C'est venu tout seul. On peut voir comment cette structure va fonctionner, ce qu'elle va produire. C'est tordant. Se tordre en tous les sens. (55)

Ce « tout » généralisé désigne une poétique de la torsion de « tout » par « tout » (torsion de la relation signifiant/signifié, de la linéarité du signifiant, de la discrétion du signe sous le coup du désir et comme marque de la jouissance), ce qui a des effets pour l'économie textuelle: tous les éléments du texte « riment », s'équivalent et entrent, dès lors, dans un système où ils s'échangent librement. Quant au récit de *Portrait du soleil*, l'enjeu de ce stratagème ne se fait pas attendre. Si « tout » rime avec « tout », tous les éléments du texte s'échangent, se frottent, s'épuisent, pour qu'« il me saute aux yeux que Dieu rime avec Rien » (61). Cette phrase relève du registre de l'épiphanie et pourrait bien constituer une citation d'un mystique comme Jean de la Croix ou de la théologie négative: si Dieu, c'est-à-dire aussi le soleil, le père, ou le portrait du soleil, rime avec « Rien », il se trouve aussi dans « tout », c'est-à-dire dans la rime des mots, dans l'association multi-

---

18. *Ibid.*, p. 28.
19. Robert Sasso, *Georges Bataille, op.cit.*, p. 95.

pliée et jusque dans le vieux jeu binaire, pauvre et usé, de « tout » et « rien ».[20]

Même subterfuge en ce qui concerne la poétique de la torsion. Venue au bout des possibilités que donne la torsion des mots « en tous les sens », l'énonciatrice ajoute qu'il s'agit aussi de:

> inonder d'essence les sens des sens et voir ce qui flambe; voir ce qui reste. Il reste pas grand-chose. Une petite chose énorme qui fit un bruit de larmes et d'urine et de méconium, comme si elle se prenait pour Dieu, ou pour deux ou par ce que Dieu croit être; et vue de près, c'est bien Lui. (55)

L'acte de naissance que constitue cette torsion textuelle pourrait décevoir, vu qu'il ne s'agit que d'un reste, d'une « pas grand-chose » ou encore d'une « petite chose », c'est-à-dire d'un rien. Mais là encore, « rien » rime avec « Dieu », et cette « petite chose » elle-même arrive à se prendre pour « Dieu », voire pour « deux ». Ce dérapage textuel évoque le message même du livre de Cixous: de « rien » à « Dieu » à « deux », la textualité répare l'expérience de la séparation et se montre capable d'évoquer « Lui ».

b. Etre tout

Le désir de savoir tout s'accompagne de celui d'être tout, bien que ce désir-ci ne soit pas aussi explicitement nommé que le premier. Au contraire même: rarement exprimé dans le discours de l'énonciatrice, ce désir se manifeste dans les occurrences multiples du signifiant « tout » et de ses variantes, qui traversent la textualité de *Portrait du soleil* comme la marque d'un affect. Extrêmement bavard, ce « tout » récurrent fait que la notion même de totalité est creusée de l'intérieur. « Tout », dans ce texte, n'est pas un tout: chaque fois que le terme s'énonce, que ce soit « par hasard à tout instant en coïncidence avec tout autre » ou « par prévision à travers tout dieu et tout lit » (30), « tout », déjà démultiplié, déjà toujours plus que tout, est entraîné dans des flux discursifs et textuels différents, débordé par l'hétérogène et la contingence. Aussi la signification qu'on peut attribuer au « tout » est-elle toujours locale et provisoire. Pour appréhender ce désir et les totalités auxquelles il fait appel, (re)suivons le tracé du « tout » dans son ensemble: là où il se donne à lire comme une notion, et là où il résonne dans le texte à travers ses différentes formes syntaxiques et morphologiques.

« Tout était au commencement, sauf moi, et encore à la fin » (17). Cette phrase, aux résonances bibliques, donne le ton d'un possible discours

---

20. Retenons, outre l'allusion au mysticisme de la théologie négative où Dieu est tantôt désigné comme le Tout, tantôt comme le Rien, les résonances kabbalistiques de cette phrase.

concernant le « tout »: « tout » désigne une totalité – totalité du temps, totalité de l'être –, dans son rapport au je qui, dans la phrase qu'on vient de citer, en est exclu. Cette définition de « tout » est corroborée dans une série d'autres occurrences, qui illustrent d'ailleurs à merveille la façon dont la notion de « tout » disparaît de la narration mais continue à la hanter sous la forme d'une nécessité idiomatique ou lexicale. La phrase « tout à l'heure j'étais encore parmi les vivants » (35) parle d'une autre exclusion de la narratrice, celle des vivants, dont on a appris à la première page du livre qu'ils constituent aussi un tout: « tout le monde vivant ». Mais il y a plus. Quelques pages plus tôt, l'énonciatrice s'est servie du syntagme « toute [*sic*] de suite » (22). La féminisation de « tout », qui met en relief le terme de « tout » lui-même, se fait également entendre dans « tout à l'heure ». Ainsi se dessine ce que la narratrice a été « tout à l'heure », à savoir « toute ». « Rien ne purifie plus radicalement l'univers de tout ce qui n'est pas moi » (38) s'articule sur le jeu binaire de « tout » et « rien » et oppose le « je » au « tout » universel. Dans « tout cela me désespérait; ce désespoir était d'une grande force qui me débordait et m'exaltait. Dans les mollesses du désespoir je ne me trouvai plus du tout » (17; italiques dans le texte), le premier « tout » n'est d'abord qu'un adjectif sans référent précis. Mais associé au « désespoir » sans faille de la narratrice, « tout » rentre dans le récit où il tisse les contours d'une totalité où la narratrice ne se trouve « plus du tout », c'est-à-dire pas du tout, mais aussi plus entièrement, dispersée ou morcelée, selon un des motifs de *Portrait du soleil*.

Qu'il se réfère à une expérience comme ce « désespoir » exaltant qui transcende les limites du temps et du corps, ou à la turbulence cosmique de « tous les temps et leurs envers [où] tout va si vite » (8), le signifiant « tout » désigne une totalité aussi bien indistincte qu'insaisissable, par rapport à laquelle le je doit se situer. A cause de ce rapport, « tout » fait partie de l'histoire de la narratrice, de sa constitution en tant que sujet, de ses aspirations et de ses peurs.

Vu le caractère anhistorique et intemporel de « tout », l'histoire du sujet est l'histoire de la distinction, de la séparation de « tout ». Cette séparation est en effet mise en scène dès les premières pages de *Portrait du soleil*, où une « poche », figure matricielle et englobante, se vide. Remarquons, dans les termes mis en italiques dans la citation qui suit, la mise en relief de l'idée de « tout » au niveau des signifiants:

> [...] le temps *tou*rne sur lui-même. Brusquement *tout* va si vite, la poche se vide, crache ses couples, éjecte ses jumeaux, il y a le soleil et l'ombre, il y a Jeor et qui, la question crache ses couples, j'ai peur, il y a peur et moi. (8)

Modelé sur le célèbre « Jardin des délices » de Jérôme Bosch avec ses amoureux enfermés dans leurs bulles,[21] voici une véritable « naissance » qui se réalise sur le mode de l'éjection et de la parturition. Les « couples » et les « jumeaux » qui en résultent, miroirs nostalgiques de l'unité qui vient de se défaire, ne sauraient pourtant réparer la violence qu'entraîne une telle séparation: le cordon ombilical, linguistique, qui lie les couples à l'intérieur de leurs syntagmes – « le soleil *et* l'ombre », « Jeor *et* qui » –, les sépare en même temps, les rend distincts, deux. La référence picturale contient d'ailleurs une perspective dualiste et séparatrice identique. Déjà inapprochables dans leurs boules cristallines, « délusion », comme l'écrit Michel de Certeau[22], du rêve de l'union perdue, ces corps couplés évoquent aussi leur contrepartie sur le tableau: les corps décapités et démembrés, à moitié métamorphosés, toute cette musique des corps disséminés qui résonne d'une nostalgie de l'unité perdue en même temps qu'elle en réitère, comme pour la conjurer, l'inévitable coupure.

On trouve un autre exemple de la séparation originelle dans l'histoire de l'oeuf. On connaît la signification symbolique de l'oeuf: sa forme pleine et close symbolise l'aspiration de l'être humain à remplacer l'image qu'il a de son imperfection originelle par celle d'une belle totalité, unifiante et homogène. Mais en même temps cette forme contient déjà la loi de son propre devenir: l'éclosion, et à travers elle: la séparation et l'instauration de la différenciation. Dans le fragment suivant, l'énonciatrice prend cette image de l'oeuf à son compte pour critiquer le travail créateur de Dieubis. Ce travail consiste à « étouffer » dans l'oeuf le germe de vie, à empêcher sa « sortie », c'est-à-dire sa réalisation en tant que sujet distinct. Le « grand mal » que Dieubis se donne montre d'ailleurs que son travail relève d'une économie masculine: plus tôt dans le texte, l'énonciatrice a associé le terme « mal » à sa version « mâle » (9):[23]

> La chose est *tou*jours potentiellement très grande. La chose est dans l'oeuf. Il n'a pas été dit que la chose ne doit pas sortir. L'oeuvre de Dieubis consiste à l'*étou*ffer dans l'oeuf. Le désir de Dieubis est la perte continue de la chose qu'il désire animer. Cela lui donne beaucoup de mal. On ne sait pas si ce grand mal lui fait mal. Si c'était mon oeuf, je sais ce que je voudrais en faire et ce que je ferais. J'échouerais peut-être. Sûrement. Ou peut-être pas. Mais j'y mettrais l'adresse. Quand quelque chose se ferme, j'ouvre, et je mets la main dans la porte. (49-50)

---

21. 1503-1504, Musée du Prado, Madrid.
22. *La Fable mystique*, Gallimard. coll. Tel, 1982, p. 98.
23. « Est-ce que c'est moi qui lui fais mal là où il dort? ou mâle? » (9).

De nouveau, le travail de « tout » supporte au niveau de la textualité l'image de la totalité qu'est ici l'oeuf. Cette image est d'ailleurs catégoriquement négative: l'étouffement est comme une noyade du sujet dans le tout de l'oeuf. L'étouffement évoque aussi la « toux »; plus précisément, ce fragment s'articule sur une citation du *Cas Dora*. « La chose [...] potentiellement très grande » – qui fait aussi écho au « rien » auquel les femmes sont associées – et le verbe « sortir » sont empruntés à la phrase « ce n'est pas grand-chose, ce qui est sorti ».[24] On a déjà vu comment dans le texte de Cixous cette plainte de la jeune fille fonctionne comme un autoportrait du sujet énonciateur. Vu le rapport logique qu'entretient cette « chose [...] potentiellement très grande » au concept de « tout », on peut maintenant relever d'autres termes – et autant de portraits du sujet – qui se rapportent logiquement ou sémantiquement à « tout », à savoir rien, morceaux, et l'inconnu.

tout et rien

On a déjà relevé la dichotomie « tout » et « rien » dans « rien ne purifie plus radicalement l'univers de tout ce qui n'est pas moi » (38), où le moi n'a de rapport à l'universel que par « purification », c'est-à-dire en se mettant à la hauteur de « rien ». Dans le fragment suivant, le concept de « rien » est relayé par la notion de « personne »: « Tout est. Ce qui est, tout est là, sans mémoire et sans commentaire, sans préambule et sans effet. Il n'est temps pour rien d'autre et personne que Mourir » (35). Comme dans d'autres exemples qu'on vient de citer, ce « tout » a une valeur existentielle, universelle, voire cosmique: tout ce qui relève de la présence d'un sujet: la mémoire, le commentaire, le mouvement, en est évacué. Domaine du « rien » et de « personne », il est aussi explicitement associé à la mort. Ce « tout » mortifère est également évoqué dans « tout cela est sans ombre, horriblement sans ombre » (12): si l'ombre est le double accompagnateur de l'être vivant, son absence est la condition de l'immortel, de l'esprit, bref, de l'être qui n'appartient pas ou plus à la vie.

La dichotomie « tout et rien » intervient aussi dans son rapport au « rien » auquel les femmes dans *Le Cas Dora* sont réduites. « Vous savez que Dora est tout pour moi » (109), désigne chez Cixous Mme K. son amour pour Dora. C'est un moment de satisfaction pour Dora, puisque la déclaration s'accompagne de tendresses de la part de Mme K. Mais ce « tout » est illusoire: il ne s'agit que d'un rêve de Dora qui, en plus, vole en éclats quand Mme K. couvre sa déclaration « d'éclats de rire » (109). Ce même « tout » interfère aussi dans une scène qui évoque le départ de Dora et le

---

24. *Le Cas Dora*, op.cit., p. 78.

problème qu'éprouve Freud par rapport à « la valeur qu'avait pour moi sa présence »[25] qu'il n'ose pas s'avouer:

> Presque tous les voeux de Freud accompagnèrent Dora jusqu'à la porte du siècle neuf. Si Dora avait su qu'elle était tout ce qu'elle était, elle ne serait pas revenue, si elle avait su qu'elle était tout ce qu'elle était elle serait revenue mais elle aurait su qu'elle était tout ce qu'elle n'était pas, et presque tous les voeux de Freud l'accompagnèrent dans son voyage vers sa comédie. (109-110)[26]

Mis en rapport avec « tous les voeux » de Freud, ce « tout » répété à l'excès dans des syntagmes qui, non pas consolident sa signification, mais la relancent et la creusent, montre combien ce terme est suspect. Le désir d'être tout de la jeune femme qu'est Dora ne saurait jamais coïncider avec l'appréhension de la part d'un homme qu'une femme soit tout pour lui, homme.

tout, toux et l'inconnu

Ailleurs, « tout » renvoie à son homonyme « toux », c'est-à-dire « x », le sujet marqué d'inconnu. Or l'inconnu, chez Cixous, c'est « l'inconnue », un des *alter ego* du sujet-énonciateur: « d'abord l'inconnue, la surgissante, l'ombre. Elle jaillit et disparaît, sans règle. Par*tout* où je cherche l'homme, elle veille » (30; les italiques sont de moi). Si l'inconnue est l'ombre, elle est le double accompagnateur du soleil. Si elle veille, c'est que le soleil, ou plutôt celui à qui il se réfère, n'est pas marqué par la mort. En effet, « il y a l'inconnue, et au contraire le soleil naturellement ramené au bord de mort » (8): l'inconnue ne se constitue plus par rapport à un tout sans ombre, à cette métaphore du soleil marquée par la mort, mais par rapport à la figure du soleil réel, qui par son mouvement projette des ombres et des figures toujours différentes du sujet. La mort du soleil est en fait riche de promesses: non seulement le soleil projette à son déclin des ombres toujours plus longues, toujours plus grandes, mais encore il reviendra, après avoir donné à d'autres ombres, bien plus obscures et nocturnes, la chance de se manifester.

tout et en partie

Dans son rapport au sujet, « tout » est aussi exploré dans sa signification « en entier ou en partie » (30). Dans le fragment suivant, « tout » désigne la situation première, solaire en effet, de l'énonciatrice, qui par la suite se perd en « *tous* ces morceaux »:

---

25. *Ibid.*, p. 82.
26. Relevons le côté citationnel de ce passage: dans *Le Cas Dora*, c'est Dora qui présente à Freud « les voeux les plus chaleureux pour le Jour de l'An », tandis que le revenir de Dora est évoqué par le père de Dora – « Son père [...] m'assurait qu'elle reviendrait » – et par Freud lui-même: « Je savais que la jeune fille ne reviendrait plus ». *Ibid.*

> Tout à l'heure j'étais haute, j'étais fureur, j'étais *une*, fureur et hauteur, j'avais un but, et j'attaquais. Je fonçais. Maintenant j'ai mille corps brûlés dans leur propre sang, des centaines de corps sans tête sans membres, sans destinateur, répandus dans l'ordre fou de la souffrance, rivaux dans l'ordre feu de la souffrance [...] Avec tous ces morceaux Dieubis pourrait façonner quelque autre mémoire, quelque autre adorateur. (50)

Condition du travail de la mémoire, ce « tout » éparpillé s'affirme comme une variante du motif de la « remembrance », dont on a déjà souligné le double rapport avec la mémoire et le re-membrement, la reconstitution. Comme le dit le fragment, le travail de la mémoire s'associe à la fabrication d'un « adorateur » – on reconnaît ici l'allusion au père, à la fois adoré et adorateur, comme au père perdu mais gardé vivant par le travail de la mémoire. La mémoire, travail de reconstruction et d'assemblage, s'effectue par bribes, par associations et par filiations, à partir d'une image qui insiste ou d'une phrase ou d'un mot prégnants, comme le signifiant « tout ». Aussi « tout » a-t-il la fonction d'un rappel, d'un catalyseur. Au-delà des discours hésitants et tâtonnants qui se tissent autour de lui, « tout » n'est pas là pour désigner un référent ou pour raconter une histoire, mais pour marquer une expérience et pour inscrire celle-ci – les références à la graphie et au tracement l'indiquent bien – dans le corps du texte. A travers ses occurences multiples et divergentes, « tout » est un signifiant effréné qui dépose des fragments discursifs qui tentent de dire l'insaisissable, le cosmique, et l'ordre qui est hors de l'ordre humain: le « Mourir » et la mort. Mais « tout » est aussi ce qui se « [répand dans l'ordre fou de la souffrance [...], dans l'ordre feu de la souffrance »: la marque de cette souffrance et, dès lors, l'inscription d'un sujet dans son rapport à la mort et à l'expérience du déchirement et de la perte. Comme on a vu, le « tout » ne se rapporte pas à la totalité en tant que réparation d'un « tout », fût-ce l'origine perdue ou la fusion amoureuse. Au contraire, « tout » sacralise l'expérience de la séparation en tant qu'expérience d'un sujet se constituant et se différenciant. C'est encore par ce biais que, dans *Portrait du soleil*, narration et textualité, corps du sujet de l'énonciation et corps du texte, vont ensemble.

c. Etre « *Toute* »

Qu'en est-il de cette totalité quand « tout » se féminise et s'émancipe en notion? « Toute », nominalisée et mise en relief par la majuscule, intervient dans un épisode précis de *Portrait du soleil*, à savoir l'histoire d'Ascension. Cette histoire, rappelons-le, se sert de la métaphore solaire pour raconter la naissance, sous la forme d'une sortie, du sujet-je: « Sort Ascension, moi sphère de sang sur ses talons, Toute et sur ses traces Faim et Soif de Toute, escortée de hurlements et de brandons » (22). Par ce « Faim et Soif de

Toute », le sujet naissant s'affirme comme sujet féminin, du moins au niveau du genre grammatical. Car au niveau du récit, sa féminité reste indécise. « Si je foutais le feu aux maisons, aux champs, aux âges, aux sexes, aux portes ? » (22) présente cette « Toute » comme une entité inclassable, voire révolutionnaire, dans la mesure où elle se situe en dehors des catégories préétablies par des critères familiaux, sexuels ou symboliques.

L'ensemble de l'histoire d'Ascension est marqué par l'ambiguïté et l'ambivalence sexuelle: déjà Ascension est « une fille, une femme, un adolescent, aucune importance » (22), et pour l'atteindre, c'est-à-dire l'épouser, l'énonciatrice-je doit devenir son « amant » (23), sur le mode masculin. C'est ici, d'ailleurs, que l'histoire d'Ascension avoue son rapport étroit avec l'histoire de Dora: elle évoque l'épisode qui raconte l'amour que Dora porte à Mme K., dont Freud note qu'il est analogue à celui qu'aurait éprouvé un homme.[27]

L'indécision sexuelle va de pair avec une oscillation entre des positions subjectives. L'énonciatrice « suit » Ascension, mais on ne sait pas si « je la suis » est du verbe être ou suivre. Car si Ascension file devant la narratrice, elle est aussi « déjà plantée dans mes os » (22). Résolument autre et insaisissable, Ascension se révèle être l'autre de je: elle est « l'inconnu » – voici le « x » du « tout »/« toux » qui rentre dans la narration – « qui se fait connaître avec la brutalité foudroyante de dieu [...] dans mon ventre, dans ma poitrine, dans ma tête démesurée » (22). Il en va de même pour le caractère solaire d'Ascension. Doublement hélioforme, par sa montée et par l'adoration qu'elle suscite chez la narratrice, Ascension n'est pourtant pas solaire par elle-même: « c'est moi qui l'ai mise là-haut », « comme si sans moi elle avait pu monter » (23).

Par ces dépliements et repliements des positions subjectives, l'histoire d'Ascension montre que la constitution du sujet-« Toute » est essentiellement une expérience de la différence, symbolisée comme une séparation d'avec l'autre, mais ressentie comme un déchirement du soi en tant qu'autre. L'épisode de la montée de la « fourche », Ascension prenant « la pente de droite, celle qui montait », je laissant « la pente de gauche m'emporter à pic » (23), est à cet égard illustrative.

---

27. *Ibid.*, p. 45. Ce fragment contient encore d'autres allusions à l'histoire de Dora et de Mme K. « La plus grande intimité » (p. 44) qui liait ces femmes selon Freud trouve son écho dans l'intériorité qui lie le « je » à Ascension, « plantée dans mes os [...] dans mon ventre, dans ma poitrine, dans ma tête démesurée » (22). L'association des femmes à « rien » est également évoquée: « elle ne savait rien, elle ne disait rien » (23), et les descriptions d'Ascension sont le portrait craché de Mme K. l'implacable: « elle, rapide, froide, blanche [...] elle n'avait cessé de sourire » (23). Ce sourire et cette blancheur, empruntés à la remarque de Dora à propos du dos blanc de Mme K. et à la scène de la Madone Sixtine, deviennent dans *Portrait de Dora* les caractéristiques même de Mme K.

Le récit ne donne plus de détails sur l'aboutissement de cette montée et sur les épousailles entre Ascension et « l'amant [...] flamboyant » (23) que la narratrice est devenue: la narration se replie de nouveau sur le « je » de la narratrice et resitue sa quête d'Ascension et son désir de devenir « Toute » dans le domaine intérieur, corporel. Ainsi la sortie d'Ascension se transforme en une entrée, et sa montée en une descente « par les os et les nerfs » (23). La véhémence de cette entrée traduit une nécessité qui ne se laisse pas démentir, tellement il s'agit de:

> l'avoir touchée, brûlée, coupée, désossée, moulue, bouffée, et surtout défigurée, piétinée [...] avec des pieds d'hommes, des sabots, des serres, des griffes, arrachées les fibres avec ongles et dents, et sans avoir peur de ratisser les yeux afin que nul être, nul animal, nul vivant ne puisse jamais dire même ce que cette bouillie fut. (22)

Cette « bouillie » symbolise une mise à nu, une réduction au corporel, au matériel, donc à l'univers pré-langagier. Avec la « sphère de sang », elle constitue un autoportrait du je, qui s'y affirme comme un sujet corporel, intérieur, peut-être indifférencié à première vue, mais, en vérité, seulement par rapport aux articulations symboliques et sexuelles. Aussi la narratrice se désigne-t-elle comme un « vrai soleil dans un placenta » (23): comme un sujet encore à venir, en devenir, mais qui naîtra en tant que soleil, en tant qu'instance qui engendrera à son tour de nouvelles figurations, qui est source de nouvelles représentations et symbolisations. Ainsi « je » s'affirme comme un sujet à part entière: un sujet désirant – « je la voulus » (22) –, incarné, sexué et historique. Se connaître soi-même en tant que ce sujet, accéder au statut de sujet, demande un grand « travail » de la part de la narratrice: « Par ce travail je l'épousai en totalité jusqu'à ses cheveux, jusqu'à son âge, jusqu'à son nom » (23).

Cette affirmation du sujet féminin comme « Toute » constitue une référence à Lacan et à sa définition de la femme comme « pas-toute ».[28] Avec cette notion, Lacan désigne la position de la femme, ou plutôt des

---

28. « Lorsqu'un être parlant quelconque se range sous la bannière des femmes c'est à partir de ceci qu'il se fonde de n'être pas-tout, à se placer dans la fonction phallique ». Jacques Lacan, *Encore*, op.cit., p. 68. On peut d'ailleurs se demander s'il s'agit ici une véritable référence, vu que la rédaction de *Portrait du soleil* est antérieure au *Séminaire* de Lacan, qui date de 1972-1973 et a seulement été publié en 1975, sous le titre *Encore*. Mais la référence fonctionne pour nous, lecteurs actuels, « baignés » que nous sommes, pour parler avec l'énonciatrice, dans le bain de pensée post-structuraliste, déconstructionniste et lacanien. L'allusion fonctionne également au niveau historique: Lacan construit son discours sur la femme comme un défi au MLF qui, à ce moment-là, se montrait très critique envers la psychanalyse. Hélène Cixous, comme on sait, n'a pas tardé à formuler la sienne dans *La jeune née* (1975) et *Le Rire de la Méduse* (1975). Comme cette critique transparaît aussi dans la narration de *Portrait du soleil*, qui est d'ailleurs truffée de notions lacaniennes, on peut présumer la source lacanienne de la notion « toute ».

femmes, par rapport à la jouissance phallique, dont Lacan affirme le statut primaire et absolu.[29] La jouissance sexuelle, en effet, excède le sujet et s'affirme être hors système. Dans sa recherche d'un signifiant de la jouissance, Lacan fait tourner celui-ci autour d'un signifiant devenu impossible: le phallus. Si la jouissance est donc phallique, c'est qu'elle ne se rapporte pas à l'Autre comme tel. Elle est jouissance de ce qui vient à la place, de ce qui supplée, elle est jouissance de la parole, hors-corps. Ce primat de la jouissance phallique a des conséquences pour la définition de la différence sexuelle. Parce qu'ils sont pourvus de l'organe dit phallique, les hommes croient pouvoir trouver dans le corps d'une femme la cause de leur désir et de leur jouissance, oubliant qu'ils rencontreront dans l'acte sexuel lui-même toujours une limite organique à leur jouissance. Les femmes, de leur côté, sont aussi aux prises avec le signifiant phallus, même si c'est dans la position d'exclues. Il s'ensuit que les femmes sont toujours à la recherche du signifiant phallique dans leur rencontre avec l'homme. Mais est-ce là aussi la visée de leur jouissance? Les femmes, au moins, affirme Lacan, savent qu'elles n'ont pas de phallus, et elles ne seront pas dupe: elles pourront toujours jouir d'une jouissance à elles, qu'il leur accorde cordialement, « au-delà du phallus ».[30]

Le caractère « pas toutes » des femmes indique donc leur position pas toute entière du côté du phallicisme: pas-tout de la femme se rapporte à la jouissance phallique. Avec le phallus élevé au rang de signifiant et de symbole du sexe de l'homme, le symbolique « manque de matériel » pour symboliser le sexe féminin. Pour Lacan il s'ensuit que « la femme n'existe pas »: l'universel de la femme est impossible à constituer. Quant à sa jouissance « supplémentaire », il s'agit d'« une jouissance à elle dont peut-être elle-même ne sait rien, sinon qu'elle l'éprouve ».[31] Autrement dit, la jouissance féminine est extérieure au discours et au savoir, non-articulable et ineffable. C'est pourquoi Lacan affirme qu'« il n'y a de femme qu'exclue par la nature des choses qui est la nature des mots ».[32]

La narratrice de Cixous évoque la problématique de la jouissance féminine et sa quasi impossibilité à s'énoncer dans un passage qui raconte la jouissance masturbatoire:

---

29. Voir sur la problématique de la jouissance chez Lacan: Nestor Braunstein, *La Jouissance. Un concept lacanien*, Point Hors Ligne, 1992; l'entrée « Jouissance » dans P. Kaufman, *L'Apport freudien, op.cit.*, p. 193-195.
30. *Encore, op.cit.* p. 69.
31. *Ibid.*, p. 68. Ou plutôt: Lacan affirme ne rien savoir dire sur la jouissance féminine: « Rien ne peut se dire de la femme ». *Ibid.*, p. 75
32. *Ibid.*, p. 68.

> Sur ma cuisse gauche il y avait une tache d'encre; elle me résistait; je frottais; elle demeurait; je m'entêtais; cette tache avait la forme de ma tête d'enfant; les murs tombèrent, je mouillai ma cuisse, les années filèrent, je grattais, je m'absorbai, je fus bientôt cette tache, les arbres mouraient, les villes reculaient, cette tache était le soleil, était ma lumière, mon obstacle, mon désir, je la frottai dans une solitude infinie, j'oubliai ma naissance, ma mort, ma famille, mes amis, j'étais une tache sur ma cuisse et j'étais la langue et mes doigts. (39)

Signifiant sexuel en même temps que langagier, la « tache d'encre », relayée plus loin par « la langue », trace les contours d'une jouissance subjective et féminine parfaitement énonciable. En plus, elle permet au sujet de se nommer, « moi, hélène cixous [sic] » et de se rapporter à l'universel: « ma cuisse était l'univers » (39). Les allusions à la théorie de Lacan se confirment davantage quand la narratrice parle d'un « homme de loi qui observait, froid et implacable » et qui l'empêche de poursuivre son entreprise: « c'est contre moi que la Loi déchaîne sa meute d'un seul coup: ils se mettent à hurler au signal, ils me lapident de leurs cris et de leurs rires, ils me jettent dans la cage de mon corps, ils me crachent sur l'univers » (39). La « meute », allusion à la horde primitive et au despotisme paternel du *Totem et Tabou* de Freud,[33] le hurlement du « signal »-signifiant, la lapidation aux résonances bibliques, ordonnée par la loi divine, l'enfermement du sujet dans son corps: voici bien des éléments qui empêchent le sujet-féminin de se constituer en corps et en écriture, qui l'« étouffent » dans une féminité qui n'est que manque et exclusion. Seule la persistance de l'énonciatrice assure que l'homme de la Loi et sa « meute »[34] ne sauraient que la « cracher sur l'univers », c'est-à-dire aussi la faire « voler ».

Avec ses allusions solaires, symboliques, « cosmiques » (22), l'histoire d'Ascension aspire également à une telle affirmation. Le motif de l'ascension lui-même est comme une jouissance mise en scène, et l'expérience de la « totalité » qu'elle amène comme un dépassement définitif de la situation de manque ou d'exclusion. Il est frappant de constater que cette « totalité » ne tombe pas dans le leurre de l'Un et de la fusion amoureuse: la montée des deux côtés de la fourche montre que l'approche d'Ascension et de la narratrice prend son départ dans l'expérience de la séparation et se réalise comme une recherche de la différenciation, de soi-même avec l'autre et de soi-même

---

33. [1912-1913], Payot, [1923] 1965.
34. Dans *Le Venue à l'écriture*, cette « meute » dévoile toute sa charge autobiographique dans la mesure où elle se constitue du Pouvoir et des institutions qui ont empêché la venue à l'écriture de l'auteur. Hélène Cixous les évoque en se référant au pouvoir phallique: « Tu es poursuivie? La censure est derrière toi? Sa chaîne de flics, de mecs, d'avares, de refoulés, d'édictateurs, d'archiprofs, de patrons, de phallus casqués? ». *Op.cit.*, p. 59.

comme l'autre. Aussi faut-il lire la « Toute » à laquelle la narratrice aspire par rapport au « Tout » absolu, neutre et achevé. « Toute » est marquée de singularité, de féminité donc d'altérité, et d'infini: « Toute » fait entendre un « tout-plus », un « tout et encore ». Ainsi « Toute » est toujours duel, un « un(e) », certes, mais pas sans l'autre.

3. La toux et ses discours II: l'appel fait à toi

a. D'un mal à la gorge à un mal à dire

A côté de cette « tout/x », d'autres quintes se font entendre, qui suivent des chemins phoniques et sémantiques différents, mais complémentaires. Ainsi le rapport entre « tout/x » et les verbes « toucher » et « étouffer ». Comme on va le voir, cette similarité phonique tisse de nouveaux rapports synonymiques entre ces verbes et entre les scènes narratives dans lesquelles elles figurent.

Reconsidérons la scène de « l'épouse bestiale », où on a déjà relevé le rapport étroit entre « toux » et « toucher »: « Il a une toux. [...] Son pouvoir est grand, elle l'embrasse et l'étouffe, elle le touche où je ne peux le toucher » (14). Par rapprochement métonymique, le toucher de la toux et l'étouffement s'évoquent et se relaient. Ce rapport est également évoqué dans le fragment sur l'étouffement dans l'oeuf par Dieubis, dans la mesure où cet acte de Dieubis est confronté au travail de la main touchante de la narratrice: « Quand quelque chose se ferme, j'ouvre, et je mets la main dans la porte ». (50) Certes, le terme de « toucher » n'est plus nommé, mais il est évoqué par la « main ». C'est aussi le cas dans le fragment suivant où la narratrice, seule dans son lit, fait l'expérience de sa solitude corporelle:

> Impossible de s'habituer à ce qui est unique: et j'allonge tantôt un pied, tantôt une main, et tantôt je bondis, quand j'ai vraiment grand peur et grand courage, vers le pays du lit où il étend ses membres, et chaque fois j'en perds le souffle: Tu es là? Qui es-tu? Qui es-tu par rapport à moi? Où étais-tu avant? Que sais-tu? Que saurai-je avant après avant après avant? (7-8)

L'allongement des membres du corps, le bondissement vers l'autre, l'appel fait à lui: autant d'exemples d'un désir d'un « tout » perdu et d'un toucher impossible, associés au motif de l'« étouffement » grâce au « j'en perds le souffle ».

Ce genre d'associations et d'étoilements métonymiques et synonymiques est fréquent dans *Portrait du soleil*. Comme il figure dans des fragments-clés du récit, il affirme le rôle générateur du signifiant « toux », dont le rayonnement général, à son tour, symbolise le rapport étroit entre le développement du texte et les rebondissements narratifs.

Ainsi, par exemple, le rapport entre la « toux » et les termes de « gorge » et d'« égorgement », porte-garants d'un nombre important de scènes narratives. Par métonymie, la « gorge » se rapporte à la « toux », tandis qu'une ressemblance phonique lie la « gorge » ou encore le « cou » à l'instrument capital de l'égorgement, le « couteau ». Ces motivations textuelles de la narration sont corroborées par la narratrice, qui, aux dernières pages, compare son livre à un « bizarre écriteau » (193), terme qui a été introduit par un « mouvement de presse » (193), qui rappelle l'égorgement, et le tatouage. Cet « écriteau » s'affirme, dès lors, comme un écrit fait au couteau, qui, « confondu avec ma main » (40), relie les actions de l'écriture et de l'égorgement.

Mais ces rapports suffisent-ils à expliquer les étranges scènes d'égorgement? « Tandis que je l'étreins par-devant, je le renverse à demi et lui tiens la tête par-derrière, mon bras encercle son front et son crâne pèse sur ma poitrine je serre bien, et je l'égorge » (40). La récurrence de ces scènes d'égorgement, relayées par des fragments sur le décollement ou l'éventrement, indique qu'il s'agit là d'un motif narratif de première nécessité « cruellement véridique » (193). Une première élucidation est à trouver, une fois de plus, dans *Le Cas Dora*. La récurrence de la phrase « je sens encore la résistance de la gorge » (14), « j'ai senti la résistance de la gorge » (16), « longtemps après je sens encore la résistance de la gorge » (40) renvoie à un endroit très précis du texte de Freud, à savoir son interprétation du mal à la gorge de Dora comme le « [ressentiment] de la pression du membre érigé [de M. K.] contre son corps [....] remplacée par la sensation inoffensive d'une pression sur le thorax ».[35] La source du scénario violent qu'est l'égorgement se trouve alors dans le même mécanisme que Freud a vu à l'oeuvre dans le mal à la gorge de Dora: une « interversion de l'affect » et un « déplacement de la sensation ». Suivant ce double mécanisme, l'égorgement se présente comme un acte érotique, voire sexuel, qui s'est déplacé du bas vers le haut du corps et dont la charge affective, amoureuse, s'est inversée en un scénario destructif.

Que le récit de Cixous, pour ce qui est des multiples scènes d'égorgement, se modèle sur cette structure psychique, « hystérique », très précise, montre à quel point il est marqué par le motif de la « toux », dans tous ses états. Par rapport à la toux historique de la Dora de Freud, la narration de Cixous s'affirme comme une radicalisation et une exhibition de ce « mal-à-dire » historique. C'est qu'elle l'articule en langage et en récit, avec tout ce que ses

---

35. *Op.cit.*, p. 19.

motifs-sources: la toux, le mal à la gorge et l'impossible parler, véhiculent de possibilités, et de restrictions, narratives et discursives. Quant à la quête textuelle de *Portrait du soleil*, on peut voir combien une telle restriction est fructueuse: les égorgements mis en scène constituent à chaque fois un rappel du mal à la gorge et du nom de Georges, dont l'égorgement constitue un anagramme. Dans le dernier livre paru d'Hélène Cixous, *O R, les lettres de mon père* (1997), on peut lire combien ce parallélisme persiste et s'affirme comme une source vitale de l'écriture cixousienne. Ainsi le fragment suivant, qui à la fois nomme les termes de « gorge » et de « Georges », évoque l'étouffement – « respire avec quelque peine » –, et lie ses motifs à l'écriture de l'auteur-je qui, ayant « mal à sa gorge », fait revenir Georges « par l'unique gorge », qui est la seule voix-issue à partir de laquelle l'éciture – l'é-*cri*-ture – peut procéder:

> Je pense [...] au jeune homme que jamais je n'appelai par son propre nom, et qui respire avec quelque peine, allongé sur le divan. J'ai mal à sa gorge, je ne peux pas m'en empêcher. La gorge de Georges. J'ai son angine. L'homme remonte par l'unique gorge qui s'entrouvre dans la pénombre intimidée.[36]

b. D'un mal à deux au mal du deuil

Ce « mal à sa gorge » fait allusion à un autre motif dans *Portrait du soleil*: l'acte de réciprocité, mis en scène, entre autres, dans le manger de l'oranje – « A peine l'ai-je ouverte qu'elle me mange » (5) –, le creusement du sable – « Je creuse [...] C'est le sable en vérité qui me creuse » (7) –, les deux vases du sablier de l'adoration: « Les sables passent de l'un à l'autre » (51), et le passage des portes qui se retourne comme un éventrement: « Voilà, c'est cette porte qui m'ouvre brusquement, à la façon des éventreurs » (21). L'égorgement se caractérise également comme un acte où le sujet et l'objet de l'action échangent leurs positions réciproques: « quand j'égorge suis je pas l'égorgée » (85); « J'eus du mal à trancher. Sa douleur me rend malade » (40). Il arrive aussi que le sujet de l'action est confondu, non pas avec le partenaire qui subit l'action, mais avec le lieu du corps sur lequel l'action se concentre. C'est le cas, par exemple, dans une fellation qui relaie un égorgement et qui affirme, d'ailleurs, la signification sexuelle de celui-ci.[37] « Je me penche sur la tête ronde, et je me confonds avec le cou, je suis si près; je me penche sur le pénis et je suis cette musculature » (38-39): ce rapprochement est une véritable identification si on décide que « suis » vient du verbe « être » et non pas de « suivre ». Et pour souligner,

---

36. *Op.cit.*, p. 69.
37. Rappelons que pour Freud, le mal à la gorge de Dora renvoie aussi à une scène de fellation imaginée.

enfin, la consistance de ces motifs cixousiens dans leur rapport à la « toux », citons le fragment suivant où l'égorgement est représenté en termes d'« étouffement »: « J'ai senti la résistance de la gorge; à l'intersection des contradictions j'étouffai, elles m'étranglaient, l'une est l'autre est moi. Il aurait fallu trancher mais ça m'aurait tranchée » (16).

« L'une est l'autre est moi »: c'est dans ce genre de rapprochements et d'inversions subjectives que le motif de l'égorgement prend sa signification. Déjà le terme d'« égorgement » lui-même est, tel l'« oranje » de la première page, constitué de « je » – « je », « or », « m'en »/mon –, et de l'autre: « Jeor » et « Georges ». Et avec tout ce que les scènes véhiculent d'ambivalences: la caresse violente, le mal qui se transforme en plaisir, l'atteinte faite à l'autre qui est un désir d'être touché par l'autre, l'égorgement s'affirme comme un motif narratif qui traduit un (im-) possible appel fait à l'autre.

Cet appel est un appel littéral dès qu'il se sert des possibilités performatives du texte. C'est le cas quand l'égorgement est relayé par « le pénis à masturber, le corps à tuer » (38) et prend la voie des multiples « tuer » – tu es – mis en évidence. Dans un premier temps, « tuer » n'est qu'un synonyme d'égorger, dont il partage la signification érotique et sexuelle – « Je veux le tuer, il le sait. Il veut me tuer, je le sais » (37) – et l'inversion des positions subjectives: « Il faut que l'un tue l'autre qui tue l'un qui veut être tué par l'autre » (37). Au-delà de sa synonymie avec égorger, « tuer » est aussi mis en évidence dans son rapport avec « toux/t », ce qui montre, encore une fois, combien Cixous se sert d'un ensemble de signifiants très restreint pour tenter son discours « impossible »: « Je songe à [...] le toucher, à le tuer peut-être, à toutes les fêtes [...] » (9); « Tout le monde sait qu'il tue » (35); « Tout de suite après, il y a la mer, sur laquelle il est si difficile de marcher. Je m'y enfonce, j'en sors, j'avance. C'est long. C'est long jusqu'à presque le bord de mort. C'est tuant. C'est le corps à corps avec les fantômes » (9). La prégnance du signifiant « tuer » est néanmoins tellement forte qu'il motive la narration. Il en dénomme les acteurs: « il y a le tueur, il y a le tué » (36), et détermine la dimension scénique: « il y a le moule à mort dans lequel va verser celui qui sera tué » (36), *a fortiori*: « Il faut tuer »:

> Il faut tuer. C'est une loi. C'est un irrésistible édit; cette loi a un sexe double, mâle et femelle, et un seul corps rouge et sans contours. Il faut que l'un tue l'autre qui tue l'un qui veut être tué par l'autre. Tout à l'heure je voudrais qu'il me tue, je le sais; mais si je l'ai tué me tuera-t-il; et s'il m'a tuée, comment le tuerais-je? Cette loi est tuante. (37)

On peut, certes, considérer ce fragment comme un discours sur la (hétéro-) sexualité et la jouissance. Mais le texte ne saurait aussi bien dire que justement là où il se répète, inlassablement, jusqu'à l'épuisement: « tuer », c'est-à-dire « tu es », « tu ». Déjà l'énonciatrice nous a mis en garde contre une lecture qui s'éloigne de la réalité sonore du texte, signalant l'équivalence entre « tuer » et « tu »: « Je sais ceci: Il y a Dieubis. Je le tue. Il y a Dieubis. Je le tue. Il y a Dieubis. Je dis tu » (15). Ou encore dans la « lettre » suivante, écrite au « couteau »: « Je commence à écrire la dernière lettre. On dirait un couteau. Elle commence ainsi: "Je, ou, tu, ou Jeor, tu m'as tuée" » (15). La voie phonique qui met la « toux » en rapport avec son quasi-homophone « doux » pointe dans la même direction. La « toux » est « un doux et irritant flamboiement ironique » (48-49), tandis que « doux » est mis en relief dans sa qualité métatextuelle, relayant le signifiant « tout » et le ramenant à celui de « gorge »: « reprendre le mot étranger dans *tous* ses sens, pour qu'il soit de plus en plus étranger de plus en plus *doux* de plus en plus perdant, et l'écrire aussi dans *tous* les sens, [....] plus *dou*cement haut le long du coeur et jusqu'à l'arrière-*gorge* » (68; mes italiques). Quand « doux » est finalement mis en relief par des italiques: « *douce* » (68), c'est dans sa qualité phonique, comme quinte de « toux » qu'il faut l'entendre: Toux, doux, Du, c'est-à-dire « tu » en allemand. Car ce « tu » figure également dans le texte et est, par ce rapprochement, mis en évidence: « Il était impossible de savoir si "Du" et "Deine" référaient à la mère ou au père » (136).

« Tuer » se donne ainsi à entendre comme « tu es », qui est à la fois un appel fait à l'autre et un toucher de l'autre, dans la mesure où le « tu » est l'inscription, dans le corps du texte, de l'autre qui est absent du récit. Cet appel fait à l'autre prend encore une autre signification à partir du scénario réflexif et réciproque de l'égorgement-tuer. A la base du mouvement dialectique entre le « je » et l'autre du « je », l'énonciatrice développe un raisonnement qui s'articule sur le lien logique entre « tuer », « mourir » et « vivre », confrontant un terme à l'autre selon les principes de la cause et de l'effet, de l'action et de la réaction, jusqu'à ce que cette logique apparemment inébranlable énonce son indicible: au sujet de la mort et de la vie, ou, plus précisément, au sujet d'un mort et d'un resté vivant, on ne sait jamais qui est le mort en vérité, qui la mort a tué en effet, et que vaut une vie passée dans la lumière de la mort?

> On ne sait jamais qui tue qui, sait-on jamais, tuer n'est pas vivre, être tué n'est pas mourir, tuer pour obtenir la mort, mourir pour tuer [...] tout change, du mourir, du tuant, quand j'égorge suis je pas l'égorgée, ce qui me retient c'est que le sujet a mille noms et qui sait quelle est la première gorge? (84-85)

Si le scénario réciproque de l'égorgement permet de reconsidérer la question de la vie et de la mort, il permet aussi, dans son passage à l'acte, de faire l'expérience de la mort. Ralenti à l'extrême, appliqué avec le soin le plus attentif, l'égorgement devient ainsi un moment où la mort donnée et la mort reçue se touchent, et où l'égorgeur, s'appliquant avec délicatesse à la tâche, peut en vivre les étapes les plus décisives et les plus convulsives:

> Il vient un moment dans l'égorgement où tout se mêle: l'horreur, la pitié, la haine, la terreur, la sympathie, la stupéfaction, le chagrin, la curiosité, l'extrême délicatesse, l'application, le ralentissement, que sais-je encore. Cette émulsion de sentiments n'a pas de nom, mais elle a une sorte de couleur mixte et un effet enivrant d'une beauté mal connue: celle du mariage inconcevable des yeux, celle du fruit de la mort, de la douleur désirable, l'apaisement au sein de l'extrême violence. Alors la difficulté physique de l'opération engendre un bonheur ombrageux: j'ai mal au poignet à force d'appuyer sur cette chair tendineuse et j'en éprouve une certitude grandissante. L'acte est bon. Il a dix mille ans. Tu recommences à mourir, tu recommences lentement, tous les jours. (53-54)

Caresse appliquée dans la violence, douceur engendrée par la douleur, l'égorgement est, par ces renversements, un motif éminemment solaire, qui pose la question de la mort dans ce qu'elle a à la fois d'incontournable et de saisissable. S'emparant du pouvoir de la mort en la mimant de près, la transformant en un acte de naissance, l'égorgement s'affirme aussi comme une figure métatextuelle. Relayant les différents moments de la narration, ralentissant sa progression, l'égorgement est alors une de ces « intermittences du coeur » grâce auxquelles le récit de Cixous essaie de conjurer l'expérience de la perte et d'accomplir le travail du deuil.

VII
La Leçon d'anatomie, ou l'apprentissage de la chair

> Anatomie: La connaissance de soi-même suppose la connaissance de son corps, et la connaissance du corps suppose celle d'un enchaînement si prodigieux de causes et d'effets qu'aucune ne mène plus directement à la notion d'une intelligence toute sage et toute-puissante.
>
> *L'Encyclopédie*[1]

1. *L'écriture-peinture d'Hélène Cixous*

« Je voudrais écrire comme un peintre. Je voudrais écrire comme peindre ». Dans son essai *Le Dernier Tableau ou Le Portrait de Dieu* (1983),[2] Hélène Cixous explique en ces termes sa fascination pour la peinture, une certaine peinture. Elle voit cette peinture représentée par les vingt-six tableaux que Monet a consacrés à la cathédrale de Rouen, « troupeau »- « tribu », ainsi qu'elle les appelle, au galop dans une course de vitesse entre le peintre et la lumière changeante. Chez Van Gogh, elle retient le désir de la rapidité légère et le voltigement des pinceaux nés dans « l'émotion, la sincérité du sentiment », chez le maître japonais Hokusaï « l'humilité, c'est-à-dire la justesse du regard », désireux qu'il était d'atteindre à la fin de sa vie le tout vivant, « soit un point, soit une ligne ».[3] S'acharner à capter la lumière changeante et la fugacité de l'instant, faire preuve d'une patience sans retenue et sans orgueil, s'exercer à nettoyer son regard afin de contempler l'infime et l'insignifiant, être disposé à s'abandonner au « modèle » au lieu de le vouloir saisir: voici ce que Cixous retient chez ces peintres, avec qui, d'ailleurs, elle ne s'entretient pas dans un rapport d'écrivain à peintre, mais de poète à poète,[4] créateurs, chacun de leur côté, non pas d'une oeuvre d'art mais d'une « *oeuvre d'être* ».[5]

---

1. Cité par Philippe Ariès, *L'Homme devant la mort*, Seuil, 1977, p. 358.
2. Dans *Entre l'écriture*, des femmes, 1986, p. 171. Si ces remarques de l'auteur ont la valeur d'une poétique, je m'abstiens dans la présente étude d'en étudier les présupposés ou les implications théoriques. Je les prends comme une porte à un motif qui, par cette ouverture, se révèlera d'une importance majeure dans *Portrait du soleil*, à savoir la référence à Rembrandt.
3. *Ibid.*, p. 180, 192, 198.
4. Hélène Cixous s'entretient avec ces peintres par leurs écrits: lettres et journaux.
5. « Le Dernier Tableau.... », *op.cit.*, p. 184. Voir sur ce rapport entre la peinture et la poésie: Christian Picaud, « Peinture poésie: vers le portrait de Dieu », dans Françoise van Rossum-Guyon et Myriam Díaz-Diocaretz (éd.), *Hélène Cixous, chemins d'une écriture*, *op.cit.*, p. 117-125.

Non pas parmi, mais « au-dessus, ailleurs, à part »[6] de ces peintres-poètes, se tient Rembrandt et son atelier d'Amsterdam, « où depuis trente années l'auteur est obligée de se rendre quand il le faut et sans aucune explication ».[7] Hélène Cixous juge le secret de ces rendez-vous « inavouable »,[8] mais on peut en déceler des traces à travers leurs différentes occurrences dans son oeuvre. Dans *Jours de l'an* (1990), Rembrandt tient lieu d'un « point de départ. La trace d'un regard qui s'en va là-bas [...] vers l'autre origine »,[9] tandis que son tableau *La Fiancée juive*, qui en 1995 devient le titre d'un de ses livres, reçoit une année plus tard, avec *O R, les lettres de mon père* (1996), qui est le véritable fiancé juif, toute son ampleur d'autobiographème. Deux constantes déterminent le rapport récurrent que l'oeuvre de Cixous entretient avec celle de Rembrandt, même si le nom du peintre est passé sous silence. Il s'agit de la série d'autoportraits, dont elle rappelle, dans *Le Dernier Tableau*, combien ils constituent une victoire du peintre sur le temps et sur la mort.[10] Devenant de plus en plus vieux, de plus en plus laid et brisé, Rembrandt s'est entièrement donné à la peinture, mettant en scène ses peurs devant la mort et la décomposition, peignant « le cadavre de demain ».[11] Cette attention portée au cadavre, au mort, est l'autre constante qu'Hélène Cixous retient chez le peintre, sous la forme de ses *Boeufs écorchés* et de ses *Leçons d'anatomie*. Avec ces modèles morts, en voie de décomposition et ouverts au regard, Rembrandt confronte le spectateur avec les affects défensifs qu'il éprouve devant l'insupportable, avec sa peur de la castration. Avec ses scènes de vie et de mort, d'amour et de meurtre, Rembrandt a embrassé la totalité de la vie, tout en peignant aussi le secret: « la trace de ce qui nous échappe: il peint toujours ce qui nous échappe: ce qui vient de se passer, ce qui va se passer, et qui nous traverse soudain, nous perce, nous renverse, s'enfuit – au-delà du tableau, au-delà de la pensée, et nous laisse là pantelant, suspendu, effleuré ».[12]

Qu'il s'agisse de Rembrandt ou d'autres peintres-poètes, la picturalité à laquelle Cixous se réfère ne se rapporte donc pas à l'Art en tant que système de représentation. Ce n'est pas le signe peint qu'elle retient, mais l'acte de

---

6. Hélène Cixous, *Traversée du Louvre*, communication faite au Louvre dans le cabinet Rembrandt, le 21 janvier 1991. On peut trouver une version anglaise de cette communication sous le titre « Bathsheba or the interior Bible » dans Hélène Cixous, *Stigmata*, Londres, Routledge, 1998, p. 3-19. Mes citations viennent du manuscrit français, qu'Hélène Cixous a bien voulu mettre à ma disposition.
7. *Jours de l'an, op.cit.*, p. 95. L'auteur en question est Hélène Cixous elle-même.
8. *Ibid.*
9. *Ibid.*, p. 96-97.
10. *Op.cit.*, p. 195.
11. Hélène Cixous, séminaire du 21 janvier 1991 (notes personnelles, CS).
12. *Traversée du Louvre*, man.

peindre: la passion mise en oeuvre, l'âme créatrice se faisant chair, « l'embarcation [...] la liberté et [...] la prison, [...] la liberté dans la prison de la peinture »,[13] enfin tout un élan, une gestuelle et une mise en matière picturale que l'auteur situe, en outre, à la croisée de l'esthétique et de l'éthique. Car « ses » peintres se font aussi connaître par leur besoin du « vrai », qu'ils cherchent en dehors des « lois de la couardise culturelle et de l'habitude »,[14] même si ce vrai implique la laideur, l'infime, le non-ostensible. Cette quête exige une disponibilité à la « passivité active », à la capacité, non pas d'approcher l'autre, mais à laisser celui-ci s'approcher, se montrer, se donner à voir, à lire. Cette lenteur dans l'approche, qui n'est pas nécessairement une lenteur dans le travail, comme en témoignent les tableaux de Monet, c'est aussi ce qu'Hélène Cixous envie aux peintres. Elle regrette que les écrivains soient « si lourds, si obstinément activistes, si impatients »,[15] problème qui est aggravé par le matériel spécifique de l'écrivain: des « mémoires trop meublées » et des « musées de mots ». « Comment pourrions-nous devenir vierges et jeunes et innocents »,[16] se demande Cixous, esquissant par là le problème contre lequel elle voit se heurter son propre projet d'écriture:

> C'est notre problème d'écrivains. Nous qui devons peindre avec des pinceaux tout empoissés de mots. Nous qui devons nager dans une langue troublée de phrases mille fois entendues, comme si elle était pure et transparente. Nous qui devons frayer à chaque pensée un chemin neuf parmi des taillis de clichés. Nous qui sommes menacés, à chaque métaphore, comme je le suis en cet instant, de faux pas et de fausse parole.[17]

Ainsi la picturalité de Cixous se laisse appréhender non pas dans l'espace – la surface peinte –, mais dans le temps: l'instant peint, si nécessaire prolongé ou répété à l'infini; non pas à travers le signe peint, mais à travers l'attention du peintre, dans son regard et dans son toucher. Il s'ensuit que cette picturalité est profondément marquée par la question du sujet, qui ne se désigne plus comme le « sujet du tableau » des théories de la représentation et du signe. La picturalité cixousienne concerne l'instance subjective qui affecte la représentation et qui s'inscrit, comme en cachette, dans l'ensemble codifié des signes: dans la pâte de la peinture ou, puisque pour Cixous la référence picturale sert aussi de métaphore pour l'écriture, dans le tissage de l'écrit. On en a rencontré un exemple dans la dissémination de la « toux »,

---

13. *Jours de l'an, op.cit.* p. 98.
14. « Le Dernier Tableau... », *op.cit.*, p. 186.
15. *Ibid.*, p. 182.
16. *Ibid.*
17. *Ibid.*

véritable mot à couleurs[18] qui de ses touches affecte l'ensemble de *Portrait du soleil*.

Qu'en est-il de cette picturalité quand la référence picturale fait partie de la fiction et sert de relais à la narration? Ceci est souvent le cas dans l'oeuvre de Cixous. Des *Commencements* (1970), qui « lisent des tableaux », comme l'écrit Lucette Finas,[19] en passant par *La* (1976) à *Jours de l'an* (1990) et *La Fiancée juive* (1993), l'oeuvre de Cixous entretient un rapport récurrent et varié avec des tableaux et des dessins de peintres: Uccello, Klee, Bellmer, Léonard de Vinci, Vermeer, Blake. « J'ai besoin du peintre pour donner un visage à mes mots »: ainsi l'auteur résume, toujours dans *Le Dernier Tableau*,[20] la signification primaire de la picturalité, mettant en évidence le déficit de l'écriture dans le domaine de la représentation. Vers ce constat pointait également l'effort avec lequel la textualité de *Portrait du soleil* s'exhibait comme une matière à voir et, corollairement, son organisation en un discours scripturaire qui s'articule au-dessous du niveau de la représentation, à base d'analogies homophoniques et morphologiques. Soulignant que le récit reste en manque, la référence picturale nous rappelle aussi que cette fiction s'est voulue dès son début, et avant tout, un portrait. Un portrait, on se le rappelle bien, d'un « Visage » qui n'est « pas une métaphore »,[21] mais qui défie, sinon interdit, toute représentation. D'abord parce que ce Visage constitue l'objet de la première passion de l'auteur-scripteur et n'existe donc que sous forme idéalisée, rêvée, imaginée; ensuite parce que, s'étant avéré mortel un jour bien réel, il a disparu comme modèle...

La référence picturale supplée-t-elle alors à une narration et à une textualité qui s'avèrent incapables de re-présenter, de rendre présent? Il est frappant qu'Hélène Cixous commente son travail d'écriture, comme celui de la peinture à laquelle elle se réfère, dans l'horizon conceptuel de la mimesis. Il lui importe de travailler dans un souci de « fidélité » aussi respectueuse que

---

18. J'emprunte cette notion de « couleur des mots » à Michel Butor (« La Littérature, l'oreille et l'oeil », dans *Répertoire III*, Minuit, 1986, p. 398. 391-403). Si Butor utilise le terme dans sa signification visuelle, je préfère lui attribuer une connotation sonore, dans le sens de timbre. Ceci est en rapport avec la prégnance du son – « parfois j'entends sonner » (17) – dans *Portrait du soleil*, mais aussi dans le reste de l'oeuvre de Cixous. Voir sur cette question: Mireille Calle-Gruber, « Hélène Cixous: à jamais la musique ou Petit traité d'art poétique pour un récit à chanter », dans: Suzan van Dijk et Christa Stevens (éd.), *(En)jeux de la communication romanesque*, Amsterdam/Atlanta, Rodopi, 1994, p. 29-39; Sarah Calas, *L'inscription de la musique dans les fictions d'Hélène Cixous*, mémoire de maîtrise Université Paris VIII, sous la direction de Béatrice Didier, 1997.
19. Dans son introduction aux *Commencements*, Grasset, 1970, p. 14.
20. *Op.cit.*, p. 175
21. *La Venue à l'écriture*, *op.cit.*, p. 10.

possible,[22] au point de vouloir « copier »,[23] « photographier »[24] son sujet, comme s'il était possible, non seulement de le traquer et de le voir, mais encore de l'attraper et de le fixer. On voit d'ailleurs pourquoi Cixous aime tant les tableaux-troupeaux d'un Monet, le coup de pinceau émotionnel d'un Van Gogh, le labeur contemplatif d'un Hokusaï. Comme ces peintres, il lui importe de saisir l'instant où le sujet se révèle dans sa véracité suprême, de capter le noyau dur de l'être, et de se fier à l'émotion comme seule garantie de l'ouverture à l'autre. Mais si le sujet de son travail n'est rien de moins que « le plus vrai » et « la vie nue »,[25] le sujet en vérité est l'instrument par lequel cette vie se laisse appréhender ou la voix par laquelle celle-ci se donne à entendre: le sujet écrivant-peignant dans sa rencontre avec l'autre, qui est son « sujet » en vérité. Voici encore par où l'écriture d'Hélène Cixous affirme sa solarité: si l'auteur souligne vouloir « écrire le soleil », même si « c'est aussi impossible que peindre l'air »,[26] elle fait preuve d'un désir héliotrope: « Je me tourne vers la lumière. Vers le soleil ».[27] Ecrire le soleil, en direction du soleil, c'est tracer son sujet aux traces de celui-ci et, chemin faisant, faire l'apprentissage de sa propre subjectivité.

On voit que l'auteur, dans son discours sur la peinture et la représentation, ne s'occupe guère des relations complexes et tendues entre, d'un côté, le réel et sa représentation en peinture et, de l'autre, entre l'image peinte et sa représentation verbale. Ceci est encore moins son propos dans les fictions, où « des pans de boeuf peints » (55) servent comme autant d'ingrédients à la « cuisine cosmique » que les « astres crus », les « carottes » et les « livres secrets ou des lèvres » (55). Référence à la peinture de la représentation, donc à un système iconographique et sémiologique, et allusion à un tableau précis, à savoir *Le Boeuf écorché* de Rembrandt, ces « pans de boeuf peints » montrent en même temps la fonction des références picturales dans *Portrait du soleil*. Mis en morceaux, déchirés à la manière peut-être de ce que Genet a fait avec son Rembrandt « déchiré en petits carrés bien réguliers, et foutu aux chiottes »,[28] elles entrent dans la fiction comme des

---

22. « Qu'est-ce que mon geste d'écriture a en commun avec le geste de celui qui peint? Le souci de fidélité. Fidélité à ce qui existe. A tout ce qui existe ». « Le Dernier Tableau... », *op.cit.,* p. 188.
23. *Photos de racines, op.cit.,* p. 13.
24. *Ibid.,* p. 35
25. *Ibid,* p. 13.
26. « Le Dernier Tableau... », *op.cit.,* p. 199.
27. *Ibid.,* p. 173.
28. Grande lectrice de Genet, Cixous se réfère dans « Le Dernier Tableau... » aux « très beaux textes sur Rembrandt » (p. 183) de cet auteur, c'est-à-dire *Ce qui est resté d'un Rembrandt déchiré en petits carrés bien réguliers, et foutu aux chiottes* (1967), dans *Oeuvres complètes,* tome IV, Gallimard, 1968, et *Le Secret de Rembrandt* (1958), dans *Oeuvres*

choses « mues » aussitôt que « lues » et sont, dès lors, constitutives de l'histoire du sujet.

Chez Cixous, la référence picturale ne saurait donc être étudiée comme une forme d'*ekphrasis*, terme que la rhétorique ancienne a réservé à la description littéraire d'une oeuvre d'art réelle ou imaginaire. Même si la signification de l'*ekphrasis* s'est élargie pour désigner la représentation verbale d'une représentation visuelle, comprenant donc des images de toutes sortes, ou selon une définition plus philosophique et abstraite, en une « concentration d'action dans un moment singulier d'énergie »[29] ou encore en « une description autonome, souvent d'un objet ordinaire, qui peut être insérée dans un endroit approprié dans le discours »,[30] ces nouvelles définitions ne sauraient rendre compte de la particularité de la référence picturale chez Cixous. Tandis que l'*ekphrasis* constitue toujours une digression dans le fil narratif, dans *Portrait du soleil*, toute « description » d'une oeuvre d'art est partie constituante de la narration, dans la mesure où elle est portée, rejouée, racontée par le je et ses autres. Ceci n'exclut pourtant pas la fonction descriptive de la référence picturale. En tant que « visage » des mots, elle a souvent pour fonction de pourvoir la narration d'un canevas scénique, d'une fantasmatique préalable, où elle peut prendre ancrage, se ressourcer, et se relancer. C'est ce mouvement réciproque de l'incorporation de la référence picturale dans la narration et du ressourcement de la fiction dans la picturalité, qui nous importe ici.

2. Une sémiotique picturale particulière

Dès les premières pages de *Portrait du soleil*, la narratrice nous prépare à une rencontre et à un lieu d'écriture qui s'avèreront récurrents dans l'oeuvre d'Hélène Cixous: la référence aux tableaux du peintre hollandais Rembrandt, notamment à *La Leçon d'anatomie du docteur Deyman*.

---

complètes, tome V, Gallimard, 1979, p. 29-38.
29. « [...] *ekphrasis*, the concentration of action in a single moment of energy ». Wendy Steiner, *The Colors of Rhetoric*, Chicago, University of Chicago Press, 1982, p. 41.
30. « A self-contained description, often on a commonplace subject, which can be inserted in a fitting place in a discourse », dans: Richard Lanham, *A Handlist of Rhetorical Terms*, Berkeley et Los Angeles, 1968, p. 39. Voir pour une présentation des différentes conceptions de l'*ekphrasis*: Grant F. Scott, « The rhetoric of dilation: ekphrasis and ideology », *Word & Image*, vol 7, n° 4, oct.-déc. 1991, p. 301-310.

Quand à la page 40 le titre de ce tableau est annoncé,[31] le nom de Rembrandt a déjà été mentionné, de même que la ville où il a travaillé et où se trouve le tableau: « Masterdam », anagramme d'Amsterdam. « Masterdam » est doublé par la ville de « Saragosse », dont la narratrice se plaît à couper le nom: « Sara », figure biblique, épouse d'Abraham, mère d'Isaac, et « gosse », qui évoque la scène de la fille et le motif de l'enfance. « Masterdam ressemble à Saragosse, comme une petite fille se voit dans sa grand-mère, comme la jeunesse révise sa vieillesse, comme la question prédit son évanouissement » (11). « Sara »-« grand-mère » et « gosse »-« petite fille »: celle-ci entretient vis-à-vis de celle-là une relation qui va de la reconnaissance et de l'examen attentif à la mise en question et à la correction et qui, dans toutes ses étapes, n'est pas exempte de la question de l'identité sexuelle, le ou la « gosse », terme neutre, se sexualisant en « petite fille ». Rappelons que, depuis la coupure de l'« oranje » à la première page, couper ouvre la question de la différence sexuelle, qui, chez Cixous, ne se réfère pas à la seule différence entre les sexes, indécidable selon l'auteur, mais qui a trait aux différentes économies libidinales qui traversent l'être humain et ses organisations sociales et culturelles. Ainsi en est-il de « Masterdam », figuration du couple « Master » et « dame », dont on ne saurait dire si ce sont des personnages, des métaphores ou des affects qui traversent l'écriture. A l'exemple de « Sara-gosse », « Master » et « dame » sont impliqués dans un pareil jeu de différences sexuelles. L'un va y prendre le devant par sa position de maître, l'autre s'y verra réfléchie et s'y mettra en question, lui-même en même temps que l'autre, il s'y « révisera », lui-même et l'autre, tissant ainsi de nouveaux rapports de forces et de désirs. Comme dans le nom de « Masterdam », « master » et « dame » sont à la fois coupés et non coupés, séparés et non séparables, et ont donc à s'entretenir d'une manière infinie et indécidable. Par ce « Masterdam », la référence rembrandtienne s'annonce comme un lieu mythique, une autre porte, où se confrontent des vérités révolues et des nécessités nouvelles.

Comme cette « Vienne » au nom qui appelle, « Masterdam » appartient à la géographie imaginaire de la narratrice. « Ville du Bord étranger dans ma mémoire » (10), ce n'est pourtant pas l'éloignement dans l'espace qu'il démarque, mais celui dans le temps. Ville ancienne où « il [s'est] passé des vies et des événements » (10), ville toujours actuelle d'un « jeudi enfiévré de Masterdam » (11), ce lieu appartient à la sphère de la mémoire – comme

---

31. En réalité, le titre de Cixous *Leçon d'anatomie* renvoie plutôt à un genre qu'à un tableau particulier. Toute *Leçon d'anatomie* de Rembrandt sera d'abord identifiée comme celle du docteur Tulp (1632), nettement mieux connue que celle du dr. Deijman, réalisée 24 ans plus tard. C'est pourtant ce tableau-ci qui peut être reconnu dans la description de la narratrice.

d'ailleurs aussi le nom de Rembrandt, qui évoque l'anglais *remembrance* –, et embrasse à la fois la mémoire ancienne et historique, le fonds du savoir de « l'antiquité » (11), et la mémoire personnelle, qui est toujours autre, toujours différente selon les instants de mémorisation, ancrée à son tour dans un présent qui se réactualise à chaque fois: « A ma gauche il y a hier, à ma droite il y a hier-demain, où je suis il y a maintenant, maintenant, maintenant, tout à l'heure et déjà hier-demain en décalque » (12).

Dans ce champ temporel à la fois dilaté et très ponctuel, les contours d'une vision se tracent: « il me faudrait plusieurs siècles pour le voir dormir une nuit, cette nuit » (11). Essayant une temporalité qui oscille entre l'éternel – « une nuit », toute et aucune – et le présent de l'énonciation – « cette nuit » –, la narratrice s'efforce de rendre ce désir de « voir dormir » toujours plus actuel, toujours plus tangible: une série de déictiques vont relayer « cette nuit » par « cette fois unique » (10) et « cette nuit-ci » (11), comme si le *hic* (« ici, encore ici », 12) *et nunc* de l'énonciation, voire de l'écriture, comme le montrera la phrase suivante, devait coïncider avec, donc performer, la réalisation de ce désir: « Et Jeor ici, encore ici, sous mes yeux, moi le tenant,   » (12). La phrase laissée ouverte, s'écoulant dans un blanc, montre que ce qui résonne comme une injonction: voir Jeor « sous mes yeux », le tenir par ses propres mains, ne peut que buter sur le constat que l'écriture reste toujours en manque devant l'exigence de la représentation.

La fonction de la référence picturale se manifeste dans le rapport qu'elle entretient avec les autres mémoires et scènes, véritables vies interposées, auxquelles l'énonciatrice emprunte des éléments pour concrétiser son scénario fantasmatique: « Il me faudrait plusieurs vies pour le rencontrer une fois. Elles auraient commencé dans plusieurs villes et sous plusieurs couleurs, et j'aurais eu tous les âges, à un moment et à un autre moment. Alors je l'aurais rencontré » (11).

Une de ces rencontres est donc mise en scène dans le fragment intitulé *La Leçon d'anatomie*, et comme pour ne pas la manquer, elle est préparée par un long trajet textuel et narratif, où la référence rembrandtienne prend plusieurs relais. Le premier pas s'effectue à partir du nom, qu'on sait chez Cixous lourd de significations destinales. Pour cet auteur, fille d'une mère alsacienne,[32] dans Rembrandt résonne le mot de « brand », qui signifie en allemand, aussi bien d'ailleurs qu'en néerlandais, langue maternelle de Rembrandt: incendie, feu. « Feu »: voici de nouveau le domaine solaire de la

---

32. Après un déménagement d'Osnabrück à Strasbourg, la grand-mère allemande d'Hélène Cixous, veuve d'un mari d'origine austro-hongroise, a eu droit à un passeport de double nationalité quand l'Alsace est devenue française. C'est grâce à ce passeport qu'elle a pu sortir avec ses enfants en novembre 1938 de l'Allemagne nazie. Voir *Photos de racines*, *op.cit.*, p. 190.

flamme et de la lumière – Rembrandt, maître du clair-obscur, n'est-il pas réputé pour son travail sur la lumière, n'est-il pas, après les caravagistes, « le créateur divin qui sépare lumière et ténèbres ».[33] Feu qui réintroduit le domaine bien cixousien de la brûlure et de la cuisson, de la « faim du feu » qui est un « feu doux [...] rongeur de l'âme ».[34] Feu, enfin, du souffle et de F., dans tous ses états, feu aussi de ce qui était, de celui qui fut, rappelant donc un mort.

Rembrandt constitue-t-il ainsi un autobiographème? Son nom-feu est en tout cas mis en relation avec la « toux »: « Il y a des Rembrandt. Il a une toux » (11). Dissociées par parataxe mais reliées par paronomase, les deux phrases ponctuent un bref instant marqué par le neutre – « il y a » – et la troisième personne – « il a » – dans un passage qui, pour le reste, est entièrement porté par la voix de la première personne. Quand la référence rembrandtienne est reprise un peu plus loin par « il y a ces Rembrandt qui me reviennent aux yeux du fond de leurs surfaces habituelles, anciennes, inusables, survivantes » (12), il devient clair qu'elle fonctionne dans la narration comme un ensemble scénique, à la fois familier, car revenant aux yeux, et étranger, car imaginé par un autre, dont la narratrice se sert pour raconter son histoire, et sa vision, de « toux », dans toutes ses versions. Par exemple celle-ci:

> Il est temps de le regarder dormir. Tout cela est sans ombre, horriblement sans ombre: la question est brûlante, nue, en aplomb au-dessus de nos corps cernés, provisoires récents usables horriblement. (12)

Dans ce passage qui déborde d'allusions solaires – « sans ombre », donc aussi sans soleil; « brûlante » comme le soleil; « en aplomb », comme au zénith; « cernés », captés par la lumière, mais aussi « cendrés » – deux images alternent: le regard porté sur un dormeur, qui est Jeor, et la scène des « corps cernés », associée par le terme « horriblement » au fantasme de « l'horrible corps blanc perché sur un horrible corps blanc » (112). D'un côté donc l'image intolérable du dormeur solitaire, topos bien connu du mort, de la mort. De l'autre côté l'image réconfortante des deux corps se retrouvant, se consolant.[35] Deux mises en scène du corps, des corps, l'une réelle, griffée dans la mémoire, l'autre fantasmatique, soutenue par un désir hautement ambivalent, à la fois érotique et familial, marquée – « cernée », dit le texte – par la finitude et l'usure. Or c'est pour remédier au caractère

---

33. Pierre Lienhard, cité par Gérard Dessons, *L'Odeur de la peinture*, Céret, Ed. de l'Aphélie, 1987, p. 54.
34. *L'Ange au secret, op.cit.*, p. 65.
35. On verra plus loin comment ces scènes-clés sont étayées à leur tour par des références rembrandtiennes.

« provisoire récent usable » de la scène des deux corps qu'intervient la référence rembrandtienne, « ancienne, inusable, survivante ». Rembrandt offre des scènes à voir, ou plutôt à « sucer » comme le dit la narratrice: « moi j'ai des yeux pour les sucer encore demain et je les sucerai [...] jusqu'au bout » (12). Verbe à double signification nutritive et érotique, féminine et phallique, « sucer » indique bien la fonction particulière de la référence rembrandtienne dans *Portrait du soleil*: elle y constitue un domaine visuel et figural, qui touche à la fois aux choses vues, personnellement, et « sues » (« su-cer »), anciennes, collectives, auxquelles la narratrice puise pour se nourrir et se ressourcer, elle-même et son texte. « Sucé des yeux », avalé, vidé, épuisé par la bouche des yeux, « Rembrandt » s'annonce dès lors comme une référence incorporée au plus intime du texte, dont il marque, par son nom brûlant, un moment de feu et d'intensités solaires, en même temps qu'il signale, par son nom maintenant « sans yeux, enveloppé enveloppant » (12), l'instant non seulement d'une scène à voir, mais encore d'un tissu textuel à toucher et à développer.

3. Un diptyque fantasmatique

Avant de devenir une référence à un tableau de Rembrandt, « *La Leçon d'anatomie* », syntagme mis en italiques, sert d'entrée à un long passage narratif qui contient, effectivement, un scénario pour une anatomie. Thématiquement, ce fragment suit le motif de l'égorgement-éventrement et se rattache au fragment précédent, où on vient de raconter un égorgement érotique: « je lui tranche la gorge sur toute la largeur du cou » (40), mais pas seulement. A la fin du passage, l'égorgement se transforme en une caresse maternelle, selon un scénario que la narratrice emprunte à une scène familiale de Freud: « [...] j'eus du mal à trancher. Sa douleur me rend malade. Je dis: "mon petit arabe", c'est comme ça que Mme Freud appelait son fils, à cause de ses cheveux très noirs » (40).[36]

Cette scène d'amour maternel se trouve reprise, trois pages plus loin, dans le fragment qui fait suite à *La Leçon d'anatomie*. Il est alors question de la figure biblique de Dalila, représentée comme « la mère mûre et fatiguée du jeune Samson » (43); Samson, qui non seulement devait sa force légendaire à ses cheveux, qui font écho aux cheveux du petit Freud, mais dont le nom signifie en hébreu « petit soleil » ou « fils du dieu soleil »... La narratrice tire ses observations à propos du couple de Samson et Dalila d'un autre

---

36. Dans une note et entre parenthèses, donc doublement reléguées dans les marges du texte, voici les déclarations de Freud: « (J'étais venu au monde avec tant de cheveux noirs que ma mère m'avait appelé le petit nègre) ». *L'Interprétation des rêves, op.cit.*, p. 290. La transformation du « petit nègre » en « petit arabe » est sans doute liée aux origines nord-africaines de l'auteur.

tableau de Rembrandt, qu'elle ne mentionne pas mais qu'on peut reconnaître grâce aux détails de la description: *La Capture de Samson*.[37] Si son regard était au début tourné vers la scène familiale, la narratrice va porter un regard à la Genet au tableau quand elle « se demande s'ils ont fait l'amour, et comment » (44). Par cette question, la description du tableau épouse aussi les contours d'un récit qui, par le jeu des temps narratifs, oscille entre « ce soir là » et le *nunc* de l'énonciation:

> [Ils] sont vêtus de robes bourgeoises. Ils se sont peut-être rhabillés, mais cela m'étonnerait. Ils ont dû relever leurs robes. Ou bien ce soir là, lui glissé entre les linges, elle paresseuse, en profitant, lui avec sa langue au fond de tous ces linges et replis. Elle pense que c'est toujours la même chose, assise, habituée, jamais nus. (44)

Avec cette deuxième transformation d'une caresse filiale en un toucher sexuel,[38] les deux passages, celui de l'égorgement relayé par le jeune Freud et celui de Samson et Dalila, se rapprochent et se réfléchissent. Ce qui frappe, c'est le parallélisme dans la configuration des personnages. Ici un jeune Samson fatigué, « enfoui dans sa chair, qui s'accroche muette[39] aux genoux de Dalila » (43), là un Freud également jeune qui, même si le texte n'entre pas dans les détails, se laisse caresser par sa mère – voici aussi le double couple Sara-gosse, Master-dame qui revient. Dans les deux cas, la description sert de support à la scène amoureuse dans laquelle se trouve la narratrice: Samson enfoui est comparé à Jeor qui dort, tandis que la scène du jeune Freud tenu par sa mère relaie celle où la narratrice tient son amant – Jeor encore ? – renversé, qui se laisse faire, abandonné.

La figure du dormeur continue à hanter le récit. Elle se manifeste même comme l'enjeu de la description du tableau de Rembrandt: « les hommes dorment sur leurs ventres inquiets, ils ont des paupières. Celui qui se croit immortel dort. [...] [Samson] est replié, assis au sol, il s'était endormi sans doute sur les genoux » (43). Or ce qui arrive à ceux qui dorment ainsi, le ventre inquiet mais le corps confiant et abandonné, apparaît dans le tableau de Rembrandt: il y a « le frère Philistin qui arrive le poignard brandi et sur la pointe des pieds » (44), prêt à lui couper les cheveux, comme nous le raconte la Bible,[40] prêt à le toucher. Le frère Philistin – dont le souffle du nom est destinal pour ce texte de Cixous – fait ce que la narratrice ne fait

---

37. *De gevangenneming van Simson* (1628), Gemäldegalerie, Berlin-Dahlem.
38. Les détails de ce scénario sexuel rappellent une scène du père qu'on a relevée à propos du *Cas Dora*, à savoir celle où le père de Dora assouvit son amie, Mme K., par la bouche.
39. Par hypallage, ce n'est pas Samson qui s'accroche « muet » à Dalila, mais la chair « muette ». Ce transfert met en valeur la signification symbolique de la chair, et est donc apparenté au motif de l'anatomie.
40. *Juges*, 16:19.

pas à son Jeor: « Jeor dort, non loin et virginal. On pourrait croire que je ne l'ai jamais touché » (43-44).

Une nouvelle fois, « toucher » rime avec « tuer », et « dormir » équivaut à « être mort ». Allégorie de la mort qui toujours peut frapper, le tableau de Rembrandt offre un scénario pour deux amants que la mort va séparer. Par sa lecture ambivalente du tableau, à la fois sexuelle et filiale, la narratrice attire, en outre, l'attention sur les corps des deux amants. Le corps de Samson, « enfoui », « glissé » dans celui de Dalila, fait contraste avec celui de Jeor, qui est également « abandonné » mais seul, « virginal », donc pas touché, mais, « replié », lui-même ne pas touchant non plus. La position de Jeor évoque l'amant des scènes d'égorgement: celui-ci aussi se trouvait dans une situation d'abandon total, et sa soumission à la caresse à la fois sexuelle et meurtrière affirme la coloration sexuelle de la scène. On peut encore relever d'autres relations entre la scène d'égorgement et la description du tableau de Rembrandt. Celle-ci actualise les éléments essentiels de l'égorgement: l'ambivalence sexuelle et familiale de la scène amoureuse, renforcée par la présence imminente de la mort. A son tour, la lecture particulière que la narratrice fait du tableau montre que les scènes d'égorgement reposent sur le fantôme d'une autre image: celle du dormeur-mort solitaire. Si la scène amoureuse des deux corps est une conjuration de cette image-ci, l'égorgement par lequel les scènes amoureuses se terminent est comme un transfert venu de l'image du dormeur, qui à son tour évoque une image réelle, celle du mort également abandonné et solitaire. Egorger celui qui se prête à être égorgé, c'est tuer et retuer l'autre là justement où il s'est laissé toucher-tuer: à la gorge. Et couper le cou de l'autre, c'est couper court avec l'insoutenable.

La narratrice nous a déjà avertis que le tuer-toucher repose sur une « loi »:

> Il faut tuer. C'est une loi. C'est un irrésistible édit; cette loi a un sexe double, mâle et femelle, et un seul corps rouge et sans contours. Il faut que l'un tue l'autre qui tue l'un qui veut être tué par l'autre. (37)

Le sujet de la mort, l'homme mourant, est un sujet unique, mais celui du tuer-toucher en demande deux. La syntaxe fait preuve d'une pareille ambivalence. Certes, il y a « l'un » et « l'autre », mais, déjà non identifiés, ils ont dans la suite de la phrase tendance à se substituer l'un à l'autre et à perdre leur propre unicité, sans pour autant se coaguler dans un nouveau sujet unique. Si normalement l'acte de tuer affirme l'unicité de l'un au détriment de l'autre, « tuer », en tant que mot à couper, revient dans ce texte à dire « tu », « je dis tu » (15) c'est-à-dire aussi dire « je »: « je, ou tu, ou Jeor » (15), qui est encore un autre mot unique, à sexe double, « je » et « or »: l'un et l'autre, l'un pas sans l'autre, procèdent ici ensemble et s'entretiennent dans un rapport infini et indécis. Mot à couper, « tuer » prend la valeur d'un rébus qui résume l'orientation réflexive et réciproque de nombreuses scènes de *Portrait du soleil*, dont les scènes d'égorgement et les scènes soutenues par les références picturales.

Les récurrences des deux corps d'amants, que ce soit ceux qui figurent dans les scènes d'égorgement, ceux du fantasme de « l'horrible corps blanc perché sur un horrible corps blanc » (112), ou ceux encore qui sont évoqués dans les scènes d'amour familial, quasiment incestueux, ont pour fonction de conjurer l'image du mort solitaire, mais aussi de la suppléer. Ainsi s'explique la parenté étroite entre les scènes érotiques et les images du dormeur, répondant à la « loi » qui exige, d'un côté, la mise en place d'« un sexe double, mâle et femelle », et de l'autre, « un seul corps rouge et sans contours », qui annonce le motif de l'écorché. Ainsi s'explique aussi l'usage fréquent que fait la narratrice des images empruntées à d'autres textes et à des tableaux: proposant des modèles très concrets de ce double corps et racontant la prégnance de la mort, ce sont des instruments dont la narratrice se sert pour voir, et pour raconter, ce qui ne peut pas être vu, ni raconté: l'image et l'histoire de la mort.

Un corps unique relayé par un double corps mâle et femelle, « Master » et « dame »: cette image ambivalente est également donnée à « voir » dans *La Leçon d'anatomie* à travers les références picturales. Références au pluriel, car, en réalité, cette leçon d'anatomie renvoie à plus qu'un seul modèle pictural. Le corps unique, le dormeur mort, est évoqué par *La Leçon d'anatomie du dr. Deyman* de Rembrandt. Ce tableau propose une scène d'anatomie, avec au centre, entouré de quelques chirurgiens, le corps d'un mort, le ventre ouvert et dépourvu de boîte crânienne. Dans *Portrait du soleil*, la description du tableau se concentre entièrement sur ce corps mort: « Il y avait eu cette *Leçon d'Anatomie* qu'il n'avait pas aimée, parce que l'homme ouvert était mort » (42).

Ce n'est pourtant pas par cette *Leçon d'anatomie* que débute le passage, mais par une autre, imaginaire, onirique, que Jeor fait à l'énonciatrice:

> *La leçon d'anatomie:* c'est une idée de Jeor, qu'il a développée avant de s'endormir sur le lit entre mes âges. Il me la chuchotait à l'oreille:[41] « On se tiendrait par quelque point de nos corps, par exemple par la langue ou le sexe. [...] ainsi l'on parviendrait à produire une sorte de statue vivante avec les divers éléments de notre double corps [...] ». (41)

---

41. Citation sans doute du *Cas Dora, op.cit.*, p. 41: « [...] elle chuchota à l'oreille de Dora ».

Cette leçon d'anatomie-ci concerne un double corps, un corps bien vivant au lieu d'un corps mort. Né des deux corps, mâle et femelle, de Jeor et de la narratrice, qui se tiennent « par la langue ou le sexe », ce corps se propose comme une autre variante encore des deux corps dans la scène amoureuse, mais puisqu'il constitue justement une seule « statue vivante », il supplée au spectre de la séparation qui continue à hanter l'image des deux corps entremêlés.

Toute référence picturale n'est pourtant pas abandonnée dans cette description. Bien qu'elle soit non-explicitée, elle peut être reconnue par ceux qui connaissent Léonard de Vinci ou par les lecteurs familiers de Freud. Elle évoque un dessin anatomique de Léonard de Vinci, *De Coitu*,[42] dont on trouve une représentation dans un livre de Freud au titre particulièrement signifiant pour la quête de Cixous: *Un souvenir d'enfance de Léonard de Vinci*.[43] Le dessin de Vinci figure l'acte sexuel en coupe anatomique sagittale: deux torses, l'un mâle l'autre femelle, en station debout, sont tournés l'un vers l'autre et se tiennent, effectivement, comme « par le sexe », dans une position coïtale. Le dessin offre comme particularité que les deux torses semblent se partager deux jambes, ne formant ainsi qu'un seul corps.

Dans le paragraphe suivant nous reviendrons sur les leçons de vie et de mort que contiennent ces références picturales. Pour l'instant, nous nous contentons du rapport que ces images corporelles entretiennent avec la description de la « statue » sur laquelle le passage se termine:

> Il me dit qu'il rêvait que j'étais cette statue en désordre et ruisselante, et lui debout, tournant autour de ce corps, était vêtu d'un costume blanc coupé à la mode de 1940. J'avais trois ans alors, dis-je. Et je me retire dans mes enfances, et lui seul, dans son costume blanc, en adoration devant ces débris. (43)

L'ancienne statue au double sexe mais à corps unique a donné place à quelque chose qui n'est que « débris ». Débris qui figure l'impossible du

---

42. On sait que Léonard de Vinci a été un des premiers à pratiquer des dissections. Le dessin en question date de 1492-94 et fait partie des *Quaderni d'anatomia [Cahiers d'anatomie]* qui se trouvent au Royal Library, Windsor Castle. Voir, par exemple, Leonardo da Vinci, *Anatomische Zeichnungen aus der königlichen Bibliothek auf Schlosz Windsor*, Gütersloh, Prisma Verlag, 1979.
43. Sigmund Freud, *Un souvenir d'enfance de Léonard de Vinci*, op.cit., p. 68-70 et 72, avec l'illustration hors texte. Dans une longue note, Freud insère un commentaire sur le dessin tiré d'une étude d'un de ses collègues, le dr. Reitler. Comme cette note est ajoutée à une édition ultérieure du *Souvenir d'enfance*, cette allusion constitue encore un de ces « retards » de Freud dont la narratrice tire profit. Freud, d'ailleurs, ne développe guère son propre commentaire sur le dessin. Désireux d'avancer des preuves concernant l'homosexualité du peintre, il s'y intéresse seulement dans la mesure où le dessin reste absolument en manque quant à la justesse de l'appareil sexuel féminin. Le commentaire de Reitler est intéressant parce qu'il relève l'ambiguïté sexuelle des deux corps.

rêve de fusion de Jeor; débris aussi qui n'est que le transfert d'un « souvenir d'enfance » – le texte est ici explicitement autobiographique –, s'avérant impossible à retenir. Ceci en dépit des allusions solaires qui, l'instant d'un rappel bref, traversent le passage, ainsi que Jeor qui tourne « en adoration » autour de la statue comme s'il s'agissait d'un soleil, ou le « costume blanc » qui lui confère une apparence solaire. Mais à mesure que la narratrice se « retire » dans ses enfances comme pour garder la mémoire vivante, Jeor reste « seul » devant la statue qui, bien qu'elle soit un objet à voir et à toucher, en tant que « débris » ne constitue pas de sujet à adorer. Un grand sentiment de solitude et de regret se dégage de cette scène, que le retrait de la narratrice dans le temps présent de la narration et la position de Jeor « seul », racontée sans verbe, donc au temps historique éternel, ne font qu'agrandir.

Si nous avons intitulé ce paragraphe « un dyptique », ce n'est pas seulement en raison des références picturales multiples, explicitées ou non. Nous aurions pu mentionner aussi l'allusion au genre pictural des Madones avec enfant, comme par exemple *La Madone Sixtine* du *Cas Dora*, dont la configuration est en rapport avec les scènes (pseudo-) familiales du petit Freud et de sa mère comme de Samson et Dalila. L'allusion est aussi à l'oeuvre dans le fantasme des deux corps horribles, dont le terme incongru de « perché » évoque le rêve orangé de la narratrice du début du livre:

> Je traverserai l'oranje, j'irai m'asseoir sur les genoux de Jeor et je passerai mes bras autour de son cou, le ciel autour de nos corps sera de ce bleu phosphorescent qui coule dans son vase de verre en l'absence du soleil. (6)

Or la lecture d'*Un souvenir d'enfance de Léonard de Vinci* de Freud nous apprend qu'il s'agit ici d'une autre allusion à un tableau de de Vinci, à savoir *Sainte Anne en tierce*.[44] Ce tableau est un portrait de la Vierge Marie qui joue avec son fils tandis qu'elle est elle-même assise sur les genoux de sa mère, Sainte Anne. Le « bleu phosphorescent » montre que l'allusion picturale passe encore une fois par l'intermédiaire du texte de Freud. Freud développe en effet tout un commentaire sur le drap bleu qui entoure les deux corps de la Vierge et de sa mère. Il interprète ce bleu comme une image-devinette d'un vautour, qui renvoie à son tour à un fantasme maternel dans l'imaginaire du peintre.[45] Le bleu chez Cixous, associé au ciel et à « l'absence du soleil », a par contre une connotation paternelle. Bleu du père et

---

44. Louvre.
45. Encore une fois dans une note ajoutée à une édition ultérieure, et à l'instar d'une observation d'un collègue, à savoir Oskar Pfister. *Op.cit.*, p. 144-145.

bleu de la mère: grâce à ce genre de contre-références, une des images-clés de *Portrait du soleil*, Jeor et la narratrice se tenant par amour filial ou érotique, s'avère loin d'être exclusive. Si elle est relayée par des configurations comme les « mère et fils » qu'on a déjà eu l'occasion de relever, l'allusion à *Sainte Anne en tierce* y ajoute le couple mère-fille et met donc fin à l'exclusivité des couples oedipiens. Dans ce texte de Cixous, la scène du père n'exclut donc pas celle de la mère. Rappelons, à cet effet, la rencontre inattendue de la narratrice avec la mère qui se trouve dans le « lit » de l'autre: « La tête de ma mère est dans ce lit, elle me regarde de loin avec un malin sourire qui dit: eh oui? je t'ai eue [..] tu vois, on n'y coupe pas » (134).

Avec ce portrait de la mère au lit nous retournons à l'un des deux volets du diptyque que nous avons tenté de retracer: le premier constitué par l'image du dormeur solitaire, dans toutes ses versions, l'autre par celle, à retrouver également dans de nombreuses variantes, des deux corps essayant de se tenir intimement. D'un côté le spectre d'une image bien réelle, de l'autre la vision d'une scène imaginaire, fantasmée, rêvée, hautement désirée. La référence picturale joue un rôle fondamental dans ce diptyque, dans la mesure où elle offre des modèles très concrets sur lesquels les scènes narratives peuvent prendre appui. L'émancipation des descriptions en éléments du récit et le brassage des temps narratifs – l'imparfait, temps de la description; le conditionnel, temps de l'imaginaire; le passé composé, temps de la conversion en récit; et toujours, à la fin des passages, le présent, temps de l'énonciation – montrent que la picturalité constitue un ingrédient de premier ordre où la quête de la narratrice peut se mettre à l'épreuve.

4. L'écriture chirurgicale

> Le dessin est aveugle, sinon le dessinateur ou la dessinatrice
>
> Jacques Derrida[46]

Attendre que « des yeux implacables [lui montent] à la tête » (27), vouloir voir, ne fût-ce que par des « yeux provisoires » (27), « désarmés » (27) ou empruntés à ses autres, se fier aux visions des rêves et des fantasmes, ne pas exclure l'épiphanie: un désir de voir et de révélation visionnaire traverse le récit de *Portrait du soleil* et caractérise la position de l'énonciatrice, celle justement qui « fait le guet »[47] (87) devant les portes, non pas

---

46. *Mémoires d'aveugle*, op.cit., p. 10.
47. « Guetter » vient du francique *wahtôn* (allemand *wachen*: veiller à). Notons aussi l'origine étymologique de « regarder » et de « garder »: « garder » vient du francique *wardôn*, *guewahton*: veiller, être sur ses gardes (all. *warten*, attendre; anglais *to ward*:

pour les franchir mais pour tenter de voir ce qu'elles cachent. L'aveuglement est en rapport avec le titre du livre, qui désigne l'aveuglement à la fois comme la cécité qui est un non-voir et comme l'éblouissement qui est un trop-voir. Le motif du non-voir répond aussi au désir de « savoir tout » exprimé au début du livre et tend dès lors, dans sa qualité d'obscurité ignorante, à l'illumination et à l'éclaircissement.[48] Mais sans doute la quête générale de *Portrait du soleil*, conçue sous la double forme de « l'impossible » entreprise de l'énonciatrice et du cheminement hasardeux du texte, se qualifie comme un travail fait dans l'aveuglement. En témoignant, par exemple, la façon dont l'énonciatrice se fait guider par ses autres – Jeor, Dioniris, Dieubis –, emprunte ses scènes à voir aux textes et aux tableaux d'autres, fait allusion aux figures d'aveugles empruntés à des mythes anciens et modernes: Samson, rendu aveugle par les Philistins; le père de Dora qui a souffert d'un décollement de la rétine; Orion, l'aveugle qui marchait dans la direction du soleil, et dont le nom d'or résonne particulièrement dans ce texte; le visionnaire Rimbaud; et non en dernier lieu Oedipe, à qui *La Leçon d'anatomie* fera allusion. D'autre part, l'espace et le temps narratifs de l'*entre/antre* et de la nuit sont connotés d'obscurité, tandis que le tissu textuel est troué de blancs qui constituent autant des brûlures que des éclipses de l'écriture:

> Je vais dessiner la bouche de Dioniris: je commence par le coin puis je fais une ligne comme si je décrivais la trajectoire du soleil, ou le vol d'un oiseau   . On dirait aussi une montagne; ensuite je la ferme avec une ligne douce, arquée   . (31)

Les observations de Derrida dans *Mémoires d'aveugle* sur les motifs, les mythes et la textualité des dessins d'aveugle, s'appliquent aussi à ce *texte* d'aveugle: « Chaque fois qu'un dessinateur se laisse fasciner par l'aveugle, chaque fois qu'il fait de l'aveugle un *thème* de son dessin, il projette, rêve ou hallucine une figure de dessinateur ou parfois, plus précisément, quelque dessinatrice. Plus précisément, il commence à *représenter* une puissance dessinatrice à l'oeuvre, l'acte même du dessin. Il invente le dessin ».[49] Tel

---

protéger). « Regarder » a comme racine *rewardant*. Voir aussi: Norman Bryson, *Vision and Painting. The Logic of the Gaze*, Londres, MacMillan, 1983.
48. Inauguré par le mythe de la caverne de Platon, « savoir » a toujours rimé avec « voir » dans la pensée occidentale. Voir pour une critique féministe de la primauté du regard dans le domaine philosophique: Rina van der Haegen, *In het spoor van seksuele differentie, op.cit.*, p. 48-55, et Evelyn Fox Keller et Christine R. Grontkowski, « The mind's eye », in: Sandra Harding et Merrill K. Hintikka (réd.), *Discovering Reality. Feminist perspectives on epistemology, metaphysics, methodology, and philosophy of science*, Dordrecht, 1983, p. 207-224 (cité par van der Haegen).
49. *Mémoires d'aveugle, op.cit.*, p. 10 (italiques dans le texte).

le dessinateur de Derrida, la dessinatrice-narratrice de Cixous, plutôt que de mener son histoire par une main maîtresse, évoque le non-savoir et le non-voir, donc l'aveuglement dont elle procède. Elle suggère que le langage qu'elle emploie est un langage qui l'emploie, que l'écriture qu'elle réalise est une écriture qui la réalise. En effet, cette écriture qui permet le repentir, qui bifurque, qui s'interrompt, qui s'écoute progresser, est comme l'allégorie d'une narration d'aveugle qui progresse, tâtonnant, dans le noir.

Cet aveuglement constitutif de la narration s'affirme de tout son poids quand on prend en considération le motif de la main qui est, toujours selon Derrida, l'instrument et le corps propre par lequel l'aveugle se laisse précéder.[50] Relayé par de nombreux synonymes et métonymies, ce travail de la main caractérise aussi la progression narrative de *Portrait du soleil*. « Couper », « éplucher », « décoller », « ouvrir », « mettre la main dans la porte », « dessiner », « toucher », « tuer », « tisser », « tirer »: voici les verbes-clés qui déterminent le mouvement narratif de *Portrait du soleil* et qui l'identifient comme un travail de la main, comme fait à la main. Cette manipulation se manifeste comme une véritable chirurgie[51] textuelle quand les opérations de coupure et de tracement s'approchent du performatif: « j'épluche cette oranje » (5), « je lui tranche la gorge sur toute la largeur du cou » (40) désignent non seulement des moments de la narration mais encore des actes dans lesquels l'écriture se réfléchit. « Je tirai comme un trait de gauche à droite » (40) évoque l'activité graphique, écrivante qui, à son tour, « le couteau [...] confondu avec ma main » (40), s'avoue coupante. Figurations de l'incision même, les « x   x, comme mon nom » (19) deviennent le portrait de l'auteur en graveur, en coupeur de texte, tandis qu'une série de métaphores et de métonymies coupantes – le « tatouage » (193) déjà signalé, mais aussi l'« écriteau » (193), porte-manteau d'écrit et de couteau, ou la « sanguine » (5) produite de coupures – identifient l'écriture de ce texte à une activité de tracement et d'incision.

Ceci nous ramène aux derniers mots de la citation de Derrida: le dessin d'aveugle « invente le dessin ». Parallèlement, si l'écriture cixousienne parle sans cesse de l'aveuglement qui la constitue, si elle s'identifie à une activité manuelle, elle ré-inventerait également l'écriture dans sa gestuelle primaire,

---

50. Soulignant le motif et le travail des mains dans les dessins d'aveugle, Derrida note que ces dessins, en tant qu'allégorie de l'aveuglement du dessinateur, donnent à remarquer « ce que l'on dessine à l'aide de ce avec quoi l'on dessine ». *Op.cit.*, p. 12.
51. Derivé du grec *kheirourgia*: « opération manuelle ».

c'est-à-dire: elle s'affirmerait comme un travail de trait,[52] de tracement, bref comme un dessin.

Derrida se plaît à donner comme sous-titre aux scènes d'aveugle « *l'origine du dessin* ».[53] Or c'est d'origines également que parle l'écriture aveugle de Cixous. Il y a d'abord cette origine qu'elle partage avec le dessin pictural en tant qu'activité traçante et qui est représentée dans la tradition iconographique par le mythe de Dibutade.[54] Dibutade, une jeune Corinthienne, devait être séparée de son amant pour quelques jours. Quand elle remarqua sur une muraille l'ombre de ce jeune homme dessinée par la lumière d'une lampe, l'amour lui inspira l'idée de garder cette image chérie, en traçant sur l'ombre une ligne qui en suivit et marqua exactement le contour.[55] Cette histoire, qui reprend la spéléogie platonicienne, a ceci de remarquable que Dibutade ne voit pas son amant au moment qu'elle trace sa silhouette: son geste rapporte l'origine de la représentation graphique à l'absence ou à l'invisibilité du modèle, donc comme un travail fait à l'aveugle. Et qui plus est, assise devant son amant, le dos tourné vers lui, la jeune fille fait son dessin déjà dans l'absence de celui-ci, dans le souvenir de celui-ci. « La perception appartient dès l'origine au souvenir », affirme Derrida,[56] ce qui fait que le dessin et l'écriture traçante dont il partage les racines se manifestent, dès l'origine, comme un travail fait de mémoire, comme un travail de la mémoire.

La psychanalyse constitue un autre champ de référence quant au rapport entre le geste graphique et la mémoire. Dans son travail sur le geste graphique chez les enfants, Serge Tisseron compare le geste de tracer au célèbre

---

52. Derrida affirme que le tracer, à son tour, se fait remarquer comme une activité effectuée dans le noir: « Dans son moment de frayage originaire, dans la puissance *traçante* du trait, à l'instant où la point à la pointe de la main (du corps propre en général) s'avance au contact de la surface, l'inscription de l'inscriptible ne se voit pas. Improvisée ou non, l'invention du trait ne suit pas, elle ne se règle pas sur ce qui est présentement visible, et qui serait posé là devant moi comme un thème. Même si le dessin est mimétique, comme on dit, reproductif, figuratif, représentatif, même si le modèle est présentement en face de l'artiste, il faut que le trait procède dans la nuit » (*Mémoires d'aveugle, op.cit.*, p. 50). L'existence de cette nuit constitutive a aussi été remarquée par des peintres. Voici Paul Klee dans son journal: « Le dessin en tant qu'il exprime le mouvement de la main avec le crayon qui l'enregistre [...] est si foncièrement différent de l'usage que l'on fait du ton et de la couleur que l'on pourrait fort bien exercer cet art dans l'obscurité, dans la nuit la plus ténébreuse » (Paul Klee, *Journal*, printemps 1914, 1975, p. 295, cité par Serge Tisseron, « Le dessein du dessin: geste graphique et processus du deuil », dans: Claude Wiart (réd.), *Art et Fantasme*, Seyssel, Champ Vallon, coll. « L'or d'Atalante », 1984, p. 94).
53. *Mémoires d'aveugle, op.cit.*, p. 10.
54. Il semble qu'on doive à Charles Le Brun la première image de Dibutade. Voir Derrida, *Mémoires d'aveugle, op.cit.*, p. 54n.
55. Antoine d'Origny, cité par Derrida, *ibid.*
56. *Ibid.*, p. 54.

jeu de la bobine décrit par Freud.[57] Un enfant qui dessine, qui projette un trait sur le papier, joue comme au Fort-Da, selon Tisseron, ce qui fait que, pour un enfant, dessiner correspond à l'apprentissage d'une séparation active d'avec sa mère, nécessaire à sa constitution comme sujet. Le trait laissé sur le papier est comme la symbolisation de cette rupture; contempler ce trait constitue une tentative de maîtriser l'émotion liée à la séparation. Tisseron pose que dans l'art du dessin, comme dans les discours sur le geste graphique, le trait garde cette signification imaginaire de la séparation active et de la contemplation, c'est-à-dire aussi l'objectivation, de la blessure originaire.

Dans cette double perspective iconographique et psychanalytique, le désir de tracer exprimé par l'énonciatrice se laisse appréhender à la fois comme un travail de la mémoire, faite en l'absence du modèle, et comme un travail de deuil. Et en effet, les traits dans *Portrait du soleil* sont mis en valeur comme des marques d'une blessure: blessure réelle dans la mesure où, désignés tantôt comme une « ligne rouge clair », tantôt comme une « entaille » à la « couleur orangée » (54), les traits relèvent de l'égorgement. Mais ces traits « linges », c'est-à-dire ces « lignes » puisqu'ils « ne seront pas publiés » (83), constituent aussi, « pleins de sang », une blessure symbolique opérée au corps du texte. Traits-coups affligés, dans le dispositif de l'égorgement, au corps de l'autre comme pour devancer l'événement douloureux de son départ, traces autrement sanguinolantes d'une écriture qui est là pour conjurer le spectre d'un absent: voici l'histoire que racontent les traits de *Portrait du soleil* et par laquelle ils désignent l'origine de son écriture comme un deuil à faire et à refaire.[58]

5. L'apprentissage du regard et la mise en crise de la représentation

L'emplacement de *La Leçon d'anatomie* au début du livre s'explique également dans le contexte de l'aveuglement et du (sa)voir. On vient de rappeler que ce passage est précédé et suivi d'ébauches de scènes – égorgements et autres tueries – dont la vivacité du détail ou la réalité visuelle du modèle pictural ne peuvent nous masquer qu'elles sont en fait des images fausses, répondant à un scénario plutôt textuel que visuel, s'envolant ou se dispersant dans un chassé-croisé de différents moments narratifs. Jusque là, le voir est resté en manque, et avec lui la représentation, c'est-à-dire le portrait promis dans le titre. *La Leçon d'anatomie*, avec son insistance sur le corps, le détail et le regard scrutant, semble destinée à suppléer à ce manque.

---

57. Serge Tisseron, « Le Dessein du dessin », *op.cit.*, p. 94-95.
58. J'ai développé ailleurs ce travail du trait dans son rapport avec le portrait. Voir Christa Stevens, « Hélène Cixous and the Need of Portraying: on *Portrait du soleil* », dans: Lee A. Jacobus et Regina Barreca (éd.), *Hélène Cixous: The LIT Essays*, Gordon and Breach Publishing Group, p. 199-222 (à paraître).

D'abord parce qu'elle propose une leçon, donc tout un savoir sur un sujet précis; ensuite parce que ce sujet est l'anatomie qui, en tant qu'apprentissage du corps, montre les secrets de la vie et de la mort, donc le tout du savoir.

Mais ce savoir ne nous est pas donné comme un tout, ni comme une science. « *La leçon d'anatomie:* c'est une idée de Jeor, qu'il a développée avant de s'endormir sur le lit entre mes âges » (40): marquée d'érotisme – « le lit » – et de mémoire – « entre mes âges », la leçon se présente d'abord comme « une idée de Jeor », racontée au conditionnel, temps du rêve et du désir, puis sera reprise dans les « réalisations imaginaires » (41) de la narratrice, racontées au passé simple, temps du récit. Mais il y a aussi la description du tableau de Rembrandt, racontée à l'imparfait, temps de la description. Il s'ensuit que cette *Leçon* est constituée de plusieurs voix, de plusieurs regards et de plusieurs savoirs qui, convergeant dans ce passage, font l'enjeu de l'ensemble du récit.

a. Le regard historique: la fascination et l'horreur

La signification historique de la pratique des leçons d'anatomie et du genre pictural qui s'est formé autour d'elles est fortement codée. Même si cette signification est passée sous silence dans le texte de Cixous, elle détermine notre lecture de *La leçon* dans son rapport avec le tableau de Rembrandt aussi bien qu'elle a déterminé la lecture qu'a fait la narratrice du tableau.

Aujourd'hui réservée au laboratoire médical, aux XVIIe et XVIIIe siècles l'anatomie était « pour tous », comme le souligne Philippe Ariès.[59] Très en vogue au XVIIIe siècle où elle se pratiquait souvent pendant des séances privées, l'anatomie était censée être utile non seulement aux médecins, mais encore aux philosophes, aux magistrats ainsi qu'aux peintres et sculpteurs. Elle faisait partie du bagage indispensable à l'homme cultivé puisqu'elle l'amenait vers la connaissance de son corps donc de lui-même. Au XVIIe siècle, siècle de Rembrandt et d'autres graveurs et peintres de leçons d'anatomie, les leçons d'anatomie formaient une grande cérémonie sociale et annuelle où toute la ville se retrouvait avec masques, rafraîchissements et divertissements. Elles se déroulaient souvent dans un théâtre anatomique, et c'était précisément ce qu'elles étaient: un spectacle théâtral, héritier du théâtre antique par bien des aspects. D'abord parce que les dissections étaient structurées comme des rituels: elles se déroulaient dans un ordre immuable, par succession de scènes, en commençant par l'ouverture du ventre et par l'enlèvement des organes susceptibles à être les premiers touchés par la

---

59. *L'Homme devant la mort, op.cit.*, p. 358.

putréfaction: l'estomac et les intestins, puis le cerveau. L'effet qu'elles produisaient sur les spectateurs: l'horreur et la fascination, a également souvent été mis en rapport avec le théâtre antique, notamment avec la catharsis aristotélicienne. Avec le regard de tous tourné vers un seul corps qui, corps d'un mort, était en outre un corps ouvert, exhibant ce qui, normalement, aurait dû rester secret, le spectacle offert se transformait en une véritable « scène primitive ».[60]

Fortement orchestrées quant à leur entourage et leur rituel, les anatomies étaient aussi porteuses de la voix de la Loi et de ses représentants. D'abord parce que les corps soumis à la dissection étaient des corps doublement coupables: on opérait d'habitude sur des cadavres de criminels qui venaient d'être mis à mort. Le démembrement sur la table de dissection était considéré comme la dernière phase de la punition du criminel qui, humilié, déshumanisé et démonisé à l'extrême, remboursait *in corpore* la dette qu'il devait à la société dont il avait bouleversé l'ordre. Ainsi les leçons d'anatomie et leurs représentations picturales entretiennent aussi des liens, comme le souligne Richard Leppert, avec la loi, le pouvoir d'Etat, la cruauté et la peur.[61]

L'autre loi à laquelle les leçons d'anatomie se réfèrent était celle de la science (anatomique) et du savoir ou, ainsi que lui préfère Dessons,[62] du « Logos » qui la détermine. Le savoir est symbolisé par le traité de médecine en fonction duquel le chirurgien faisait son opération et l'exercice didactique auquel il se livrait n'était rien d'autre que de vérifier « in corpore » la vérité du savoir. Anatomie et savoir avaient partie liée: les traités de médecine ouvraient souvent par une gravure de « leçon d'anatomie », tandis que, à leur tour, les traités étaient souvent incorporés dans les représentations anatomiques, comme c'est le cas dans l'autre *Leçon d'anatomie* de Rembrandt, celle du docteur Tulp, où ce livre se trouve, ouvert, aux pieds du cadavre.

D'autres codes de la pratique anatomique sont transposés dans la représentation picturale: l'horreur et la fascination que cause le cadavre sont soigneusement orchestrées à travers les regards de l'assistance. En outre les leçons d'anatomie étaient généralement des tableaux commémoratifs,[63] ce qui leur

---

60. Dans son étude sur Rembrandt, Mieke Bal désigne ce spectacle comme une expérience visuelle primaire (« primal visual experience »). Mieke Bal, *Reading Rembrandt. Beyond the Word-Image Opposition*, Cambridge, Cambridge University Press, 1991, p. 392.
61. Richard Leppert, *Art & the Committed Eye. The Cultural Functions of Imagery*, Boulder-Oxford, Westview Press, 1996, p. 125.
62. *L'Odeur de la peinture, op.cit.*, p. 36
63. Philippe Ariès souligne qu'ils viennent à la place des représentations religieuses où apparaissaient les donateurs. « Le portrait de groupe est parfaitement unifié par l'entourage et, pouvons-nous ajouter, par la vigueur du sentiment qui semble jeter les assistants dans une

confère le statut sémiologique d'un portrait, particulièrement du portrait d'un groupe social. Comme le souligne Gérard Dessons,[64] ce fondement social assujettissait les *Leçons* à la loi du signe, tandis que leur valeur anecdotique et vérifiable, assurée le plus souvent par le titre, les faisait entrer dans l'ordre du vrai.

En peignant *La Leçon d'anatomie du dr. Deyman*, une dissection qui eut lieu dans le *theatrum anatomicum* d'Amsterdam, Rembrandt nous a laissé un tableau qui contient ces mêmes codes. Grâce au titre, qui porte le nom du *praelector* de la gilde des chirurgiens d'Amsterdam, dr. Joan Deyman,[65] l'authenticité et l'autorité de la représentation sont assurées. Le corps gît au milieu du tableau, sur la table de dissection, éventré et vidé. Derrière lui se tient le chirurgien-maître, dont on ne voit[66] que les mains qui manient le scalpel au-dessus du cerveau qui vient d'être découvert. Le côté spectacle se trouve mis en scène par la figure de l'assistant qui se tient à côté du mort et qui regarde celui-ci attentivement. Mais il y a aussi la position particulière du corps qui, avec les plantes des pieds représentées sur le devant de la scène, a le corps et le visage directement tournés vers le spectateur. Avec l'assistant comme guide, toute vision du tableau se focalise sur son centre, c'est-à-dire le visage du mort qui, à son tour, semble dévisager le spectateur, bien qu'il ait les yeux fermés.

Dans l'iconographie rembrandtienne, la position directe et agressive du cadavre a souvent été interprétée comme une référence au *Pleurer du Christ* d'Andrea Mantegna ou d'Orazio Borgianni, qui représentent le corps du Christ mort dans la même pose frontale et en raccourci.[67] Dans sa lecture du même tableau de Rembrandt, Mieke Bal note que cette référence au Christ pleuré transforme le cadavre de Rembrandt en une *pietà*, sans mère visible il est vrai, mais avec la mère inscrite dans la pose particulière du

---

méditation sur l'étrangeté de l'organisme et le mystère de la vie ». *L'Homme devant la mort*, *op.cit.*, p. 360.
64. *L'Odeur de la peinture, op.cit.*, p. 42.
65. Jan Deijman (1619-1666) succéda en 1653 au *praelector anatomiae* Nicolaes Tulp et était responsable de l'enseignement en anatomie de la guilde des chirurgiens d'Amsterdam. Du 29 au 31 janvier 1656 il réalisa sa première dissection publique sur le corps de Joris Fonteijn van Diest, exécuté par pendaison le 28 janvier.
66. Malheureusement le tableau, tel que nous le connaissons aujourd'hui, ne nous rappelle guère le sujet original de l'oeuvre. Le tableau a été brûlé en 1723 accidentellement. Suprême ironie, le corps du mort a été épargné. Un dessin préparatoire nous donne une idée de la scène originelle, constituée de huit personnes dont la plupart, le chirurgien inclus, avaient le regard tourné vers le spectateur du tableau. Voir pour une reconstruction du tableau: Norbert Middelkoop, *De anatomische les van Dr. Deijman*, Amsterdams Historisch Museum, 1994, p. 16.
67. *Ibid.*, p. 13.

corps.[68] Selon une autre lecture, celle-ci iconographique, Rembrandt a tiré l'idée du corps en raccourci du dessin de J.J. van Calcar qui se trouve sur la page de titre de *De humani corporis fabrici libre septem* (1543), le manuel d'Andreas Vésale qui a profondément influencé la pratique anatomique du XVIIe siècle.[69] Sur cette page se trouve la scène habituelle du chirurgien-maître entouré de son public avec sur la table de dissection, tourné vers le devant, le corps d'une femme également le ventre ouvert. L'utérus, qui est l'objet par excellence de cette dissection, est ostentatoirement découvert et commenté dans le texte de Vésale comme le « siège du mal ». Voici un premier détail qui nous ramène à Cixous. Ce spectre du féminin-maternel qui hante, comme malgré elles, le dessein communément neutre et universel des leçons d'anatomie historiques, nous rappelle l'accentuation sexuelle que prend l'anatomie cixousienne sous la forme de la coupure de l'oranje. Révélant la sexuation de la section, l'oranje coupée prend comme en écho les anatomies historiques, dont la régulation du regard ne saurait cacher le refoulé sur lequel elles reposent: le fantôme de l'autre corps, c'est-à-dire le corps intérieur, mort, dont la contemplation était symboliquement interdite, mais aussi le corps féminin, ouvert, subjugué.[70]

b. Le regard altérant: le corps idéalisé

Dans *Portrait du soleil*, *La Leçon d'anatomie* est initiée par Jeor, qui tient donc la place du maître, désireux de voir et de montrer – on n'a qu'à suivre son discours ponctué d'un vocabulaire visuel, littéralement illuminant. Sa leçon prend son départ dans le modèle du couple anatomique de Léonard de Vinci, et elle en garde toute la signification érotique: les deux corps se tiennent « par exemple par la langue ou le sexe », la caresse amoureuse ayant été remplacée par le toucher chirurgical et reconstituant. La statue vivante dans laquelle les deux corps de Jeor et de la narratrice vont se fondre rappelle le discours amoureux fusionnel des mythes de l'androgyne et de l'hermaphrodite.

> « On se tiendrait par quelque point de nos corps, par exemple par la langue ou le sexe. Ensuite on développerait les corps; on retirerait un organe que l'on élèverait vers la lumière, puis on le poserait, à côté, puis on retirerait un autre organe; on le regarderait. Cette façon de regarder tracerait de nouvelles perspectives dans le lieu de notre

---

68. *Reading Rembrandt, op.cit.*, p. 396. La comparaison avec la *pietà* se trouve dans une version néerlandaise de cette étude (Mieke Bal, *Verf en verderf*, Amsterdam, Prometheus, 1990, p. 209).
69. Horst Gerson, *Rembrandt et son oeuvre*, Paris, Flammarion, 1969, p. 398.
70. Il paraît que les dissections de femmes, plus rares, constituaient un spectacle particulièrement recherché. Aussi leur prix d'entrée était-elle nettement plus élevé.

existence, et nous comblerait de joie. On poserait un inconnu (l'organe). Puis on juxtaposerait un deuxième inconnu et ainsi de suite. On tiendrait les artères entre deux doigts, on les placerait. Ainsi l'on parviendrait à produire une sorte de statue vivante avec les divers éléments de notre double corps, et cette statue représenterait un seul regard intérieur, dépassant de loin la vision de l'oeil extérieur qui n'est qu'un petit trou. Il y aurait une connaissance encore jamais vue, une révélation digne des dieux, il y aurait cette connaissance identique à notre corps et sans jour, puis il y aurait le tissage de circulation, et la série inorganique des nuits, sans aucune restriction. On ne cesserait d'explorer les possibilités anatomiques. Il ne s'agirait pas de dépecer, mais de déborder, d'ouvrir les yeux du corps dans toutes les directions, d'inventer l'infini de la chair ». (40-41)

Cette leçon de Jeor est à la fois très précise et tout à fait imaginaire, ainsi que le confirme l'emploi du conditionnel. L'exploration des « possibilités anatomiques » qu'il propose touche aux limites des possibilités humaines, constituant une mise à l'épreuve de la délimitation, de l'unicité et de la mortalité du corps humain. C'est un nouveau Prométhée qui parle ici, qui, avec sa « connaissance encore jamais vue, une révélation digne des dieux », veut rivaliser avec ceux-ci.

La minutie chirurgicale de son dépeçage suit le procédé anatomique historique: Jeor mentionne le développement, c'est-à-dire l'ouverture du corps, le retirement des organes, leur juxtaposition et, surtout, leur nomination. Vu la prégnance d'un vocabulaire visuel, son désir de savoir se conjugue avec celui de voir. Le terme de « perspectives », mot qui double le « percer » du corps, évoque la direction que prend ce regard: « père-spectives », d'autant plus que les organes retirés sont, par voie ascensionnelle, « élevés » « vers la lumière », source mythique, rappelons-le, de l'illumination et de la figuration.

Mais que montre cette leçon en réalité? Que révèle l'ouverture du corps? Rien qui ne soit, en première ou en dernière analyse, discours: la connaissance à atteindre, la révélation tant attendue, sont différées à plus tard, ce qui contraste avec l'anatomie classique qui prenait son départ dans un savoir et dans un discours bien articulés. Aussi cette anatomie suit des voies bien différentes, à commencer par le double corps sur lequel elle se pratique. Ce qui frappe aussi est l'instance énonciante qui la préside, un « on » indéfini, qui renvoie au « nous » du double corps de Jeor et de la narratrice. Mais cet « on » est loin de revêtir un rôle de maître, puisque les coupures et les incisions qu'il opère semblent se faire à tout hasard, comme aveuglément, « à quelque point de nos corps », « par exemple ».

Dans ses différentes étapes, l'opération de Jeor constitue une anatomie à l'envers. Certes, elle se réalise à partir d'une dissection et d'un dépeçage, d'un écorchement même quand, un plus loin dans le texte, il est question de

« rouleaux de la peau » (42). Mais, comme l'affirme Jeor, « il ne s'agirait pas de dépecer, mais de déborder [...] d'inventer l'infini de la chair ». On constate d'ailleurs que, nonobstant les sections et les coupures, la « chair » opérée reste vivante. Aussi la dissection de Jeor va-t-elle à l'encontre du morcellement et du videment du corps: cette anatomie est créatrice, inventive, puisqu'il s'agit de « produire une sorte de statue vivante avec les divers éléments de notre double corps » en même temps qu'elle assure « le tissage de circulation » et « [l'invention] » d'une nouvelle « corporalité ». La construction de la statue vivante signale aussi que le rêve de la fusion amoureuse repose sur un désir de réparation qui va à l'encontre de la séparation ontologique, à savoir celle qui sépare un sujet-corps d'un autre, mais aussi celle qui sépare un sujet-corps de soi-même comme autre.

Au fur et à mesure que le nouveau corps est censé se produire, un nouveau savoir s'installe, qui est un savoir corporel, « une connaissance identique à notre corps et sans jour ». Ce « sans jour » fait écho à une autre caractérisation de ce savoir: « une connaissance encore jamais vue », où ce non-vu doit être pris à la lettre. En effet, la description que Jeor fait de la statue s'accompagne d'une critique du (sa)voir, dans la mesure où « cette statue représenterait un seul regard intérieur », sans jour, non illuminé, mais voyant tout, comprenant tout, puisqu'il « [dépasse] de loin la vision de l'oeil extérieur qui n'est qu'un petit trou ». Aussi il importe à Jeor d'« ouvrir les yeux du corps dans toutes les directions », de voir avec les yeux du corps, tel Argus dont l'oeil se multipliait à la surface du corps,[71] mais d'un regard qui ne se dirige pas sur le corps-objet, recouvert de peau, mais d'un regard qui explore, à travers ces yeux, sans écran, l'intérieur du corps, les organes. Voir avec les yeux du corps, c'est voir « sans aucune restriction », sans sélection, et sans retrait non plus; c'est encore écouter et comprendre, d'une intelligence corporelle, intime, subjective, qui ne se tient pas au seuil du corps, tel « l'oeil extérieur », mais qui va au-dedans.

Ce regard intérieur, total et nocturne, favorise un savoir du corps qui en garde intacts les obscurités, le côté « inconnu », l'altérité. On n'a qu'à suivre le discours de Jeor qui, au fur et à mesure qu'il parle du retirement et de la contemplation des organes, montre aussi que, de moins en moins, il voit le corps et en sait reconnaître les détails. Si au début les organes sont encore nommés – « la langue ou le sexe », féminin et masculin –, ils deviennent par la suite « un organe », nom générique, puis « un inconnu (l'organe) » et « un deuxième inconnu », nom neutre, tandis que le délaissement de l'article défini en augmente le caractère général. A la fin de l'anatomie, les organes,

---

71. Selon l'*Esthétique* de Hegel, l'oeil d'Argus est comme la manifestation de l'âme, comme la lumière du dedans au-dehors. Cité par Derrida, *Mémoires d'aveugle, op.cit.*, p. 128.

devenus les inconnus, se dissolvent dans le « tissage de circulation, et la série inorganique des nuits », où toute référence au corps se trouve dans la « circulation », qui rappelle le sang, dans le « tissage », qui renvoie au tissu corporel mais aussi à la reconstruction du corps, tandis que l'aspect « inorganique » des nuits à la fois associe à et dissocie celles-ci de l'organique. Ainsi ce discours du non (sa-)voir risque de se perdre dans une mise à silence de toute connaissance du corps et de reduire celui-ci à une chose dite, n'était-ce que l'expérience corporelle revient par le détour de l'inscription d'une subjectivité dans la désignation du corps même, « nos corps » et « notre double corps », et par une irruption du registre vulgaire et sexuel dans le système langagier symbolique, dans la mesure où « l'inconnu » donne aussi à entendre « l'in-con-nu ».

L'ampleur imaginaire, utopique mais impossible à réaliser de la leçon d'anatomie de Jeor se manifeste quand, par un rebondissement de la narration, le domaine visuel rentre dans le discours et que la narratrice entreprend des « réalisations imaginaires ». Ainsi la suivante: « il me fit voir les organes animaux. Je vis entre ses doigts une section d'artère détachée d'une jonction pulmonaire, et je sus qu'il était mortel, et j'en eus une colère étouffante » (41). Soulignons la prégnance du vocabulaire de la dissection et de la (dis)jonction – « section », « détachée », « jonction » – associée au motif du regard et à la thématique de la mort du père, comme en témoignent le domaine « pulmonaire » sur lequel elle s'applique et la rage « étouffante » qu'elle suscite. Travail auparavant intérieur et nocturne, favorable à l'exploration intime et duelle, à l'invention et à une nouvelle connaissance, l'anatomie de Jeor se révèle comme une pratique aveuglante et mortelle dès qu'elle est associée à un (sa-)voir précis, préconçu, catégorique: « lorsque Jeor me fit voir sous un jour de précision les couleurs, les formes, les fonctionnements, j'éprouvai qu'il me tranchait les paupières » (42). Ces réactions montrent que la narratrice ne perd pas de vue ce justement à quoi Jeor, dans ses explorations imaginaires, semble être aveugle: que l'expérience du corps concerne une vérité très concrète et matérielle, qui a à faire avec la vulnérabilité et la mortalité du corps.

c. *Le regard géométrique: le moule à mort*

> Rembrandt avait mis le corps entier dans un carré: ce cadavre était deux fois mort, fait pour les yeux, pour les attirer et les repousser et les tromper avec exactitude: Rembrandt avait peint sur la même ligne horizontale les plantes des pieds insérés dans le texte contre l'abdomen ouvert jusqu'aux côtés et vidé, sur la même ligne les mains écrasées au bout des bras en raccourci, ce n'était ni animal ni humain, ni beau ni laid, c'était une leçon inscrite dans un carré, une géométrie

de mort, avec des contours, des proportions, des mesures. Je comprenais cela. C'était juste. (42)

La narratrice porte un regard sur le tableau qui est entièrement focalisé sur la composition géométrique: elle relève l'effet horizontal produit par le quasi-alignement des mains et des plantes du pied qui constituent le devant de la scène. A son tour, cet alignement est souligné par la ligne horizontale formée par le côté frontal de la table de dissection qui, prise d'en bas, semble sortir du tableau. La narratrice souligne également la représentation du corps en raccourci derrière les plantes des pieds et mentionne le ventre ouvert et vidé du corps. Mais elle ne parle pas de l'assistant qui se trouve à côté du mort, ni de la main du chirurgien qui applique une anatomie cervicale et encore moins, c'est le cas de le dire, tellement il attire notre regard sur le tableau, duvisage du mort, à l'expression calme et fermée. C'est comme si le regard de la narratrice ne se risquait pas au-delà du ventre ouvert, n'entre pas à l'intérieur du tableau, mais préfère attendre sur le seuil de l'avant-scène, arrêté, sinon repoussé, par les plantes des pieds.

Ce regard-lecture du tableau frappe par son écriture même: le choix d'un vocabulaire technique et parfois brutal – « cadavre », « écrasées » –, une accumulation de termes, une syntagmatique étirée, essoufflée, qui vers la fin du passage, quand la description se transforme en interprétation, se rééquilibre en se redistribuant en petites coupures. L'insertion, dans le flux des termes descriptifs, d'un lexique appartenant à l'écriture – « dans le texte », « sur la même ligne », « inscrite » – et la mise en relief de l'horizontalité et de l'alignement suggèrent une similitude entre le trait d'écriture, le trait de peinture et le trait de coupure. Accouplés au refus de regarder au-delà de l'avant-scène, l'alignement suggéré par l'amphibologie syntaxique dans la description du tableau et le double accent mis sur la ligne horizontale et le lexique explicitement neutre, font de ce passage, dans sa lancée quasiment aveugle, dans la pulsion du trait et du jet qui le sous-tend, une métafiction qui met en cause le tracement à la fois chirurgical et scriptural. Nommer, surnommer le corps mort revient à céder le pas au symbolique et à renoncer à la subjectivité, de la même façon que, dans la pratique anatomique historique, l'incision chirurgicale revenait à suivre une théorie du corps élaborée antérieurement, à chercher *in corpore* la vérité du *Logos*. L'oubli du visage dans cette description signifie, dès lors, le refoulement sur lequel repose cet exercice didactique: ne pas voir, ne pas nommer, le visage de l'autre, c'est vouloir faire la censure du sujet, qu'il s'agisse du sujet qui est envisagé, ou du sujet qui s'y trouve réfléchi, comme dans un miroir. Que l'écriture, dans son jet initial, ne saurait faire abstraction de cette rencontre, se donne à lire dans l'articulation essoufflée des phrases.

Lecture donc par elle-même symptomatique d'un certain regard porté sur ce tableau, ce passage trace le contre-portrait de l'art du portrait: la mise en cage du sujet dans un carré-cadre, la fixation de ses traits en un objet facile à capter, la réduction et la déformation de l'ensemble corporel en quelques éléments qui priment sur l'avant-plan et, à travers tout cela, une précision provocatrice qui défie l'horreur. Aussi n'est-ce pas le spectacle offert du mort qui est horrifiant, mais la précision géométrique, quasiment scientifique, indifférente de la représentation. Avec ce moule parfait du corps humain, construction précise qui présuppose « des contours, des proportions, des mesures » donc toute une géométrie corporelle préconstruite et codifiée, c'est comme si le tableau de Rembrandt tuait une deuxième fois le corps mort réel. Il vide ce qui était déjà vidé, il aplatit contre la surface de la toile ce qui se trouvait déjà mis à plat, il articule « sur la même ligne » ce qui en vérité est différent et pourvu d'intériorité. Cette reconstruction géométrique précise et « juste » reste aveugle à la différence, au corps concret, à l'intériorité. Un portrait pareil constitue une mystification du corps (vivant) et le tue.

d. Le regard toucher: vers l'intérieur du corps

« Lorsque Jeor me fit voir sous un jour de précision les couleurs, les formes, les fonctionnements, j'éprouvai qu'il me tranchait les paupières, et que je ne pourrais plus jamais jouir de la nuit et de l'obscur toucher » (40). Deux aveuglements se confrontent ici. Il y a l'aveuglement de celui qui ne voit plus à force de voir – expérience de ce qui « crève les yeux », de ce qui devient invisible à force d'être surexposé, comme c'est le cas de Jeor, quand il commence à expliquer l'anatomie à la lumière d'une vision quasiment scientifique, préconçue et extérieure à l'expérience du corps. Le deuxième aveuglement évoque la cécité visionnaire qui a besoin d'autres facultés sensorielles – l'expérience de l'obscurité, le toucher – pour pouvoir engendrer d'autres visions.

Ce regard se déclare également aveugle par le travail de la main touchante dont il se fait précéder:

> Je me rendis compte à cette occasion que mes explorations en rêve avaient toujours désiré un corps fictif: moi aussi j'avais désiré ses poumons et ses entrailles, mais voilés, vagues et doux. Comme les muqueuses de l'anus que je pouvais toucher mais ne voyais pas, et qui étaient beaucoup plus soyeuses et fuyantes que ses lèvres, et plus obscurément désirables parce que fuyantes et invisibles et farouches je pouvais y retourner souvent parce que je ne les avais jamais vues et la mémoire tactile était inusable et avide de ces retours savamment rares qui ne manquaient pas de m'étourdir de tendresses: les poumons et les entrailles m'apparaissaient alors comme les prolongements raffinés de ces tissus, également enveloppés et invisibles et fuyant mes doigts.

Le regard toucher 249

L'aveuglement constitue une source de révélation plus importante parce qu'elle ne se fonde pas sur un modèle préconçu, mais prend comme point de départ un « corps fictif », qui n'appartient pas au domaine de la représentation. En témoignent son côté « voilé, vague et doux », « fuyante et invisible », et la faculté par laquelle il se laisse appréhender: le toucher. Ce toucher non seulement remplace le travail autrefois meurtrier des doigts de l'anatomiste, mais ouvre à une nouvelle voie de connaissance. La narratrice en donne un exemple à base des muqueuses de l'anus, zone érogène, mais aussi hétérogène, pour utiliser une analogie cixousienne,[72] puisque le muqueux se compose de peau extérieure et de chair intérieure, constituant par conséquent un lieu d'entre/antre. Or ces muqueuses sont « soyeuses et fuyantes », « fuyantes et invisibles et farouches »: elles s'offrent au toucher en même temps qu'elles y échappent. Toucher les muqueuses implique donc aussi se laisser toucher par elles. Elles invitent à ce que Luce Irigaray aurait appelé une « éthique du toucher », où le toucher n'est ni actif ni passif, mais implique deux sujets qui, se touchant, inspectent et respectent les différences qui les séparent et qui les lient.[73]

Ainsi ce ne sont pas les yeux, toujours aveuglés par un trop voir ou par un vouloir voir, mais les doigts qui s'aventurent dans l'entre, dans l'altérité. Mais ils n'y vont pas seuls. Comme tous les errants, ils sont accompagnés par un guide. Ici, c'est la « mémoire tactile » qui, « avide de retours savamment rares », voit transférée sur elle la subjectivité désirante et cherchante de l'énonciatrice. Par son caractère « inusable », elle se range en outre du côté du savoir dont est connotée la référence rembrandtienne également « ancienne, inusable, survivante ». Aussi la mémoire tactile s'affirme-t-elle comme un autre « remembrement », épousant non seulement le nom de Rembrandt et tout ce qu'il véhicule en brûlures familiales et érotiques, mais encore en choisissant l'anatomie comme lieu de mémoire préféré.

Dans *La Leçon*, ce remembrement prend plusieurs aspects. En tant que « mémoire tactile », il évoque la matérialité de la chair vivante qui, comme ces « tissus, également enveloppés et invisibles et fuyant mes doigts », s'affirme comme intériorité, profondeur, matière à toucher, à caresser, à développer. « Jamais vue », « invisible », cette matière n'appartient pas au

---

72. Cixous, dans *La jeune née*, écrit à propos de la libido féminine: « hétérogène, oui, à son bénéfice joyeux elle est érogène, elle est l'érogénéité de l'hétérogène ». *Op.cit.*, p. 164.
73. Luce Irigaray, « L'invisible de la chair », dans *Ethique de la différence sexuelle*, Minuit, 1984, p. 151-152. Au sujet du toucher, cette philosophe s'exprime d'ailleurs dans le même sens que la narratrice de Cixous, caractérisant cette faculté comme une particularité de l'érotisme féminin: « dans la logique qui domine l'Occident depuis les Grecs [...] la prévalence du regard et de la discrimination de la forme, de l'individualisation de la forme, est particulièrement étrangère à l'érotisme féminin. La femme jouit plus du toucher que du regard ». Luce Irigaray, *Ce sexe qui n'en est pas un*, Minuit, 1977, p. 25.

domaine du visible et de la représentation, ni à celui du savoir catégorique et in-différent. En revanche, puisque la narratrice affirme qu'elle pouvait y retourner souvent, la matière se révèle comme inépuisable, capable d'engendrer à chaque « retour » de nouvelles découvertes. Comme les muqueuses, « fuyantes » et « farouches », s'offrent comme un objet à toucher en même temps qu'elles s'y soustraient, le toucher désigné par la narratrice est à la fois un toucher l'autre et un (se laisser) toucher par l'autre. Par rapport aux leçons d'anatomie de Rembrandt et de Jeor, le remembrement se détourne de la lumière soi-disant éclairante, comme aussi du je littéralement perspicace et pénétrant, démasqués, tous les deux, comme provenant d'une « vérité » antérieure à celle du corps et de la chair. La leçon que donne cette anatomie-ci est celle d'une « chirurgie », au sens étymologique du terme. Or cette opération, faite dans la coupure et la blessure, s'avère bénéfique quand le développement-démembrement du corps, effectué dans l'espace-temps de la nuit et de la mémoire, se métamorphose en un remembrement, travail de vie et d'amour.[74]

Vu les récurrences du signifiant *f*, le remembrement se détourne de la scène de la représentation et donne un autre aspect du « corps fictif » opéré, à savoir le corps du texte. D'une manière générale, *La Leçon* s'est déjà donnée à lire comme une allégorie de la lecture. La métaphore de la coupure anatomique, mise en rapport avec les visions insoutenables et les figures de morts, fonctionne comme une leçon iconoclaste qui met en discrédit la représentation comme un moule à mort, reproducteur du même, dispositif de la figuration aveugle à la différence et à ce qui n'est pas encore connu. Les souffles d'*f* qui font comme fouetter la surface lisse et opaque du texte, qui fouillent sa matérialité comme en y mettant des incisions furtives, sont les doubles de la coupure anatomique, à cette exception près: elles ne laissent pas de traces. Ce qui reste du *f*, c'est « l'appel » qu'il fait par sa voix même, appel qui fait « pel »,[75] peau et qui nous fait retourner à la matière primaire du texte. Cet appel nous rappelle aussi que le corps-texte est avant tout tissu, enveloppé et enveloppant d'autres tissus. Par ce pel-appel, le motif de l'anatomie renvoie au corps du texte même. Tout discours sur l'anatomie du corps, qui, depuis ses représentations picturales, met en cause le code du

---

74. Ceci répond d'ailleurs au statut ambigu des représentations anatomiques des XVIe et XVIIe siècles. En dépit du caractère mort, disséqué, écorché de leurs modèles, ces dessins étaient voués à la reconstitution du corps, et faisaient dès lors preuve d'une fantasmatique anatomique qui était la représentation, dans sa fascination même, de l'interdit de la mort. Voir Dessons, *L'Odeur de la peinture, op.cit.*, p. 31.
75. Cette mise en rapport s'inspire d'un article d'Hélène Cixous sur un « coup de F » dans *Neuf Lettres avec une dixième retenue et une onzième reçue* de Marina Tsvetaeva: « Marina Tsvetaeva. Le feu éteint celle... », *Les Cahiers du Grif* n° 39, automne 1988, p. 87-96.

corps-surface, du corps-enveloppe, pour valoriser par contre l'intériorité, se trouve maintenant en position d'être renvoyé à lui-même et au corpus dont il se constitue. Car le texte est aussi un corps, fait non seulement d'une apparence extérieure – la surface écrite, la linéarité narrative –, mais aussi d'un dedans, véritable organisme grâce à la mouvance des analogies, des rythmes et des sons.

Ce pel-appel, plutôt que de reposer sur une heureuse coïncidence analogique, figure également dans la narration, sous la forme des « rouleaux de la peau que [Jeor] avait rejetée circuler autour de nous comme dans le temple de l'âge » (43). Evoquant les rouleaux de parchemin, les « rouleaux de la peau » renvoient aussi aux rouleaux du Thora et de l'écriture de la loi, mise en circulation et en dissémination. Toutes analogies cixousiennes confondues, les rouleaux évoquent également le domaine de l'inscription et du « x », du trait et du ta*tou*age. Circulant « comme dans le temple de l'âge », ces rouleaux, résultat du démembrement, soutiennent l'idée de la mémoire, c'est-à-dire du remembrement, tactile, bien que le corps fictif sur lequel il s'applique est maintenant celui de la mémoire, présentée comme un autre texte à lire. Dans la phrase suivante, la narratrice remplace le regard anatomique, démembrant, par un toucher-baiser remembrant, tandis que les « rouleaux de la peau » sur lesquels elle pose ses lèvres, sont comme un palimpseste de la mémoire et de « je » – « âge » –, dont les lettres sont marquées, comme pour souligner leur caractère nécessaire et destinal, par le signifiant « tout »: « je les baisais pour voir de plus près toutes les lettres de l'âge » (43).

La Leçon touchant ici à sa fin, elle donne un double scénario à voir et à toucher. Le premier a trait à la statue vivante de Jeor, dans laquelle on reconnaît le souvenir d'enfance de la figure solaire dans son « costume blanc coupé à la mode de 1940 » rencontré plus haut. La solitude et la séparation dont cette scène faisait preuve, avec l'adorateur « seul » et la narratrice retirée « dans ses enfances », se trouvent maintenant expliquées par le facteur distanciant et objectivant du regard. « Quel dieu voit-il quand il se regarde dans la glace? Il ne se regarde pas » (43). Risquant que l'adorateur ne puisse pas se voir, ne pas se donner à voir – ne dit-on pas des ombres et des revenants qu'ils n'ont pas de reflet dans le miroir? –, risquant aussi qu'il ne se prête pas à la figuration, qu'il soit marqué par l'absence, le regard est délaissé au profit du toucher: « Il n'a pas besoin d'image, ni de peau, ni d'apparence, mais de cette somme sculptée, ruisselante, lisse qu'il me donne à toucher » (43). « Somme sculptée », rappelons-le, qui se constitue des deux corps de Jeor et de la narratrice ou, si on suit la référence picturale, des deux corps masculin et féminin en position coïtale. Sans « peau », sans obstacle qui les sépare, sans aspect extérieur qui les distingue, sans « apparence » non plus. Cette réfutation de la dimension scopique met fin à tout objectif représentatif et figuratif des projets anatomiques et picturaux et instaure le toucher, travail du rêve et du désir, comme le moyen le plus approprié à accomplir le travail de la remembrance, dans sa double signification de remembrement et de remémorisation. La remembrance commence à revêtir aussi la signification de réparation, de la mise ensemble de deux corps séparés, ainsi que le rappelle la figure de base de la statue, les deux corps se touchant « par la langue ou par le sexe » (41). Présentée d'ailleurs par une voix neutre conformément au retrait de l'énonciatrice-je, cette statue semble avoir perdu le souvenir de cette configuration double, elle garde les connotations d'intériorité et d'ouverture: la statue est donnée à toucher, ruisselante et sans peau, ressemblant aux écorchés anatomiques. Or depuis ses représentations en peinture, l'écorché, qui représentait forcément la réalité du cadavre, a toujours signifié aussi l'illusion du corps vivant et l'exorcisme de la mort. Par ce genre d'allusions picturales, le récit de Cixous lutte contre le fantôme de la mort et du mort, qui revient avec force dans la dernière phrase de *La Leçon*.

Mais d'abord il y a la phrase suivante, inattendue par sa voix apparemment sans sujet: « Il faudrait lui faire rendre gorge » (43). Reprise de l'*incipit* du livre, cette phrase fait converger plusieurs fils textuels, analogiques et métaphoriques du livre. « Rendre gorge », restituer par la force ce qu'on a pris par des moyens illicites, rappelle le motif du vol: « il » doit rendre ce qu'il a volé, ce qu'il a repris, c'est-à-dire, selon les différents objets volés et échangés dans ce livre: ses billes, ses plumes, son or, sa mort. « Rendre gorge », c'est aussi la gorge mise en valeur, avec tout ce que ce terme véhicule en associations: le dégoût de Dora, le décollement du rêveur, le royaume de la toux, et bien sûr, le nom du père, avec son côté or et son côté je, séparés et inséparables. Toucher, sous la forme de « faire rendre gorge », s'enrichit dès lors de plusieurs significations. Il rappelle le désir de toucher le corps de l'aimé là où il s'est laissé toucher par « l'épouse bestiale », comme il évoque aussi l'égorgé qui donnait tout. Bref, dans le discours impossible qu'il véhicule à base des termes de rendre, de gor-ge/Georges et de tou/cher, « rendre gorge » lutte contre le spectre de la solitude et de la séparation qui se glisse dans la narration et hurle en silence ce qui, celui qu'il faudrait « faire rendre », faire redonner, faire retourner: « Georges », ou plutôt « Georges-et-je ».

Que ce toucher appartient au domaine du rêve et du désir et non pas à celui de la représentation, devient clair dans la dernière phrase de *La Leçon* qui, toujours portée par une voix neutre, rejoint le temps de l'énonciation: « Il dort maintenant, total, infranchissable, gardé, abandonné, confiant, replié sur lui-même » (43). Voici de nouveau le dormeur, avec tout ce que son image porte d'insupportable. Dormant, les yeux fermés, il est menacé de mort, comme nous le rappelle l'allusion au tableau de Rembrandt; dormant, les yeux fermés, il ne peut pas toucher, ou être touché, n'était-ce que du regard. « Total », « infranchissable », il n'a pas besoin de l'autre, « replié sur lui-même », il est renfermé sur lui-même, dans une position de séparation et de solitude totales.

Aussi insupportable que cette image soit, elle contient aussi une promesse pour celle qui s'est mise à l'apprentissage de l'école anatomique. Ce repliement n'a pas besoin d'être un plissement du même au même ou un retrait de soi en soi. Le repli peut être plissement, froncement, distorsion, et en cela il fait appel au travail d'ouverture, de développement, de filiation, toutes des actions qui relèvent du domaine du toucher et de la rencontre avec l'autre. En cela, l'image du dormeur solitaire ne coïncide jamais avec elle-même et n'est jamais neutre: elle restera toujours doublée par celle du double corps qui enchante l'énonciatrice, comme elle le sera aussi par le cadavre de Rembrandt qui la révolte.

6. Autopsies

> Autopsie: *n.f.* (1573; du grec *autopsia* « action de voir de ses propres yeux ») 1° *Méd.* Examen de toutes les parties d'un cadavre [...]. 2° *Fig.* (1827) Examen attentif, approfondi. V. Analyse, dissection.
> *Le Petit Robert*

> Autopsie: acte mythique inexprimable en mots de prendre ses propres yeux et les poser au bord du creuset où anatomiquement il s'agit de défaire un mort par casse des carapaces tranchement fendement et fractionnement jusqu'à ce que se présente incroyable mais cru le visage vide du mort qui nous regarde froidement.
> Hélène Cixous, *O R, les lettres de mon père*

Voir de ses propres yeux, passer à la vérification, faire le constat de la mort comme de la vie. Sous la forme d'autopsie, la leçon d'anatomie dirige notre attention du côté du spectateur et de ce qui le pousse à confronter l'insoutenable, le mort, la mort, et de ce qui l'amène, paradoxalement mais corrolairement, à lui porter atteinte, à commettre lui-même l'ignoble, en perçant, littéralement, et en dévoilant, ce qui aurait dû rester fermé, secret.

L'autopsie contient bien des éléments d'une scène archétypique, dans la mesure où l'ouverture du corps mort engendre chez le spectateur un ensemble d'affects, pour la plupart défensifs, qui renvoient au rapport que l'être humain entretient avec son autre. *La Leçon* a montré que la dissection peut causer de la répulsion et du rejet devant ce qui apparaîtrait comme mort, ou donner lieu à toute une fantasmatique où le sujet voit à côté du spectacle insupportable, comme c'est le cas de l'exploration organique et idéalisée de

Jeor. Par son aspect le plus typique: l'ouverture du corps, la dissection semble tuer le mort une deuxième fois et fait dès lors preuve de l'envie humaine, ancestrale, de mort et de meurtre. Mais sans aucun doute les affects que suscitent les scènes d'anatomie doivent leur véhémence à l'idée, tout à fait fantasmatique, que le spectateur se fait de se trouver comme devant un miroir, de se voir tendu l'autoportrait de son propre corps mort, objectivé, délivré. Le spectacle d'un mort ne laisse jamais in-différent.

O R, les lettres de mon père (1997),[76] contient un chapitre intitulé « Autopsies », où figure une scène de boucherie dans laquelle on peut reconnaître une description assez précise du tableau de Rembrandt:

> Le garçon boucher te découpe le corps. Il t'ouvre la boîte crânienne avec une scie. Si possible électrique. Il te sort la cervelle. C'est surtout au niveau de la boîte crânienne que c'est pénible. Couper la calotte comme le sommet d'un oeuf. Tu la recouds plus ou moins bien. Parfois le chapeau est légèrement à côté de la tête. "Un mort est un mort" est la pensée du préposé. Un seul mort est un mort. Est encore un peu mort pensé-je. Surtout au niveau de la boîte crânienne. Un mort contre un vivant. Un match. Un vivant contre un mort. Je fais l'ignoble nécessaire. J'ai horreur. Je fais le nécessaire. L'ignoble.[77]

Ce passage doit sa force à l'ambiguïté qu'il fait régner par rapport à ses sujets les plus importants: le corps découpé et le corps découpant, le chirurgien, les deux ayant tendance à se confondre. Dès la première phrase, l'emploi de la deuxième personne rend le rapport entre l'objet, le corps à découper, et le complément d'objet indirect, le « tu » en question, assez tendu. D'abord qui est-ce « tu »: le personnage principal du livre, Georges Cixous, médecin de son métier, ou le lecteur? Et si on découpe le corps à quelqu'un, à « toi », est-ce « pour toi » qu'on découpe un corps, que ce soit toi le médecin, toi le chirurgien de la scène anatomique traditionnelle, toi le boucher, toi le lecteur dans la boutique du boucher? Ou est-ce « ton corps » qu'on coupe: de toi chirurgien-boucher – notons que dans *O R*, Georges Cixous est non seulement un jeune médecin ayant à pratiquer des dissections, mais encore un jeune homme malade qui lui-même doit passer un radiogramme de ses poumons – ou, comble d'horreur, de toi-lecteur?

Quand l'action passe à la recouture, le « tu » s'identifie comme le chirurgien, figure allégorique, dans l'imaginaire cixousien, du père-médecin, relayé par « le préposé ». Par ce terme, le récit abandonne l'anecdotique que désignait le « parfois », vire de la scène de boucherie à la scène anatomique et entame, en outre, une narration à la troisième personne. Ceci va de pair

---

76. *Op.cit. O R* est le dernier livre de Cixous à cette date.
77. *Ibid.*, p. 107-108.

boîte crânienne – pénible à faire, pénible à voir? –, la couture « plus ou moins bien » et « légèrement à coté » du chirurgien, sont toutes des indices que celui-ci, le sujet en question, agissait sous le coup de son objet, le corps mort. Elles s'oublient pourtant dans la pensée du préposé qu'« "un mort est un mort" », pensée-cliché dont la narratrice semble vouloir se distancier à en juger la citation entre guillemets. Sa pensée à elle – « pensé-je » – s'articule sur l'objectivant et distanciant « un mort est un mort ». D'abord le mort est présenté comme « un seul mort », singulier, spécifique, presqu'un sujet, tandis que sa condition de mort s'avère être « encore un peu mort », puisque, comme le raconte la narratrice un peu plus loin, « un mort vient de vivre. Un mort arrive encore. A vivre ».[78] N'oublions pas la valeur d'autopsie que revêt la scène décrite. Parce que ce corps-un-peu-mort, ce corps qui tout à l'heure était encore vivant, l'est aux yeux de celui, ou de celle, qui le désire vivant. Pour celle qui le désire, un mort n'est jamais qu'un mort. Tout au plus, il est livré dans un combat à mort contre la mort: « un mort contre un vivant. Un match. Un vivant contre un mort ». C'est-à-dire aussi que le vivant, celle qui contemple le mort, est livré dans un combat avec lui. Aussi, faire l'autopsie, c'est faire « l'ignoble nécessaire. J'ai horreur », c'est faire « le nécessaire. L'ignoble »: arriver à voir dans le corps du mort le cadavre, arriver à faire le constat de « ce que se présente incroyable mais cru le visage vide du mort qui nous regarde froidement ».

7. Scènes de boucherie

Le rapprochement entre la scène anatomique et la scène de boucherie ne repose pas sur une coïncidence dans l'oeuvre cixousienne. *Portrait du soleil* contient également des scènes de boucherie et, comme celle d'*O R*, elles sont également à relier à la leçon d'anatomie et au devoir d'autopsie.

Dans son séminaire, Hélène Cixous a plusieurs fois relevé l'importance de la boucherie.[79] Liée à l'enfance dans la mesure où chaque être humain, un jour ou un autre, fait la connaissance du spectacle qu'offre une boucherie, culturellement marquée quant à la mise à mort des animaux et à l'exposition de la viande, la boucherie constitue un espace réaliste et quotidien à envergure mythique: à nous qui ne disposons pas d'une image de la mort, elle donne à voir le spectacle de la mort. Pas que ce spectacle se « voit » véritablement: dans la boucherie, jamais on ne considère la viande étalée comme « morte ». Ou plutôt, on essaie de ne pas le penser. Que personne cependant n'échappe à l'effet inquiétant de la viande se lit dans les réactions

---

78. *Ibid.*
79. Ce qui suit est partiellement reconstitué à partir de notes que j'ai prises au cours du séminaire « Actes de naissance » d'Hélène Cixous (1990-1991).

cependant n'échappe à l'effet inquiétant de la viande se lit dans les réactions de goût et de dégoût que provoque ce spectacle, qui sont d'autant plus fortes que la viande, destinée à la nourriture, se fait seulement appréhender en tant qu'incorporée, intériorisée, maîtrisée ou, au contraire, en tant qu'expulsée ou rejetée, réduite à l'abject. Espace donc de refoulements et de voilements primaires, qui sont aussi d'ordre sexuel, la boucherie est le lieu où la viande s'exhibe comme un signifiant qui brutalise et agresse. Si les pans et les tranchées de viande inquiètent, c'est parce qu'ils font travailler notre imaginaire de la mort, de notre propre mort, renvoyant à notre for intérieur et à notre propre vulnérabilité.

Si la coupure de l'oranje et la série d'égorgements et d'éventrements se proposent maintenant comme autant de scènes de boucherie, symboliques et métaphoriques, *Portrait du soleil* contient deux épisodes passés dans une boucherie « réelle ». Appartenant à la couche contextuelle concrète et quotidienne du livre de Cixous, l'apparence triviale de ces scènes contraste cependant avec l'« atmosphère élégante et moderne » (71) qui les caractérise. Le style héroïcomique qui est le résultat de ce genre de distorsion augmente d'ailleurs l'effet inquiétant de la scène racontée.

La première boucherie se trouve dans un « prisunic à alimentation supérieure » (70), la deuxième est un endroit plus familier, géré par une bouchère à l'attitude « pensive [...] les lunettes graves » (99). Ce transfert, par hypallage, du regard grave de la bouchère sur ses « lunettes graves » signale la solennité explicite du lieu où, non seulement de la viande, mais encore du conseil est en vente: « je prends conseil de la bouchère » (99).

Que ce soit de la viande, du conseil, ou encore du conseil à travers la viande, ce qui s'achète a son prix, et ce prix résonne partout. « Prisunic », à prix unique, « bou-chère », payer cher: la boucherie se manifeste comme un lieu où il faut payer cher, selon une valeur économiquement et symboliquement sûre. Cette valeur est littéralement primaire, parce que « on paie d'abord » (70), au risque d'y laisser sa propre peau, à en juger par le ticket que la narratrice reçoit en échange: « je lis: 32 ou 23, on dirait mon âge ou l'année de naissance de Dieubis » (70). Variantes de la leçon d'anatomie classique où le spectateur payait aussi pour assister à la préparation et la transformation d'un corps en viande, les boucheries, apparemment, ne sont pas des lieux d'où on sort impunément, d'autant moins qu'on n'y entre pas sans raison spécifique. Relevons donc dans ces passages quelques questions d'entrée et de sortie, pour pouvoir déboucher sur celles de la chair et de la viande.

a. Entrées

On n'entre pas dans une boucherie; on y « arrive » (70). Le chemin qui y mène est celui du détour et de la déroute, et par cela la boucherie se manifeste comme un lieu destinal, voire solaire, ainsi que le suggère le « périple » qui y mène. « Je pars pour un court périple » (70), annonce la narratrice, ajoutant que ce périple figure « *ma* solitude et *mon* malheur ».[80] Sa « souffrance » vient du fait qu'elle s'éloigne d'un lieu « où je régnais jadis, que j'ai moi-même fondé, mais qui ne me reconnaît plus ». « Ecoeurée » (70), c'est-à-dire privée du (bon) goût, mais aussi du coeur, de l'âme, « tombée dans l'obscurité » (70), sans « je » qui l'illumine, elle progresse, mais pas seule. Elle se trouve « aux côtés de F., roi du lieu, qui m'a supplantée (sans le savoir) ». F., c'est Freud, le phallus, le signiFiant entremêlés, et il « désire s'approvisionner ». Ainsi la boucherie s'identifie comme le lieu de F., et puisqu'elle est désignée aussi comme la « représentation de la société » (70), on voit bien quelle valeur prend ce « prisunic ».

Chez la bouchère de l'autre passage on n'entre pas non plus. On y est aussitôt, dedans, et ceci dès la première phrase. Au niveau de l'organisation textuelle, par contre, cette visite a longuement été annoncée. Dans les pages précédentes, le nom de « bouchère », mot dès lors à valeur de signifiant, a déjà été invoqué dans des scènes de boue et de boucherie. Ainsi dans ce rêve de Grèce:

> La Grèce, c'est mon rêve rêvé en Grèce, roulant dans la boue pensant si l'on pouvait s'éveiller pensant c'est le rêve qui ne finit pas pensant telle douleur est rêvée dans la boue labourée concrète irréfutable sans rêve, et moi boue du rêve, labourée, me roulant criblée de lois, éternellement labourée de faux. Un champ, des poulets, des chiens, courant dans tous les sens et en rond se heurtant, sursautant de peur, dans un terrifiant silence: ces millions de poulets et de chiens sont décapités. (98)

Ce rêve de Grèce – de graisse, voici un autre préparatif du voyage qui mène chez la bouchère –, douloureux, inquiétant et obscur, se donne à lire à la vitesse du texte, dans le registre analogique. Mais relevons d'abord une citation non attestée: la narratrice roulant dans la boue se réfère à *Une Saison en Enfer* où Rimbaud écrit: « j'ai appelé sur moi les fléaux [...] je me suis allongé dans la boue ».[81] Si Rimbaud semble ici avoir « cultivé l'abjection »,[82] le texte met celle-ci une nouvelle fois en culture: par travail anagrammatique, paronomatique, « la boue » se transforme en « la boue

---

80. Mes italiques (CS).
81. *Op.cit.*, p. 93.
82. Notes d'Antoine Adam, *ibid.*, p. 953.

labourée ». La « faux » qui la laboure reprend en écho le « fléaux » du récit de Rimbaud.

De la mise en culture on passe à la fertilisation. La connotation infernale de la référence rimbaldienne reste de rigueur, puisque « la boue labourée » engendre une scène de guerre – « la boue labourée par les bombes » (97) – à l'échelle non seulement d'un champ mais de l'ensemble de la terre. Associée à « un procès en Grèce, comme un gouvernement au Brésil » ou à « ma douleur chétive en regard du Vietnam » (97), cette boue désigne la couche contextuelle historico-politique du livre qui, vu son surgissement par le biais textuel, signale un problème d'écriture d'ordre poético-éthique. Ce qu'Hélène Cixous désignera bien plus tard, dans ses essais sur son cheminement d'auteur, comme son remords quant à la place de l'Histoire et de la politique dans ses livres apparamment si repliés sur la scène intérieure du sujet,[83] la narratrice l'annonce déjà ici en affirmant que « tant de petits hommes et de petites femmes criblés roulant dans la boue labourée par les bombes n'empêchent pas la douleur de ma douleur de se proclamer l'absolu. Et de l'être » (97). Ceci n'empêche pourtant pas que ce sera son propre « corps labouré de bombes » qui prendra à son compte la référence, et la menace, politique et historique. Un peu plus loin, la narratrice délaisse par contre le champ de l'Histoire pour se rapporter à la menace symbolique des « lois », synecdoque des « balles de la loi », l'attaquent comme les bombes faisaient auparavant: « moi boue du rêve, labourée, me roulant criblée de lois » (98).

Tantôt désigné comme un sujet historique, tantôt comme un sujet au sens analytique, le sujet-je, toujours incarné, toujours sexué,[84] est néanmoins un sujet ambigu. « Moi boue du rêve » évoque à la fois un moi objet-déchet du rêve et un moi matière du rêve, à la façon dont, selon la tradition biblique, le premier homme fut tiré de la terre boueuse et façonné à l'image de Dieu. « Moi [...] labourée » désigne le je comme objet ultime, travaillé, ouvert, creusé, que ce soit « labourée de faux », c'est-à-dire aussi de « faut » ou de « faux », l'un constituant l'envers d'une même médaille, ou « criblée de

---

83. « Et L'Histoire? Question terrible qui m'a hantée sans cesse. Longtemps elle a résonné pour moi comme l'écho de la faute. Je ne me sentais pas coupable mais je l'étais ou du moins je n'étais pas coupable mais je me sentais coupable, etc. Ma honte, je la formulais et puis je la renvoyais: tu écris quand on meurt. Mon chemin est accompagné des fantômes de peuples. Tout au long de mes textes ils sont là ». Hélène Cixous, « De la scène de l'Inconscient... », *op.cit.*, p. 26.
84. La sexuation du je se lit uniquement dans la marque grammaticale. La « labourée » évoque d'ailleurs une désignation de la femme récurrente dans différentes traditions religieuses. Dans le Coran, par exemple, les femmes sont désignées aux hommes comme un « labour », c'est-à-dire un champ à labourer: « Vos femmes sont pour vous un labour. Allez à votre labour comme vous le voulez ». *Le Coran*, II-223, trad. André Chouraqui, Robert Laffont, 1990, p. 89.

lois » qui, par attelage, sont entachées de la même fausseté. Mais « moi [...] labourée » s'entend aussi comme « moi [..] la bourrée » – voici le registre vulgaire qui surgit –, gavée, pleine... de rêves? de lois? Et on sait ce qui arrive à celui ou à celle qui est pleine, totale: elle appelle à être ouverte, à rendre gorge, à dégorger, tous des motifs cixousiens qui évoquent aussi l'ouverture de la bouche et la parole. Encore s'agit-il de savoir quels mots seront dégorgés: ceux dont on a été bourré, truffé, comme par la force, ou ceux qu'on a volé et dont on va disposer, subrepticement, et se délivrer?

Ainsi le récit progresse, dans la contiguïté textuelle des registres et des analogies se repoussant ou se renversant dans l'autre. Ce renversement continuel est également à l'oeuvre au niveau grammatical, où l'objet et le sujet de l'action oscillent: « mon rêve rêvé », « me roulant criblée de balles ». Il est dès lors à l'image de l'histoire de sujet-je, qui, objet éternel dans les scènes de boucheries, enlisé dans la boue de la syntaxe comme dans la boue de la loi, cherche néanmoins à s'y frayer une sortie.

b. Le sexe et la tête

L'histoire de sujet-« boue labourée » se transforme en une boucherie d'animaux quand la boue se concrétise en un champ où a lieu une tuerie de chiens et de poulets, ce dernier terme annonçant déjà le poulet égorgé, troussé, préparé pour une autre fonction de la boucherie: l'alimentation et l'incorporation. Les animaux abattus courent « dans tous les sens et en rond », frénésie qui rappelle par sa terminologie la textualité alchimique désignée dans le métadiscours. Cet « ignoble billard fou », syntagme qui reprend la connotation économico-phallique de « billes », est assumé par le sujet-je comme « la trajectoire coupée de mes propres pensées » (99).

Les animaux courent dans un « terrifiant silence [...] décapités », termes qui évoquent également le motif de la bouch(erie), mais d'un autre biais. La décapitation, proche du motif de l'égorgement et du décollement, évoque toute une fantasmatique littéralement capitale, dans la mesure où elle a trait à la symbolique de l'opposition entre la tête et le corps. Cette fantasmatique s'articule aussi bien au niveau narratif que symbolico-analogique ou textuel. Elle est, par exemple, à l'oeuvre dans le récit de la bouchère, dans la mesure où ce passage, comme on va le voir, tourne autour des questions qui tue qui? qui mange qui? Sa forme textuelle est à retrouver dans le travail des lettres capitales qui, découpées du corps du nom, sont mises en circulation à leur propre compte et posent dès lors la question de la gérance du capital signifiant du texte. Enfin, la question ou, plutôt, la menace de la décapitation pose des considérations d'ordre analytique et symbolique qu'il s'agit égalementment de relever. Comme Hélène Cixous l'écrit dans « le sexe ou la tête »,[85] titre qui montre déjà que, symboliquement, la décapitation appartient au régime de la pensée duelle, tranchante et hiérarchisante, la décapitation est un vicariant de la castration, ce qui implique que toute menace ou passage à l'acte de la décapitation appartient à une économie libidinale qui se vit sous la peur de la castration ou de la destruction par l'autre. Il s'ensuit que les scènes de la décapitation et de la boucherie, en posant d'une manière aiguë la question du sujet et de son autre, sont aussi une fabulation, métaphorique ou textuelle, de la différence sexuelle, donnée à appréhender comme une rencontre de différentes économies libidinales autour de la problématique du goût et du dégoût, de l'incorporation et de l'abjection.

Ainsi la boucherie est un lieu où non seulement se confrontent des règnes différents: l'humain et l'animal, le vivant et le mort; mais encore des genres: le féminin et le masculin. Or c'est cette dernière confrontation qui est rendue explicite chez la bouchère. D'entrée en jeu, la scène est entre femmes: « nous sommes femmes, nos intérêts sont communs » (99), tandis que la question de la différence sexuelle se concrétise dans un conseil demandé d'ordre « conjugal »: « comment faut-il accommoder cette pièce de boeuf conjugale il y manque sûrement un appoint? » (99). Par cette question, la boucherie, « représentation de la société » (70) rappelons-le, se range du côté de la loi – « comment faut-il » –, qui est, plus spécifiquement, la loi de la conjugalité, de la mise en rapport de deux êtres humains du sexe opposé. Vu le conseil demandé, la conjugalité est perçue comme déséquilibrée: la « pièce de boeuf conjugale » qui est censée la constituer doit encore être accommodée, elle est en « manque ». Si on peut facilement reconnaître dans cette pièce de boeuf une figure du phallus, qui trouve ailleurs dans *Portrait du soleil* son portrait craché dans « la chair absolue, gorgée de son propre sang, tenant lieu d'histoire, taillée dans le Temps, comme un bifteck, par la mort » (36), l'accommodage nécessaire évoque, par une allusion lacanienne, la position en « manque » du féminin dans son rapport au phallus. Mais déjà la distribution textuelle de ce passage s'insurge contre cette fausse conjugalité. L'insistance du signifiant « com/n- » dans « conseil », « communs », « comment », « accommoder », « conjugal », lutte à la fois contre la situation supposée en manque du féminin et contre la position unique et primaire du représentant phallique, en répétant ce qui se fait entendre dans le terme « congelé » (71): le con je l'ai.

Le conseil de la bouchère n'est pas d'ordre discursif, mais il se trouve inscrit dans le récit. La bouchère présente plusieurs morceaux de viande. Il

---

85. « Le sexe ou la tête? », *Les Cahiers du Grif* n° 13 (*Elles Con-Sonnent. Femmes et langages II*), octobre 1976, p. 5-15.

s'agit successivement d'une « saucisse sèche » et d'une tête de « veau de ce pays », « petite », « accrochée à un croc très haut planté dans le mur (on attendrait un chapeau à cet endroit) », à la viande « douce ». L'insistance d'une coloration féminine venue du genre grammatical des mots est frappante, mais contraste aussitôt avec la connotation phallique de la « saucisse », de l'adjectif « petite » et du « chapeau », dont on sait depuis Freud qu'il peut être interprété comme l'organe génital masculin.[86] Le « veau de ce pays » a également des résonances masculines, non seulement parce qu'il parle de ce qui « [vaut] dans ce pays », valeur qui rappelle le « prisunic », mais encore parce que, d'une manière très concrète et réaliste, les veaux amenés à l'abattoir sont toujours des petits taureaux. Aussi n'est-il pas difficile d'interpréter l'identité à première vue ambivalente du morceau de viande, qui est « de l'homme », comme l'affirme la bouchère. Cette identité masculine du morceau de boeuf non seulement montre que la boucherie est un lieu où se joue le jeu de la différence sexuelle, mais est encore en rapport avec l'étymologie du mot boucherie: endroit où on vend du bouc.

Auparavant « séduite » par la douceur de la viande, la narratrice éprouve devant cette nouvelle un « dégoût stupéfait [qui] ouvre en moi ses soudains gouffres » (99). Le côté coupé de la viande est transféré sur le corps de la narratrice, à ce point qu'elle se voit elle-même, dans une vision qui rappelle le tableau de Rembrandt, comme un « corps en pièces sur la table », coupure qui sera aussi prise en compte par une syntagmatique hachée « je : serai : cela » (97). On voit comment la confrontation avec le corps de l'autre, de l'absolument autre, renvoie aussitôt au propre corps, perçu alors, comble d'horreur, comme également autre, objectivé, chosifié, atteint dans son intégrité de corps et de sujet. Côté conjugalité, la « pièce de boeuf conjugale » (99) se réfère aussi au corps de la narratrice, décrit une page plus loin comme étalé sur la « table conjugale » (100). Sur cette table convergent plusieurs références freudiennes et rembrandtiennes qui en affirment le symbolique féminin. Dans *L'Interprétation des rêves*, Freud rappelle que la table figure la femme, et son bois, plus particulièrement, la matière féminine.[87] Quant à Rembrandt, on a déjà eu l'occasion de relever la connotation féminine du corps (mort) étalé.

Dans l'histoire qu'elle raconte comme dans les problèmes spécifiques d'interprétation qu'elle pose, la scène de la boucherie s'avère concerner une question de la (re)connaissance: quelle est cette viande, ou plutôt: (de) qui est cette viande? Cette « question cuite à découper » (100) contient inscrite en son propre corps une leçon sur la conjugalité, inquiétante et violente, et

---

86. *L'Interprétation des rêves*, *op.cit.*, p. 305.
87. *Ibid.*, p. 305. Hélène Cixous prend cette mise en rapport entre « matière » et « mater » (et « ma terre » comme elle ajoute) à son compte dans *La*, *op.cit.*, p. 145-148.

qui est donnée à appréhender, à déguster, dans une discursivité qui a sans cesse trait à l'incarnation, à la chair, et qui suit de près le scénario compulsif du goût et du dégoût, de l'incorporation dévorante, anéantissante, et de l'expulsion. Qui, dans la scène de boucherie conjugale, accommode qui, qui goûte à qui, qui mange, dévore qui? Si le récit de la boucherie ne donne pas de détails quant à ces questions, la narratrice la repose dans le cadre d'une autre scène entre-femmes et d'une façon assez catégorique: « Or si c'est moi la viande? » (100), se demande-t-elle avec angoisse. « Et elles, mes soeurs, en mangeraient-elles, les épouses mes soeurs? » (100), suggérant que « ils », les époux ses frères, n'hésiteraient pas à le faire.

Du « corps labouré de bombes » à la boue « labourée [...] criblée de lois, en passant par « le Démon Conjugal, l'irréfutable mitraillette des Lois, qui me crible de balles » (98): voici rassemblé dans ce rêve de Grèce – qui rappelle aussi les massacres conjugaux et familiaux de la Grèce mythologique –, rêve de graisse et de crasse,[88] un ensemble de pouvoirs ennemis du sujet: les pensées dialectiques excluantes, les lois, dont celle de la conjugalité rappelle la tragicomédie de Dora et de « toute femme prise dans la grande vieille scène familiale classique »,[89] les interdits, dont aussi l'abject et le registre vulgaire, mis ici à profit pour rappeler que le non-propre constitue le refoulé de l'instance qui s'autodésigne comme propre. Cette affabulation gustative de l'histoire du sujet-je aux prises d'un « long et réglé procès de mon destin par le Démon Conjugal » (98) ne hantera pas très longtemps l'oeuvre cixousienne. A partir de *Souffles* et de *La*, ce spectre démoniaque sera remplacé par la voix de l'autre-femme qui se donne également à entendre dans le registre corporel, mais qui sera sortie du domaine de la décapitation, du dégoût et de l'incorporation anéantissante. Tout goûter à l'autre, toute dévoration de l'autre, toute ouverture de l'autre, y sera entrepris sur le mode de la coupure et du manger de l'oranje annoncé à la première page de *Portrait du soleil*: dans un geste de réciprocité amoureuse.

c. Questions de viande et de chair

Dans l'iconologie rembrandtienne, *La Leçon d'anatomie du dr. Deyman* est souvent mis en rapport avec les deux *Boeuf écorché*[90] du même peintre.

---

88. Dérivées du latin *crassus*, épais, gros, gras, « graisse » et « crasse » partagent la même origine étymologique.
89. Hélène Cixous, « Théâtre enfoui », *art.cit.*, p. 73.
90. Le premier *Boeuf écorché* date de 1643 (Art Gallery, Glasgow), le deuxième de 1655 (Louvre) et est donc presque contemporain de *La Leçon d'anatomie du dr. Deyman*. Le dernier *Boeuf écorché* se distingue du premier entre autres par sa couche de pâte plus lourde. Cet usage de l'*impasto* se retrouve dans *La Leçon d'anatomie* dans le drap qui entoure le corps.

Les tableaux partagent le même motif pictural, un cadavre dans toute sa « laideur », et ils dépassent le cadre strict de la peinture évocatrice dans la mesure où ils font aussi entrer dans leur organisation sémiotique l'*impasto*, c'est-à-dire la couche de la pâte et le trait du pinceau laissé visible. Cet *impasto* ramène la peinture au peindre et dévoile le côté autoréflexif de l'oeuvre, renvoyant à la matérialité qui la constitue et à la gestualité qui l'a engendrée. Ceci implique aussi, comme l'écrit Gérard Dessons à propos du *Boeuf écorché*, qu'il fait « advenir dans la représentation l'instance d'une subjectivité ».[91]

Vu le rapport qu'elles entretiennent avec les tableaux de Rembrandt, on peut se demander si, à leur tour, les scènes de boucherie de Cixous font preuve, en deçà de leur côté nettement représentatif, de la présence d'une instance subjective inscrite dans la pâte même du texte. On peut présupposer l'existence d'une telle subjectivité, à détecter alors dans la scansion des phrases, dans le système phonique ou dans la distribution typographique, à cause de la spécificité de cette écriture, qui est une écriture confrontée à un spectacle insoutenable, et donc aux limites de la représentation.

Qu'il ne s'agisse plus ici d'une écriture évocatrice est suggéré déjà par la bouchère elle-même. Anatomiste à l'improviste, elle ne donne rien à voir, seulement à toucher: une saucisse sèche, doublement impossible à voir parce qu'elle est enveloppée: « ce qu'elle me donne déjà enveloppé, avec un geste rassurant, me semble au toucher être une saucisse sèche » (99). Quand ensuite le récit passe au voir – « elle montre aussi » –, c'est certes à un véritable défilé de morceaux de viande qu'on assiste, mais à aucun moment la narratrice n'arrive vraiment à voir – « je vois [...] mal », ou « mâle »? – ou à fixer son regard: « Elle montre aussi, accrochée à un croc très haut planté dans le mur (on attendrait un chapeau à cet endroit) un morceau de viande pâle, moins carmin qu'orangé, peut-être du veau du pays, mais sans insister » (99). S'il s'agit toujours du même morceau de viande, décrit dans le détail, l'articulation à la fois entrecoupée et étirée des phrases, avec le complément d'objet du prédicat du début – « elle montre aussi » – différé par une série d'intersections, et avec un dernier syntagme, ajouté par hyperbate, qui renvoie au début de la phrase, fait que le lecteur a du mal à pouvoir l'attraper dans sa description définitive. Vu aussi d'autres phénomènes d'instabilité descriptive qu'on a déjà relevés: le glissement des genres, l'oscillation entre des registres différents ou encore le transfert d'attributs d'un objet sur un autre – l'hypallage dans « elle me regarde, les lunettes graves » –, on assiste ici à une écriture qui, une nouvelle fois, procède dans la contiguïté, en décrochant et en raccrochant des éléments qui ont seulement

---

91. *L'Odeur, op.cit.*, p. 11. Voir aussi Mieke Bal, *Verf en Verderf, op.cit.*, p. 197-203.

au niveau du texte partie liée. Ainsi l'écriture non seulement s'exhibe en tant que telle, mais encore montre qu'elle est traversée par un affect, trace d'une subjectivité, qui est sans aucun doute lié à l'inquiétante présence de la viande qui, une fois qu'elle n'est plus « développée », est difficile à appréhender.

L'attraction de la viande est rendue sensible dans le coulement des « s » – « sa viande est douce [...] séduite je me décide » –, la répulsion qu'elle suscite par un renversement littéral de l'écriture. Ainsi il y a retrait de l'instance énonciante au profit de la troisième personne et une visualisation de ce renversement grâce à la ponctuation: « séduite je me décide quand : elle me dit que c'est de l'homme ». L'énonciatrice, dont on a déjà relevé qu'elle ne peut parler qu'en chair et en oranje, a besoin de ce retrait subjectif pour pouvoir évoquer la viande morte, mise en morceaux, réduite à l'état de chose.

8. Anatomie du poulet

Autant que la scène passée chez la bouchère est dramatique, parlant explicitement de séduction et de dégoût, l'épisode passé dans le prisunic est d'une apparente impassibilité, n'évoquant aucun sentiment relatif au spectacle de la viande. La « préparation » (70) de deux poulets qui y est décrite contient, certes, tous les éléments théâtraux d'une dissection, mais le côté horrifique est allégé, neutralisé, à cause de l'« atmosphère élégante et moderne » (71) dans laquelle la scène se déroule. Pourtant le drame est là: il se lit dans la minutie du dépeçage du poulet, qui touche à l'obsessionnel, dans la polysémie des mots, dans la tension entre action et description, et dans le jeu des signifiants.

a. La chair intérieure

> On assiste d'abord à la préparation d'un poulet sur le comptoir de droite par un garçon boucher, dans une atmosphère élégante et moderne: le poulet semble entièrement désossé, viande très rouge et souple *sans* peau. Un poulet désossé, dépiauté, jusqu'au bec. (70-71)

On ne peut pas s'y méprendre, tellement la narration insiste sur l'aspect « désossé » et « dépiauté » du poulet, relayé encore par le « *sans* peau » mis en italiques. C'est bien le portrait du poulet écorché qui est tracé ici. Sans ossature, sans apparence extérieure, sans tête, ce poulet ne tient plus rien d'un poulet que sa masse de viande, ou plutôt de chair, puisque la narration remarque son côté « très rouge et souple » et joue avec l'homophonie « *sans* »-sang. Révélant la chair informe, sanguinolante et vulnérable, ce portrait se propose de ce fait comme celui de tout écorché, poulet, boeuf ou être humain, parce que c'est par cette chair vibrante qu'ils sont tous semblables.

Le passage frappe aussi par son absence d'action et d'indication subjective, là justement où il est parsemé de traces de subjectivité: le verbe dans « le poulet semble entièrement désossé » renvoie à un sujet énonciateur, mais le syntagme suivant, « viande très rouge », par son énumération brève, nominale, introduit un point de vue impersonnel dans la narration. L'instance énonciante ressurgit sous sa forme de scripteur dans la mise en italiques de « *sans* peau ». Ce tremblement de la position de l'instance énonciante nous met sur la piste d'une narration qui n'est plus ou qui ne se veut plus gérée par un sujet d'énonciation.

Le double « désossé » qui rend la narration balbutiante, et le caractère nominal et énumératif des phrases confirment cette idée. Ce retrait de l'instance énonciante favorise un autre point de vue, qui est un point de vue intérieur. L'instance énonciante cherche à coïncider avec le dedans de la chair, puisque c'est celui qui est donné à appréhender ici, quasiment sans médiation, sans mots pour se dire. Du même coup, ce retrait du sujet de l'énonciation s'interprète aussi comme un ravissement, dans le double sens du terme: comme la transportation-transformation du sujet énonciant devant le spectacle qu'offre la dénudation du corps de l'autre. Car il ne faut pas perdre de vue que l'acte anatomique est aussi le fait d'une pulsion scopique qui est érotiquement déterminée.

b. Des poules et des poulets: le féminin et la loi

> Il reste à peu près la forme de la tête aussi nue, et la viande sans robe, on lui ouvre le morceau de chair capital au lieu du bec, d'un geste habile on fait tomber une longue langue du poulet sans le bec et on ficelle le tout. (71)

Ce n'est plus la chair intérieure et entière qui est mise en scène ici, au contraire même. On suit un regard qui se promène sur l'aspect extérieur du poulet, qui constitue apparement une vision intolérable à un juger le caractère reconstituant de ce regard. Il ne relève que le côté restant ou morceau du poulet, sa décapitation, sa nudité, son ouverture, bref: son aspect troué, castré. Que ce trou constitue une vérité intolérable se lit dans l'empressement habile avec lequel le garçon boucher essaie de le boucher, de le « ficeler », afin d'en refaire un « tout ».

Entre le « il » qui « reste » et le verbe « ficelle »-« fils-elle » qui assure « le tout », ce passage frappe aussi par son jeu de la différence sexuelle, à commencer par les connotations phallico-sexuelles de « poule » et de « poulet ». Le poulet en question, pièce de viande quasiment neutre, se marque grammaticalement de féminité par sa « tête aussi nue » et se révèle dans tout son aspect de poule, selon une désignation sexiste de la femme, par sa « viande sans robe ». Le « morceau de chair capital » qui lui tient lieu de tête se réfère par contre au phallus, de même que la « longue langue » qui lui est introduite, qui, langue du « poulet », est aussi une langue de flic, « F. » et « loi » confondus. Cette description, où prime l'image de la décapitation et du « sans le bec », est comme une allégorie de la mise au silence du poulet-femme à qui on ingurgite de force une « longue langue », à forme phallique, sans qu'elle ait un « bec », bouche-parole, par laquelle elle puisse se dire. Cette description évoque plus particulièrement un passage dans *La Venue à l'écriture*, où l'auteur se sert de termes presque similaires pour évoquer la situation des femmes dans une société phallocratique:

> On t'attrape par les seins, on te plume le derrière, on te fout dans une cocotte, on te fait sauter au sperme, on t'attrape par le bec, on te met dans un foyer, on t'engraisse à l'huile conjugale, on t'enferme dans ta cage.[92]

c. Le désemballage des signifiants: indices de subjectivité

> C'est le deuxième poulet, à gauche, qui nous est destiné. Il est plus gros et congelé; on défait son emballage de toile transparente sous nos yeux. La chair est gelée donc plus jaune et givrée. Une Rose à longue tige est incrustée dans la chair, raffinement pour parfumer le poulet. Je m'occupe ainsi des besoins de F. avec l'efficacité qui m'est propre. Je puis alors m'éloigner seule... (71)

C'est à une véritable autopsie qu'on assiste ici. D'abord parce que le poulet, « gros et congelé », à la viande « gelée [...] jaune et givrée » (71), est ostensiblement un poulet mort; ensuite parce que le désemballage, métaphore de l'ouverture et du développement du corps, se passe explicitement « sous nos yeux ». Que ce soit en outre ce poulet-ci qui « nous est destiné » au lieu de l'autre, plus rouge et pimpant, fait qu'un effet déceptif se dégage de la scène. Même si la narratrice s'acharne à appeler le poulet par sa « chair » vivante, c'est bien au poulet mort qu'elle devra faire face, ce qui fait que, en dépit de la trivialité de cette scène, on est en plein drame cixousien.

L'étrangeté de la scène se trouve dans la « Rose incrustée dans la chair », qui constitue une image sexuelle ambivalente. La « Rose » est un nom féminin, mais constitue aussi une figure paternelle et phallique, à en juger sa lettre majuscule, la « longue tige » dont elle est dotée et les « *patères* » (71) qui sont évoquées quelques lignes plus loin, en italiques. Son incrustation

---

92. *Op.cit.*, p. 37

Le désemballage des signifiants

dans la chair pourrait être l'indice d'une pénétration, mais renvoie aussi à l'idée de l'enveloppement et à la présence de plusieurs couches à développer. Le détraquement du *f* et du *p* dans « raffinement pour parfumer le poulet » – est-ce pour chasser l'odeur de la mort? – et dans « je m'occupe des besoins de F. avec l'efficacité qui m'est propre » nous met sur la voie du jeu des signifiants. On peut en effet constater dans l'ensemble du passage un jeu sur le *f* – « souffrance », « forme », « ficelle », « viande », etc. –, mais c'est avec la mise en rapport avec « F. » que ce jeu est explicite.

Or que signifie « l'efficacité qui m'est propre »? De quelle efficacité s'agit-il? La phrase est ininterprétable si on ne se rend pas compte de ce qu'elle apporte de « propre », c'est-à-dire la présence de « je », qui longtemps a été absente de la scène. Ainsi cela aurait été le « je » qui, tout au long de la préparation des poulets, aurait sous-tendu la narration, d'abord en s'occupant « des besoins de F. », qui concernent l'efficacité phallique de la préparation, dont on a relevé plusieurs étapes: le regard reconstituant et le ficellement ou encore le « raffinement » du parfum, qui font tous les deux allusion au « F-il/s » en même temps qu'ils désignent un geste d'aveuglement délibéré quant à la réalité du poulet. Mais ces « besoins de F. » se lisent aussi comme des besoins de la lettre *f* qui vont à l'encontre du désir de F. – ce personnage qui, rappelons-le, voulait « s'approvisionner » –, puisqu'ils sèment le signifiant *f*. Cette dissémination de *f*, comme d'autres lettres d'ailleurs, sont l'effet d'un désir qui ne peut pas s'énoncer au niveau du discours, et, dès lors, les indices d'une subjectivité autre.

Un de ces autres signifiants disséminés est ce même « je ». Il s'entend surtout dans la description du deuxième poulet, dans son côté « congelé », « gelée », « jaune », « givrée », dans la « tige » qui lui est incrustée et dans son « emballage » à défaire. Or ces termes sont tous en rapport avec la peau du poulet, tandis que le « je », dans son apparence textuelle, se trouve de son côté aussi comme incrustée dans la peau du texte. Ainsi non seulement la peau du texte et la peau du corps ont-elles partie liée, encore est-il que le « je » se fait seulement connaître quand on gratte un peu le texte, quand on le désemballe – le décolle –, ou quand on l'écorche. Ce « je » disséminé et incrusté est alors comme le pendant textuel de la figure idéale du sujet-je écorché, défaite de sa peau, dont on trouve plusieurs descriptions dans *Portrait du soleil*: « qui est la couleur de ce qui aurait pu être sous ma peau » (13); « je n'ai jamais eu de nom, je n'ai jamais eu de peau, je n'ai jamais eu de tête » (35); « ramener au seul noyau tous les sens, les nerfs, les courants, les élans. Pétrir avec joie et précision une boule lourde et brûlante » (47-48); « je sors de ma peau d'un bond. D'un côté ma peau, polie. De l'autre ma chair libre saignante, sans repère et sans efficacité » (60). Dans ce « je » disséminé, défaite de son statut de sujet grammatical et discursif, le sujet-je trouve une voie textuelle pour réaliser sa sortie du corps.

Cette sortie transforme la signification mortelle d'y « laisser sa peau » en une jouissance et elle peut être appréhendée comme une délivrance, comme un délaissement de l'enveloppe corporelle qui fonctionnait comme une cage aussi bien physique que symbolique, porteuse qu'elle était de tout un ensemble de marques – « repères » – sexuelles, sociales, raciales. Dans sa réalisation textuelle, cette sortie du « je » constitue en revanche une entrée, puisque le « je » s'incruste, s'enfonce/s'enfance, dans la peau du texte, véritable *entre/antre*. C'est au sein de ce royaume du tissage et du mixage, dans la matérialité du texte, qu'une nouvelle subjectivité se donne à entendre, l'instant d'un mot ou d'une phrase, intérieurement et obscurément: « un vrai soleil dans un placenta » (23).

9. *Portrait de l'auteur en écorché, ou l'autoportrait*

« Et cependant celui que j'aime le plus, pense l'auteur [c'est-à-dire Hélène Cixous], c'est l'écorché », lit-on dans *Jours de l'an* à propos du tableau de Rembrandt.[93] « S'arracher de l'oeil cette image de bête écorchée », se dit par contre la narratrice de *Déluge* après avoir vu une tête de cheval à l'abattoir, « sinon s'arracher l'oeil avec l'image collée dedans ».[94] Un monde à franchir sépare, semble-t-il, ces deux énoncés l'un de l'autre, et ce monde n'a rien à voir avec le côté fictionnel ou réaliste des deux scènes, *Le Boeuf écorché* étant maintes fois désigné dans l'oeuvre cixousienne comme un spectacle également impossible à voir. Quelle différence oppose alors ce boeuf à la fois aimé et effrayant, à cette tête de cheval absolument prise en horreur? L'idée de l'oeil arraché pourrait tout aussi bien s'interpréter comme l'aveu d'une séparation impossible d'avec cette image apparemment atroce, ou comme une fascination délibérée pour un spectacle à première vue abominable. Dans l'oeuvre cixousienne, le sentiment ambivalent, constitué d'horreur et de fascination, qui accompagne les multiples occurences de l'écorché, caractérise ce motif comme une véritable « passion » de l'auteur. « Passion » qu'il faut comprendre à la façon dont Clarice Lispector utilise ce terme, c'est-à-dire comme une approche minutieuse mais hasardeuse de l'autre, faite dans le dépouillement de soi.[95] Aussi peut-on lire, dans *Jours*

---

93. *Op.cit.*, p. 99.
94. *Op.cit.*, p. 93.
95. L'auteur brésilien Clarice Lispector devient à partir de 1977, l'année où Hélène Cixous découvre son oeuvre, une référence constante pour celle-ci, aussi bien dans ses livres que dans ses séminaires. L'idée de la « passion » est plus particulièrement dérivée du roman *La Passion selon G.H.*, qui raconte comment une femme tente de s'approcher au plus près d'une blatte (des femmes, 1978). Ce livre emprunte à la notion de la passion biblique, c'est-à-dire la souffrance du Christ, l'idée du cheminement minutieux et du désir du communion avec l'autre, désir qui amène, dans le roman de Lispector, à « l'apprentissage de l'ultime

de l'an, que l'écorché est « celui qui me montre le chemin de la passion, celui qui s'ouvre la poitrine, le fou de vérité ». Comme ce n'est pas « d'amour » que la narratrice l'aime, mais « de nécessité »,[96] la scène de l'écorché, toujours surchargée d'affects, toujours ambivalente, a une valeur analytique, mais elle s'étend aussi, comme on va le voir, dans le domaine (poético)-éthique.

Quelques exemples tirés de l'ensemble de l'oeuvre de Cixous peuvent nous éclaircir sur la « nécessité » vers laquelle cette passion pointe. Pour *Portrait du soleil*, on a déjà relevé le rapport fondamental qui existe entre le boeuf écorché et le spectacle de la mort, du mort, qu'il figure. Inspirant l'angoisse ou le dégoût, la vision de l'écorché symbolise plus particulièrement un certain ensemble de sentiments défensifs, qui ont certes à faire avec la peur ancestrale de la mort, mais aussi avec la peur de l'autre. Captif, pendu à l'envers, ouvert en son for intérieur et décapité, le boeuf, cette puissance abattue, est l'emblème même de la castration, pour utiliser le terme analytique approprié. Toute personne qui éprouve des sentiments de dégoût ou d'horreur devant le spectacle qu'offre ce boeuf se trouve, dès lors, confrontée à la peur de sa propre castration ou, pour employer une terminologie plus cixousienne, à sa peur de l'autre.

Le boeuf écorché se donne-t-il à appréhender comme de la viande ou de la chair? Ceci semble être la question fondamentale que soulève le boeuf, et la réponse en dit long sur l'attitude de celui ou de celle qui l'énonce. Lors de sa « Traversée du Louvre », en face du *Boeuf écorché* lui-même, Hélène Cixous a fait remarquer que la viande constitue l'oubli de la mort. La viande, c'est la mort maîtrisée, découpée, morcelée, « raffinée », « parfumée », pour utiliser des termes empruntés à la scène du poulet. Par extension, la viande représente l'autre maîtrisé, défait de son aspect étranger et inquiétant, approprié, voire rendu propre. Que la viande inspire du goût ou du dégoût n'est plus important dans ce cas, car les deux sentiments font également écran entre le sujet et le boeuf, le premier réduisant celui-ci à l'état de chose, que ce soit une chose interdite, abjecte, le deuxième le présentant comme une chose manipulable, disposable, mais jamais vue de face.

Pour cet auteur qui a fait de l'approche de l'autre l'enjeu même de son écriture, il s'agit de « [sortir] de l'état de viande »[97] et, à y voir de près, *Le*

---

impassion » dans les termes de Cixous, vu que l'héroïne G.H., qui va jusqu'à mettre la blatte dans sa bouche, tombe presque dans le piège de la projection et de l'identification. « Il faut que l'autre reste étrangissime dans la plus grande proximité » (Hélène Cixous, *L'Heure de Clarice Lispector*, des femmes, 1989, p. 157-158).
96. *Jours de l'an, op.cit.*, p. 99-100.
97. *Déluge, op.cit.*, p. 93.

Boeuf écorché en offre tous les dispositifs, pourvu qu'on soit prêt à se nettoyer le regard. Cette créature renversée, décapitée, pendue, « garde sa majesté », aux dires de Cixous, pourvu qu'elle soit vue avec des « yeux qui ne rejettent pas le bas et ne préfèrent pas le haut »,[98] avec des yeux qui ne se détournent pas de la laideur en quête d'une beauté apprivoisée, avec des yeux qui, comme le boeuf lui-même, ont perdu la tête, c'est-à-dire toute idée de forme, d'ordre ou de sens, et osent s'aventurer dans l'informe, l'abject, l'étranger. Alors là seulement, le boeuf donne à voir son côté chair, faite d'or et de pourpre, et sa carcasse révèle contenir un dedans mystérieux et éblouissant, qui a l'étendue d'un vaste paysage intérieur:

> Devant moi s'étend le trouble espace aux sombres épaisseurs d'or gras hanté, semble-t-il, dans les pourpres lointains de la toile, d'escaliers écorchés écarlates dans la matière géologique, le sol debout comme une tenture profonde, passé sur passé, mes mines, ma réserve difficile d'accès, mais regorgeante si j'y parviens, de pensées, de passions, de parentés, devant moi mon pays étranger personnel: tout dans le proche là-bas est mien, tout m'est étranger: tout ce que, dans sa pâte de nuit, je discerne pour la première fois, je le reconnais. Le monde, devant moi, si grand, est intérieur, c'est la vie immense sans limites cachée derrière la vie restreinte.[99]

« La vie immense sans limites », sans restrictions, sans peau, sans mort non plus: l'écorché, celui qui, dépouillé de ses traits distinctifs, n'était déjà plus bovin, ni animal, ni mortel, mais profondément et généreusement matière, substance, « Vérité », tient à celle qui ose le voir, qui désire le voir, le miroir où ne se reflète plus le moi de la « vie restreinte », mais un je qui, d'ores et déjà, se dépasse, ne se restreint pas, se manifestant comme un tourbillement de passions, de filiations et d'origines personnelles mais inconnues.

Tenant donc le portrait de notre « anonyme humanité »,[100] l'état écorché du boeuf, son état *entre/antre*, le regard sans écran qu'il sollicite, tiennent la position d'une métaphore qui est sans cesse rejouée dans *Portrait du soleil*. Le verbe « écorcher » se révèle figurer parmi ces « verbes qui m'emploient » (8), et dont on trouve les synonymes dans « râper » et « rapetisser » – explicitement mis en rapport avec « râpe à tisser, rapetisser » (60) – éplucher, creuser, enfoncer, décoller, couper, déchiqueter, démembrer, et ils sont mis en récit dans les nombreuses scènes de fouille, d'incision et de dissection. Désireuse de sortir de sa peau, « libre saignante, sans repère » (60), sans peur non plus d'être réduite à « pas grand-chose », le je-sujet

---
98. *Traversée du Louvre*, man.
99. *Ibid.*
100. *Ibid.*

peint son autoportrait d'écorché, qui est l'histoire d'une délivrance,[101] dans les deux sens du terme: sortie et naissance. Délivrance des limites symboliques – familiales, sociales, langagières – imposées de l'extérieur. Délivrance d'un corps soumis aux lois de l'Histoire, « les maris postés à l'abdomen » (189). Délivrance du pouvoir de la mort, qui n'est plus un bord qui délimite mais un seuil qui permet des sorties. Délivrance de l'emprise du Sujet, en lui confrontant une subjectivité qui se risque loin d'un moi central, désireuse d'infini, insubordonnable. Délivrance, enfin, du langage régi par le symbolique, de la grammaire conjugale et autres légitimités langagières. Cet autoportrait de l'auteur en écorché est l'histoire d'une « démoïsation », où je se dépouille de tout ce qui fait faux-faut, se désapproprie de tout ce qui lui faisait « propre », pour s'inventer autre.

Cet autoportrait de l'écorchée ne donne donc pas le je à voir, mais toujours un autre, l'autre de je: toi: « toi, tel que je te vois lorsque je te vois tel que tu es en vérité: et pour cela il faut que j'écarte les rideaux, que je t'écorche, que je t'ouvre – (du regard seulement) ».[102] L'écorchement se présente ici comme une variante des motifs de l'égorgement, de l'éventrement et de la coupure, qui étaient autant de portes à l'autre. Et de la même façon qu'égorger l'autre se renversait en un égorgement de soi-même, que le creusement du sable se transformait en un déchiquettement des mains par le sable, et que le manger de l'oranje résultait en un englobement par l'oranje, l'écorchement, lui aussi, se révèle constituer un acte réciproque: « Et alors, naturellement, c'est moi que je vois, c'est nous, nus, c'est notre nudité, magnifique, notre puissance ligotée, notre rayonnant aveuglement ».[103]

Dans le jeu des renvois sans fin de toi à moi à l'autre aux autres toi(s) et moi(s), le corps, cette construction à écorcher, se révèle être, par un mouvement de transfiguration à l'envers, rien d'autre que l'« enveloppe de mon âme » (188). Or la contemplation de l'âme, c'est en première et en dernière instance ce que l'être humain peut espérer, selon Hélène Cixous. Ainsi elle écrit dans *Three Steps on the Ladder of Writing*:

> Ce qu'on espère [...] est d'avoir la force à la fois de donner et de recevoir le coup de la hache, de regarder directement le visage de Dieu, *qui n'est rien d'autre que mon propre visage*, mais vu dans sa nudité, le visage de mon âme. Le visage de « Dieu » est la vision dévoilante, hésitante de la construction qu'on est.[104]

---

101. Voir aussi Verena Andermatt Conley, « Délivrance », dans *Hélène Cixous, chemins d'une écriture, op.cit.*, p. 35-44.
102. *Ibid.*
103. *Ibid.*
104. « What we hope for [...] is the strength both to deal and to receive the ax'es blow, to look straigt at he face of God, *which is none other than my own face*, but seen naked, the face of my soul. The face of "God" is the unveiling, the staggering vision of the constructi-

Et si le visage de Dieu « n'est rien d'autre que mon propre visage », dévoilé, dénudé, décorché, ce portrait du soleil, tracé dans la recherche douloureuse d'un autre visage, adoré mais mort, idéalisé mais presqu'oublié, se donne à lire non seulement comme un autoportrait du je, mais encore, suivant l'analogie qu'Hélène Cixous poursuit jusque dans ses textes les plus récents, comme son « corps dépiauté ».[105]

---

on we are, the tiny and great lies, the small nontruths. (*Op.cit.*, p. 63; ma traduction, CS).
105. *Manne aux Mandelstams aux Mandelas*, op.cit., p. 31.

Epilogue

« Et maintenant, de quel sang signer ça? »

A la sortie du texte figure cette question incongrue, mise en relief par des italiques. Comme une adresse faite au lecteur, elle le confronte, au moment même où il termine sa lecture, avec ce qui était censé garanti depuis le début du livre: l'authenticité de la signature du livre, certifiée sur la couverture par le nom de l'auteur, qui renvoie à un référent réel, Hélène Cixous. Mais cette phrase finale jette aussi le doute quant au genre du livre lui-même, désigné par un simple « ça », comme si aucune appellation – roman, fiction, texte, autobiographie – ne lui revenait. Cette réduction, assez dépréciatrice, du livre à « ça », signifie aussi le retrait de l'instance responsable en la matière, à savoir le narrateur, qui n'assume plus sa responsabilité de nommer et de désigner. Cette mise en doute de l'autorité de l'auteur concerne aussi l'institution littéraire, incapable de nommer « ça ».

Mise en question des multiples « je » du livre: de son sujet d'énonciation, de son narrateur, de son auteur, cette phrase finale ne devrait pas nous surprendre. Elle fait partie de l'interminable histoire du sujet, dont on a relevé les étapes dans la quête identitaire et sexuelle du « je » de l'énonciation, dans la mise en fiction d'éléments autobiographiques de l'auteur, dans l'exploration du monde onirique où « je » ne se connaît plus, jusque dans le travail fait sur la langue en tant qu'instrument constitutif de la subjectivité. Certes, c'est par leurs aspirations solaires que ces histoires se rejoignent, évoquant toutes la quête du sujet-je de l'autre – le père – perdu. Mais comme cette quête s'aventure, littéralement, dans le domaine de l'étrange – scènes tirées de tableaux de peintres et de livres d'autres auteurs, rêves, transmutation des lettres et des mots qui fait advenir l'intraduisible –, elle prend aussi l'aspect d'une exploration par le sujet-je de son rapport à l'autre et de soi-même comme autre.

La phrase finale termine un long passage qui, lorsqu'il commence sept pages avant, ne semble pas introduire la clôture du livre.[1] Son début est parfaitement narratif puisqu'il s'apprête à raconter un autre rêve encore, mais le développement de la narration est tellement truffé d'éléments à valeur poétiques et politiques qu'ils font de lui comme une *coda* étirée, reprenant en résumé certains motifs majeurs de l'oeuvre, tout en y ajoutant du nouveau.[2]

---

1. Voir pour une discussion et une typologie de la clôture romanesque: Armine Kotin Mortimer, *La Clôture narrative*, José Corti, 1985; Guy Larroux, *Le Mot de la fin. La Clôture romanesque en question*, Nathan, 1995.
2. Armine Kotin Mortimer utilise le terme de coda, par analogie avec la forme classique de la sonate, pour désigner les résumés en fin de livre qui apportent un thème nouveau

Le résumé concerne deux motifs majeurs de *Portrait du soleil*: la féminité de la narratrice et le caractère solaire de sa narration, les deux étant étroitement liés. « Il me semble que je suis prise en chasse » (188): voici le point de départ du dernier rêve qui, comme les nombreux précédents, met en scène le sujet-je, la narratrice qui, chassée et poursuivie, entreprend de fuir. Elle y est forcée par de « vieux regards familiers de la colonication [sic] » (189), qui « me bombardent avec rage, visant ma tête » (189) et qui sont « collés à l'entrée de leur domaine comme des maris postés devant l'abdomen » (189). Voici bien le portrait des pouvoirs coloniaux, conjugaux, patriarcaux et d'autres machines de mort qui, selon la narratrice, jouent « avec une précision tragique à m'exclure encore et encore, jusques et en dehors de moi-même » (1989), se sont chargés « officiellement de [sa] perte » (190) et l'ont condamnée à la mort.[3] Confrontée à ces menaces et exclusions, la narratrice ne peut qu'essayer d'y échapper, de prendre des détours et d'autres issues: « D'accord je me glisse où je ne devrais jamais être puisque m'y trouver suppose ma suppression » (191). Si c'est à cause de sa féminité – qu'elle revendique explicitement –, qu'elle est traquée, elle laisse cette identité féminine floue et indécise, refusant d'obéir à aucune détermination sexuelle que celle du désir: « je me déguise, je mime à dessein les possibilités de mon destin, suivant les épisodes, jouant la loi, tout en préservant à travers les changements l'indication de ma féminité, par la simple formule: je suis une femme parce que j'ai grand désir de toi » (189).

C'est en fonction de cette féminité qui se veut rapport à l'autre, désir de l'autre sans qu'il soit un manque de l'autre, qui se veut tout et toute, que s'explique l'aspiration solaire de la narratrice:

> Je traverse à la course, portée par les jarrets de la femme obstinée, sur des terres que mon trajet déploie, dans une envolée de fantasmes, sans viser personne, traversée par ma course, au rythme exact du soleil sans qu'ombre me précède ou suive, épuisée mais ne rechignant pas à l'être, sachant qu'il existe à l'infini invisible d'autres terres et d'autres sujets donc aussi d'autres soleils et qu'au mien je ne saurais couper.
> (190)

Faire une course « au rythme exact du soleil sans qu'ombre me précède ou suive », traverser en même temps qu'être traversée, ne pas savoir couper, arrêter, terminer: voici bien la description d'une subjectivité, féminine, qui se

---

apparenté aux thèmes déjà développés. Voir Armine Kotin Mortimer, *La Clôture narrative*, op.cit., p. 16.
3. La phrase « je ne me souviens pas d'une seule saison de ma vie où je n'aie pas déjà été condamnée » (190) fait écho à « il n'y a pas un fiévrier dans ma vie où je n'aie mangé l'oranje » de la première page. Le manger de l'« oranje », nécessité inévitable, reçoit ici son explication politico-historique.

veut unique et totale, mais d'une totalité à la fois enveloppante et enveloppée, qui ne souffre pas l'exclusion de l'autre ni la séparation d'avec lui. Ce passage lie en outre les notions de désir et d'obstination à la course solaire elle-même, soulignant l'appel absolu qu'il constitue auquel la narratrice ne peut que répondre. L'existence à « l'infini invisible » d'autres soleils implique que cette quête solaire, et sa narration, racontée au temps présent de la course, est inépuisable et ne saurait jamais prendre fin.

Dans les dernières pages du livre, la métaphore solaire reste de rigueur, notamment sous la forme du « décollement ». On vient de rencontrer ce motif dans la description de la féminité menacée de décapitation, dans l'impossibilité de la narratrice de couper sa course; on va le rencontrer encore dans le « [soulèvement] » de la mémoire (194) et dans la mention du « transport » (194) du sujet, « poussée par-dessus moi [...] à peser de mon front dans une scène supplémentaire sur cette poitrine soyeuse » (193). Ce « peser de mon front », outre qu'il traduit une offrande de la tête et la possibilité d'une autre décollation, constitue un moment de repos, d'arrivée, d'atterrissage, peut-on dire, pour ce sujet éternellement livré à la fuite: « je désire par quelque somme dérouter un instant le cours de ma mémoire, endormir un instant l'éclat sinistre de ma destinée » (193). Peser de son front, s'endormir, enfouir sa tête « dans les dentelles fouettées » (194): qu'il s'agisse de la narratrice elle-même ou, par l'intermédiaire de son « corps de fils » – le « fils » désigne ici le fils-fille du père mais aussi des « fils »- filiations textuelles vers le père –, du « fils, la tête enfouie dans les dentelles jusqu'à la nuque, ma nuque » (194), ces scènes de décollements-atterrissages, constituant des moments d'arrivée et de repos, fonctionnent également comme des procédés clausulaires,[4] annonçant dès lors la fin du récit. Dans la série des différents « décollements » exploités, deux scènes priment, traduisant les deux orientations que prend la course solaire. La première est la traduction d'un désir, qui rappelle par bien des éléments le dormeur Jeor au corps abandonné: « je veux dormir sur la poitrine d'un homme cultivé, aux gestes lents, doux, soigné, parfumé, enclin à une pose abandonnée » (194). L'autre appartient au règne de la mémoire, et évoque un souvenir d'enfance d'un bonheur extrême: « je me laissai aller à une mémoire lointaine, confuse, ensoleillée, indifférenciée, tandis que le bonheur montait par mes narines et m'ensommeillait, diluant les peurs et les questions [...] j'y fus en tout cas

---

[4]. Par « clausule », on entend généralement les procédés formels et les données sémantiques qui introduisent la clôture du roman. Voir sur cette notion, outre l'ouvrage de Guy Larroux déjà mentionné: Philippe Hamon, « Clausules », *Poétique* n° 24, 1975, p. 495-526; Othman Ben Taleb, « La Clôture du récit aragonien » dans Alain Montandon (éd.), *Le Point final*, Faculté des Lettres et Sciences humaines de l'Université de Clermont-Ferrand II, 1984, p. 129-144.

reposée, la tête éperdue sur le sein du soleil mère » (194-195). Ainsi c'est toujours entre mère et père, entre fantasme et mémoire, entre le désir d'un amour qui ne pourra jamais être et le souvenir d'un amour qui a été, que la narration cixousienne oscille, ne sachant trancher entre les deux et manifestant par cette ambivalence sa nature infinie.

Est-ce à cause de cette impossibilité d'en finir que le récit a besoin d'être coupé, tranché, arrêté? Car *Portrait du soleil* ne se termine pas; sa fin lui est infligée. Un « Procureur », représentant de la Loi-soleil – le même « il » qui inaugurait la narration à la première page? –, interfère dans la narration en effectuant une coupure.

> Soudain. Oui. Lui. Le Soleil. Le Procureur. D'un geste. Sa main en ellipse. Se rapproche. Ralentit. Se Procureur. Coupe. D'un coup. Sec. La Gorge. Du Sujet. (195)

On ne saurait déterminer si cette coupure concerne la gorge du sujet-Jeor, ce qui ferait de ce fragment un souvenir, si elle constitue la mise à mort effective du Sujet-un, préparée tout au long de la fiction, ou encore un couper court à, un se procurer de, la parole du sujet-je. Quoi qu'il en soit, cette coupure concerne aussi le corps du texte, démembré en petits morceaux, son flux de lettres haché davantage encore par une explosion de capitales.

Décapité mais encore animé, le récit continue toujours, sans sujet il est vrai – le « je » ne se manifestera plus, bien que les déictiques en marquent la situation d'énonciation –, mais pas sans désir – « ce désir encore ce désir encore » – ni sans mémoire non plus: « cette main bienveillante et retorse » du Procureur et « ce cou enchanté » rappellent bien d'autres mains et d'autres cous qu'on a rencontrés tout au long de la fiction dans des situations également meurtrières et érotiques à la fois.

Le récit fait encore un dernier sursaut, énonce encore une dernière parole, quand surgit le syntagme « Ma gorge », dernier rappel du nom du père qui se trouve dans un enlacement intime, textuel, avec le « je ». Avec la phrase suivante par contre, qui est l'avant-dernière du livre, on sort du récit, passant au « maintenant » de l'écriture et de la lecture: « Et maintenant des yeux, des yeux, des yeux, pour pleurer, pour voir où pleurer pour voir qui pleure! ». Le motif des yeux rappelle le désir de (sa)voir, de percer et de retenir, qui déterminait le long travail de deuil que constituait cette narration, mais l'accent mis sur le « pleurer » et la recherche du positionnement par le sujet devant ce pleurer – « voir où pleurer », « voir qui pleure » –, va permettre au deuil de s'installer définitivement et d'accomplir son travail.

Avec la toute dernière phrase: « *Et maintenant, de quel sang signer ça?* », on passe encore outre, mais d'une manière indécise. Visiblement décollée du récit, cette phrase y reste accolée par le motif du sang, résultat de l'égorgement. Parlant de la signature, elle renvoie au paratexte, mais posant la question du sujet de la signature, elle fait partie de la narration, tandis que le « maintenant » l'en fait ressortir de nouveau, puisque ce temps renvoie à la fois au temps historique de l'écriture – la phrase est suivie d'une indication de date: « février 1971 » – et à celui, toujours ré-actualisable, de la lecture.

Avec le « je » évincé de la narration, se pose la question de la voix. Qui parle ici: la narratrice-je, ou l'auteur Hélène Cixous? Ou est-ce encore cette instance d'énonciation qui, s'autodésignant comme « hélène cixous », revendique régulièrement ses droits d'auteur, suggérant que cette narration pourrait ne pas toujours tomber sous la responsabilité de l'auteur Hélène Cixous? Dans un entretien récent, Hélène Cixous souligne que, pendant une certaine période, elle avait du mal à assumer l'autorité et la propriété de ses livres: « Longtemps j'ai pensé, dans une sorte d'ignorance, d'innocence, de méconnaissance, que je n'étais pas l'auteur de mes textes mais que c'était mon inconscient qui en était l'auteur – sans compter les innombrables autres auteurs de mes textes! En observant le soulèvement et l'autonomie mouvementée de la langue, je me disais: ce n'est pas moi qui écris ceci, c'est la Nuit. J'étais très gênée. Je me demandais si ce n'était pas un acte répréhensible que de lâcher la bride, se laisser porter, et à la fin signer ».[5] Se constituant de greffes de textes d'autres auteurs, se modulant sur un désir qui s'articule sur le fonctionnement quasi autonome de la langue, *Portrait du soleil* semble bien ne pouvoir se revendiquer de la responsabilité d'un auteur. Mais ceci est sans tenir compte, outre des indications explicitement autobiographiques[6] du livre, de la part d'investissement subjectif et personnel que représente l'univers onirique transcrit, ni de la disponibilité de la scriptrice, qui relève également d'une faculté personnelle, de soumettre l'écriture à l'écoute de la langue et de permettre la fonction de la remarque de faire son travail. Si *Portrait du soleil* se soustrait à la paternité d'un auteur, c'est qu'il met en cause la notion même de l'auteur en tant qu'instance unique et stable, géniteur et propriétaire du Texte.

C'est contre cette notion de l'auteur que s'insurge la dernière phrase, parlant à la fois du « sang » de la signature, donc des liens de parenté entre livre et auteur, et de « ça », terme qui, en même temps qu'il n'arrive pas à nommer ce qu'il désigne, est très éloquent. « Ça » évoque, par exemple, le

---

5. Hélène Cixous, « Aux commencements, il y eut pluriel... », entretien avec Mireille Calle-Gruber, *Genesis* n° 11, 1997, p. 141.
6. Présentés, dans « De la scène de l'Inconscient... », comme le « Chemin d'une écriture », ces repères autobiographiques, omniprésents dans l'oeuvre d'Hélène Cixous, sont bien ceux d'un auteur. *Op.cit.*, p. 15.

terme que Freud donne au pôle pulsionnel de la personnalité;[7] il se réfère dès lors à la fois au fond fantasmatique sur lequel repose la narration de *Portrait du soleil* et à la machinerie désirante que traduit sa textualité, marquée d'affects. « Ça » se donne aussi à entendre comme SA - sigle du « Savoir Absolu » de Hegel – et désigne la quête de la narratrice qui consisterait justement à arriver à savoir. « Ça » s'entend aussi comme « Sa », ainsi que Saussure décrit le Signifiant, par opposition au Signifié « Se »; « ça » renvoie dès lors à l'ensemble des signifiants du livre, à son corpus de traces écrites, engendreur de significations, mais aussi à des signifiants plus concrets, qui sont aussi des motifs ou des figures dans *Portrait du soleil*: savoir, sang, sable, sanguine, et, par anagramme, Ascension. Par référence, de nouveau, au « ça » freudien mais maintenant dans l'expression allemande, le « Es », il se donne à entendre comme « S », qui rappelle à la fois le Signifiant, le Soleil, et la lecture « à tous les *sens* des *sens* ». Par analogie, « ça » évoque aussi le domaine de l'indistinct: la nuit – « Il fait nuit. Qui fait ça? » (7) –, et les nombreuses désignations par lesquelles le sujet-je appelle son corps quand il lui devient étranger:[8] l'« ouvrage de sang » (20) et surtout, sur la table d'anatomie: « je : serai : cela ».

Ainsi « ça » se réfère à la fois au livre-texte et au sujet du texte, qui se constituent réciproquement. Le « sang », de son côté, fait pareillement, tout en prenant en compte aussi l'auteur du texte. Selon un procédé parfaitement clausulaire par ailleurs, « sang » renvoie à la première phrase du livre, à « sanguine ». Or la « sanguine » est « l'oranje », mot qui non seulement se donne à appréhender comme matière textuelle, mais encore contient la signature d'un « je ». Ce « je », on l'a vu, est à la fois le je du texte et le je autobiographique, mais aussi le je de l'auteur, puisque « l'oranje », à travers ses différentes lettres, est devenue l'emblème même de l'écriture cixousienne. « Sanguine », dans sa signification de dessin – portrait – fait au crayon rouge, se rapporte aussi à « sang ». Dans cette perspective, poser la question de quel sang signer une sanguine ne revient donc plus à mettre en cause l'auteur de la signature du livre; c'est mettre en cause l'unicité et l'autorité de la signature elle-même par rapport aux autres traits, également tracés au sang, de la sanguine-texte. Dans la mesure où la signature signifie aussi l'acte de terminer quelque chose, de tirer un trait final, poser la question de la signature, qui déjà doit s'effectuer dans le détachement du texte, avec un autre sang, revient aussi à dire l'impossibilité d'en finir avec l'écriture, de

---

7. Sigmund Freud, « Le Moi et le ça » [1923], dans *Essais de psychanalyse*, Payot, 1979, p. 177-234.
8. Notons que Freud emprunte le terme de « ça » à Groddeck, qui le désigne aussi comme la part « inconnue » de l'être humain. Georg Groddeck, *Le Livre de ça* [1923], Gallimard, coll. Tel, 1963, p. 20.

terminer la course solaire du sujet. Aussi le point final de *Portrait du soleil* n'est-il que temporaire et évoque-t-il déjà les autres histoires qui suivront.

Bibliographie

Note. Cette bibliographie ne comprend que les ouvrages et articles cités, ou consultés, pour cette étude. La bibliographie la plus complète de l'oeuvre d'Hélène Cixous est, à ce jour, celle de: Hélène Cixous et Mireille Calle-Gruber, *Hélène Cixous, Rootprints. Memory and life writing* (trad. Eric Prenowitz), Londres et New York, Routlege, 1997. On peut trouver une bibliographie des ouvrages et articles consacrés à l'oeuvre d'Hélène Cixous dans: Susan Sellers, *Hélène Cixous. Authorship, Autobiography and Love*, Cambridge, Polity Press, 1996.

Dans la présente bibliographie, les dates entre crochets indiquent l'année de la première parution de l'ouvrage (pour les traductions en langue originale). Sauf contre-indication, le lieu de parution est Paris.

I. Ouvrages d'Hélène Cixous

  a. romans, fictions:
Dedans [1969] des femmes, 1986.
Le Troisième Corps, Grasset, 1970.
Les Commencements, Grasset, 1970.
Un vrai jardin, L'Herne, 1971.
Neutre, Grasset, 1972.
Tombe, Seuil, 1973.
Portrait du soleil, Denoël, 1973.
Révolutions pour plus d'un Faust, Seuil, 1975.
Souffles, des femmes, 1975.
La, Gallimard, 1976.
Anankè, des femmes, 1979.
Partie, des femmes, 1979.
Vivre l'orange, des femmes, 1979.
Illa, des femmes, 1980.
With ou l'art de l'innocence, des femmes, 1981.
Le Livre de Promethea, Gallimard, 1983.
La Bataille d'Arcachon, Québec, Editions Trois, 1986.
Manne aux Mandelstams aux Mandelas, des femmes Antoinette Fouque, 1988.
Jours de l'an, des femmes Antoinette Fouque, 1990.
L'Ange au secret, des femmes Antoinette Fouque, 1991.
Déluge, des femmes Antoinette Fouque, 1992.
Beethoven à jamais, des femmes Antoinette Fouque, 1993.
La Fiancée juive. De la Tentation, des femmes Antoinette Fouque, 1995.
Messie, des femmes Antoinette Fouque, 1996.

O R, les lettres de mon père, des femmes Antoinette Fouque, 1997.

b. théâtre:
Portrait de Dora [1976], dans *Théâtre*, des femmes, 1986.
L'Histoire terrible mais inachevée de Norodom Sihanouk, roi du Cambodge, Ed. du Théâtre du soleil, 1985.
L'Indiade, ou l'Inde de leurs rêves, Ed. du Théâtre du soleil, 1987.
On ne part pas, on ne revient pas, des femmes Antoinette Fouque, 1991.
La Ville parjure ou Le Réveil des Erinyes, Ed. du Théâtre du Soleil, 1994.
L'Histoire (qu'on ne connaîtra jamais), des femmes Antoinette Fouque, 1994.
Et soudain, des nuits d'éveil (1997-1998, Théâtre du Soleil, création collective en harmonie avec Hélène Cixous, non publié).

c. essais:
L'Exil de James Joyce ou l'art du remplacement, Grasset, 1968.
Prénoms de personne, Seuil, coll. Poétique, 1974.
La jeune née (avec Catherine Clément), Union Générale d'Editions, coll. 10/18, 1975.
Un K. incompréhensible: Pierre Goldman, Christian Bourgois, 1975.
La Venue à l'écriture (avec Madeleine Gagnon et Annie Leclerc), Union Générale d'Editions, coll. 10/18, 1976 (repris dans *Entre l'écriture*, p. 7-69).
Entre l'écriture, des femmes, 1986.
L'Heure de Clarice Lispector, des femmes, 1989.
Reading with Clarice Lispector, (éd. et trad. Verena Andermatt Conley), Londres, Harvester Wheatsheaf, 1990.
Readings. The Poetics of Blanchot, Joyce, Kafka, Kleist, Lispector and Tsvetayeva (éd. et trad. Verena Andermatt Conley), Londres, Harvester Wheatsheaf, 1992.
Three Steps on the Ladder of Writing, New York, Columbia University Press, 1993.
Stigmata. Escaping Texts, Londres, Routledge, 1998.

d. Articles:
« L'avant-portrait ou la bifurcation d'une vocation », *Tel Quel* n° 22, été 1965, p. 69-76 (signé Hélène Berger).
« Portrait de sa femme par l'artiste », *Les Lettres Nouvelles* n° 12, mars-avril 1966, p. 41-67.
« Joyce, la ruse de l'écriture », *Poétique* n° 4, 1970, p. 419-432.
« The Character of "Character" », *New Literary History*, vol. 5, n° 2, hiver 1974, p. 383-402.

« Introduction », dans James Joyce, *Dublinois: Les morts – Contreparties*, Aubier-Flammarion, 1974, p. 33-34.
« Le Rire de la Méduse », *L'Arc* n° 61 (sur Simone de Beauvoir), 1975, p. 39-54.
« La noire vole », *La Nouvelle Critique* n° 82, mars 1975, p. 48-53.
« Le sexe ou la tête? », *Les Cahiers du Grif* n° 13 (*Elles Con-Sonnent. Femmes et langages II*), octobre 1976, p. 5-15.
« Vincennes, héritière de 68, dans le vertige de la scène avec le père », *des femmes en mouvements* n° 11, novembre 1978, p. 78-79.
« "O grand-mère que vous avez de beaux concepts! C'est pour mieux vous arriérer, mon enfant!" », *des femmes en mouvements hebdo* n° 1, 9-16 novembre 1979, p. 11-12.
« Clarice Lispector – Marina Tsvetaeva – Portraits », *Avant-Garde* n° 4, 1990, p. 147-155.
« La culture clandestine », *1990. Le Complexe de Léonard ou la société de la création*, les Editions du Nouvel Observateur/J.C. Lattès, 1984, p. 169-172.
« Reaching the Point of Wheat, or A Portrait of the Artist as a Maturing Woman », *New Literary History*, vol. 19, n° 1, août 1987, p. 1-21.
« Marina Tsvetaeva. Le feu éteint celle... », *Les Cahiers du Grif* n° 39 (*Recluses, Vagabondes*), automne 1988, p. 87-96.
« Théâtre enfoui », *Europe* n° 726 (sous-titre: *Le théâtre, ailleurs, autrement*), oct. 1989, p. 72-77.
« De la scène de l'Inconscient à la scène de l'Histoire », dans Françoise van Rossum-Guyon et Myriam Díaz-Diocaretz (éd.), *Hélène Cixous, chemins d'une écriture*, Amsterdam/Atlanta, Rodopi et St.-Denis, Presses Universitaires de Vincennes, 1990, p. 15-34.
« Sans Arrêt, non, Etat de Dessination, non, plutôt Le Décollage du Bourreau », dans *Repentirs*, Réunion des musées nationaux, 1991, p. 55-64.
« *Traversée du Louvre* », texte non publié, 1991.
« En octobre 1991... », dans CALLE Mireille (éd.), *Du féminin*, Sainte-Foy (Québec), Le Griffon d'argile et Grenoble, Presses Universitaires de Grenoble, 1992, p. 115-137.
« Nos mauvais sangs », introduction à *La Ville parjure, op.cit.*, p. 5-7.
« Preface », dans Susan Sellers (éd.), *The Hélène Cixous Reader*, Londres, Routledge, 1994.

e. Entretiens:

« Entretien avec Hélène Cixous » avec Françoise van Rossum-Guyon, *La Revue des Sciences Humaines* n° 168 (« Ecriture, Féminité, Féminisme »), 1977, p. 479-493; repris dans Françoise van Rossum-Guyon, *Le Coeur critique. Butor, Simon, Kristeva, Cixous*, Amsterdam/Atlanta, Rodopi, 1997, p. 197-216.

« L'auteur entre texte et théâtre », entretien avec Marie-Claire Ropars et Michèle Lagny, *Hors Cadre* n° 8, printemps 1990, p. 31-65.

« A propos de *Manne* » avec Françoise van Rossum-Guyon, dans *id.* et Myriam Díaz-Diocaretz, *Hélène Cixous, chemins d'une écriture, op.cit.*, p. 213-234; repris dans *id., Le Coeur critique, op.cit.*, p. 217-233.

« Questions à Hélène Cixous », entretien avec Christa Stevens, dans Suzan van Dijk et Christa Stevens (éd.), *(En)jeux de la communication romanesque. Hommage à Françoise van Rossum-Guyon*, Amsterdam/Atlanta, Rodopi, 1994, p. 321-332.

« En juin 1995 » avec Françoise van Rossum-Guyon, dans *id., Le Coeur critique, op.cit.*, p. 234-247.

Hélène Cixous, Photos de racines, entretiens avec Mireille Calle-Gruber, des femmes, 1994.

« Aux commencements, il y eut pluriel... », entretien avec Mireille Calle-Gruber, *Genesis* n° 11, 1997, p. 131-141.

II. Ouvrages et articles sur Hélène Cixous

a. ouvrages:

CONLEY Verena Andermatt, *Hélène Cixous: Writing the Feminine* [1984], Lincoln et Londres, University of Nebraska Press, 1991.

— *Hélène Cixous*, Londres, Harvester Wheatsheaf, coll. Modern Cultural Theorists, 1992.

FISHER Claudine Guégan, *La Cosmogonie d'Hélène Cixous*, Amsterdam/Atlanta, Rodopi, 1988.

MOTARD-NOAR Martine, *Les Fictions d'Hélène Cixous. Une autre langue de femme*, Lexington, French Forum Publishers, 1991.

ROSSUM-GUYON Françoise van et Myriam DÍAZ-DIOCARETZ (éd.), *Hélène Cixous, chemins d'une écriture, op.cit.*

SELLERS Susan (éd.), *Writing Differences. Readings form the Seminar of Hélène Cixous*, Milton Keynes, Open University Press, 1988.

SHIACH Morag, *Hélène Cixous: A Politics of Writing*, Londres, Polity Press, 1991.

WILCOX Helen, Keith MCWATTERS, Ann THOMPSON et Linda R. WILLIAMS (éd.), *Hélène Cixous. Reading and Teaching*, Londres, Harvester Wheatsheaf, 1990.

articles:

BENMUSSA Simone, « Portrait of Dora. "Stage work and dream work" », dans *id.*, *Benmussa directs*, Londres, John Calder, 1979, p. 9-19.

BOYMAN Anne, « Dora or the Case of l'*écriture féminine* », *Qui parle: a Journal of Literary and Critical Studies*, vol. 3, n° 1, printemps 1989, p. 180-188.

BRÜGMANN Margret, « Tussen Liefde en Verlangen. Aspecten van vrouwelijk schrijven. Een vergelijking van Freuds en Cixous' Dora-benadering », dans *Maria of Medusa, Op zoek naar nieuwe mythen*, Amsterdam, IAV, 1982, p. 67-88.

CONLEY Verena Andermatt, « Writing the Letter: The Lower-case of *hélène cixous* », dans *Visible Language*, vol. 12, n° 3, été 1979, p. 305-318.

CALAS Sarah, *L'Inscription de la musique dans les fictions d'Hélène Cixous*, mémoire de maîtrise sous la direction de Béatrice Didier, Université Paris VIII, 1997.

CALLE-GRUBER Mireille, « L'écrire-penser d'Hélène Cixous », dans *id., Du féminin, op.cit.*, p. 97-111.

— « Hélène Cixous, à jamais la musique ou Petit traité d'art poétique pour un récit à chanter », dans Suzan van Dijk et Christa Stevens (éd.), *(En)jeux de la communication romanesque, op.cit.*, p. 29-39.

— « Portrait de l'écriture », dans Mireille Calle-Gruber et Hélène Cixous, *Hélène Cixous, Photos de racines, op.cit.*, p. 135-176.

DELEUZE Gilles, « Gilles Deleuze présente Hélène Cixous ou l'écriture stroboscopique », *Le Monde*, 11 août 1972.

DEVARRIEUX Claire, « Hélène Cixous et le *Portrait de Dora* », *Le Monde*, 16 février 1976.

DUREN Brian, « Cixous' Exorbitant Texts », *Sub-stance* n° 32, 1981, p. 39-51.

EVANS Martha Noel, « *Portrait of Dora*: Freud's Case History as reviewed by Hélène Cixous », *Sub-stance*, vol. 11, n° 3, 1982.

FINAS Lucette, « Introduction », dans Hélène Cixous, *Commencements, op.cit.*

— « Le pourpre du neutre, artefact en trois actes et douze scènes », *Critique* n° 315, oct. 1972; repris dans *id.*, *Le Bruit d'Iris*, Flammarion, coll. Digraphe-Essais, 1978, p. 305-322.

GALLOP Jane, « Keys to Dora », dans *id., Feminism and Psychoanalysis. The Daughter's Seduction*, Londres, MacMillan, 1982, p. 132-150.

LAMONT Rosette C. et Adelia WILLIAMS, « The Reverse Side of a Portrait: The *Dora* of Freud and Cixous », dans Brater et Enoch (éd.), *Feminine Focus: The New Women Playwrights*, Oxford, Oxford University Press, 1989, p. 79-93.

HAEGEN Rina van der, « Hysterie revisited. Of hoe Dora het spel weigerde mee te spelen », *Tijdschrift voor Vrouwenstudies* n° 7, 1981, p. 317-338.

HANRAHAN Mairéad, « Une porte du *Portrait du soleil* ou la succulence du sujet », dans *Hélène Cixous, chemins d'une écriture, op.cit.*, p. 45-53.

LAMAR Celita, « From Freud to Cambodia. The theatrical Oddysey of Hélène Cixous » dans *id., Our Voices, Ourselves. Women Writing for the French Theater*, New York, Peter Lang, 1991.

MORTAGNE Camille, « De stem van Dora », *Tijdschrift voor Vrouwenstudies* n° 11, 1982, p. 306-324.

PICAUD Christian, « Peinture poésie, vers le portrait de Dieu », dans *Hélène Cixous, chemins d'une écriture, op.cit.*, p. 117-125.

SAVONA Jeannette Laillou, « In Search of a Feminist Theater: *Portrait of Dora* », dans *Hélène Cixous, chemins d'une écriture, op.cit.*, p. 94-10.

SETTI Nadia, « Jouissances » (sur *Souffles*), dans Mireille Calle-Gruber, *Mises en scène d'écrivains*, Sainte-Foy (Québec), Les éditions Le Griffon d'argile et Presses Universitaires de Grenoble, coll. Trait d'union, 1993, p. 181-193.

SLAMA Béatrice, « Entre amour et écriture: *Le Livre de Promethea* », dans *Hélène Cixous, chemins d'une écriture, op.cit.*, p. 127-148.

STEVENS Christa, « Hélène Cixous, Portraying the Feminine », dans Liesbeth Brouwer e.a. (éd.), *Beyond Limits. Boundaries in Feminist Semiotics and Literary Theory*, Rijksuniversiteit Groningen, 1990, p. 83-96.

— « Entrent les personnages. Hélène Cixous et son passage au théâtre », *Rapports/Het Franse boek*, vol. 63, n° 3, 1993, p. 114-117.

— « Hélène Cixous: wegen naar een culturele politiek », dans Rob Devos et Luc Vanmarcke (éd.), *De Marges van de Macht. Filosofie en politiek in Frankrijk: 1981-1995*, Universitaire Pers Leuven, 1995, p. 49-65.

— (éd.) « *Van kleine hysterie tot contemporaine mythe* », n° spécial sur *Portrait de Dora* de la revue *Lust & Gratie* n° 49, printemps 1996.

VUARNET Jean-Noël « Portraits du soleil », *Les Lettres Nouvelles* n° 4, sept. 1974.

WARD JOUVE Nicole, « Oranges et sources: Colette et Hélène Cixous », dans *Hélène Cixous, chemins d'une écriture, op.cit.*, p. 55-73.

WILLIS Sharon, « Hélène Cixous's *Portrait de Dora*: The Seen and the Unscene », *Theater Journal*, vol. 37, n° 3, oct. 1985, p. 287-301.

WILSON Ann, « History and Hysteria: Writing the body in *Portrait of Dora* and *Signs of Life* », *Modern Drama*, vol. 32, n° 1, mars 1989, p. 73-88.

III. Autres ouvrages et articles

Critique littéraire, linguistique et sémiologie:

ANGENOT Marc, « "L'intertextualité": enquête sur l'émergence et la diffusion d'un champ notionnel », *Revue des Sciences humaines* n° 189, (« Le texte et ses réceptions »), 1983, p. 121-135.

ARAGON Louis, *Je n'ai jamais appris à écrire ou les incipits*, Skira, 1969.

AUSTIN J.L., *Quand dire, c'est faire* [1962] (trad. Gilles Lane), Seuil, 1970.

BAKHTINE Mikhael, *La Poétique de Dostoïveski* [1929] (trad. Isabelle Kolitcheff), Seuil, 1970.

BARTHES Roland, « Introduction à l'analyse structurale des récits », *Communications* n° 8, 1966, repris dans *L'Analyse structurale du récit*, Seuil, coll. Points, 1981, p. 7-33.

— *S/Z*, Seuil, coll. Points, 1970.

BEAUJOUR Michel, *Miroirs d'encre*, Seuil, 1980.

BOUILLIER Henry, *Portraits et miroirs*, SEDES, 1979.

BUTOR Michel, « La Littérature, l'oreille et l'oeil », dans *id., Répertoire III*, Minuit, 1986, p. 391-403.

CALLE-GRUBER Mireille, *L'Effet-fiction. De l'illusion romanesque*, A.-G. Nizet, 1989.

CELS Jacques, *L'Exigence poétique de Georges Bataille*, Bruxelles, De Boeck-Wesmael et Editions Universitaires, 1989.

CERTEAU Michel de, *La Fable mystique*, Gallimard, coll. Tel, 1982.

CHASSEGUET-SMIRGEL Janine, *Ethique et esthétique de la perversion*, Seyssel, Champ Vallon, L'Or d'Atalante, 1984.

CLAUDE Catherine, Henri MESCHONNIC et Rolland PIERRE, « Le rôle de l'écriture dans la transformation de l'idéologie », dans *Littérature et idéologie, Colloque de Cluny, La Nouvelle Critique* n° 39 bis, 1971.

COMPAGNON Antoine, *La Seconde Main*, Seuil, 1979.

CORNILLE Jean-Louis, « Blanc, semblant et vraisemblance, sur l'*incipit* de *L'Etranger* », *Littérature* n° 23, 1976, p. 49-55.

CREPY Roseline, *L'Interprétation des lettres de l'alphabet dans l'écriture*, t. 2 « *Les Majuscules* », Neuchâtel, Delachaux et Niestlé, 1974.

CULLER Jonathan, *Structuralist Poetics: Structuralism, Linguistics, and the Study of Literature*, Londres, Routledge & Kegan Paul, 1975.

— *The Pursuit of Signs: Semiotics, Literature, Déconstruction*, Londres, Routledge et Kegan Paul, 1981.

— *On Deconstruction. Theory and Criticism after Structuralism*, Londres, Routledge & Kegan Paul, 1983.

DUCHET Claude, « Pour une socio-critique ou variations sur un *incipit* », *Littérature* n°˙1, 1971, p. 5-14.
— « *La Fille abandonnée* et *La Bête humaine*, éléments de titrologie romanesque », *Littérature* n° 12, déc. 1973, p. 49-73.
DUCROT Oswald et Tzvetan TODOROV, *Dictionnaire encyclopédique des sciences du langage*, Seuil, 1972.
DUPRIEZ Bernard, *Gradus. Les procédés littéraires*, U.G.E., coll. 10/18, 1984.
DUREY Jill Felicity, « The State of Play and Interplay in Intertextuality », *Style*, vol. 25, n° 4, Winter 1991, p. 616-635.
FINAS Lucette, *La Crue*, Gallimard, 1972.
FONTANIER Pierre, *Les Figures du discours* [1821-1830], Flammarion, coll. Champs, 1977.
FRENZEL Elisabeth, *Stoff-, Motiv- und Symbolforschung*, Stuttgart, J.B. Metzlerische Verlangsbuchhandlung, 1963.
GENETTE Gérard, « Discours du récit », *Figures III*, Seuil, 1972.
— *Palimpsestes*, Seuil, coll. Points, 1981.
— *Seuils*, Seuil, 1987.
GIUSTO Jean-Pierre, *Rimbaud créateur*, P.U.F., coll. Publications de la Sorbonne, 1980.
GOUX Jean-Joseph, *Economie et symbolique. Freud, Marx*, Seuil, 1973.
GRIVEL Charles, *Production de l'intérêt romanesque*, La Haye, Mouton, 1973.
HAMON Philippe, « Clausules », *Poétique* n° 24, 1975, p. 495-526.
— « Texte littéraire et métalangage », *Poétique* n° 31, sept. 1977, p. 261-284.
— *Introduction à l'analyse du descriptif*, Classiques Hachette, 1981.
— *La Description littéraire. De l'Antiquité à Roland Barthes, une anthologie*, Macula, 1991.
HOEK Leo H., « Description d'un archonte, Préliminaires à une théorie du titre à partir du Nouveau Roman », dans Jean Ricardou et Françoise Van Rossum-Guyon (éd.), *Nouveau Roman, hier, aujourd'hui*, tome 1, Problèmes généraux, U.G.E., coll. 10/18, 1972, p. 289-306.
— *La Marque du titre. Dispositifs d'une pratique textuelle*, La Haye, Mouton, 1980.
— « Instances sémiotiques de l'amorce romanesque », *Rapports/Het Franse boek*, vol. 56, n° 2, 1986, p. 1-21.
HOUDEBINE Jean-Louis, « Première approche de la notion de texte », *Tel Quel, Théorie d'ensemble*, Seuil, coll. Tel Quel, 1968, p. 270-284.

JEAN Raymond, « Commencements romanesques », dans Michel Mansuy (éd.), *Positions et oppositions sur le roman contemporain*, Klinksieck, 1972, p. 129-136.
JENNY Laurent, « La Stratégie de la forme », *Poétique* n° 27, 1976, p. 257-281.
KERBRAT-ORECCHIONI Catherine, *L'Enonciation de la subjectivité dans le langage*, Colin, 1980.
KRISTEVA Julia, *Sémiotikè. Recherches pour une sémanalyse*, Seuil, coll. Points, 1969.
— *La Révolution du langage poétique*, Seuil, 1974.
LARROUX Guy, *Le Mot de la fin. La clôture romanesque en question*, Nathan, 1995.
LUNGO Andrea Del, « Pour une poétique de l'*incipit* », *Poétique* n° 94, avril 1993, p. 131-152.
MARTIN F., *Les Mots latins*, Hachette, coll. Classiques, 1976.
MORHANGE Jean-Louis, « *Incipit* narratifs », *Poétique* n° 104, nov. 1995, p. 387-410.
MORTIMER Armine Kotin, *La Clôture narrative*, José Corti, 1985.
REGAM Abdelhacq, *Les Marges du texte*, Thèse de Doctorat d'Etat sous la dir. de Claude Duchet, Paris VIII, 1991.
RICARDOU Jean, « L'Escalade de l'autoreprésentation », *Texte* n° 1 (*L'Autoreprésentation. Le Texte et ses miroirs*), 1982, p. 15-25.
RICHMAN Michèle, *Reading Georges Bataille. Beyond the Gift*, Baltimore et Londres, the John Hopkins University Press, 1982.
RIFFATERRE Michael, *Semiotics of Poetry*, Bloomington/Londres, Methuen, 1978.
— « L'intertexte inconnu », *Littérature* n° 41, février 1981, p. 4-7.
ROSSUM-GUYON Françoise van, *Critique du roman. Essai sur* La Modification *de Michel Butor* [1970], Gallimard, coll. Tel, 1995.
— « Des nécessités d'une digression: sur une figure du métadiscours chez Balzac », *Revue des Sciences humaines* n° 175, juillet-septembre 1979, p. 99-110.
— « Métadiscours et commentaire esthétique chez Balzac: quelques problèmes », *Degrés* n° 24-25, hiver 1980-81, p. b1-b12.
— « Redondance et discordances: métadiscours et autoreprésentation dans *Les Parents pauvres* », dans *id.* et Michiel van Brederode (éd.), *Balzac et* Les Parents pauvres, SEDES-CDU, 1981, p. 147-162.
— *Le Coeur critique. Butor, Simon, Kristeva, Cixous*, Amsterdam/Atlanta, Rodopi, 1997.
SABRY Randa, « Quand le texte parle de son paratexte », *Poétique* n° 69, février 1987, p. 83-99.

SAUSSURE Ferdinand de, *Cours de linguistique générale*, Payot, 1931.
SILVERMAN Kaja, *The Subject of Semiotics*, Oxford, Oxford University Press, 1983.
STAROBINSKI Jean, *Les Mots sous les mots. Les anagrammes de Ferdinand de Saussure*, Gallimard, coll. Le Chemin, 1971.
— « Lettres et syllabes mobiles. Complément à la lecture des *Cahiers d'anagrammes* de Ferdinand de Saussure », *Littérature* n° 99, octobre 1995, p. 7-18.
TALEB Othman Ben, « La Clotûre du récit aragonien », dans Alain Montandon (éd.), *Le Point final*, Faculté des Lettres et Sciences humaines de l'Université de Clermont-Ferrand II, 1984, p. 129-144.
STILL Judith et Michael WORTON (éd.), *Intertextuality: theories and practices*, Manchester/New York, Manchester University Press, 1990.
TODOROV Tzvetan, *Mikhaïl Bakhtine. Le Principe dialogique*, Seuil, 1981.

Etudes féminines, psychanalyse, philosophie:

ARRIVÉ Michel, *Linguistique et psychanalyse*, Méridiens-Klinksieck, 1986.
BAL Mieke, *Femmes imaginaires. L'ancien testament au risque d'une narratologie critique*, Utrecht, HES Publishers et A.G. Nizet, 1986.
BATAILLE Georges *La Part maudite* [1949], dans *Oeuvres complètes VII*, Gallimard, 1976.
BENNINGTON Geoffrey et Jacques DERRIDA, *Jacques Derrida*, Seuil, coll. les contemporains, 1991.
BERNHEIMER Charles et Claire KAHANE, *In Dora's Case. Freud, Hysteria, Feminism*, Londres, Virago, 1985.
BIRD Phyllis A., « "Male and Female He Created Them": Gen. 1:27b in the Context of the Priestly Account of Creation », *Harvard Theological Review*, vol. 74, n° 2, 1981, p. 129-159.
BRAIDOTTI Rosi, « The politics of ontological difference », dans Teresa Brennan (éd.), *Between Feminism & Psychoanalysis*, Londres, Routledge, 1989, p. 89-105.
BRAUNSTEIN Nestor, *La Jouissance. Un concept lacanien*, Point Hors Ligne, 1992.
CASSIN Barbara, « Le désordre philosophique », *Les Cahiers du Grif* n° 46 (*Provenances de la pensée. Femmes/Philosophie*), printemps 1992, p. 13-19.
DECKER Hannah S., *Freud, Dora, and Vienna 1900*, New York, The Free Press, 1991.
DERRIDA Jacques, *La Voix et le phénomène. Introduction au problème du signe dans la phénoménologie de Husserl*, P.U.F., coll. Epimethée, 1967.
— *De la grammatologie*, Seuil, 1967.
— *L'Ecriture et la différence*, Seuil, coll. Points, 1967, p. 253-292.

— *Marges de la philosophie*, Minuit, 1972.
— *Positions*, Minuit, 1972.
— « La double séance », dans *La Dissémination*, Seuil, coll. Tel Quel, 1972, p. 199-318.
— *La Vérité en peinture*, Flammarion, coll. Champs, 1978.
— *La Carte postale. De Socrate à Freud et au-delà*, Flammarion, coll. la philosophie en effet, 1980.
— « Titre à préciser », dans *Parages*, Galilée, 1986, p. 219-247.
— *Mémoires d'aveugle. L'Autoportrait et autres ruines*, Ed. de la Réunion des musées nationaux, 1990.
— « Poétique du tabac », dans *Donner le temps I*, Galilée, 1991, p. 95-138.
— « Fourmis », dans Mara Negrón (éd.), *Lectures de la différence sexuelle*, des femmes, 1994, p. 69-102.
DOR Joël, *Introduction à la lecture de Lacan*, t. 1 « L'inconscient structuré comme un langage », Denoël, 1985.
— *Le Père et sa fonction en psychanalyse*, Point hors ligne, 1989.
— *Introduction à la lecture de Lacan*, t. 2, « La structure du sujet », Denoël, 1992.
FELMAN Shoshana, *Litterature and Psychoanalysis*, New Haven, Yale French Studies, 1977.
— *Jacques Lacan and the Adventure of Insight: psychoanalysis in contemporary culture*, Cambridge MA, Harvard University Press, 1987.
FOUQUE Antoinette, « Femmes en mouvements: hier, aujourd'hui, demain », entretien avec Marcel Gauchet et Pierre Nora, *Le Débat* n° 59, mars-avril 1990, p. 126-143.
— « Il y a deux sexes, il y a deux libidos », entretien avec Emile Malet, dans *Passages* n° 37, avril-mai 1991.
— *Women in movements. Yesterday, Today, Tomorrow*, des femmes/U.S.A., 1992.
— *Il y a 2 sexes. Essais de Féminologie (1989-1995)*, Le Débat/Gallimard, 1995.
FREUD Sigmund, « L'étiologie de l'hystérie » [1896], dans *Névrose, psychose et perversion*, P.U.F., 1973, p. 83-112.
— *L'Interprétation des rêves* [1900], trad. I. Meyerson, P.U.F., [1926] 1987.
— *Psychopathologie de la vie quotidienne* [1901], Payot, 1948.
— *Totem et Tabou* [1912-1913], Payot, [1923] 1965.
— « Deuil et mélancolie » [1915], dans *Métapsychologie*, Gallimard, coll. Folio-Essais, 1986, p. 145-171.
— « Sur les transpositions des pulsions plus particulièrement dans l'érotisme anal » [1917], dans *La Vie sexuelle*, P.U.F., 1969, p. 106-112.

— « Au-delà du principe de plaisir » [1920], dans *Essais de psychanalyse*, Payot, coll. Petite Bibliothèque Payot, 1951, p. 5-75.
— « La Tête de Méduse » [1922], dans *Résultats, idées, problèmes II (1921-1938)*, P.U.F., 1985, p. 49-50.
— « Le Moi et le ça » [1923], dans *Essais de psychanalyse*, Payot, 1979, p. 177-234.
— « La Féminité » [1933], dans *Nouvelles conférences d'introduction à la psychanalyse*, Gallimard, coll. Folio, 1984, p. 150-181.
— *La Naissance de la psychanalyse*, P.U.F., 1956.
GALLOP Jane, *Reading Lacan*, Ithaca/Londres, Cornell University Press, 1985.
GAY Peter, *Freud: a Life for our Time*, Londres, J.M. Dent and Sons Ltd, 1988.
GRODDECK Georg, *Le Livre de ça* [1923], Gallimard, coll. Tel, 1963.
GROSZ Elizabeth, *Jacques Lacan. A Feminist Introduction*, Londres/New York, Routledge, 1990.
HAEGEN Rina van der, *In het spoor van seksuele differentie*, Nijmegen, SUN, 1989.
HERRMANN Claudine, *Les Voleuses de langue*, des femmes, 1976.
IRIGARAY Luce, *Spéculum, de l'autre femme*, Minuit, 1974.
— *Ce sexe qui n'en est pas un*, Minuit, 1977.
— « L'invisible de la chair », dans *Ethique de la différence sexuelle*, Minuit, 1984, p. 143-171.
— *J'aime à toi*, Grasset, 1992.
JACOBUS Mary, *Reading Woman. Essays in Feminist Criticism*, New York, Columbia University Press, 1986.
JARDINE Alice A., *Gynesis. Configurations of Woman and Modernity*, Ithaca/Londres, Cornell University Press, 1985.
JOHNSON Christopher, *System and Writing in the Philosophy of Jacques Derrida*, Cambridge University Press, 1993.
JONES Anne Rosalind, « Writing the Body: Towards an Understanding of l'*écriture féminine* », dans Elaine Showalter (éd.), *The New Feminist Criticism*, Londres, Virago, 1985, p. 361-377.
KAUFMAN Pierre (éd.), *L'Apport freudien*, Bordas, 1993.
KOK Nathalie, « Lacan, perversie en literatuur », dans Nathalie Kok et Kees Nuijten (éd.), *In dialoog met Lacan*, Amsterdam, Boom, 1996, p. 171-181.
KRISTEVA Julia, « Unes femmes », entretien avec Eliane Boucquey, dans *Les Cahiers du Grif* n° 7, juin 1975, p. 22-28.
— « Le temps des femmes », dans *34/44. Cahiers de recherche de sciences des textes et documents* n° 5, Université Paris VII, hiver 1979.
LACAN Jacques, *Ecrits*, Seuil, coll. Le Champ freudien, 1966.

— « Le Symbolique, l'Imaginaire et le Réel » [1953], *Bulletin de l'Association Freudienne* n° 1, 1982.
— *Le Seminaire, livre II: Le Moi dans la théorie de Freud et dans la technique de la psychanalyse (1954-1955)*, Seuil, 1978.
— *Le Séminaire, livre III: Les Psychoses (1955-1956)*, Seuil, 1981.
— *Le Séminaire, livre XX: Encore (1972-1973)*, Seuil, Coll. Le Champ freudien, 1975.
LAPLANCHE Jean et J.-B. PONTALIS, *Vocabulaire de la psychanalyse*, P.U.F., 1967.
— *Fantasme originaire. Fantasme des origines. Origines des fantasmes*, Hachette, Textes du XXe siècle, 1985, p. 11 et 12.
LAURETIS Teresa de, *Technologies of Gender*, Bloomington/Indianapolis, Indiana University Press, 1987.
LIMOUSIN Christian, *Bataille*, Ed. Universitaires, coll. psychothèque, 1974.
LYOTARD Jean-François, *Economie libidinale*, Minuit, 1974.
MAHONY Patrick J., *Freud's Dora. A Psychoanalytical, Historical, and Textual Study*, New Haven et Londres, Yale University Press, 1996.
MARINI Marcelle, « Scandaleusement autre... », *Critique* n° 373-374, juin-juillet 1978, p. 603-621.
— *Jacques Lacan*, Belfond, 1986.
MARKS Elaine et Isabelle de COURTIVON (éd.), *New French Feminisms*, Brighton, Harvester, 1980.
MEIJER Maaike, *De Lust tot lezen*, Amsterdam, Sara, 1988.
MOI Toril, *Sexual/Textual Politics: Feminist Literary Theory*, Londres, Methuen, 1985.
MULLER John P. et William J. RICHARDSON, *The Purloined Poe. Lacan, Derrida and Psychoanalytical Reading*, Baltimore, John Hopkins University Press, 1988.
NEGRÓN Mara (éd.), *Lectures de la différence sexuelle*, des femmes, 1994.
NIETZSCHE Friedrich, *La Naissance de la tragédie* [1871], Denoël-Gonthier, coll. Médiations. 1964.
PAUTRAT Bernard, *Versions du soleil. Figures et système de Nietzsche*, Seuil, 1971.
POEL Ieme van der, *Une révolution de la pensée: maoïsme et féminisme à travers* Tel Quel, Les Temps modernes *et* Esprit, Amsterdam/Atlanta, Rodopi, 1992.
PONTALIS J.-P., « L'Insaisissable entre-deux », *Nouvelle Revue de psychanalyse* n° 7 (*Bisexualité et différence des sexes*), printemps 1973, p. 13-23.
PICQ Françoise, *Les Années-mouvement. Libération des femmes*, Seuil, 1993.
PLATON, *Le Banquet*, trad. E. Chambry, Garnier-Flammarion, 1964.

PLAZA Monique, « Pouvoir "phallomorphique" et psychologie de "la Femme" », *Questions féministes* n° 1, novembre 1977, p. 91-119.
REMY Monique, *Histoire des mouvements de femmes. De l'utopie à l'intégration*, L'Harmattan, coll. Logiques sociales, 1990.
RICHMAN Michèle, « Sex and Signs: The Language of French Feminist Criticism », dans *Language and Style*, vol. 13, n° 4, 1980, p. 62-80.
ROSSUM-GUYON Françoise van, « Sur quelques aspects de l'écriture féminine d'aujourd'hui », dans Charles Grivel (éd.), *Ecriture de la religion. Ecriture du roman*, Lille, Presses Universitaires de Lille, 1978, p. 109-134; repris sous le titre « L'écriture féminine comme concept et comme pratique dans les années 70 » dans *id., Le Coeur Critique, op.cit.*, p. 149-169.
ROUDINESCO Elisabeth, *La Bataille de cent ans*, t. 1 et 2, Seuil, 1986.
— *Jacques Lacan*, Fayard, 1993.
SASSO Robert, *Georges Bataille: le système du non-savoir. Une ontologie du jeu*, Minuit, 1978.
SLAMA Béatrice, « De la "littérature féminine" à "l'écrire-femme". Différence et institution », *Littérature* n° 44, déc. 1981, p. 51-71.
SPIVAK Gayatri Chakravorty, « French Feminism in an International Frame », dans *Yale French Studies* n° 62, 1981, p. 154-184.
STANTON Elizabeth Cady, *The Woman's Bible* [1895], Edinburgh, Polygon Books, 1985.
SCOTT Joan W., « Gender. A Useful Category of Historical Analysis », *American Historical Review* n° 91, 1986, p. 1053-1075.
STANTON Domna C., « Langage and Revolution: The Franco-American Dis-Connection », dans H. Eisenstein et A. A. Jardin (éd.), *The Future of Difference*, New York, Barnard College Women's Center, 1980, p. 73-87.
TISSERON Serge, « Le dessein du dessin, geste graphique et processus du deuil », dans Claude Wiart (éd.), *Art et Fantasme*, Seyssel, Champ Vallon, coll. « L'Or d'Atalante », 1984, p. 91-105.
WARD JOUVE Nicole, *White Woman Speaks with Forked Tongue: Criticism as Autobiography*, Londres, Routledge, 1990.

Anthropologie, esthétique:

ARIÈS Philippe, *L'Homme devant la mort*, Seuil, 1977.
BACHELARD Gaston, *La Poétique de l'espace*, Quadrige-P.U.F., [1957], 1992.
BAL Mieke, *Verf en verderf*, Amsterdam, Prometheus, 1990.
— *Reading Rembrandt. Beyond the Word-Image Opposition*, Cambridge, Cambridge University Press, 1991.
BRYSON Norman, *Vision and Painting. The Logic of the Gaze*, Londres, MacMillan, 1983.

BRUNEL Pierre (éd.), *Dictionnaire des mythes littéraires*, Ed. du Rocher, 1988.

CHEVALIER Jean et Alain GHEERBRANT (éd.), *Dictionnaire des symboles* [1969], Robert Laffont/Jupiter, coll. Bouquins, 1982.

CLAIR Jean, *Méduse. Contribution à une anthropologie du visuel*, Gallimard, coll. Connaissance de l'inconscient, 1992.

Le Coran, trad. André Chouraqui, Robert Laffont, 1990.

DESSONS Gérard, *L'Odeur de la peinture*, Céret, Ed. de l'Aphélie, 1987.

ELIADE Mircea, *Images et symboles* [1952], Gallimard, coll. Tel, 1980.

FRANCO Isabelle, *Mythes et Dieux. Le Souffle du soleil*, Ed. Pygmalion/Gérard Watelet, 1996.

GENET Jean, *Ce qui est resté d'un Rembrandt déchiré en petits carrés bien réguliers, et foutu aux chiottes* [1967], dans *Oeuvres complètes*, tome IV, Gallimard, 1968.

— *Le Secret de Rembrandt* [1958], dans *Oeuvres complètes*, tome V, Gallimard, 1979, p. 29-38.

GERSON Horst, *Rembrandt et son oeuvre*, Paris, Flammarion, 1969.

GUIRAUD Pierre, *Dictionnaire érotique*, Payot, 1978.

LEPPERT Richard, *Art & the Committed Eye. The Cultural Functions of Imagery*, Boulder-Oxford, Westview Press, 1996.

LÉVI-STRAUSS Claude, *Structures élémentaires de la parenté* [1949], La Haye, Mouton, 1967.

LORAUX Nicole, *Les Expériences de Tirésias. Le féminin et l'homme grec*, Gallimard, 1989.

MARIN Louis, *Le Portrait du roi*, Minuit, 1983.

MATORÉ Georges, *L'Espace humain*, Ed. du Vieux Colombier, coll. Sciences et Techniques humaines, 1962.

MIDDELKOOP Norbert, *De anatomische les van Dr. Deijman*, Amsterdams Historisch Museum, 1994.

MILNER Max, *On est prié de fermer les yeux. Le regard interdit*, Gallimard, 1991.

MONNEYRON Frédéric, *L'Androgyne romantique. Du mythe au mythe littéraire*, Grenoble, ELLUG, 1994.

OVIDE *Les Métamorphoses* (trad. de Georges Lafaye), Gallimard, coll. Folio, 1992.

POULET Georges, *Les Métamorphoses du cercle* [1961], Flammarion, coll. Champs, 1979.

RAMSAY Jay, *Alchemy. The Art of Transformation*, Londres, Thorsons, 1997.

RASSIAL Adélie et Jean-Jacques (éd.), *L'Interdit de la représentation*, Seuil, 1984.

ROUDAUT Jean, *Une ombre au tableau*, Chavagne, Editions Ubacs, 1988.

SCHWARZ Fernand, *Initiation aux livres des morts égyptiens*, Albin Michel, coll. spiritualités vivantes, 1988.
SCOTT Grant F., « The rhetoric of dilation, ekphrasis and ideology », *Word & Image*, vol. 7, n° 4, oct.-déc. 1991, p. 301-310.
STEINER Wendy, *The Colors of Rhetoric*, Chicago, University of Chicago Press, 1982.
VERNANT Jean-Pierre, *La Mort dans les yeux. Figures de l'Autre en Grèce ancienne*, Hachette, coll. Textes du XXe siècle, 1985.
VRIES Ad de, *A Dictionnary of Symbols and Imaginary*, North Holland Publishers, 1974.

Intertextes de Portrait du soleil:

APOLLINAIRE Guillaume, « Zone », dans *Alcools* [1920], Gallimard, coll. Poésie, 1993, p. 7-14.
BATAILLE Georges, « L'Anus solaire » [1931], *Oeuvres complètes*, t. I, Gallimard, 1970, p. 79-86.
— « Soleil pourri », *ibid.*, p. 231-232.
— « Van Gogh Prométhée », *ibid.*, p. 497-500.
— *L'Expérience intérieure* [1943], Gallimard, coll. Tel, 1954.
— *L'Impossible*, Minuit, 1962.
— *Le Petit*, Pauvert, 1963.
La Bible
BLANCHOT Maurice, *La Folie du jour* [1949], Fata Morgana, 1973.
DANTE, *La Divine Comédie*, Bordas, éd. H. Longnon, Classiques Garnier, 1989.
DERRIDA Jacques, « La Différance », dans *Marges de la philosophie, op.cit.*
FREUD Sigmund, *L'Interprétation des rêves* [1900], trad. I. Meyerson, P.U.F., [1926] 1987.
— « Le Cas Dora » [1905], dans *Cinq Psychanalyses*, P.U.F., 1954, p. 1-91.
— *Un souvenir d'enfance de Léonard de Vinci* [1910, 1919], Gallimard, coll. Connaissance de l'Inconscient, 1987.
JAMES Henry, *Ce que savait Maisie* [1908], trad. Marguerite Yourcenar, Robert Laffont, 1947.
KAFKA Franz, « Vor dem Gesetz » [1914], *Sämtliche Erzählungen*, Frankfurt a/M, Fischer Taschenbuch Verlag, 1976.
LACAN Jacques, *Ecrits*, Seuil, coll. Le Champ freudien, 1966.
Le Livre des morts des anciens Egyptiens, introduction, traduction et commentaire de Paul Barguet, Ed. du Cerf, coll. littératures anciennes du Proche-Orient, 1967.
MALLARMÉ, *Oeuvres complètes*, éd. Henri Mondor et G. Jean Aubry, Gallimard, coll. Bibliothèque de la Pléiade, 1965.

POE Edgar Allan, « Le Portrait ovale » [1845], trad. Charles Baudelaire, dans *Contes, Essais, Poèmes*, Robert Laffont, coll. Bouquins, 1989, p. 590-593.

PROUST Marcel, *A l'ombre des jeunes filles en fleurs*, *A la recherche du temps perdu*, éd. Jean-Yves Tadié, Gallimard, coll. Bibliothèque de la Pléiade, t. I, 1987.

LA ROCHEFOUCAULD, *Oeuvres complètes*, éd. Henri Mondor et G. Jean-Aubry, Gallimard, coll. Bibliothèque de la Pléiade, 1957.

RIMBAUD Arthur, *Oeuvres complètes*, éd. Antoine Adam, Gallimard, coll. Bibliothèque de la Pléiade, 1972.

VINCI Leonardo da, *Anatomische Zeichnungen aus der königlichen Bibliothek auf Schlosz Windsor*, Gütersloh, Prisma Verlag, 1979.

Index des noms cités

Abraham, 137, 226
Adam, 59n, 60
Akhenaton, 147
Alexandrescu, Liliana, 163n, 164n
Angenot, Marc
Apollinaire, Guillaume, 84
Apollon, 28
Aragon, Louis, 39, 40n
Ariès, Philippe, 220n, 241n
Arrivé, Michel, 46n
Artémis, 62
Athéna, 31, 63
Austin, J.L., 25n,
Bachelard, Gaston, 167
Bakhtine, Mikhael, 115
Bal, Mieke, 60, 103, 241n, 242, 243n, 263n
Balzac, Honoré de, 31, 32, 55n, 60n
Barthes, Roland, 39, 40, 125n
Bataille, Georges, 79, 81-83, 100, 113, 116, 117, 119, 120, 122-125, 128, 133-134, 152-157, 197, 198, 200-204
Bauer, Ida, 158, 161
Beaujour, Michel, 27n
Bellmer, Hans, 223
Benmussa, Simone, 163
Bennington, Geoffrey, 33n
Bernheimer, Charles, 164n, 165n
Bird, Phyllis A., 59
Blake, William, 223
Blanchot, Maurice, 31
Bouillier, Henry, 27n
Boyman, Anne, 163n
Bosch, Jérôme, 206
Borgianni, Orazio, 242
Braunstein, Nestor, 212n
Brederode, Michiel van, 55n
Brügmann, Margret, 164n
Brunel, Pierre, 59n, 62n
Bryson, Norman, 236n

Butor, Michel, 32n, 56n, 113n, 223n
Calas, Sarah, 223n
Calcar, J. J. van, 243
Calle-Gruber, Mireille, 23, 38n, 49n, 50, 127, 223n, 277n
Carroll, Lewis, 118
Cassin, Barbara, 114n
Cels, Jacques, 122n
Certeau, Michel de, 206
Chasseguet-Smirgel, Janine, 133n
Chevalier, Jean, 28n, 109n
Clair, Jean, 63n, 64
Claude, Catherine, 39n
Clément, Catherine, 161, 165
Compagnon, Antoine, 116
Conley, Verena Andermatt, 142, 143n, 171n, 177-178, 271n
Cornille, Jean-Louis, 37n
Courtivon, Isabelle de, 122n
Crepy, Roseline, 140n, 141n
Culler, Jonathan, 70n, 116n, 117
Dalila, 103, 118, 137, 229, 231, 234
Dante, 32, 88, 120, 126, 172
Decker, Hannah S., 161n, 165n
Delacroix, Eugène, 119
Deleuze, Gilles, 20, 121
Derrida, Jacques, 14, 19, 25, 29, 33, 34, 39, 46, 53-54, 56n, 57-58, 64, 69, 71, 113n, 120, 125, 126, 130, 138, 141, 144-145, 152-153, 235-239
Dessons, Gérard, 228n, 241, 242, 250, 263
Deutsch, Felix, 164n
Devarrieux, Claire, 164n
Díaz-Diocaretz, Myriam, 29n, 130n, 163n, 220n
Dibutade, 238
Dijk, Suzan van, 115n, 223n
Dionysos, 62, 63n, 90
Dor, Joël, 72n, 73n, 75n, 105n, 123n

Dora, 14, 21, 79, 88, 93, 95, 107, 117, 119, 129, 130-138, 146-150, 158-188, 189, 190-192, 194, 196, 207-208, 210, 211-214, 215, 230n, 234, 236, 252, 262
Duchet, Claude, 23n, 26n, 36n, 38n
Ducrot, Oswald, 17n, 141n
Dupriez, Bernard, 27n
Duren, Brian, 78
Durey, Jill Felicity, 115n
Eliade, Mircea, 167
Engelberts, Matthijs, 164n
Evans, Martha Noel, 163n, 167n
Eve, 60
Eve (Cixous), 141
Faure, Edgar, 12n
Faust, 109, 141
Felman, Shoshana, 121n
Finas, Lucette, 125n, 138, 139n
Fontanier, Pierre, 27n
Foucault, Michel, 86, 125n
Fouque, Antoinette, 121
Franco, Isabelle, 80n, 90n
Freud, Sigmund, 11, 12n, 13, 14, 18, 19, 21, 61-63, 72n, 76, 79, 85n, 88, 92, 93, 94, 95n, 100, 102, 115, 116, 117, 119, 120, 129, 130-138, 142, 146-150, 152, 155, 158-188, 190-192, 194, 195, 196, 208, 210, 213, 215, 229, 230, 233, 234, 238, 239, 257, 260, 261, 278
Furetière, Antoine, 23
Gallop, Jane, 121n, 163n, 164, 167n
Gautier, Théophile, 60n
Gay, Peter, 160
Genet, Jean, 224, 230
Genette, Gérard, 23n, 24n, 46n, 49n
Gerson, Horst, 243n
Georges (Cixous), 71, 94, 193, 197, 216, 217, 252, 254
Gheerbrant, Alain, 28n, 109n
Giusto, Jean-Pierre, 123n
Goethe, Johann Wolfgang von, 109
Gogh, Vincent van, 31, 82n, 119, 220, 224

Goux, Jean-Joseph, 152
Grivel, Charles, 23n, 24n, 26n, 36n, 40, 45n
Groddeck, Georg, 278n
Grosz, Elizabeth, 121n
Guattari, Félix, 121
Guiraud, Pierre, 154n, 168n
Haegen, Rina van der, 164n, 236n
Hamon, Philippe, 27n, 28n, 47n, 275n
Hanrahan, Mairéad, 29n
Hegel, Friedrich, 13, 198, 245, 278
Helena, 141
Hemingway, Ernest, 118
Herrmann, Claudine, 104n
Hoek, Leo H., 23n, 25n, 26, 27n, 37n
Hoffmann, Friedrich, 12n, 118
Hokusaï, 220, 224
Homère, 31
Houdebine, Jean-Louis, 17n
Icare, 83
Irigaray, Luce, 68n, 121, 249
Isaac, 147, 226
Jabès, Edmond, 36, 39n
Jacobus, Mary, 182n
James, Henry, 120, 126
Jardine, Alice A., 121n
Jean, Raymond, 36n, 39n
Jenny, Laurent, 116n
Johnson, Christopher, 39n, 145n
Jones, Anne Rosalind, 122n
Joyce, James, 12n, 32, 55n, 57, 87n, 118
Kafka, Franz, 118-119, 168-170
Kahane, Claire, 164n, 165n
Kaufman, Pierre, 142n, 189n, 212n
Kerbrat-Orecchioni, Catherine, 41n
Klee, Paul, 223, 238n
Kleist, Heinrich, 12n, 118, 141
Kok, Nathalie, 133n
Kristeva, Julia, 17n, 113n, 115, 121, 125n, 148n, 189n
Lacan, Jacques, 18, 71-75, 105-106, 114, 116, 117, 120, 121, 123-125, 133-134, 141-145, 152-153, 164n, 178-181, 183, 191n, 202, 211, 260

Index des noms cités

Lamar, Celita, 163n, 164
Lamont, Rosette C., 163n
Lanham, Richard, 225n
Lanson, Gustave, 27n, 28
Laplanche, Jean, 13n, 129n, 135
Larroux, Guy, 273n, 275n
Lauretis, Teresa de, 59n
Leppert, Richard, 241n
Lessing, G. E., 28
Lévi-Strauss, Claude, 175n
Limousin, Christian, 154n
Lispector, Clarice, 268
Loraux, Nicole, 31n
Lungo, Andrea Del, 37n
Lyotard, Jean-François, 19
Mahony, Patrick J., 161n, 165n
Mallarmé, Stéphane, 23, 25, 79, 114, 119
Mantegna, Andrea, 242
Marin, Louis, 22n
Marini, Marcelle, 73n, 75, 121n, 133n
Marks, Elaine, 122n
Martin, F., 153n
Marx, Karl, 19, 119, 152
Matoré, Georges, 167n
Méduse, 61-64
Meijer, Maaike, 70n
Merleau-Ponty, Maurice, 54n
Meschonnic, Henri, 39n
Middelkoop, Norbert, 242n
Milner, Max, 30n, 31n, 62
Mithra, 28
Mnouchkine, Ariane, 15n
Moi, Toril, 122n
Moïse, 169
Monet, Claude, 220, 222, 224
Monneyron, Frédéric, 60n
Montaigne, Michel de, 36
Morhange, Jean-Louis, 37n, 38n
Mortagne, Camille, 132n, 164n
Mortimer, Armine Kotin, 273n, 274n
Motard-Noar, Martine, 164
Mulder, Anne-Claire, 59n
Muller, John P., 144n
Munch, Edvard, 119

Nefertiti, 137
Negrón, Mara, 58n, 138n
Nietzsche, Friedrich, 79n, 90
Novalis, 118
Oedipe, 31, 72n, 169, 236
Orion, 31, 236
Osiris, 28, 80-81, 90-91
Ovide, 63
Pascal, Blaise, 54
Pautrat, Bernard, 79n
Peirce, Charles, 189n
Pénélope, 138
Picaud, Christian, 220n
Pierre, Rolland, 39n
Platon, 59, 60, 81, 236n, 238
Poe, Edgar Allan, 12n, 32, 118, 143
Poel, Ieme van der, 121n
Ponge, Francis, 10, 24
Pontalis, J.-B., 13n, 61n, 63n, 129n, 135
Poulet, Georges, 54
Proust, Marcel, 37, 54, 96, 97, 109n, 119
Raphaël, 182
Ramas, Maria, 174
Ramsay, Jay, 109n, 112
Rassial, Adélie et Jean-Jacques, 29n
Rê, 80
Regam, Abdelhacq, 23n, 37n
Rembrandt, 22, 114, 118, 119, 128, 137, 221-253, 261, 263, 268
Ricardou, Jean, 23n, 139n
Richardson, William J., 144n
Richman, Michèle, 122n, 125n
Riffaterre, Michael, 68n, 116
Rimbaud, Arthur, 31, 109-110, 117, 119, 123-125, 126, 236, 257-258
La Rochefoucauld, 31, 122
Rossum-Guyon, Françoise van, 23n, 29n, 55n, 56n, 104n, 113n, 115n, 130n, 163n, 220n
Roudaut, Jean, 31n
Roudinesco, Elisabeth, 121n, 123n
Sabry, Randa, 48n
Sara, 226

Samson, 31, 103, 118, 137, 229, 230, 231, 234, 236
Sasso, Robert, 82, 198n, 200n
Saussure, Ferdinand de, 18, 71, 11n, 141, 278
Savona, Jeannette Laillou, 163n
Schwarz, Fernand, 91n
Scott, Grant F., 225n
Scott, Joan W., 59n
Sellers, Susan, 164n
Setti, Nadia, 38n
Shakespeare, William, 118, 128
Silverman, Kaja, 142n
Simon, Claude, 77, 113n
Slama, Béatrice, 104n
Sollers, Philippe, 125n
Spivak, Gayatri Chakravorty, 122n
Stanton, Domna C., 122n
Stanton, Elizabeth Cady, 59n
Starobinski, Jean, 32n, 54, 71n
Steiner, Wendy, 225n
Stevens, Christa, 115n, 164n, 166n, 223n, 239n
Still, Judith, 115n
Taleb, Othman Ben, 275n
Tel Quel, 16, 119, 121, 125
Tisseron, Serge, 238- 239
Thulié, Henri, 27n
Tirésias, 31
Thomas, Dylan, 32n
Todorov, Tzvetan, 17n, 115n, 141n
Turner, William, 31
Uccello, 119, 223
Vernant, Jean-Pierre, 62
Vermeer, Johannes, 223
Vésale, Andreas, 243
Vinci, Leonardo da 119, 136n, 223, 233-235
Virgile, 136, 172
Vries, Ad de, 168n
Vuarnet, Jean-Noël, 24n
Ward Jouve, Nicole, 121n, 130n
Wilde, Oscar, 32
Williams, Adelia, 163n
Willis, Sharon, 163n, 164

Wilson, Ann, 163n
Worton, Michael, 115n
Zola, Emile, 31, 32

Index des oeuvres citées d'Hélène Cixous

* *avec une sélection des articles cités*

Ananke, 37
L'Ange au secret, 14, 36, 37, 52, 126, 130, 193, 228n
La Bataille d'Arcachon, 37
« The Character of "Character" », 12n, 87n
Les Commencements, 14, 118n, 140n, 223
Dedans, 14, 52
« De la scène de l'Inconscient... », 12n, 43n, 48n, 70n, 85n, 99n, 126, 258n, 277n
Déluge, 37, 268
« Le Dernier Tableau... », 11, 220-225
Entre l'écriture, 38n, 55n, 183n
L'Exil de James Joyce, 32, 118n
La Fiancée juive, 221, 223
L'Heure de Clarice Lispector, 269n
L'Histoire (qu'on ne connaîtra jamais), 163n
L'Histoire terrible mais inachevée..., 163n
Illa, 14, 66, 130
L'Indiade, 163n
La jeune née, 19, 61, 86n, 103, 104n, 140, 161-166, 169n, 171n, 173, 174, 196, 211, 249n
Jours de l'an, 11, 14, 38, 48, 221, 222n, 223, 268
Un K. incompréhensible, 11n, 119n
La, 11, 14, 66, 103, 109, 261n, 262
Le Livre de Promethea, 11, 37
Manne, 11, 272n
Messie, 37
Neutre, 14, 18, 20, 37, 58, 139n
On ne part pas, on ne revient pas, 163n

O R, les lettres de mon père, 14, 216, 253-255
Ou l'art de l'innocence, 37, 130
Partie, 11, 14, 37
Photos de racines, 23, 35n, 126, 127, 23, 35n, 224, 227n
Prénoms de personne, 12n, 14, 17, 87n, 88n, 118n, 157
Portrait de Dora, 11, 132n
Révolutions pour plus d'un Faust, 14, 109
« Le Rire de la Méduse », 13n, 30n, 61n, 103, 104n, 164, 211
« Le sexe ou la tête? », 61n, 260
Et soudain, des nuits d'éveil, 163n
Souffles, 14, 38n, 103, 140n, 262
« Théâtre enfoui », 162-166
Three Steps on the Ladder of Writing, 118, 140n, 271
Tombe, 14, 91n
« Traversée du Louvre », 221n, 269, 270n
Le Troisième Corps, 14, 37, 118n
La Venue à l'écriture, 183, 213n, 223n
La Ville parjure, 52, 61n, 163n
Vivre l'orange, 37, 38, 43n
Un vrai jardin, 129n